Manfred Krug

Mein schönes Leben

Manfred Krug

Mein schönes Leben

Econ

Die Zahlen am Seitenrand entsprechen den numerierten Fotos im Vor- und Nachsatz und in der Innenseite des Schutzumschlages. Die Umschlagfotos vorn und hinten haben die Nummern 32 und 33.

Econ Verlag
Der Econ Verlag ist ein Unternehmen der
Ullstein Heyne List GmbH & Co. KG, München

1. Auflage 2003

ISBN 3-430-15733-1

Lektorat: Krista Maria Schädlich
Schutzumschlag- und Einbandentwurf: Lothar Reher

Gesetzt aus der Sabon bei
Franzis print & media GmbH, München
Druck und Bindung: Bercker, Kevelaer
Printed in Germany

Johanna 1. Stück

1880. Johanna ist 20 Jahre alt. Sie steht in einer Waschküche und wäscht. Sie ist meine Urmutter. Ganz gewiß habe ich noch mehr Vorfahren, mindestens so viele wie jeder berühmte Adelssproß. Aber darüber konnte mir kein Mensch etwas Genaueres erzählen. Die Wenigen, die ich noch fragen konnte, zuckten die Achseln, als wäre ich ihnen zu nahe getreten, als wäre meine Urmutter Johanna nie geboren worden, als wäre sie der erste Mensch.

An jenem Tag, den ich mir vorstelle, ist sie von ihrem einsamen Lager früh aufgestanden, ist die Stiegen vom Dachjuchhe, wo sie eine Bretterwohnung hat, heruntergekommen, hat wie jeden Donnerstag einen Moment gewartet, bis der Altgeselle Gottselig im Parterre vor die Tür getreten ist, um ihr auf den Hintern zu hauen. Dafür hat sie ihm einen Knicks geschenkt und ihn demütig angelächelt. Erst dann hat er die Kette losgemacht und ihr seinen Karren geborgt, der immer unter einem Blechdach auf dem Hof steht.

Sie ist in den Wald gegangen, zum Holzholen. Wie jeden Donnerstag hat sie den Karren voll Bruchholz gepackt, ist aus dem Wald in die Vorstadt bis in die Marienstraße gefahren, hat das Holz in den Keller geschafft und den Ofen angemacht. Es ist Waschtag. Deshalb steht Johanna mit hochgestecktem Haar in der Waschküche einer Vorstadtvilla von Kattowitz. Sie wäscht das Zeug der Familie Kalweit, die Weißwäsche des Hausherrn, Hemden und Schlupfhosen der Dame und was die drei jungen Leute, die Mädels und der junge Herr Anselm, auf dem Leib tragen.

Johanna schaut manchmal von dem Bottich auf, um die Kastanienblätter zu beobachten, die der Wind gegen die Scheiben wirbelt. Es dämmert. Sie holt den letzten Eimer Wäsche aus dem Kessel, unter dem das Feuer nur noch glimmt, schneidet eine Scheibe Seife ab und taucht sie in die dampfende Brühe. Nachdem sie die Kerze angezündet hat, beugt sie sich tief atmend nieder. Sie schaut ihre Hände an, als wollte sie nachsehen, ob die es noch schaffen. Dann taucht sie die Hände unter, fischt das Nachthemd des Herrn Kalweit, riecht daran, reibt es mit Seife ein, und schrubbt es über die Rippen des Waschbretts.

Herr Kalweit steht hinter der offenen Tür in dem dämmrigen Kellergang. Er blickt nicht zum ersten Mal auf Johannas Rücken und auf ihre stämmigen Beine. Er weiß nicht mehr, an welchem der Donnerstage ihm die Eingebung gekommen ist, die junge Frau heimlich zu betrachten. Er weiß nur, nach dem ersten Mal hat er sie noch viele Male betrachtet, immer wieder.

Nach einer Weile löst er sich langsam aus dem Schatten und geht ohne jede Vorsicht an der Tür vorbei auf die Treppe zu. Auf dem Estrich unter seinen Schuhen knirscht es. Er besinnt sich einen Moment, dreht sich dann um, geht zurück und betritt die Waschküche. Einmal zögert er noch, als wolle er sich bemerkbar machen, geht dann aber vorwärts und bleibt hinter Johanna stehen.

Sie hört ihn nicht, sie ist taub.

Sie rechnet immer damit, daß jemand sie antippt. Wer etwas von ihr will, tippt sie an. Aber Herr Kalweit tippt sie nie an, auch heute nicht. Er berührt sie. Zum ersten Mal. Ganz zart legt er seine Hände auf ihre Hüften und wartet, daß sie sich umdreht. Sie dreht sich nicht um. Sie hält in der Arbeit inne, richtet sich auf, nimmt mit den nassen Fingern eine Haarsträhne aus ihrer Stirn. Herr Kalweit hört, wie sie atmet. Sie weiß, es ist ein Mann, der hinter ihr steht. Sie weiß auch, wer es ist, nur daß er eines Tages kommen würde, wußte sie nicht. Sie läßt die Arme sinken und wartet. Sie spürt, wie ihr der Schweiß ausbricht. Herr Kalweit streichelt ihr über den Rücken, er legt seine Stirn in ihren verschwitzten Nacken. Dann hebt er ihre drei armseligen Röcke hoch, einen nach dem andern, es sieht aus, als würde er sie bedächtig zählen. Johanna hält still.

Später wird er sie herumdrehen, er wird sie, während sie sich gegen den Waschtrog lehnt, auf ihren stummen Mund küssen, er wird ihre wirren Augen sehen, ihr unverständliches Stammeln hören, und es wird ihn entzücken.

Die Nähmaschine näht nicht

Man kann sagen, für einen Schauspieler gehöre es sich nicht, dem Publikum ein Buch über das eigene Leben zuzumuten, oder auch nur über einen Teil davon. Denn die Menschen werden es nur deshalb lesen, weil sie sich an den alt gewordenen Mimen gewöhnt haben. Er hat es geschafft, ihnen nahe zu sein, ihr Interesse zu gewinnen. Sie glauben, ihn zu kennen. Nur deshalb kann er es wagen, seine sonst durch nichts hervorragenden frühen Jahre nachzuliefern. Mancher mag sich fragen: Wie ist dieser Mensch auf den seltsamen Beruf des Schauspielers gekommen? Das sind doch Leute, die sich durch's Leben spielen. Andere müssen arbeiten, Schauspieler spielen.

Ich hatte aufregende Kindertage, die es in Deutschland für ein heutiges Kind nicht gibt. Alles aus der Zeit habe ich mir gemerkt, und was ich mir nicht genau gemerkt habe, das habe ich mir ungenau gemerkt.

Nach den Erzählungen der Erwachsenen muß mir alles, was in meiner Kindheit geschah, wichtig vorgekommen sein. Ein solches Kind strebt wie von selbst einem künstlerischen Beruf entgegen. Denn auch der bescheidenste Künstler ist von klein auf ein potentieller Großtuer. Schauspieler nehmen sich schon früh wichtig. Die klügeren unter ihnen entwickeln die Fähigkeit, sich ihre Selbstliebe nicht anmerken zu lassen. Die meisten aber glauben, sie seien etwas Besonderes. Sie glauben zum Beispiel, sie wären Königin oder Leuchtturmwärter, nur weil sie eine Königin oder einen Leuchtturmwärter spielen dürfen. Sie können sich in eine Art Leuchtturmwärter-Rage versetzen oder in eine Königinnen-Rage, aus der sie nicht wieder herausfinden, höchstens in völliger Verzweiflung, etwa dann, wenn sie auf der Bühne ihren Text vergessen haben. Jetzt nehmen sie die Realität wieder wahr, wenigstens in Gestalt der Souffleuse. Manche

Mimen, wenn sie mal einen Arzt gespielt haben, nehmen in Gesprächsrunden Platz und geben Millionen von Zuschauern medizinische Ratschläge.

Wir sind eine infantile Sorte Mensch. Max Reinhardt hat das gewußt: „Schauspieler sind Menschen, die ihre Kindheit heimlich in die Tasche gesteckt und sich damit auf und davon gemacht haben."

Meine Kindheit ist ein einziges Sich-auf-und-davon-Machen gewesen. Aber das hatte mehr mit den wirren und verwirrenden Zeiten zu tun, in denen ich Kind war.

Der erste Tag war der 8. Februar 1937, ein Rosenmontag. Meine Mutter lag im Kreißsaal, sie mußte geduldig sein und leiden. Draußen zog der ärmliche Karnevalszug von Duisburg vorbei, Trärä, trärä, – Helau! Und mein Vater schlief am hellichten Tag mit Emmy, der besten Freundin meiner soeben werdenden Mutter. Ich wog 10 Pfund und war eine Steißlage, das heißt, ich kam an einem fröhlichen Tag mit dem Hintern voraus auf die Welt. Das kann meiner Mutter nicht angenehm gewesen sein. Sie hat ihre Freundin Emmy nur noch einmal wiedergesehen, nämlich um ihr eine Backpfeife runterzuhauen. Deshalb hat Emmy nie wieder an unserem Familienleben teilgenommen, schon bei meiner evangelischen Taufe war sie abwesend.

Mein Vater war ein armer Mann, aber er sah aus wie
Rodolfo Valentino, und er hieß auch Rudolf. Die Frauen 29
waren hinter ihm her, wie er hinter den Frauen. Meine Mutter hieß Alma, was soviel bedeutet wie „die Ernährende". Sie
sah Zarah Leander ein bißchen ähnlich, und manche mein- 7
ten, ihre Stimme habe noch einen Hauch dunkler und wärmer geklungen als die von der Diva. Wie aber hätte meine Mutter auf die Idee kommen sollen, ihre schöne Stimme vor einem Publikum erklingen zu lassen?

20 Rudolf Krug war Fachschul-Ingenieur, davon gab es viele. Sein Zeugnis war mittelmäßig, so daß man ihn bei Thyssen nur als Schmelzer am Hochofen gebrauchen konnte, und als er eine Chance bekam, sich zu verbessern, zog er mit Frau und Kind in die Gegend von Osnabrück, wo es ein kleineres Stahlwerk gab. Hier stieg er auf zum Schichtingenieur, das war die niedrigste Sorte von Ingenieuren, eigentlich waren sie nur bessere Aufseher.

Wir wohnten in einem Siedlungshaus in der Egerländer Straße 7 neben dem Gasometer in Georgsmarienhütte. Der sah aus wie ein umgestülpter Bottich, so groß, daß mein Sandkasten ab Mittag im Schatten lag. Dort wurde, als ich fast
11 drei Jahre alt war, am Nikolaustag 1939 in Normallage mein Bruder Roger geboren, während mein Vater mit der Kindergärtnerin Tante Hedwig schlief. Von ihr handelte das erste Lied, das ich gelernt habe:

„Tante Hedwich,
Tante Hedwich,
die Nähmaschine näht nich…“

Roger war noch nicht ein Jahr, da zog die Familie nach Hennigsdorf bei Berlin, wo es wieder ein Stahlwerk gab. Dort stieg mein Vater zum Oberingenieur auf.

Du schwarzer Zigeuner

Wir ziehen ins Parterre eines dreistöckigen Hauses in einem neu gebauten Straßenzug. Alle Familien, die dort wohnen, bekommen zur Wohnung ein sandiges Gärtchen. Mein Vater baut einen Zaun drum herum, dahinter einen Hühnerstall, und für die Söhne einen neuen Sandkasten. Ein paar Schritte weiter fängt schon der Kiefernwald an.

Beim Einzug wird als erstes ein Nagel in die Küchenwand gehauen, daran hängt meine Mutter eine Totenmaske, die „Unbekannte aus der Seine“. Das ist ein beliebtes Stück aus glasiertem Ton, ein Frauengesicht, lächelnd, mit geschlossenen Augen. Meine Mutter kann das sogar auf Französisch sagen: „L' Inconnue de la Seine“. Die Frau soll als Leiche aus dem Fluß gefischt worden sein, man hat nicht herausgefunden, wer sie war. Alle glauben, daß sie sich aus Liebeskummer ertränkt hat. Ich denke, vielleicht konnte sie bloß nicht schwimmen.

In der Wohnung gibt es die Küche, ein Schlafzimmer für die Eltern, ein Wohnzimmer, in dem nicht gewohnt wird und das mein Vater Herrenzimmer nennt, und ein Bad. Das Beste ist: Roger und ich haben ein Kinderzimmer für uns allein.

Ich frage meine Mutter, wie weit es von hier bis Duisburg sei, wo ich geboren bin.

„Sehr weit“, sagt sie. „Man muß einen ganzen Tag mit der Eisenbahn fahren.“

„Und wo soll die Oma schlafen, wenn sie kommt?“

Ach, wenn sie doch in Hennigsdorf wohnen würde. Dann wäre sie in meiner Nähe, Oma Lisa, die schönste und zärtlichste Frau meines Lebens.

Einmal hat sie gesagt: „Ich habe dich an dem Tag gesehen, als du auf die Welt kamst. In dem Augenblick wußte ich, daß ich meinem Liebling begegnet bin, und das warst du, du schwarzer Zigeuner.“

Sie muß sehr sparsam sein, um mir manchmal nachzureisen, wohin immer meine Eltern mich verschleppen. Dann bringt sie mir Geschenke mit. Zum Beispiel eine englische Polizeipfeife von vor dem Krieg, einmal einen kleinen Koffer für meine Briefmarken, und einen einbeinigen Jägerstuhl, „auf dem du später sitzen kannst, wenn du erwachsen bist. Du kannst ihn auch jetzt schon kriegen, dann müßte ich das Bein absägen …“

Einen Teddybär haben wir nicht. Mein Vater sagt: „Das ist was für Mädchen. Unsere Jungs sollen froh sein, daß sie beide Eltern haben. Das genügt." Trotzdem hat meine Mutter aus alten Strümpfen eine Puppe gemacht, mit handgemalten, schielenden Augen. „Wenn der Kleine die Puppe anschaut, wird er vom Daumenlutschen abgelenkt", sagt meine Mutter.

Ich habe nichts. Nur eine Fahrradfelge, die ich mit einem Stöckchen vor mir hertreibe.

Hennigsdorf liegt im Osthavelland, nicht weit von Berlin. Ich habe hier schon Freunde: Udo Kuffel und seine Schwester Eveline. Sie wirft stundenlang einen Ball an die Wand und sagt dazu Gedichte auf, zum Beispiel:

Oma und Opa sitzen auf'm Sofa,
Opa läßt ein' fliegen,
Oma muß ihn kriegen,
Opa pißt ins Ofenloch,
Oma denkt, der Kaffee kocht.

Oder Rüdiger Bleibtreu, der schon in die dritte Klasse kommt und von dem man nichts Gutes lernt, sagt meine Mutter. Ich habe ein Gedicht von ihm gelernt:

Ich lieg im Bett
mit der Janett,
der Arsch ist noch nicht warm:
Fliegeralarm!

Das Ficken

Gestern hat Rüdiger uns das Ficken gezeigt, aber das hätte ich lieber nicht lernen sollen. Mein Vater hat Wind davon gekriegt, jetzt gibt es eine Gerichtsverhandlung. Er sitzt im

Wohnzimmer hinter dem Schreibtisch und macht ein Verhör. Über ihm hängt das große Bild, es ist von Rubens und heißt „Raub der Töchter des Leukippos". Man sieht zwei Pferde mit kleinen Köpfen, zwei Baby-Engelchen schweben um sie herum und halten sich an den Zügeln fest. Wie können die mit so kleinen Flügeln fliegen? Einer der Reiter ist herabgestiegen, sie sind starke Männer. Das müssen sie auch sein, denn die Töchter, die sie in dem Augenblick rauben wollen, sind schon alt und fett. Daß ihr Vater Leukippos überhaupt noch lebt, ist kaum zu glauben. Er muß reich sein. Die Räuber werden ihm seine Töchter nur für ein Lösegeld zurückgeben.

Mein Vater ist auch ein starker Mann. Er ist bei der Gerichtsverhandlung der Richter und nachher auch der Henker. Er sitzt mit breiten Schultern unter dem Bild. Auf dem Schreibtisch liegt schon das abgehackte Stück Gartenschlauch. Ich bin der Angeklagte und darf mich verteidigen. Dann werde ich zu verschiedenen Strafen verurteilt. Als ich die Schoten in Fräulein Rogallas Garten geerntet habe, gab es drei Schläge in Abständen mit dem abgehackten Schlauch. Fräulein Rogalla durfte zukucken, sie hätte die Schläge mitzählen dürfen, wollte es aber nicht. Unter dem niederpfeifenden Schlauch hasse ich meinen Vater und wünsche ihm, daß ich sterben würde, dann würde er bereuen und in Tränen ausbrechen.

Als ich im Torbogen die Eier aus dem Schwalbennest genommen habe, gab es vier mit der flachen Hand, eine leichte Strafe.

Oder die Sache mit der Bulette, die meinem Vater gehörte. Ich habe sie heimlich gegessen, dafür mußte ich eine viertel Stunde auf Erbsen knien, aber nicht auf gekochten. Meine Mutter hat sie dann gewaschen, und er hat sie später als Erbsensuppe selber auslöffeln müssen.

Als ich die beiden Schweine von Frau Kulicke aus dem

Stall gelassen habe, gab es Freispruch. „Die soll gefälligst abschließen", hat mein Vater gesagt. „Sie kann froh sein, daß kein Erwachsener eingebrochen ist, der hätte sich durch den Wald davon gemacht, dann wäre er weg gewesen mitsamt den Schweinen."

Und jetzt ist wieder ein Prozeß. Die Anzeige kommt von meinem eigenen Bruder Roger, weil er nicht mitmachen durfte, er ist zum Ficken zu klein. Mit seinen goldblonden Haaren steht er neben mir. An den Fingern hat er kleine Grübchen, da, wo die Finger anfangen. Auf diese Grübchen ist mein Vater ganz verrückt. Er hat die Patschhände von meinem Bruder schon abgeküßt wegen der Grübchen. Ich habe kaum noch Grübchen an den Fingern, weil ich dafür zu alt bin, ich habe schon richtige Jungenshände.

Mein Vater sagt: „Hände an die Hosennaht!"

Ich schlage die Füße zusammen. Man kann es aber nicht hören, weil ich barfuß bin.

„Wie heißt dieses Wort?"

Wir wußten, daß wir etwas Unschamhaftes tun. Wenn mein Vater erst aufsteht, um das Schlauchende zu greifen, muß ich es sowieso sagen. Also sage ich es jetzt: „Ficken".

Er kuckt auf seine Hände, die vor ihm auf dem Schreibtisch liegen. Sie sind kleiner als die Hände meiner Mutter, und ich habe mich schon oft gewundert, daß sie so zuschlagen können.

„Von wem habt ihr das Wort?"

„Von Rüdiger."

„Wer war dabei?"

„Alle. Alle Kinder vom Hof und von der Straße."

„Wo war das?"

„Im Bombentrichter am Wald. Man braucht dazu einen Bombentrichter."

„Den braucht man, ja? Und dann?"

„Alle stellen sich im Kreis auf und lassen die Hosen runter."

„Und die Mädchen?"

„Mädchen dürfen nicht dabei sein."

Mein Vater kuckt auf seine Hände. Ich kucke verächtlich meinen kleinen Bruder mit den goldenen Haaren an. Endlich kommt das Urteil:

„Ich lasse dich jetzt laufen. Aber es ist eine Riesenschweinerei. Das Wort nimmst du nicht mehr in den Mund. Raus! Nimm deinen Bruder mit."

Man weiß es nie bei meinem Vater. Diesmal ist es gutgegangen.

Draußen im Torbogen haue ich meinem Bruder eine runter und halte ihn fest, bis er ausgeheult hat. Er kuckt mich mit großen Augen an und heult mir mitten ins Gesicht. Er tut mir so leid. Ich halte ihn an beiden Händen fest und kucke seine Grübchen an.

Theresita prügelt

Im Kindergarten haben wir zwei Nonnen mit schwarzen Kleidern, schwarzen Schuhen und weißen Hauben. Eine dicke Nonne und eine dünne. Die dicke haut mit dem Handfeger und heißt Schwester Theresita, die dünne ist etwas schöner, sie heißt Schwester Alverna und haut nicht.

Morgens gehe ich mit Udo hin, und nachmittags mit Udo zurück. Im Sommer, wenn das Obst reif wird, gehen wir den Weg bei den Gärten an der Feldstraße entlang. Hier und da sind Löcher in den Zäunen, da krabbeln wir durch und ernten, was wir kriegen können, zuerst die Kirschen. Wir biegen die Zweige runter so gut es geht. Udo sagt: „Mein Vater war schon mal im Gefängnis."

„Warum?"

„Weil er Kommunist war, aber erzähl es nicht weiter. Wegen Klauen kann man auch ins Gefängnis kommen", sagt Udo.

„Kinder kommen nicht ins Gefängnis", sage ich.

Ich esse und trinke alles, von dem mein Vater sagt, daß es gesund ist. Nur zwei Sachen sind mir unangenehm, Lebertran und Brotsuppe. Meine Mutter steht mit dem Tranlöffel vor mir und sagt: „Mund auf!", ich halte mir die Nase zu, sie schiebt mir den ersten Löffel rein. „Runter damit", sagt sie. Bei dem zweiten halte ich den Atem an, und manchmal schaffe ich es, die Wohnung zu verlassen, um in den Vorgarten zu spucken.

Wenn Schwester Theresita Brotsuppe kocht, esse ich keinen Löffel. Sie sagt nicht, wo sie die Krusten und Krümel herhat, die sie in kaltem Wasser einweicht, bis sie untergehen. Dann rührt sie den Süßstoff und etwas Kunsthonig ein und bringt die Suppe zum Blubbern.

Nach dem Essen gehen alle Kinder die Treppe hoch in den Schlafsaal. Wer beim Einschlafen der Bravste ist, wird am nächsten Tag befreit. Der darf statt zu schlafen das große Spielzimmer aufräumen. Ich will immer der Bravste sein.

Wenn Brotsuppetag ist, habe ich solchen Hunger, daß ich sowieso nicht schlafen kann. Erst versuche ich, die Schafe zu zählen, dann stehe ich auf, um die anderen Kinder zu ärgern, ich verdrehe zum Beispiel ihre Zehen, dann schreien sie, dann kommt Schwester Theresita herein, um mir ein paar mit dem Handfeger drüberzuziehen. Dabei klemmt sie mich zwischen ihre Schenkel, das Ebenholzkreuz mit dem silbernen Heiland schwankt mir vor den Augen. Dann schreie ich, dann verliert Schwester Theresita die Geduld. Nonnen können sehr wütend werden. Sie haben nur besondere Kleider an, sonst sind sie so ähnlich wie andere Frauen. Schwester Theresita sperrt mich in den Keller und verriegelt die Tür. Dort ist Dämmerlicht, aber nach einer Weile kann ich die eingeweckten Birnen von den Schnittbohnen unterscheiden. Mit der Kneifzange zerre ich das Einweckgummi, bis es zischt. Dann trinke ich den Saft, angle ein paar Birnen heraus, der Rest kommt zum Verschimmeln in die hinterste Reihe. Am liebsten würde ich nur zu Hause essen. Daß Krieg ist, macht mir nichts aus, und meiner Mutter schon gar nicht. Sie kann aus Grieß und Zwiebeln Leberwurst machen. Sie kann fast alles selbermachen, was es nicht gibt.

Samstag ist der schönste Tag im Kindergarten. Da können wir spielen, was wir wollen, niemand hat Aufsicht.

Wieder an einem Samstag wollen die Nonnen, daß wir uns allein beschäftigen. Wir beschließen, Verdunklung zu spielen: Jeder bekommt eine alte Zeitung, taucht seinen Pinsel in schwarze Wasserfarbe, und dann wird die Zeitung verdunkelt, bis kein einziger Buchstabe mehr zu sehen ist. Eine langweilige Arbeit. Deshalb hole ich den Knetekasten hervor, was verboten ist, denn mit ihm dürfen wir nur spielen, wenn eine der Nonnen Aufsicht hat. Mit der Hand rolle ich die Knete zu Würsten, drücke sie platt und verdunkle die Fensterscheiben. Alle sind begeistert, sie stellen sich auf die Tische, und jeder darf eine Scheibe zukneten. Es wird immer dunkler im Kindergarten. Bis Schwester Theresita reinkommt und unter einem Aufschrei das Kreuz schlägt.

„Wer war das?“ fragt sie. „Wer ist auf die Idee gekommen?“ Keiner verrät mich, aber alle kucken mich an. Ich glaube, daß die meisten Kinder döfer sind als ich. Denn ich hätte nicht gekuckt und nicht gezuckt.

„Manfred ist der Rädelsführer“, sagt sie. Und wieder klemmt sie mich zwischen ihre Schenkel, wieder sehe ich den Heiland vor meinen Augen hin und her fliegen, wieder muß ich in den Keller, wo ich die Birnen vom letzten Mal aufesse.

Wenn mir sowas passiert, würde ich am liebsten denken, daß ich ein armer Junge bin, und ich würde gern ein bißchen weinen. Ich denke aber an meine Oma.

Schwester Theresita, die jetzt ihren Arbeitskittel anhat, kommt in den Keller und nimmt mich bei der Hand: „Deine Großmutter ist gekommen, sie will dich abholen."

Wahrhaftig steht meine Oma mit ausgebreiteten Armen im Spielzimmer. Sie hebt mich hoch, und sofort muß sie weinen. Sie hat seidige Haare und eine zarte Haut und große weiche Brüste, an die sie mich drückt. Ich kann erst atmen, als sie mich wieder auf den Boden stellt. Schwester Theresita klettert auf einen Stuhl, sie bleibt mit dem Kittel an der Lehne hängen, so daß ich zum ersten Mal ihre Beine sehen kann. Sie hat Kniestrümpfe mit drübergezogenen Gummibändern an. In der Hand hat sie ein Fläschchen Terpentin und einen Lappen, damit reibt sie die von der Knete verschmierten Fensterscheiben ab.

Alle Kinder ringsum sind Oma Lisa völlig egal, auch die Nonnen. Sie hebt mich wieder hoch und drückt mich an ihre Brüste.

„Ich bin den weiten Weg von Duisburg hierher gekommen und gleich in den Kindergarten, damit ich dich abholen kann. Schwester, man muß ihn lieben, nicht wahr? Er bringt Sonnenschein ins Herz!"

„Sonnenschein? Gerade eben hat er die Scheiben verschmiert, sehen Sie. Man wird nicht fertig mit ihm."

Abwechselnd zählen die Nonnen alle Sünden auf, die ich begangen habe. Meine Oma hört zu. Sie hält meine Hand fest, die sie hin und wieder drückt, um mich zu beruhigen.

„Sie haben viel Gutes an dem Jungen getan, Schwestern. Er hat es nicht leicht, seine Mutter hat ihn evangelisch taufen lassen. Trotzdem haben Sie ihn hier aufgenommen, ob in Liebe, das werden Sie selber wissen. Ich werde bei der Muttergottes für Sie beten."

Auf dem Nachhauseweg steckt sie mir zwei Würstchen zu: „Die darfst du allein essen. Wenn Friedenszeit wäre, hätte ich Schokolade mitgebracht.“ Ich schaue zu ihr auf. Friedenszeit ist ein Wort, das ich immer höre.

Es gibt manchmal braune Riegel, die aussehen wie eingetrocknetes Bohnerwachs. Das ist keine Schokolade, obwohl man Zuckermarken dafür geben muß.

„In der Friedenszeit gab es Schokolade?“

„In Duisburg war ein Laden, da gab es nur Schokolade. Drei Verkäuferinnen und keine Schlange. Manchmal wollte einfach niemand Schokolade haben, weil so viel da war. Und teuer war sie auch.“

Nach einer Weile sagt sie: „Sei nicht traurig, daß du evangelisch bist. Das kann man noch ändern. Das Schlimmste ist, daß ihr keine Muttergottes habt. Mir hat sie schon oft geholfen, gerade wenn es am schwersten war. Ich bin immer allein gewesen mit meinen Jungs, mit dem Erich und dem Rudek. Von Kattowitz bin ich mit den beiden bis Duisburg gefahren. Kein Geld, keine Bleibe. Als sie groß waren und aus dem Haus, da wurde es einsam um mich. Nur wenn sie Geld brauchten, kamen sie. Eines Tages konnte ich nicht mehr. Ich ging den weiten Weg in die Marienkirche, niemand war dort. Die Sonne schien auf die Madonna, daß ich ihr Lächeln sehen konnte. Ich kniete mich hin, schaute hoch zu ihr und betete: ‚Maria, du bist eine Schmerzensreiche, genau wie ich. Du wirst mich verstehen. Gib mir einen Mann an die Seite, und wenn er taub und blind und alt ist. Ein bißchen Rente könnte nicht schaden.‘ Und was werd ich dir sagen, mein Süßer? Keine drei Wochen später habe ich den Heinrich Koppmann kennengelernt, und er liebt mich bis zum heutigen Tage. Lisa hinten, Lisa vorn, so geht es von früh bis spät. Nur den schönen Namen Krug habe ich verloren, sonst nichts. Er hört schwer und sieht schwer, aber taub und blind ist er nicht. Bloß zwanzig Jahre älter. Sein Lebtag war er Anstreichergeselle bei der Hafenbahn gewesen, und jetzt teilt er sich mit mir die Rente. Und die Fahrkarte zu dir hat er bezahlt. Dabei ist er eifersüchtig auf dich.“

Sie fängt an zu tanzen und singt das Lied:
„Es geht alles vorüber,
Es geht alles vorbei.
Im April stirbt der Führer
und im Mai die Partei…“

Wir tanzen beide die Marwitzer Straße entlang. Meine Oma
32 hat ein blaues, weiß gepünkteltes Kleid an, aus dem ihre krummen Beine herauskucken, die etwas schräg in den Pumps enden.

„Das Lied darfst du niemals singen, versprich mir das, es ist verboten. Wenn du willst, machen wir eine große Reise. Ich habe eine Fahrkarte für uns beide, es geht nach Thorn an der Weichsel. Das ist fast in Polen. Willst du?“

„Wir haben keine Muttergottes?“

„Doch, ihr habt eine, aber ihr betet nicht zu ihr, das ist der Fehler.“

Regenpelerina

Ich stehe in der Stadt Thorn in einem Hinterhof, es regnet. Auch im Frieden hätte es für unsere Familie kein Geld zu einer Reise gegeben. Meine Oma Lisa hat es geschafft, sie hat eine Fahrkarte für uns beide, hin und zurück.

Ich stehe unter einem Balkon im Trockenen und kann den Blick nicht von dem Mädchen wenden, das so alt ist wie ich. Sie hat sich nicht untergestellt, läßt den Regen auf ihren durchsichtigen Mantel pladdern. Durch die Mantelhaut und die Regentropfen hindurch schaue ich auf ihr grünes Kleid, wie durch knisterndes Glas, und alles bleibt trocken. Sie hat eine Kapuze auf dem Kopf, durch die ihre roten Haare schimmern. Ich schaue an mir herunter, ob ich auch etwas hätte, das sie in Erstaunen versetzen könnte. Höchstens der

Pullover, den meine Mutter gehäkelt hat und auf dem groß die Buchstaben „M. K." stehen. Und auf dem Kopf habe ich den Seppelhut.

Wir beobachten uns eine Weile. Das Mädchen macht den Mund auf und sagt: „Ätsch, ich hab eine Regenpelerina, und du nicht."

Das Wort habe ich noch nicht gehört, es klingt geheimnisvoll und polnisch. Das ist also eine Regenpelerina.

„Dafür habe ich einen Pullover und weiß, was die beiden Buchstaben bedeuten, und du nicht", sage ich und zeige mit dem Finger drauf.

„Du brauchst es mir nicht zu verraten, es ist nicht interessant", sagt sie. Dabei ist es doch interessant. Immer wenn
meine Mutter die beiden Buchstaben auf einen Pullover 13
stickt, lacht sie und singt

„Schreibste mir,
schreibste ihr,
schreibste auf MK-Papier."

Ich streife die Kapuze des Mädchens herunter, greife mit jeder Hand einen Zopf, um ein paarmal kurz und böse daran zu ziehen. Dann lasse ich sie im Regen stehen und gehe die Treppe hinauf zu Tante Grete. Sie ist die Schwester von meiner Oma Lisa. Wir sind nach Thorn gefahren, weil sie dort einen Sack voll Einweckringe kaufen muß. Meine Oma ist die Mutter von meinem Vater. Und mein Vater hat keinen Vater.

„Komm, wir gehen, der Regen hört auf", sagt Tante Grete, die einen Henkeltopf trägt. „Ich werd' dir die Weichsel zeigen. Wer weiß, ob du die nochmal sehen wirst."

Gegenüber von Tante Gretes Haus hängt im Schaufenster ein großes Plakat, da bleiben wir stehen. Man sieht einen Riesen auf dem Plakat, der so groß ist, daß ihm die brennende Stadt, durch die er trampelt, nicht mal bis zu den Knien reicht. Der Riese hat Stiefel an, unter denen die Häuser zusammenbrechen, und die fliehenden kleinen Menschen werden von seinen Stiefeln zermalmt, nur einige können sich retten. Der Riese hat einen Zipfelhelm auf dem Kopf, vorn drauf ist ein roter Stern. Das Gesicht sieht böse aus, zwischen den Zähnen klemmt ein Messer, von dem Blut tropft. Er blickt sich nach allen Seiten um, ob er nicht jemand findet, den er umbringen kann. Der andere müßte auch ein Riese sein, denn für die kleinen Menschen da unten wäre sein Messer viel zu groß. Am Himmel, über seinem Kopf, steht ein Wort aus brennenden Buchstaben.

„Was steht da?“ sage ich.

„Bolschewismus“, sagt Tante Grete.

Ich schaue zu ihr hoch.

„Das kann ich dir nicht erklären“, sagt sie. „Vielleicht später, wenn du in die Schule kommst.“ Und während sie mich vom Schaufenster wegzieht und wir die Straße zur Weichsel hinuntergehen, sagt sie: „Das ist der Name von dem Riesen.“

Unten am Fluß arbeiten die Männer, zu denen auch Onkel Julius gehört. Er ist der Mann von Tante Grete und bedient eine Dampframme, indem er einfach an der Schnur zieht. Fauchend fliegt das Gewicht nach oben und fällt wieder herunter auf einen Eisenträger, der immer ein bißchen tiefer ins Wasser getrieben wird. Wir schauen eine Weile zu. Tante Grete schreit in den Lärm hinein: „Er ist hier der Chef. Nur er allein darf an der Schnur ziehen.“

In der Pause schiebt Onkel Julius den Hut nach hinten und löffelt den Henkeltopf leer, den sie ihm mitgebracht hat. Dann küßt er sie, hebt mich zum Abschied hoch, daß ich über den Fluß und die Brücke entlang sehen kann und sagt: „Alles, was du hier siehst, das habe ich da reingerammt. Paß schön auf in der Schule, dann kannst du das auch einmal schaffen.“ Während Onkel Julius spricht, kucke ich nicht über den Fluß, sondern auf seinen Goldzahn.

Johanna 2. Stück

Johanna hat gute Arbeitsstellen. Den ganzen Freitag holt sie beim Holzhändler Brennmaterial für Backstuben, Waschküchen und die Töpferei Bober. Immer wieder zieht sie den vollgepackten Karren durch die Straßen. Am Sonnabend ist sie beim Bäcker in der Trautenaustraße, wo sie zum Wochenende die Quarkstollen macht und die Bleche auslegt. Am Sonntag, wenn die Christmesse vorbei ist, klettert sie auf die Halde bei der Zeche und grabbelt Kohlen zum eigenen Bedarf, was verboten ist. Man findet wenig genug zwischen den Steinbrocken, zwei Stunden muß sie suchen, um den Tragesack vollzusammeln, den sie in die Nottebohmstraße schleppt. Dort, auf dem Dach hinter einem Verschlag, hat sie den Wintervorrat angelegt. Es ist kalt da oben, aber tagsüber ist sie nicht da, nur manchmal feuert sie abends den Kanonenofen an, wenn sie Knöpfe an die Hemden der Familie Kalweit näht oder sonst feinere Arbeiten unter der Ölfunzel macht.

Diese Woche will ihr nicht vergehen. Von allen Arbeitsplätzen ist ihr der Keller in der Marienstraße der liebste.

Den Bottich hat Johanna an seinem Platz stehen lassen, sie hat sich aber mit dem Waschbrett auf die andere Seite gestellt, mit dem Rücken zum Fenster, damit sie erleben kann, wenn er kommt.

Nach der Dämmerung steht er in der Tür, die er verriegelt. Er fragt lautlos, ob er näher zu ihr kommen darf. Er will ihre Befugnis haben, die er nicht braucht. Johanna trocknet am Rock ihre Hände und nickt ihm zu. Sie will das Licht ausblasen, aber Herr Kalweit schiebt den Leuchter zur Seite, das Staunen in ihren Augen will er sich nicht entgehen lassen. Mit begütigendem Blick, als wollte er ein Pferd beruhigen, geht er auf sie zu. Sie läßt sich den Hals küssen, genießt auf der Haut den Kitzel seines Schnurrbarts. Herr Kalweit leert einen Korb Schmutzwäsche aus und bereitet ein Lager. Johanna hilft ihm, sie hat es eilig.

Bis zur Adventszeit wird sie es einrichten, daß an den Donnerstagen immer etwas trockene Wäsche übrigbleibt, auf die sie sich legen können.

Am Heiligen Abend hat die Familie Kalweit keinen Besuch, sie wollen eine stille Bescherung haben. Nicht mehr lange, und die halbwüchsigen Kinder würden das Haus verlassen.

Johanna feiert mit dem Altgesellen Gottselig in seiner Wohnung. Er schenkt ihr einen Schnaps ein und singt „Stille Nacht, Heilige Nacht". Sie lächelt ihm dankbar zu, aber als er ihr gar zu oft den Schenkel tätschelt, geht sie nach oben. Morgen wird sie in die Kirche gehen und den Stall von Bethlehem betrachten, mit dem Kind in der Krippe. Und sie wird die Mutter Maria bewundern, die mit gehobenem Zeigefinger vor dem holden Knaben steht und ihm etwas sagt. Und kein Mensch in der Kirche wird wissen, was sie sagt. Keinem Menschen in der Kirche wird es besser ergehen als Johanna Krug.

Nach Weihnachten ist Johanna zum Aufräumen im Haus Kalweit, wie jedes Jahr. Die gnädige Frau hat ihr ein gestärktes Häubchen geschenkt, passend zu Rock und Bluse, den Gaben des vorigen Jahres. Johanna soll ordentlich angezogen sein. Sie darf Silvester das Essen auftragen, und einige Tage später in dem Kostüm den Baum abschmücken. Der junge Herr Anselm sieht ihr beim Auffegen der Nadeln zu, er hat die feinsten Finger, um das Lametta für's nächste Jahr zusammenzulegen. Der junge Herr ist der einzige, der ihr manchmal zulächelt, und er ist gern nah bei ihr, als wollte er den Duft ihrer Haare einatmen. Johanna kann sich denken, warum sie seinen Vater in der Wohnung nicht zu sehen bekommt. Sie will sich für nichts schämen. Ihr ist bewußt, daß Gott ihr ein schlechteres Leben gegeben hat als den meisten anderen Menschen. Sie weiß nicht, warum. Hat der Allmächtige gewußt, daß sie einmal Ehebrecherin sein würde? Sie schaut Frau Kalweit beinahe trotzig in die Augen, wenn sie sich von ihr beobachtet fühlt. Das Abschmücken ist fertig. Johanna legt das feine Kostüm bis Ostern in den Spind hinter der Kellertreppe und zieht die Arbeitssachen wieder an. Dann bringt sie den Baum in den Keller und hackt ihn zu Kleinholz für die nächste Wäsche.

Wir gehen die Straße wieder hoch, die leer ist, als wäre Sonntag.

„Ich wollte auch mal so einen Jungen haben, wie du einer bist. Aber der Herrgott hat uns keinen geschenkt", sagt Tante Grete. „Einmal war ich mit dem Julius in Italien, da hat er Brückenpfeiler eingerammt. Wir wohnten in einem schäbigen Hotel, und eines Abends, als wir nach Hause kamen, lag ein frischgeborenes Baby in unserem Bett. Der Bauchnabel war noch blutig, jemand hatte den kleinen Jungen in Papierservietten eingewickelt. Wir haben ihn als unser Kind angenommen und ihn Walter getauft. Walter Stolarek, das ist jetzt dein Onkel."

„Hast du die richtige Mutter gesehen?"

„Die richtige Mutter, das bin ich. Die andere ist nur die Frau, die ihn auf die Welt gebracht hat, die habe ich nicht gefunden. Weil ich sie nicht gesucht habe. Wahrscheinlich hatte sie schon zu viele Kinder. Sie könnte eines von den Zimmermädchen gewesen sein. Ich wollte es gar nicht wissen."

„Jetzt hat er Deutsch gelernt."

„Ja, was glaubst denn du?"

„Bei seiner Mutter hätte er Italienisch gelernt."

„Ich bin seine Mutter. Deutsch hat er gelernt."

„Seine Brüder und Schwestern aber nicht."

„Nein, die nicht", sagt Tante Grete.

„War mein Bauchnabel auch blutig?"

„Alle Menschen haben das, wenn sie frisch geboren sind."

Ein mit Kohlen beladener Leiterwagen müht sich von der Weichsel den Berg hinauf. Das Pferd stemmt sich in die Riemen, der Kutscher gibt ihm die Peitsche, aber es geht nicht weiter vorwärts. Tante Grete bleibt stehen.

„He! Siehst du nicht, was los ist?" sagt sie zu dem Kutscher.

„Was geht das dich an?" sagt der.

Tante Grete stellt den Henkeltopf ab. Sie geht auf den Mann zu und langt sich die Kohlenschaufel vom Wagen. Dann hebt sie die Schaufel über den Kopf und macht Anstalten, auf den Kutscher einzudreschen. Der läßt die Zügel liegen, kann gerade noch die Bremse anziehen. Dann springt er in Richtung Straße runter von dem Kohlenwagen.

„Das ist schon mal das erste, was du richtig gemacht hast", sagt Tante Grete, während der Mann vorsichtig um den Wagen herumkommt.

„Komm her! Nimm die Zügel auf! Mach die Bremse los!" Der Kutscher, während er sich nach der Schaufel umdreht, macht alles so, wie Tante Grete es haben will.

„Und jetzt?" sagt Tante Grete. „Na? Du stellst dich in die Speichen. Los stell dich drauf. Ich zeig's dir." Der Kutscher geht in die Speichen des Vorderrades, Tante Grete geht in die Speichen des Hinterrades, das Pferd prustet, und langsam setzt sich der Wagen in Bewegung.

„Wehe, ich seh' dich auf dem Bock, bevor du oben am Berg angekommen bist!" sagt sie und schmeißt die Schaufel zurück auf die Kohlen.

Er läuft neben dem Leiterwagen her und dreht sich nicht um. Wir sehen ihn laufen, bis er hinter dem Berg verschwindet.

Früh am nächsten Morgen ist meine Oma Lisa schon auf den Beinen, um die Sachen für unsere Abreise zu packen.

„Schau, was ich besorgt habe." Sie zeigt mir zwei Kopfkissenbezüge voll mit Gummiringen, die man zum Einwecken braucht. Dann sitzen wir mit Onkel Julius und Tante Grete am Frühstückstisch, wo es Rübenkraut auf Graubrot gibt und darunter dick Butter. Das ist das schönste Essen, das ich kenne. Ein paar Halbpfünder Butter sind auf dem Tisch aufgestapelt. Ich sehe, daß meine Oma ein Stück in ihr Handtuch wickelt, und Onkel Julius, der über den Rand der Tasse kuckt, sieht es auch, und ich sehe, daß er es sieht.

„Was machst du denn da?" sagt Onkel Julius.

„Wovon redest du?" sagt meine Oma. „Ach das. Oh, es muß mir aus Versehen passiert sein, beim Handtucheinrollen. Entschuldigung." Sie rollt das Stück Butter wieder heraus und legt es hin.

„Aus Versehen?" Er schaut zu Tante Grete. „Was hast du für eine Verwandtschaft, Grete? Kommen hierher, schlafen sich aus, essen sich satt, und packen anderer Leute Butter ein."

„Willst du dich vor dem Jungen versündigen?" sagt meine Oma. „Ich war in Gedanken, das kann passieren. Daß Gott dich strafen wird! Komm, Manfred, wir haben gepackt, hier bleiben wir keine Minute länger."

Onkel Julius klappt den Koffer auf, der auf der Anrichte liegt. Er wühlt in den Sachen meiner Oma und findet eine Tüte aus Silberpapier.

„Nimm die Finger weg!" sagt sie. „Die Kaffeebohnen hat Grete mir geschenkt!"

„Bedaure, das ist nicht wahr!" sagt Grete.

Meine Oma spricht etwas auf Polnisch, damit ich sie nicht verstehe.

„Dann sind es eben meine", sagt sie, „auf Reisen habe ich immer Kaffeebohnen bei mir." Sie grabscht ihm mit einem Ruck die Tüte aus der Hand und wirft sie zurück in den Koffer. Tante Gretes Augen sind naß geworden. Ich könnte sie lieb haben, weil sie der Oma ähnlich sieht. Sie hat auch solche krummen Beine, große Brüste und gepünktelte Kleider. Meine Oma nimmt mich an die Hand, und wir gehen. Sie wollte sich das Frühstücksei mit mir teilen, ich glaube aber, es steht noch immer auf dem Tisch.

Onkel Julius kommt hinter uns die Treppen runter, und draußen zieht er zum Abschied nicht den Hut. Er geht runter zur Weichsel, wo seine Dampframme steht. Meine Oma und ich gehen in die andere Richtung, zum Bahnhof von Thorn. Über der Schulter trägt sie die beiden zusammengebundenen Kissenbezüge, und in der Hand den Koffer. Ich trage das Einkaufsnetz, das meine Mutter mir auf die Reise mitgegeben hat.

Am Bahnhof hängt das gleiche Plakat mit dem Riesen. Ich sage: „Kuck mal, weißt du, was da oben steht?" Stockend lese ich es ihr vor, sie soll glauben, daß ich lesen kann: „Bol-sche-wis-mus." Meine Oma setzt sich vor mich hin auf den Koffer und kuckt mich begeistert an. Sie nimmt mir den Seppelhut ab, streicht mir durchs Haar und setzt den Hut wieder auf. „Ach, mein schwarzer Zigeuner!" sagt sie. „Schneidet dein Vater dir die Haare? Laß sie dir von ihm nicht abschneiden. Er ist ein Barbar." Immer wenn sie „schwarzer Zigeuner" zu mir sagt, ist es, als wenn sie innerlich lacht und weint, beides zusammen. Aber sie ist nicht traurig. Glücklich ist sie. Sie öffnet einen der Kissenbezüge und zaubert das Ei hervor, das sie auf dem Tisch stehen gelassen hat und das sie jetzt pellt. „Wenn einer schon Stolarek heißt. Er denkt vielleicht, ich habe nichts, weder ein Ei noch sonst was. Aber ich habe. Hier." Dabei holt sie zwischen den Gummiringen ein Stück Butter hervor, das sie mir zeigt. Sie stülpt ihre Lippen über das Ei und beißt die Hälfte ab. „Wir haben eine lange Fahrt", sagt sie. „Der alte Gauner hat genug zum Verschieben. Mich sieht der nicht wieder." Und steckt mir das halbe Ei in den Mund.

Gegen Engelland

Der Zug ist voll, wir stehen im Gang zwischen lauter Uniformen. Meine Oma schiebt die Tür zu einem Abteil auf, das für Verwundete reserviert ist. „Bitte, meine Herren", sagt sie, „ich will mich nicht setzen, Sie haben es schwer genug. Aber wenn Sie erlauben, daß ich den Koffer ins Gepäcknetz lege, das wäre schon eine Hilfe. Da oben paßt er noch hin, danke Herr Leutnant, wer weiß, wie oft wir umsteigen, ich muß auf meinen kleinen Sohn aufpassen. Wenn sich eine winzige Lücke findet, wenigstens für ihn, könnte er auf meinem Schoß sitzen." Die Soldaten wollen nicht gern Platz machen, einer zeigt auf seine Krücken. „Und obendrein kann ich Ihrer Frau Mutter eine Freude machen, sehen Sie, nagelneu." Sie hat aus dem Kissen ein paar Einweckringe gezogen, die sie verteilen will, aber die Soldaten winken ab. „Wenn Ihre Mutter keinen Garten hat, das macht nichts, man kann die Gummis tauschen, gegen einen Tabakabschnitt oder bißchen Fett. Ach, das würden Sie nicht übers Herz bringen, das Kind die ganze Fahrt stehen zu lassen. Danke." Und schon hat sie den Hintern zwischen die Soldaten gezwängt, und ich sitze neben ihr, und nicht auf ihrem Schoß.

Meine Oma lächelt jeden der Reihe nach an. Sie schaut nicht auf die fehlenden Arme oder Füße, nur in die Gesichter. „Sollten noch Kameraden von Ihnen zusteigen, gehen wir raus, das versteht sich von selbst", sagt sie. Draußen fliegt der Rauch vorbei, alle hören auf das Rauschen und den Schienenschlag. Ich gehe ganz dicht an das Ohr meiner Oma: „Weißt du, was du gesagt hast?"

„Na was?"

„Du hast gesagt, daß ich dein Sohn bin."

„Oje", sagt sie leise und schlägt das Kreuz. „Aber das macht nichts. Du bist ja der Sohn von meinem Sohn. Das ist alles wszystko jedno." Und laut sagt sie in die Runde: „Sie sollten meinen Kleinen mal singen hören. Das wird Ihr Herz erfreuen. Manfred, sing den Herren Soldaten das Lied vor, du weißt schon."

12 „Wo kommst du her mit deinem Seppelhut? Aus Bayern?"

Ich sage: „Wissen Sie, wo Georgsmarienhütte ist? Bei Osnabrück. Da ist mein kleiner Bruder geboren, der heißt Roger. Aber jetzt wohnen wir in Hennigsdorf, im Osthavelland, das ist bei Berlin. Da macht mein Vater Eisen. Bestimmt hat er die Räder von der Lokomotive auch gemacht."

„Na gut, dann fang an."

Ich lege die Hände an die Hosennaht, wie mein Vater es mir beigebracht hat, und singe:

„Unsre Flagge, und die wehet auf dem Maste,
sie verkündet unsres Reiches Macht;
Denn wir wollen es nicht länger leiden,
daß der Englischmann darüber lacht.

Gib mir deine Hand,
deine liebe Hand,
Leb wohl, mein Schatz, leb wohl;

Denn wir fahren,
denn wir fahren,
denn wir fahren gegen Engelland, Engelland."

Applaus. Der Soldat nimmt mir den Hut ab und wirft einen Groschen hinein. „Nach Engelland kann man doch nicht fahren, Junge, das liegt auf einer Insel."

„Das ist ein Matrosenlied. Mit dem Schiff kann man schwimmen, und das nennt man fahren."

„Geht uns nichts an, wir sind Infanterie, da wird gelaufen, und das nennt man marschieren. Ist ein gutes Lied", sagt er. „Das kannst du den Kameraden nebenan auch vorsingen." Ich gehe mit nur einer Hand an der Hosennaht von Abteil zu Abteil, und singe das Lied aus vollem Hals, bis ich auch die andere Hand noch brauche, um den Hut festzuhalten, der sich mit Groschen und Pfennigen füllt.

Als ich wiederkomme, schlägt meine Oma die Hände zusammen, dann träufelt sie etwas Wasser aus einer Seltersflasche, um mir die Augen zu kühlen, die vom Zigarettenrauch rot geworden sind.

In der Marwitzer Straße liefert meine Oma mich ab, aber sie kann nicht bleiben. Auf dem Sofa in der Küche ist kein Platz mehr für sie, denn Onkel Walter ist von der Front gekommen. Der soll jetzt bei uns schlafen. Er sieht aus, wie ich mir einen Italiener vorstelle, schlank, schwarze Augen, schwarze Haare. Er hat ein verbundenes, steifes Bein, im Liegen muß er in eine Flasche pinkeln. Zum Großmachen humpelt er auf Krücken in die Toilette.

Oma Lisa sagt: „Heil Hitler, Walter. Von deiner Mutter soll ich dich grüßen, ich hab sie gerade in Thorn gesehen. Sie sagt, du hättest das Verwundetenabzeichen. Da darfst du dich nicht wundern, wenn du verwundet wirst. Umsonst gibt es nix. Meine Schwiegertochter wird dich gesund pflegen. Das sind wir Deutschland schuldig." Man weiß bei ihr nicht, ob etwas mehr gut gemeint ist oder mehr komisch. Der Italiener kuckt sie eine Weile scharf an.

„Laß mal gut sein, Tante Lisa", sagt er. „Was treibst du dich in Thorn rum? Hau ab nach Duisburg, und verstopf nicht das Quartier."

Meine Oma lächelt mir bitter zu. „Kuck mich nochmal genau an, mein Süßer", sagt sie. „Ich bin deine Oma, und sonst niemand auf der Welt. Man weiß nicht, was passiert."

Sie packt eine Schachtel aus. „Für dich habe ich noch was. Wenn du willst, warte bis Weihnachten. Oder pack es aus, wenn ich abgereist bin. Dann fällt dir der Abschied nicht so schwer."

Sie gibt meiner Mutter und Onkel Walter die Hand. Zu ihm, der sich aufs Sofa gelegt hat, dreht sie sich nochmal um: „Mit deinem Vater Julius hast du einen Fang gemacht. Ich weiß nicht, warum er dort noch Pfeiler einrammt in die

Weichsel. Aber du wirst es wissen. Und sag der armen Grete einen Gruß von mir."

Zu meiner Mutter sagt sie kein Wort.

Ich allein bringe die Oma bis zur Eisenbahnbrücke. Zwischen den frisch gepflanzten Lindenbäumchen hebe ich einen Zettel auf. Die Oma sagt: „Das ist ein Flugblatt, schmeiß es sofort weg. Das hebt man niemals auf, weil es verboten ist." Sie zerknüllt es und wirft es weg.

„Papa wird sich wundern, wenn er nach Hause kommt, und du bist nicht mehr da."

„Sei froh, daß du noch einen Papa hast, der nach Hause kommt", sagt sie.

„Meine Mutter kannst du nicht leiden. Und warum nicht?"

„Ich kann deine Mutter gut leiden. Schon weil sie dich auf die Welt gebracht hat."

Und später sagt sie: „Deine Mutter hat mir den Sohn weggeheiratet. Und ihre Schwester Hilde hat mir den anderen Sohn weggeheiratet."

„Oma, hattest du einen Vater?"

„Ja, sicher."

„Und wie hieß der?"

Meine Oma überlegt.

„Das hat meine Mutter mir nicht verraten."

„Und wie hieß deine Mutter?"

„Die hieß … Oh Gott! Schande. Wie hieß meine Mutter?"

Mir wäre am liebsten, wenn ich nicht gefragt hätte.

„Ich weiß es", sagt meine Oma, „sie hieß Johanna."

An der Brücke setzt sie den Koffer ab, hockt sich zu mir runter und singt lachend unter Tränen:

„Du schwarzer Zigeuner,
komm spiel mir was vor,
denn wenn deine Geige weint,
weint auch mein Ohr.
Jetzt geh zurück nach Hause."

Mit einem Ruck steht sie auf und geht allein weiter.

Ich sehe, wie meine Oma sich noch einmal umdreht, den Koffer in der Hand, die Kissenbezüge über der Schulter.

Hammer und Uhr

Ich beeile mich, nach Hause zu kommen, weil ich die Schachtel aufschnüren will, damit mir der Abschied nicht so schwerfällt. Ich finde darin einen Hammer und eine in Watte gepackte Taschenuhr. „Ein billiges Ding aus Nickel", sagt Onkel Walter. Auf dem beigelegten Zettel steht was geschrieben. Meine Mutter liest mir vor: „Lieber Junge, ich weiß doch, daß Du in alles reingucken willst, weil Du wissen willst, was drin ist. Hier hast Du einen Hammer und kannst die Uhr kaputthauen. Wenn Du willst. Deine Oma."

Onkel Walter hebt das geschiente Bein vom Sofa und beugt sich vor: „Sie ist verrückt", sagt er.

„Sie ist die Verrückteste von all den Verrückten in Rudis Verwandtschaft", sagt meine Mutter.

Ich ziehe die Uhr auf.

Wo meine Oma sie her hat, weiß ich nicht. Ihr Ticken hat einen singenden Ton, geheimnisvoll, wie das Schwingen einer fernen Glocke.

Mein Bruder Roger kann schon sprechen, aber manchmal, wenn meine Mutter ihn läßt, nuckelt er noch an der Brust. Ich halte ihm die Uhr ans Ohr. Für einen Moment gleitet ihm die Brustwarze aus dem Mund, er sagt: „Eine Tick Tack." Es ist selten, daß mein Bruder das Richtige sagt, diesmal stimmt es: eine Tick Tack.

Meine Mutter und Onkel Walter beobachten, was ich mit der Uhr machen werde. Die Aufmerksamkeit bekommt mir gut in diesem Augenblick. Zuerst hole ich eine Zeitung, die ich auf dem Boden ausbreite. Roger zögert mit dem Zuzeln, dann steckt er den Daumen in den Mund und dreht sich mit der anderen Hand eine Locke.

In dem Moment, ehe mich jemand bremsen kann, haue ich mit dem Hammer, ich weiß nicht, wie oft, auf die Uhr ein. Glas und Zifferblatt zerspringen, das nackte Werk tanzt auf dem Fußboden und zerfällt. Ganz ruhig schiebe ich mit der Hand die Rädchen und Glassplitter zusammen, um sie in die Zeitung zu packen. Ich weiß schon, was für eine schöne Erlaubnis meine Oma mir erteilt hat. Keiner in der Marwitzer Straße durfte jemals eine Uhr kaputtschlagen, nur ich.

„Wenn du mein Sohn wärst, würde ich dir was erzählen", sagt Onkel Walter.

„Was würdest du mir erzählen?" sage ich. Er kuckt mich aus seinen italienischen Augen an, ohne zu antworten. „Mein Vater erzählt mir nämlich schon eine ganze Menge."

Im Flur hängt die neue Uniform von Onkel Walter, an der Jacke sind seine Abzeichen angeschraubt. Die alte Jacke, in der er verwundet worden ist und an der noch Blut klebt, hängt über dem Küchenstuhl. Man sieht, wo die Splitter durchgegangen sind. Als ich meine Mutter frage, warum er so viele Abzeichen hätte, sagt sie: „Weil er tapfer ist."

„Bist du tapfer?" sage ich.

„Sei nicht frech", sagt meine Mutter. „Sowas fragt man nicht. Du siehst doch, daß Onkel Walter tapfer ist. Wäre er sonst verwundet?"

„Mein Vater ist auch tapfer und nicht verwundet. Er wird sich die beiden Grützbeutel auf der Stirn herausschneiden lassen, und ich darf dabei sein."

Onkel Walter kuckt mich an. Ich weiß sofort, er gehört zu den Erwachsenen, die mich nicht leiden können. Meine Mutter kann mich nicht leiden, weil ich sie quäle. Sie wird mit mir nicht fertig, sagt sie. Wenn mein Vater nach Hause kommt, erzählt sie ihm, wie ich sie gequält habe und wie sie den ganzen Tag nicht mit mir fertig geworden ist, dabei bin ich den ganzen Tag im Kindergarten. Manchmal schleicht mein Vater sich heimlich in die Wohnung, er klingelt nicht, niemand hört, wie er den Schlüssel rumdreht. Er will es selbst erleben, wie ich sie quäle, und wenn sie mich ins Bett schicken will, quäle ich sie wirklich. Dann sage ich in der Wut etwas Häßliches zu ihr, etwas Blödes, was gar nicht stimmt, zum Beispiel „dicke Arschbulette!“, und renne um den Küchentisch herum. Meine Mutter rennt mit dem hölzernen Kochlöffel hinter mir her, um mich zu hauen. Aber das passiert selten, ich glaube, sie rennt absichtlich so langsam, daß sie mich nicht erwischt.

Dann steht plötzlich mein Vater schon lange in der Tür und legt mich übers Knie. „Das gibt drei mit Abständen“, sagt er und versohlt mich mit der flachen Hand, eins – Abstand, zwei – Abstand, – und die letzte Zahl ist Numero drei. Früher habe ich gewimmert und geheult, das hat ihn aber nicht mitleidig gemacht. Jetzt beiße ich die Zähne zusammen, daß sie wackeln. Roger wird nicht verhauen, weil er der kleine Blonde ist, und weil er noch nicht so viel Quälkraft hat wie ich, und weil er ein kompliziertes Wort wie Arschbulette nicht aussprechen kann.

Nur meine Oma liebt mich, erst recht, weil ich nicht blond bin, weil ich im Gegenteil ihr schwarzer Zigeuner bin. Deswegen liebe ich sie. Sie hat mir noch nie mit ihrer eigenen Spucke das Gesicht abgewischt, wie es meine Mutter macht, nur weil sie mit mir in die Stadt Hennigsdorf gehen will und ihr mein Gesicht zu dreckig ist. Ich habe ihr schon verraten, daß ihre Spucke riecht. „Quatsch“, sagt sie, „die Spucke einer Mutter riecht nicht.“

Die Hellen Fanfaren

Alle, die schon sechs Jahre sind, freuen sich auf die Einschulung, bloß ich nicht, denn wir haben eine Schule für Jungen und eine für Mädchen. Weil ich keine Schwester habe, wollte ich neben einem Mädchen sitzen. Nun sitze ich neben Udo.

Jedes Kind hat eine spitze Tüte aus bunter Pappe. Kein einziger Vater ist zur Feier in die Schule gekommen, nur Mütter. Der Lehrer Schnauer erklärt, bis wann wir die neue lateinische Schrift lernen werden, aber er wird dafür sorgen, daß wir unser ganzes Leben lang auch die Briefe unserer Mütter werden lesen können, in der alten deutschen Schrift. Dann kommen ein paar Jungs aus der dritten Klasse herein, mit denen singt der Lehrer Schnauer ein Lied:

„Vorwärts, vorwärts,
schmettern die hellen Fanfaren,
vorwärts, vorwärts,
Jugend kennt keine Gefahren.
Ist das Ziel auch noch so hoch,
Jugend zwingt es doch.
Unsre Fahne flattert uns voran,
unsre Fahne ist die neue Zeit,
ja, die Fahne führt uns in die Ewigkeit,
ja, die Fahne ist mehr als der Tod."

Der Lehrer schaut beim Singen die ganze Zeit meine Mutter an. Sie ist die schönste unter den Frauen, weil sie das
gestreifte Jackenkleid und den Cowboyhut trägt, der ihre 14
dunklen Locken verdeckt, aber so, daß sie überall herausquellen. Wenn Herr Schnauer meine Mutter erst im Unterrock sehen könnte.

Auf dem Heimweg laufen Udo und ich hinter unseren Müttern her.

Udo sagt: „Mein Vater ist heute nicht mit in die Schule gekommen, weil er für die ganze Familie die Schuhe besohlt. Er kann alles selbst machen. Er kann überhaupt alles."

„Und mein Vater kann Roger und mich auf der Fahrradstange mitnehmen, weil er selbst einen Sitz zusammengeschweißt hat. Und wenn er die Hand hochhebt, bleiben alle Lokomotiven stehen."

Udo zeigt auf die Lokomotive, die gerade über die Brücke fährt und sagt: „Dann soll er mal die Lokomotive da anhalten."

„Der arbeitet im Stahlwerk", sage ich, „der weiß gar nicht, daß sie da rumfährt. Wenn er es wüßte, würde er sie anhalten."

Wir machen die Schleifen der Schultüten auf. Die Süßigkeiten brauchen wir nicht zu tauschen, es sind die gleichen. Die Spitze der Tüte ist mit Holzwolle gefüllt, darauf liegen die Makronen, die meine Mutter gebacken hat, feine aus Grieß und grobe aus Haferflocken. Ganz oben unter dem Kräuselpapier liegen Winteräpfel aus Kuffels Keller und die Backpflaumen, die sonst in die dicke Milch gelegt werden. Wir haben die gleichen Tornister aus Schweineleder, und auf der rechten Seite schaukeln die Gummischwämme, mit denen wir ab morgen unsere Schiefertafeln abwischen.

Zu Weihnachten bekomme ich einen neuen Pullover mit
13 „M. K." drauf, den meine Mutter gehäkelt hat, außerdem ein
Paar gekaufte Socken und eine Baskenmütze. Der Seppelhut ist mir zu klein geworden, mein Bruder will ihn nicht auftragen. Wenn der etwas nicht haben will, dann weint er ein bißchen, mein Vater nimmt ihn auf den Schoß, streichelt über seine Haare und sagt: „Die schönen goldenen Haare." Ich wollte damals den Seppelhut nicht aufsetzen, aber geweint habe ich nicht, ich mußte warten, bis er mir zu klein geworden ist. Ich habe mich darauf gefreut, daß Roger ihn eines Tages aufsetzen muß. Aber nein. Jetzt habe ich die Baskenmütze, und die wird er später, wenn sein Kopf reinpaßt, auch nicht tragen. Wenn mein Vater manchmal aus Spaß sagt: „Ihr

sollt zäh wie Leder sein, hart wie Kruppstahl und flink wie die Windhunde!", dann ist der Kleine damit nicht gemeint, bloß ich. Ich muß Seppelhut und Baskenmütze tragen und den häßlichen Haarschnitt, den mein Vater schneidet. An den goldenen Haaren vergreift er sich nicht, Roger darf zum Friseur.

Mütze und Sturmbrille

Am Heiligen Abend kann mein Vater nur zwei Stunden zu Hause sein, denn im Stahlwerk ist ein Ofen ausgegangen, den er in der Nacht wieder anzünden muß. Deshalb muß die Bescherung bei uns schnell gehen. Der weiße Bart bleibt in der Speisekammer liegen, unten im Karton. Mein Vater spielt dieses Jahr für Roger nicht den Weihnachtsmann. Für mich sowieso nicht. Er holt das Fernglas, kuckt aus dem Fenster ins Dunkel und sagt: „Da ist er, ich habe ihn an seinem weißen Bart erkannt!" Roger kuckt durch das Glas und sagt: „Ich sehe ihn auch! Mit der Kapuze. Er kommt, er kommt!"

„Nein", sagt mein Vater, „ich glaube, er war schon da, man sieht ihn von hinten, er geht weg."

„Ja, er geht, er geht weg", sagt mein Bruder. Dem kann man alles Mögliche erzählen.

Nachdem er das Wohnzimmer aufgeschlossen hat, kuckt mein Vater durch die Tür, klingelt mit dem Weihnachtsglöckchen und flüstert: „Ihr Kinderlein kommet! Tatsächlich, er war schon da." Der Tannenbaum hat keine Kerzen, es gibt keine. Nur die Glühbirne im Blaupunktradio leuchtet und die halb verdunkelte Schreibtischlampe. „Wir haben 100 Schallplatten, aber keine Weihnachtsmusik", flüstert meine Mutter. Mein Vater steckt eine Nadel in den Tonarm und legt „Roter Mohn" auf: „Roter Mohn, warum welkst du denn schon. Das paßt zu Weihnachten", sagt mein Vater. Meine

Mutter summt mit, während sie das Geschenk für Roger auspackt. Verloren steht mein Vater da und klingelt noch einmal mit dem Glöckchen. Als wenn er über den Ofen im Stahlwerk nachdenkt. Dann findet er mein Geschenk hinter dem Baum: „Du hast gesagt, Manfred, daß du Flugzeugführer werden willst. Das muß der Weihachtsmann gehört haben." Mein Vater versteckt etwas hinter seinem Rücken.

„Oder Lokomotivführer", sage ich.

„Ach. Da stehst du immer in Dreck und Qualm." Er holt etwas Glänzendes hervor. „Von oben schmeißen sie eine Bombe auf deine Lokomotive, dann stehst du da. Hingegen als Pilot kannst du mit Mütze und Sturmbrille im Flugzeug sitzen und Gas geben."

Er reicht mir das Geschenk und will die Freude in meinem Gesicht sehen. Es ist ein einmotoriger Stuka. Der Propeller dreht sich so schnell, daß man ihn nicht sehen kann. Deshalb ist er bloß eine runde Scheibe aus Plexiglas. Ich mache mit dem Mund den Motor nach, damit mein Vater sieht, daß ich den Propeller verstanden habe, obwohl er sich nicht dreht. Das Flugzeug ist ganz aus Metall, keine Fenster, kein Pilot, alles aus einem Stück. Unten ragt ein viereckiger Ständer raus, der steht auf einem Würfel, und auf dem Würfel steht schräg das Flugzeug, als würde es sich auf die Feinde stürzen, wie in der Wochenschau.

„Oh. Wo hast du das her, Papa?"

„Aus dem Stahlwerk. Es steht dort auf meinem Schreibtisch."

Ich durfte ihn schon zweimal im Stahlwerk besuchen. Dort ist ein Kran, der über die ganze Halle reicht. An dem Kran hängt ein Eimer, so groß wie ein Haus, und der Eimer ist gefüllt mit flüssigem Eisen. Überall fliegen Funken, man klettert über Berge von Dreck, es raucht und stinkt, und alle Männer sind naß vom Schweiß, auch mein Vater. Aber einen Schreibtisch hat er dort nicht, nur einen staubigen Tisch in einer Ecke der Halle.

„Und warum steht das Flugzeug auf dem Schreibtisch?“

„Zur Zierde“ sagt er. „Alle, die vorbeikamen, hatten Freude daran. Jetzt habe ich es dir geschenkt, damit du dich ganz allein freuen kannst.“

„Zur Zierde?“

„Ja“, sagt mein Vater. „Eigentlich ist es ein Briefbeschwerer.“

„Und jetzt?“

„Jetzt liegen die Briefe unbeschwert herum.“

„Fliegen die Briefe weg, wenn Wind kommt?“ sage ich.

„Es kommt kein Wind. Du weißt doch: Ich hebe den Arm, alle Türen im Stahlwerk gehen zu, und alle Lokomotiven bleiben stehen.“

„Ist das Flugzeug aus Eisen?“

„Nein, aus Aluminium. Es muß leicht sein, sonst könnte es nicht fliegen.“

Fliegen kann es sowieso nicht. Es ist voll aus Metall, ich kriege es mit einer Hand kaum hoch. Rüdiger Bleibtreu hat ein Blechflugzeug, da kann man den Propeller drehen, es steht auf zwei Rädern, man kann den bunt bemalten Piloten sehen, wie er aus dem Fenster winkt. Ein richtiges Spielzeug und kein Briefbeschwerer.

Dann holt mein Vater zwei verschiedene Rollschuhe. Der eine hat größere, der andere kleinere Eisenräder.

„Diesen habe ich zuerst gefunden. Nach dem anderen habe ich ein halbes Jahr gesucht. Jetzt lag plötzlich der zweite da, als wenn das Christkind ins Stahlwerk gekommen wäre und ihn selber für dich in den Schrott geschmissen hätte. Alle acht Räder haben Kugellager, und ich sage dir: die Kügelchen sind aus dem besten Stahl, den es gibt. Ich habe sie frisch geölt.“

Ich umarme und küsse meinen Vater. Draußen ist es dunkel und es liegt Schnee. Aber im Torbogen kann ich ein bißchen umherfahren. Mein Vater geht ins Stahlwerk zurück. Als ich in die Wohnung komme, sagt meine Mutter: „Ich freß einen Besen, wenn der ins Stahlwerk geht." „Wohin denn sonst?" sage ich. Sie tut so, als wenn sie mich nicht gehört hätte.

Im Frühling teile ich mir mit Udo die Rollschuhe. Wir wechseln ab, mal fährt er, und ich kucke zu, dann fahre ich, und er kuckt zu, und manchmal fahren wir zusammen, jeder mit einem Rollschuh am linken Fuß.

Pilze züchten?

Der Feind kommt immer aus derselben Richtung. In der Luftlagemeldung sagen sie: „Feindliche Kampfverbände im Anflug auf Hannover – Braunschweig." Aber manchmal fliegen sie weiter, sie kommen bis nach Berlin.

Udo hat von seinem Vater ein neues Gedicht gelernt, das er mir ins Ohr gefüstert hat:

„Lieber Tommy, fliege weiter,
wir sind arme Landarbeiter,
fliege weiter bis Berlin,
die ham so laut ‚Ja' geschrien."

Mein Vater fängt an, ein Loch zu graben. Die Nachbarn wollen wissen, warum er dafür das Maisbeet opfert. „Brauchen Sie den Mais nicht für Ihre Hühner?" Er sagt: „Es gibt immer etwas, das man noch dringender braucht. Man muß sich entscheiden."

„Na, was denn?" fragen die Nachbarn.

„Ihr werdet es sehen", sagt mein Vater.

Jeden Abend, wenn er nach Hause kommt, spuckt er in die Hände und schaufelt los. Allmählich verschwindet sein Kopf hinter den Sandhügeln, die er rings um die Grube geschaufelt hat.

„Wollen sie Pilze züchten, Volksgenosse?" sagt der alte

Herr Rogalla, während er sich über den Sand beugt. Er spricht oberschlesisch wie meine Oma, hat aber den polnischen Namen und trägt sonntags, wenn er in die Kirche geht, das Parteiabzeichen. Mein Vater kommt auch aus Kattowitz, aber er hat unseren deutschen Namen. Herr Rogalla ist der Vater unserer Luftschutzwartin, deren Verlobter schon gefallen ist. Meine Mutter sagt, der wollte sowieso nichts von ihr wissen.

„Wenn wir den Krieg gewinnen, klar, dann züchten wir Pilze. Etwas Geduld, Herr Rogalla", sagt mein Vater.

Alle kommen vorbei, beugen sich über den Hügel und kucken in das Loch, da sehen sie die schwarzen Haare und die Muskeln von meinem Vater.

Fräulein Rogalla kommt jeden Tag vorbei. Sie klettert extra die Leiter runter, die er für sie festhält. Und dann hält er auch sie selbst ein bißchen fest und streift den Sand von ihrem Dirndlkleid ab, gerade da, wo die kleine rote Schürze ist. So angezogen habe ich sie noch nie gesehen. Wenn wir zum Fliegeralarm in den Keller gehen, hat sie die Luftschutz-Uniform mit langen Hosen an und den blauen Stahlhelm auf dem Kopf.

„Der arme Rudi", sagt sie. „Den ganzen Tag schuften, und abends noch so tief graben." Sie kuckt sich in der Grube um und wischt mit dem Handtuch, das sie mitgebracht hat, meinem Vater den Schweiß ab. Vorsichtig tupft sie über die beiden Grützbeutel auf seiner Stirn. „Die müßten da mal weg", sagt sie, „damit ich ohne Rubbeln den Schweiß abwischen kann." Dann hält er wieder die Leiter und bleibt unter ihr stehen, bis sie oben angekommen ist. „Solange ich den blauen Himmel über mir sehen kann, wird nicht gejammert", sagt er. Der Himmel ist gar nicht blau, sondern grau. Als sie rausklettert, sehe ich, daß sie himmelblaue Unterhosen anhat. Das Handtuch nimmt sie wieder mit in den ersten Stock.

Als wir allein sind, setzt er sich auf den Boden der Grube und raucht eine Zigarette. Dabei singt er mit falschen Tönen eins seiner beiden Lieblingslieder. Es heißt „Bin allein, allein, mit meinem Herzen, bin allein, allein mit meinem Sinn…" Das andere heißt „Es gibt eine Frau, die dich niemals vergißt, die dir alles im Leben verzeiht…"

„Findest du sie hübsch?" sagt er.

„Ja, ihre Arme", sage ich.

„Du meinst, ihre Puffärmel?" sagt er.

„Ja, das Nackte finde ich schön. Sind nicht solche Fleischarme wie bei den Töchtern des Leukippos." Was soll ich sagen? Edda Redlinger sieht schöner aus. Ich versuche es und sage: „Edda Redlinger sieht schöner aus."

„Ja", sagt er, „das ist ein anderes Kaliber." Er atmet im Singen den Rauch der Zigarette aus: „…Bin allein allein mit meinem Sinn…" Und dann sagt er: „Dir werde ich verraten, was das hier werden soll. Wenn ich mal nicht da bin, kriegst du als einziger den Schlüssel: Es soll der beste Bunker von Hennigsdorf werden. Nur ein Volltreffer kann ihn zerstören, und sonst gar nichts, merk dir das. Aber ein Volltreffer wäre Zufall, und Zufälle sind selten. Wenn Bomben fallen, mach den Mund auf. Vor allem wenn sie näherkommen."

„Woher weiß ich, daß sie näherkommen?"

„Das spürst du: sie dröhnen. Es ist, als würden sie vor dem Auftreffen die Luft zusammendrücken."

An den folgenden Tagen werden die Balken geliefert, das sind acht Baumstämme für die Seitenwände des Bunkers. Mein Vater hat den Sand so ausgestochen, daß die Balken senkrecht einander gegenüber stehen. Mit dem Flaschenzug legt er alte Bahnschwellen darauf, und als es dunkel ist, kommen drei Männer aus dem Stahlwerk. Sie bringen Panzerplatten. An der Scheibe des Lastwagens klebt das Plakat vom Kohlenklau. Kohlenklau hat eine feige Fratze. Im Mondlicht sehe ich das Weiße in seinen Augen. Er kuckt über die Schulter und schleppt einen Sack Kohlen weg, die er dem Volk gestohlen hat.

„Die Stahlplatten sind Ausschuß", sagt mein Vater. „Man kann sie für Panzer nicht gebrauchen, aber für unseren Bunker sind sie richtig. Halt darüber den Mund, man muß nicht alles herumerzählen."

„Hattest du auch eine Oma?"

„Ja."

„Das war die Mutter von meiner Oma?"

„Ja."

„Die hieß Johanna?"

„Ja."

Einige Nächte hintereinander gibt es keinen Fliegeralarm. Morgens, wenn ich in die Schule gehe, ist mein Vater schon drei Stunden im Stahlwerk. Nach zehn Stunden ist er noch immer nicht zu Hause. Trotzdem hat er den Bunker fertiggekriegt. Aus dem Küchenfenster kann man ihn kaum erkennen, er sieht wie eine Kartoffelmiete aus. Der Sand ist zu einem Buckel verteilt, nur an der schrägen Eisentür, die mit ein paar Kiefernzweigen getarnt ist, erkennt man den Eingang.

Johanna 3. Stück

Den Winter hindurch bis Ostern kommt Herr Kalweit jeden Donnerstagabend in den Keller. Er liebt es, den Duft der Arbeit zu atmen, den Johanna ausströmt, er liebt es, die groben Geräusche zu hören, die sie nicht hört, die aus ihrer Seele kommen wie bei keiner anderen Frau. Das sind wildere Töne als die von den Damen in den Kattowitzer Etablissements. Teures Gesäusel von Liebe und Leidenschaft. Johanna lügt nicht. Häßlich und laut ist ihr Jubel, der ihm manchmal wie ein Tiergrunzen vorkommt. Zuerst hat ihn die Geilheit in den Keller getrieben, und auch ein Mitleid. Es zog ihn hinunter. Eine Magd wollte er beschenken, er wollte gnädig sein. Es ist anders gekommen, Johanna beschenkt ihn. Sie himmelt ihn an, als wäre er ihre Rettung. Sie macht ihn stark. Ihr Ächzen, das sie ihm entgegenatmet, ist so laut, so überdeutlich, so dankbar.

Er schließt alle Kellertüren bis zur Treppe und schiebt die Riegel vor. Immer wieder will er sie erleben, die neugierige Frau, die nichts fragt, die sich unter seinen Händen vergißt, die auf dem Lumpenlager ohnmächtig wird und doch Kraft schöpft, still an den Waschtrog zurückzukehren. Für kurze Zeit schläft er dankbar ein. Er muß nicht mit ihr reden, und doch ist sie eine Frau. Frauen wollen so viel wissen, so viele anstrengende Lügen hören. Sie bewacht ihn, während er sich erholt. Er sieht schlafend glücklich aus, sie kann sich an seinem Lächeln nicht satt sehen. Dann steht er auf und verabschiedet sich mit Küssen von ihr. Er ist zärtlich. Er läßt sich Zeit.

Erst wenn er die Tür hinter sich geschlossen hat, betet sie. Gott braucht keine Worte, Gedanken genügen ihm. Und sie wischt die Tränen ihrer Scham ab.

Als sie die Kerze anzündet, ist der junge Herr Anselm, der vor dem Fenster platt auf dem Boden gelegen hat, im Dunkel verschwunden. Viel hat er nicht gesehen im Flackern des Feuers, vielleicht etwas geahnt. Und Johanna hat geahnt, daß sie diesmal mit Kalweit nicht allein war. Sie hat Angst, sie weiß, daß er sie eines Tages nicht beschützen wird.

Zu Weihnachten hat sie ihren Körper gespürt. Wie können ihr Gedanken durch den Kopf gehen, für die sie keine Worte hat? Können Gedanken ohne Worte existieren?

Das Wort „Kind“ kann sie von den Lippen lesen, sie weiß, wie das Wort aussieht. Auf polnisch ist es etwas länger, und am Ende muß sie einen runden Mund machen wie beim Küssen: „Dziecko“. Auf deutsch ist es kürzer, da muß sie einen breiten Mund machen: „Kind“, einen grinsenden Mund. Aber was sich darin abspielt, was mit der Zunge und dem Gaumen und hinten in der Gurgel geschieht, weiß sie nicht. Altgeselle Gottselig hat unzählige Male seine Zunge vorgeführt, wie sie hinter den Zähnen vibriert, dazu hat er tief ein- und ausgeatmet, um ihr zu zeigen, daß es die Luft ist, die das „Rrr“ hervorruft. Aber als sie es versuchte, kam ihre Zunge nicht zum Flattern, sie schlug nur an den Gaumen, wo sie kleben blieb. Er wollte ihr Wörter aufschreiben, konnte nicht verstehen, daß ihr mit der Sprache die Schrift fehlt: „Taub kannst du meinetwegen sein, aber schreiben mußt du lernen! Nicht herumlaufen wie ein Analphabet.“ Sie kann in großen Buchstaben zwei Wörter schreiben: JOHANNA KRUG, und sie weiß: das bin ich. Wie das Wort „Kind“ gemacht wird, wie es klingen mag, weiß sie nicht. Und wie das Kind heißt, den Klang seines Namens, wenn erst ein Name da ist, wird sie nicht erfahren.

Johanna hat in ihrer Bretterhütte auf dem Dachboden kein Wasser. Sie bringt es in einem Eimer von der Hofpumpe herauf und gießt es in die Schüssel, die auf einem eisernen Dreibein steht. Beim Waschen zieht sie sich nackt aus. In dem großen Spiegelscherben betrachtet sie ihren Bauch. Sie streckt ihn heraus, so weit sie kann, dann ahmt sie das Tanzen der Zigeunerinnen nach, die mit den Geigern sonntags zum Betteln auf den Hof kommen. Johanna tanzt. Hat sie ihre eigene Musik? Hört sie etwas in ihrem Kopf, das sonst niemand hört?

Es kommt der letzte Donnerstag im Keller. Johanna schließt die Tür des Feuerlochs, hin und wieder schaut sie zum Fenster hinauf. Sie hätte es längst zugehängt, aber das wäre vielleicht ein Zeichen gewesen.

Herr Kalweit hebt nicht mehr ihre Röcke, er legt sich nackt zu ihr, und er will, daß Johanna nackt ist. Auch sie will es so, er soll sie streicheln und küssen, die Zeit ist so kurz.

Als er mit der Hand die Kurve ihres Bauchs verfolgt, hält er plötzlich inne und reißt die Ofentür auf. Es wird heller. Johanna kann den Schrecken in seinen Augen sehen, als er auf ihren Bauch starrt. Sie versucht, ihm beruhigend zuzulächeln, will ihn festhalten, will ihn zum ersten Mal auf den Mund küssen. Er blickt ihr eine Weile stumm in die Augen und schiebt nachdenklich die Ofentür wieder zu.

Pißt du noch ins Bett?

Schwester Theresita und Schwester Alverna, die Nonnen im Kindergarten von Hennigsdorf, können mich nicht leiden, weil ich Widerworte gebe und weil ich die Fensterscheiben mit Knete zugeschmiert habe. Ich habe manche Stunde im Keller gesessen und Kompott gegessen. Sie haben mich mit dem Handfeger verhauen und zu meiner Mutter gesagt, daß sie mit mir nicht fertig werden.

Bei meinem Vater ist es mal so und mal so. Manchmal kann er mich nicht leiden, weil ich frech und vorlaut bin. Dann wieder kann er mich gerade deshalb gut leiden. Ich mache es mit ihm genau so. Manchmal bin ich stolz auf ihn. Zum Beispiel hat er gesagt: „Hab keine Angst vor den großen Jungs. Wenn sie dich quälen, nimm den nächsten Stein
oder einen Knüppel und hau drauf. Ich bin dein Vater und 8
werde dafür gerade stehen, sobald ich aus dem Krieg zurückkomme.“ Seit er das gesagt hat, bin ich stärker als früher, obwohl er noch gar nicht in den Krieg gezogen ist. Die großen Jungs trauen sich an mich nicht mehr ran. Ich habe noch keinen Knüppel genommen, aber sie merken, daß ich einen nehmen würde. So ähnlich.

Dann wieder bringt er mich in solche Wut, daß ich am liebsten ihn mit einem Knüppel hauen würde.

Zum Beispiel sitzt er mit mir in der S-Bahn und fragt, so daß es alle hören können: „Hast du heute wieder ins Bett gepißt, mein Junge?“ Die Leute kucken mich an. Ich kann gar nichts mehr sagen.

Wenn die Wut vorbei ist, halte ich trotzdem zu ihm. In der Marwitzer Straße will ich keinen anderen Vater haben, nicht mal den von Udo Kuffel, der seine Kinder nicht verprügelt. Und wenn Udo schon mal ins Bett gepißt hätte, sein Vater würde es nie vor anderen Leuten sagen.

Mein Vater, wenn er gut gelaunt ist, haut mich in derselben S-Bahn auch wieder raus. Dann sagt er: „Vorsicht Herrschaften, das war nur Spaß. Mein Junge ist trocken. Manfred, wieviel ist Wurzel aus Sechzehn!" Dann muß ich „Vier" sagen, das haben wir geübt, und er kuckt sich unter den Leuten um, die aber gar nicht staunen, weil sie selbst nicht wissen, wie groß diese Wurzel ist. Mein Vater weiß es als einziger. Oder er sagt: „Eins-mal-ein-halb, geteilt-durch-eins, mal-zwei?" Wieder kuckt er sich um und scheint die Ohren zu spitzen. „Na?" sagt er zu den Leuten. Keiner muckst sich. Wenn er damit fertig ist, muß ich nur „eins" sagen, dann ist es richtig. Das haben wir auch geübt. Ja, manchmal ist er stolz auf mich.

Zum Beispiel saßen wir mal in einem Gartenrestaurant. Die Kellnerin schnitt mit einer kleinen Schere die Fleischmarken ab, weil zu dem Kartoffelsalat ein halbes Würstchen gehörte. Mein Vater bekam aber ein ganzes. Am Nebentisch saß mit seiner Mutter ein Junge, der einen halben Kopf größer war als ich. Nachdem mein Vater mehrmals strafend zu ihm rübergekuckt hatte, sagte er: „Ich kann den Gesang der Vögel nicht hören, weil dieser Junge so laut schmatzt. Kuck an, dauernd fällt Kartoffelsalat aus seinem Mund auf den Teller." Dann sagte er mir leise ins Ohr: „Geh zu dem Jungen und hau ihm eine runter. Wenn er sich wehrt, läufst du weg."

Der Junge redete gerade mit seiner Mutter. Er tat mir leid, denn nur mein Vater und ich wußten, was jetzt geschehen würde. Ich ging hin und haute ihm so fest ich konnte eine rein. Er kuckte mich an, weil er es gar nicht glauben konnte. In dem Moment kriegte er die zweite. Platsch! Ehe seine Mutter vom Stuhl hoch kam, war ich weg.

Da hat mein Vater mir hinterhergerufen, daß es die Frau am Nachbartisch hören konnte: „Was soll das denn sein? Du bist ja schwer erziehbar! Du kommst in die Anstalt! Warte, darüber reden wir noch!" Solche Sachen hat er mir mit drohender Faust nachgeschrien. Aber in Wirklichkeit war er stolz auf mich.

Zu Hause wickelte er die Hälfte von seinem Würstchen aus einer Zeitung: „Nimm, mein Junge. Auf dich kann man sich verlassen. Du hast mal kurz aufgeräumt, und danach war es sehr angenehm in dem Restaurant."

Meine Mutter sagt: „Rudi, gewöhn' dir die gräßlichen Methoden ab, mach keinen Rummelboxer aus dem Kind."

„Alma, was für ein ernstes Mädchen du doch bist", sagt er und küßt sie. Wenn er sie küßt, sagt sie gar nichts mehr. Meine Eltern sind ein schönes Ehepaar.

Im Stahlwerk haben die Bomben so viel kaputt gemacht, daß mein Vater zwei Tage nicht zur Schicht muß. Er nimmt mich mit zum Zahnarzt und sagt: „Du machst einen zackigen Diener." Er hätte so schöne Zähne, sagt er, daß manche Frauen ihn schon gefragt haben, ob er ein Gebiß trägt. Er setzt sich als erster in den Stuhl, läßt sich in den Mund kucken und sagt: „Sehen Sie eine Plombe?"

„Nicht eine einzige", sagt der Zahnarzt. „Komm her, Junge, sieh dir die Zähne von deinem Vater an." Ich sehe mir die Zähne von meinem Vater an, die er allen schon so oft gezeigt hat. Dann werden meine Zähne angekuckt. Der Arzt schnalzt mit der Zunge und sagt: „Oh, oh, oh. Wenn Ihr Sohn Mut hat, sollte ich ihm ein paar Zähne ziehen. Die zweiten können nicht nachrücken bei ihm. Wir sollten es in zwei Sitzungen machen, erst die oberen rechts, dann die oberen links."

„Hast du Mut?" sagt mein Vater. Ich schüttle irgendwie mit dem Kopf. Er sagt: „Was soll das bedeuten, ja oder nein? Wenn du dir die Zähne ziehen läßt, lasse ich mir noch heute die Grützbeutel herausschneiden, wie ich es versprochen habe."

„Halb so wild", sagt der Zahnarzt. „Die kleinen Milchzähnchen haben keine Wurzeln. Wenn es wehtut, sagst du es mir."

Er reißt die Zähne heraus, einen nach dem anderen, vier

Stück. Mein Vater beobachtet mich. Ich sage nichts, keine Träne kriegt er zu sehen. Das Blut schmeckt eklig. Ich hasse den Zahnarzt, meinen Vater und auch den Lieben Gott, weil er die Zähne nicht pünktlich raus hat fallen lassen.

Im selben Haus ist der Chirurg. Ich halte ein blutiges Taschentuch vor den Mund und wage es nicht, mit der Zunge an meinem halbleeren Oberkiefer entlangzufühlen.

Der Chirurg hat eine gelbe Gummischürze umgeschnallt und legt die Messer zurecht. Es ist eins dabei, das wie ein Küchenmesser aussieht, nur die Klinge ist gebogen, wie ein „U". Mein Vater kriegt einen Gummikragen über die Schultern. Er liest Zeitung, als wenn es nichts wäre. Der Chirurg sagt: „Ich kann keine örtliche Betäubung geben, das brauchen sie alles an der Front."

„Mein Sohn hat sich vor ein paar Minuten eine Etage tiefer die Zähne ziehen lassen, ohne Betäubung", sagt mein Vater. „Fangen Sie an."

Zuerst legt der Chirurg die Zeitung beiseite, dann schneidet er von oben nach unten die Stirn auf. Er spreizt mit den Fingern die Haut auseinander, so daß ich die beiden weißen Knorpel sehen kann, die mein Vater auf der Stirn hat. Jetzt nimmt der Chirurg das umgebogene Messer und fängt an zu schaben. „Machen Sie die Augen zu", sagt er. Es ist still in dem Raum, ich höre nur kratz, kratz, kratz, es klingt, wie wenn in der Küche Rüben geschabt werden. Ich glaube, mein Vater würde gern stöhnen, aber er traut sich nicht, er verzieht keine Miene.

Als die Knorpel abgeschabt sind, wird das Blut weggewischt und geklammert. Mein Vater hat drei Edelstahlklammern auf der Stirn, darüber ein Pflaster. Ich halte noch immer das Taschentuch vor den Mund, als wir den langen Weg durch die Brücke nach Hause gehen.

„Warum heißen die Grützbeutel Grützbeutel?" sage ich.

„Weil sie so klein wie Grützkörner sind", sagt er.
„Die waren aber so groß wie Erbsen", sage ich.
„Deshalb habe ich sie wegschaben lassen", sagt er.
„Und warum heißen die Milchzähne Milchzähne?" sage ich.
„Weil sie zu nichts taugen, außer zum Milchtrinken", sagt er.
„Und die Milchstraße?" sage ich.
„Die heißt so, weil die vielen Sterne so weiß aussehen wie Milch", sagt er.

Als wir nach Hause kommen, ist Roger schon im Bett. Mein Vater nimmt ihm den Daumen aus dem Mund und stülpt über jede Hand eine Kindersocke, die er am Gelenk mit Isolierband umwickelt. Dann klebt er mir mit Hansaplast die abstehenden Ohren an. Das macht er seit einem Jahr jeden Abend, bevor ich ins Bett gehe, und sie sind schon viel anliegender geworden. Von einem Drechsler hat er nach eigener Zeichnung eine hölzerne Fußrolle machen lassen. So sitze ich mit angeklebten Ohren noch ein bißchen in der Küche und rolle die nackten Füße hin und her, denn mein Vater meint, es wären Plattfüße.
„Wann soll's wieder an die Front gehen, Walter?" sagt er.
„Sobald das Bein in Ordnung ist."
„Na dann, gute Besserung."
Onkel Walter setzt sich aufrecht hin.
„Wie soll ich das verstehen, Rudi? Ich gehöre nicht zu den Soldaten, die ihre Füße verfaulen lassen, die darauf warten, daß ihre Quanten bluten und eitern. Das sind Feiglinge. Ich bin anständig verwundet. Ich war jeden Tag 18 Stunden am Feind. Du hast doch keine Ahnung, du könntest da draußen nichts bestellen."
Meine Mutter schaltet den Blaupunkt an, damit die Nachbarn nicht zusammenlaufen. Im Radio singt ein Kind für unsere Frontsoldaten:

„Gott segne unsern Führer,
Gott segne seine Hand,
Gott segne unser Deutschland,
mein geliebtes Vaterland…“

Onkel Walter ist wütend.

„Es sieht mau aus. Leider. Wir putzen die Dörfer mit der Flak weg, weil sie das einzige ist, was noch funktioniert. Und dann hauen wir ab. An irgendwelchen Beuteautos vorbei, die kaputt in der Gegend stehen. Die Panzer haben kein Benzin. Mich haben sie in einem erbeuteten russischen Pferdewagen mitgenommen. Die größten Splitter haben sie mir ohne Betäubung im Dreck auf der Straße rausgeschnitten. Da muß ich mir von dir anhören: Gute Besserung.“

„Papa hat sich die Grützbeutel auch ohne Betäubung rausschneiden lassen. Und hier kannst du mal reinkucken!“ Ich zeige ihm meinen halbleeren Mund. „Alles ohne Betäubung.“

„Ach, halt die Klappe“, sagt Onkel Walter.

Was du hast, das hast du

Am nächsten Tag nimmt mein Vater das abgehackte Stück Schlauch. Wir gehen in den Garten um den Laufstall für die Hühner zu flicken. Neun Leghornhennen haben wir und einen kleinen italienischen Hahn. Wenn ich den sehe, muß ich an Onkel Walter denken, der ist auch klein und italienisch.

„Es kann sein, daß ich in den Krieg ziehen muß“, sagt mein Vater. „Dann bist du hier der Mann im Haus. Du hast die Verantwortung, bis ich wieder da bin. Dein Bruder ist zu klein, und deine Mutter kann nichts machen. Sie kann nur in meinen Taschen nach Adressen herumsuchen. Zu den Bauern gehen und hamstern kann sie nicht, dazu ist sie zu

stolz. Sie kann nicht mal ein Huhn schlachten, dazu ist sie 21
zu mitleidig."

„Du hast gesagt, sie brauchen dich im Stahlwerk."

„Der Feind schmeißt Bomben auf das Stahlwerk. Und wenn es kaputt ist, brauchen sie mich dort nicht mehr. Dann muß ich an die Front. Wir haben nur noch ein paar Pfund Mais im Keller, das Futter für die Hühner wird knapp. Laß dir von keinem Menschen etwas wegnehmen, die Zeiten werden lausig. Hilf dir selbst, dann hilft dir Gott. Wenns sein muß, geh klauen. Was du hast, das hast du, verteidige es gegen jeden. Niemand kann dich einsperren. Wenn es Mohrrüben oder Kartoffeln sind, steck sie roh in den Mund und iß alles auf, was du nur runterkauen kannst. Dreck scheuert den Magen. Den Rest mußt du verbuddeln, und merk dir die Stelle. Kümmere dich nicht um Flugblätter. Steck sowas nicht in die Tasche, lieber Äpfel oder Zuckerrüben."

Blitzschnell greift er nach dem bunten Italiener und faßt ihn unter die Flügel.

„Komm mit, ich zeig dir, wie es gemacht wird."

Wir gehen zum Hauklotz. Er nimmt das Stück Schlauch, das eigentlich für mich bestimmt ist.

„Man soll ein Tier nicht unnötig leiden lassen. Deshalb muß es betäubt werden."

Mit einem Pfiff saust das Schlauchende dem Hahn ins Genick. Der macht sofort die Augen zu und läßt den Kopf hängen, nur die Füße zucken noch. Mir wird ein bißchen schlecht, und damit ich nicht hinkucken muß, tue ich so, als würde ich an den neu gepflanzten Birnbaum pinkeln. Mein Vater zieht das Beil aus dem Hauklotz und will gerade den Kopf abschlagen, da sieht er mich. Er läßt das Beil und den Hahn auf dem Hauklotz liegen und sagt: „Man pinkelt nicht an junge Bäume. Die sterben ab." Er nimmt mich an die Hand, um mich an den Hauklotz zurückzubringen. „Komm", sagt er, „jetzt kuck dir die Schlachtung an."

Kaum hat mein Vater die Axt in der Hand, da springt der Hahn vom Hauklotz und fliegt los. Er steigt senkrecht auf, schlägt einen Haken, fliegt über die Nachbarbeete hoch, bis er in den Kiefern nicht mehr zu sehen ist. Mein Vater und ich rennen zum Waldrand und kucken an den Baumstämmen hoch. Nichts zu finden, der Hahn bleibt über den Wipfeln für immer verschwunden.

„An dem war sowieso nichts dran“, sagt mein Vater, als wir zusammen an einen Baum pinkeln. „Jedenfalls hast du gesehen, wie es im Prinzip gemacht wird. Sind deine Eierchen schon draußen?“

„Als du das letzte Mal nachgekuckt hast, waren sie schon draußen“, sage ich und zeige sie ihm.

„Du mußt deinen Schniepel immer schön sauber halten. Schau her. Wenn mal kein Wasser da ist, macht man es so.“ Er hält seinen Schniepel vorn zu, daß ein kleiner Ballon entsteht, um dann schwallweise weiterzupinkeln.

„Das ist für den Ernstfall. Aber mit dem ersten Wasser, das man finden kann, wäscht man sich unter der Zipfelmütze, das ist die wichtigste Stelle am Körper eines Mannes. Zurückziehen, so, und dann waschen.“

Ich bin stolz, daß mein Vater mit mir darüber spricht.

Als wir durch den Torbogen kommen, steht in kurzen Hosen Edda Redlinger da und tut so, als hätte sie auf mich gewartet.

„Na, kleiner Mann? Ihr beiden habt einen Bunker gebaut, erzählen die Leute.“

Ich hasse es, wenn mich jemand „kleiner Mann“ nennt.

„Der ist schon fertig. Heute haben wir im Prinzip einen Hahn geschlachtet“, sage ich. Sie geht zu mir herunter in die Hocke, ich kann sehen, wie ihre Hose kneift. Sie hockt direkt vor mir, ich rieche das Parfüm in ihren Locken, sie tippt mir mit dem Finger auf die Nase.

„Habt ihr den Hahn schon im Topf?“

Ich kucke meinen Vater an, der sagt: „Er hat uns leid getan, wir haben ihn beerdigt. Wie gehts denn, schönes Fräulein?"

„Das würde ich gern erzählen, aber man begegnet Ihnen so selten, Herr Krug."

Ich weiß sowieso, daß die Redlinger nicht „Sie" zu meinem Vater sagt. Ich habe in der S-Bahn gehört, wie sie ihm ins Ohr geflüstert hat: „Rudi". So wie meine Mutter Rudi sagt und Fräulein Rogalla, nur meine Oma nicht, die sagt Rudek. Edda steht wieder auf und kuckt meinen Vater an, der das Pflaster auf der Stirn hat.

„Die Grützbeutel sind weg, die Klammern sind schon raus", sagt er.

„Ohne Betäubung", sage ich.

Auf einmal fängt sie an zu weinen: „Schenken Sie mir die Klammern, als Andenken", sagt sie. Er sagt: „Ich hab sie schon rausgenommen und meiner Frau zum Aufheben gegeben, falls die Grützbeutel wiederkommen."

Ein paar Tage später zeigt mein Vater dem Chirurgen die Narbe. Alles ist gut verheilt. Der Chirurg will die Klammern wiederhaben. Mein Vater tut so, als hätte er sie vergessen.

Und der Zahnarzt im Haus zieht mir aus dem Oberkiefer die andere Hälfte meiner Milchzähne. Jetzt habe ich oben nur zwei Zähne, die halb draußen sind, aber das sind neue.

Drei Wochen später bin ich wieder bei dem Chirurgen, diesmal mit meiner Mutter, die mich direkt vom Hennigsdorfer Rummel mit blutigem Kopf dorthin bringt, weil ich unter die Schaukel gekommen bin. Auf dem Rummelplatz in Hennigsdorf gibt es keine elektrischen Karussells mehr. Zwei Hitlerjungs wollten die Schiffsschaukel zum Überschlag bringen und haben es nicht geschafft. Ich wollte ihnen helfen, in Schwung zu kommen, dabei ist es passiert.

Der Chirurg schneidet mir rings um die Wunde die Haare weg und sagt: „Das geht durch die Kopfschwarte, das muß ich nähen. Klammern habe ich keine mehr.“ Meine Mutter nimmt die drei Stahlklammern aus ihrem Portemonnaie und reicht sie dem Arzt: „Die wollte ich Ihnen sowieso vorbeibringen“, sagt sie. Er zündet einen Spirituskocher an und wirft die Klammern ins Wasser, bis es kocht. Dann zwickt er mir dieselben Klammern in den Schädel, die mein Vater auf der Stirn getragen hat.

Glatze mit Vorgarten

Vorigen Winter hatten wir ein Mädchen aus Frankreich, sie hat im Haushalt geholfen. Aber ein Mädchen war sie nicht, ein Engel war sie. Ich habe sie immer angekuckt, habe mich hinter der Tür versteckt, unterm Schreibtisch, im Hühnerstall, habe gesehen, wie sie sich im Spiegel hin und her gedreht hat, wie sie sich gebogen hat in ihrem Kleid. Sie war schön. Aber meine Mutter wollte keine Hilfe mehr im Haushalt haben. Sie sagte: „Sowas paßt nicht hierher, Rudi. Ich bin selbst Hausfrau genug. Eine Französin! Sie versteht mich nicht, und ich kann kaum ihren Namen aussprechen. Nie hat es bei meiner Mutter ein Hausmädchen gegeben, und wir hätten uns eins leisten können. Siehst du nicht, daß sie das Kind verrückt macht?“

Der Engel wurde deshalb entlassen, weil meine Mutter herausgefunden hat, daß sie anfing deutsch zu lernen. Ihr erstes Wort war „Rudi“.

Sie hatte keinen Nachnamen, sie hieß nur Zephirine. Ich konnte es leicht aussprechen. Aber als ich den ganzen Tag an sie dachte, habe ich nicht an den französischen Namen gedacht, sondern nur an sie. Ich glaube, daß ich sie mehr lieb hatte als Vater und Mutter. Sie hätte meine Hand nehmen können, dann wäre ich mit ihr in die Welt gegangen. Aber es ist Krieg. Eines Morgens war sie verschwunden und kam nicht mehr wieder.

Zwei Tage habe ich nicht gesprochen, und dann habe ich zu meiner Mutter gesagt: „Sie macht das Kind nicht verrückt. Das kannst du dir mal merken."

Mein Vater ist hinter der Redlinger her, ich war hinter Zephirine her, und der Blockwart ist hinter meiner Mutter her.

Er kommt zu ihr in den Waschkeller und sagt, sie soll die Wäsche mit der Hand waschen, und nicht mehr mit der Motorwaschmaschine, solange Krieg ist, brauchen wir jedes bißchen Energie.

Die Maschine hat mein Vater gebraucht gekauft. Man kann sagen, daß sie einen Motor hat, aber was für einen. Oben ist ein Kolben, der sich hin und her bewegt, und dann bewegt eine Holzgabel die Wäsche im Bottich hin und her. Der Kolben wird nicht durch Dampf, sondern durch Wasserdruck angetrieben, der durch den Schlauch kommt. Wenn der Druck in der Leitung nachläßt, bleibt die Maschine stehen.

Meine Mutter hat nur den Unterrock an, und darüber den Küchenkittel.

„Energie?" sagt sie und stützt wie eine Filmschaupielerin die Hand in die Taille. „Das ist ein Wasserkolben, lieber Volksgenosse."

„Wasser ist auch Energie", sagt der Blockwart.

Meine Mutter lächelt ihn an: „Ich dachte, das käme aus dem Gebirge."

Er sagt: „Haben wir hier ein Gebirge?"

„Ja, eben. Darüber habe ich nicht nachgedacht", sagt meine Mutter und hält sich mit zwei Fingern den Kittel zu. „Wo kommt es her, das Wasser?"

„Aus dem Wasserturm. Da wird es hochgepumpt. Womit? Mit Energie", sagt der Blockwart, „aber ich muß ja nicht alles sehen, was es zu sehen gibt. Madame, – Heil Hitler."

Mein Freund Udo Kuffel und ich treffen uns immer im Torbogen. Udo ist kleiner als ich, seine Haare sind gelb wie
9 Stroh, er hat Glatze mit Vorgarten, das ist hinten alles Glatze, und vorn auf der Stirn sieht man ein paar glatt abgeschnittene Ponyhaare, die sehen aus wie ein Läusekamm. Seine beiden Schwestern sind auch blond. Udo hat die Angewohnheit, Käfer oder Blattwanzen zu fangen, die er zwischen den Fingern zu Tode rollt. Manchmal schnuppert er an den sterbenden Käfern, als könnte er sie am Geruch unterscheiden.

Udo will nicht gern neben Soldaten herlaufen und hören, wie sie „Heidemarie“ singen. Aber ich. Denn ich bin in der Stadt Duisburg auf die Welt gekommen, die am Rhein liegt. Und Heidemarie ist auch von dort.

„Heidemarie,
wenn wir am Rhein marschieren,
Heidemarie,
wenn wir den Wein probieren,
dann wünsch ich mir dazu
und der Kompanie:
eine, die küßt wie du,
Heidemarie.“

Wir marschieren mit den Soldaten in den Wald und kucken zu, wie sie Gräben schaufeln, und alle zwanzig Meter einen Unterstand bauen. Wenn sie sich dort im Krieg verstecken, haben sie außer dem Stahlhelm nur dünne Baumstämme und Sand über dem Kopf. Da brauchen sie keinen Volltreffer, da sind sie gleich weg und begraben.

„Hast du eine große Schwester?“ sagt einer der Soldaten.

„Nur einen Bruder“, sage ich.

„Und wie alt ist deine Mama?“

„So alt wie mein Vater. Als ich geboren wurde, waren sie achtundzwanzig, und ich bin bald sieben. Da können Sie es sich ausrechnen.“

„Das ist mir zu alt“, sagt der Soldat.

Ich sage: „Wir haben jetzt auch einen Bunker, aber einen mit Panzerplatten. Da würden Sie staunen."

„Sowas brauchen wir nicht. Der Feind wird sich hüten. Wenn er uns sieht, dreht er auf der Stelle um und rennt nach Sibirien. Dann könnt ihr unseren Graben zum Spielen nehmen. Dann ist der Krieg gewonnen, mein Junge. Und jetzt verzieh dich."

Frau Kuffel ist tot

Als ich nach Hause komme, sitzt meine Mutter vor meinem Bruder Roger auf dem Fußboden. Sie dreht seinen Kopf so, daß er sie ansehen muß, und sagt: „Ist das wirklich wahr?"

„Ja, wirklich", sagt mein Bruder.

„Hast du sie selbst gesehen?"

„Ja, ich habe sie gesehen. Herr Kuffel hat geweint. Sie liegt tot im Bett. Er hat eine Tischdecke über's Gesicht getan. Dann hat er bei Siegfried den Totenwagen antelefoniert."

„Ich werde wahnsinnig!" sagt meine Mutter und rennt die Treppen hoch, um nach schwarzen Kleidern zu fragen. Ich fange an zu weinen, laufe hinter ihr her und höre, wie sie in jedem Stockwerk die Geschichte erzählt. Ich muß an Udo denken, der jetzt vor der toten Mutter steht und vielleicht eine Heuschrecke zwischen den Fingern zerrollt. Fräulein Rogalla hat ein Paar schwarze Strümpfe, die sie für meine Mutter heraussucht und mit denen sie sich über die Augen wischt. „Sie haben doch die schwarzen Pumps, die passen dazu. Wiedersehen macht Freude."

„Ich muß hingehen", sagt meine Mutter. „Der kleine Kuffel und Manfred sind dicke Freunde."

„Mehr habe ich nicht", sagt Fräulein Rogalla. „Wenn alle Stricke reißen: in Berlin kenne ich eine Dame, die verleiht schwarze Frauenkleider in allen Größen. Wenn sie noch nicht ausgebombt ist."

Ich gehe über die Marwitzer Straße in den Lebensmittelladen. Herr Siegfried hat draußen an der Ladentür ein großes goldenes Parteiabzeichen angeschraubt, das hat er, etwas kleiner, auch am Kittel. Wenn er hinter der Ladentheke steht, sieht man sein Holzbein nicht, das hat er aus dem ersten Weltkrieg mitgebracht, sagt meine Mutter. Und er hat eine Beule unter dem Bauch, die sieht man nur an Feiertagen, wenn er den Kittel nicht anhat. Dann hat er die Uniform mit dem Schulterriemen und die Reithosen an, und die Beule ist zu sehen. Das ist ein Leistenbruch, den hat er auch aus dem ersten Weltkrieg mitgebracht.

„Heil Hitler, Herr Siegfried!"

„'l Hitler, was willst du?"

„Nur fragen, ob der Totenwagen schon da ist."

„Sowas brauche ich nicht. Noch nicht. Mach, daß du rauskommst."

Die Erwachsenen halten vor einem Kind alles geheim, was sie wissen. Aber ich weiß selbst genug. Ich gehe von der Hofseite in Kuffels Haus und klingele an der Tür.

„Du kommst immer im richtigen Moment. Willst du einen Teller Suppe mitessen?" Diese Worte kommen aus dem Mund von Frau Kuffel. Ich freue mich, daß sie nicht tot ist. Sie sagt: „Hast du geweint?"

Ich sage nichts und esse mit Udo und Eveline einen Teller Suppe.

In der Küche hängt eine andere „Unbekannte aus der Seine". Auch Fräulein Rogalla hat eine in ihrem Flur hängen. Sie sehen sich untereinander nicht ähnlich, unsere ist die schönste.

Eveline ist schöner als Udo, in ihre blonden Haare ist oben auf dem Kopf ein kleines Kämmchen eingerollt, das man nicht sieht, sie hat es mir einmal gezeigt, ein helles Kämmchen, das die gleiche Farbe hat, wie die Augenwimpern von Udo. Obwohl Eveline schon in die zweite Klasse geht, wäre es wunderbar, wenn ich sie einmal heiraten könnte. Frau Kuffel kuckt Udo streng an und fegt einen zerrollten Franzosenkäfer vom Tisch.

Als ich nach Hause komme, sehe ich Onkel Walter flach auf dem Boden liegen. Er liegt auf dem Rücken und verzieht vor Schmerz das Gesicht. Denn Fräulein Rogalla sitzt auf ihm drauf und stützt sich auf seinen Brustkasten. Sie hat ihn mit ihrem Kleid zugedeckt, nur das verwundete Bein kuckt raus.

„Wo ist Mutti?“ sage ich.

Onkel Walter sagt: „Sie ist mit Roger ins Dorf gegangen, eine schwarze Bluse kaufen. Wenn du dich beeilst, triffst du sie noch.“

„Und was macht ihr?“

„Das siehst du doch, ich bin in Behandlung. Du sollst jetzt nicht stören. Es dauert noch etwas.“

Fräulein Rogalla atmet, während sie seinen Brustkasten auf und nieder drückt.

„Frau Kuffel ist nämlich gar nicht tot“, sage ich.

„Geh, sag's der Mutti. Dann braucht sie keine schwarze Bluse.“

Während ich mich auf den Weg zu dem einzigen Textilgeschäft mache, das wir in Hennigsdorf haben, denke ich an Onkel Walter und daß er mir leid tut. Wiederum bin ich auch stolz auf ihn. Er ist der einzige Ausländer, den wir in der Familie haben, und doch kämpft er für Deutschland. Bald wird er gesund sein, und ich glaube, er freut sich darauf, weil er wieder an die Front fahren kann, um gegen die Bolschewisten zu kämpfen.

Meine Mutter kocht jeden Tag die alten Mullbinden für ihn aus. Erst vor drei Wochen hat Fräulein Rogalla einen Granatsplitter in die Eitertasse fallen hören. Und am nächsten Tag war ich selber dabei, wie er sich einen Splitter aus der Wade massiert hat. Der ist in die Tasse gefallen, daß man es gehört hat. Onkel Walter sagte: „Das war noch nicht der letzte. Wenn man Pech hat, wandern sie ein Leben lang durch den Körper." Das Wandern ist des Müllers Lust. An seiner Schläfe sehe ich die Muskeln zucken, wenn er die Zähne zusammenbeißt. Er hat den Splitter aus der Tasse rausgeholt und schenkt ihn mir, als Andenken. Vielleicht stammt er sogar von einer Bombe, das kann man nicht unterscheiden. Im Wald habe ich noch mehr gefunden, manche sind so groß wie meine Hand. Die schönsten habe ich in den Koffer gepackt, den ich von Oma Lisa bekommen habe. Ich sammle sonst nur große, aber bei Onkel Walter mache ich eine Ausnahme, denn der Splitter ist ein Andenken, weil er wirklich durch seinen Körper gewandert ist.

Die Marwitzer Straße liegt in der Sonne. Gestern war Feiertag, Fahnen flattern, die Gehsteige sind frisch mit Platten belegt, die Lindenbäume sind schon gewachsen, stehen aber noch angebunden an ihren Pfählen. Ich sammle Staniolstreifen, die manchmal vom Himmel fallen, wenn der Feind hoch droben mit den Flugzeugen über das Havelland fliegt. Von weitem sehe ich meine Mutter durch die Brücke kommen, auf der den ganzen Eisenträger entlang in großen weißen Buchstaben etwas geschrieben steht, dahinter ein Ausrufezeichen. Meine Lieblingsbuchstaben „M" und „K" sind nicht dabei. Das Wort „Räder…" habe ich schon fertig gelesen.

Was habe ich für eine schöne große Mutter. Sie hat den Cowboyhut mit der breiten Krempe auf, so daß man höchstens die Hälfte von ihren dunklen Locken sehen kann. Roger sitzt im Sportwagen und winkt mir zu. Als ich ankomme, macht meine Mutter das Taschentuch mit Spucke naß und wischt mir über Nase und Mund.

„Weißt du was? Ich bin lieber dreckig als spuckig. Was steht da an der Brücke?"

Sie sagt, ohne sich umzudrehen: „Räder müssen rollen für den Sieg! Gemeint sind Eisenbahnräder und alle anderen Räder."

„Auch die von dem Kinderwagen hier?"

„Die auch."

„Hast du eine schwarze Bluse gefunden?"

„Ich habe etwas Schöneres gefunden, ein Paar lange Strümpfe für dich. Jedes Jahr kommt ein Winter."

Ich hasse lange Strümpfe. Wenn es kalt wird, zieht meine Mutter mir ein Leibchen mit Strumpfbändern an. Zwischen den Unterhosen und den Strümpfen ist nur das eingehakte Strumpfband und nacktes Fleisch. Dann habe ich lange Strümpfe an und friere trotzdem.

„Sei froh, das sind Friedensstrümpfe", sagt meine Mutter. Es ist schon immer Krieg, solange ich mich erinnern kann. Aber viele Sachen sind vor dem Krieg gemacht worden. Sie fangen immer mit „Friedens…" an. Es sind meistens zu große alte Sachen zum Anziehen. Friedenswurst oder Friedenseier gibt es nicht.

Roger sitzt daumenlutschend im Kinderwagen, er kuckt mich nicht an, sondern dreht sich eine Locke. Über die Brücke fährt ein Güterzug. Ich laufe rückwärts, weil ich die Waggons zählen muß, auf denen Panzerspähwagen und Geschütze stehen. Jetzt sage ich es: „Frau Kuffel ist nicht tot."

Meine Mutter bleibt stehen. Sie geht um den Wagen herum, hockt sich nieder, damit sie Roger von vorn sehen kann. Ihre Stimme ist lauter als die Eisenbahn: „Ist sie nur krank? Liegt sie im Bett?"

„Nein, sie ist tot", sagt Roger.

„Sie hat aber heute Erbsensuppe gekocht", sage ich.

Meine Mutter schlägt sich an die Stirn, daß ihr der Cowboyhut nach hinten rutscht: „Ich hätte es wissen müssen! Aber wie soll man darauf kommen, daß ein unschuldiges

Kind solche Lügen erzählt! Ein Kind, das ich unter dem Herzen getragen habe."

Der Kleine verdreht den Kopf, weil er die Puffpuff sehen will, die hinter ihm über die Brücke fährt.

„Hast du mich auch unter dem Herzen getragen?" schreie ich.

„Weiß Gott!" sagt meine Mutter. „Sogar verkehrt rum."

Als wir nach Hause kommen, liegt Onkel Walter wieder auf dem Küchensofa. Fräulein Rogalla wäscht ihm mit einem Lappen den Hals und die Brusthaare. Sie sagt: „Wollen Sie nicht den zerschossenen Uniformrock wegschmeißen, Herr Stolarek? Wie lange soll das blutige Ding hier noch überm Stuhl hängen?"

„Ich will ihn mir noch ein bißchen ankucken. Es ist mein treues Blut", sagt er und nimmt ihre Hand. „Welche wunderbaren, heilenden Hände Sie haben. Wollen Sie nicht Walter zu mir sagen?"

„Dann müssen Sie aber auch Adele zu mir sagen."

In den Nächten heulen immer öfter die Sirenen: Fliegeralarm. Bei uns gibt es nicht viel zu verdunkeln, nur das Rollo in der Küche wird heruntergelassen, die kleine Flurlampe gibt gerade so viel Licht, daß wir bei offener Tür im Kinderzimmer nicht stolpern. Das kann der Feind oben in seinen Flugzeugen nicht sehen. Aus allen Richtungen jault es. Am meisten angst macht mir die Sirene auf dem Dach von Herrn Siegfried. Wenn die losgeht, versteht man nichts mehr. Wir sind vom Krieg umbrandet. Mehr Krieg kann ich mir nicht vorstellen.

Onkel Walter ist gesund, er kriegt seine Füße wieder in die Stiefel. Sie haben ihn gestern in einem mit Tarnfarben angestrichenen Cabriolet Richtung Marwitz mitgenommen. Meine Mutter hat seine blutige Uniformjacke in den Putzkasten gestopft, erst dann hat sie ihm zugewinkt.

Fräulein Rogalla hat ihm das Fotobuch mit lauter nackten Frauen geschenkt, das ich mal bei ihr gesehen habe, und dazu einen Strauß getrockneter Blumen aus ihrem Garten. Und weg war er.

Gewöhnt es euch ab

Wenn in der Nacht Fliegeralarm ist, dauert es meinem Vater zu lange, bis ich mich zurechtfinde. Roger und ich stehen schlaftrunken und frierend herum. Dann packt er uns und rennt hinaus Richtung Bunker. Ich hänge unter seinem rechten Arm, weil mein Vater rechts mehr Kraft hat, Roger hängt unter dem linken. Meine Mutter kommt mit dem Koffer hinterher, da ist etwas Wäsche drin, Verbandszeug und ein Silberbesteck. Das möchte sie nicht verlieren, wenn die Wohnung ausbombt. Schon stehen die Nachbarn wartend vor dem Bunker, aber sie betrachten nicht die Scheinwerferkegel am Himmel, sondern eine Aufschrift in weißen Buchstaben auf der Bunkertür. Nichts ist zu hören. Mein Vater schließt auf, dann rennt er nochmal in die Wohnung. Mit einem Pinsel und einer Dose Altöl kommt er wieder und überstreicht die weißen Buchstaben, bis sie nicht mehr zu sehen sind: „Haben Sie das gelesen? ‚DAS ESSEN WIRD KNAPP, GEWÖHNT ES EUCH AB!‘ Was es für Dreckskerle gibt“, sagt mein Vater, daß es alle hören können.

Fräulein Rogalla ist bei Fliegeralarm kaum wiederzuerkennen. Sie trägt den blauen Stahlhelm mit Silber-Adler, den Riemen hat sie unter dem Kinn festgeschnallt. Sie hat Männerhosen und eine Uniformjacke mit Abzeichen an. Wenn sie diese Sachen trägt, ist sie anders als sonst. Da kann sie sehr streng werden. Sie läßt sich unseren Notkoffer öffnen, leuchtet rein, ob er richtig gepackt ist. Dann sagt sie zu meiner Mutter: „Etwas schlampig. Da wollen wir hoffen, daß der Notfall nicht eintritt." Die Glasscheibe ihrer Taschenlampe hat sie zur Hälfte mit Hansaplast zugeklebt, wie es bei den Autoscheinwerfern gemacht wird. Während sie uns in die Augen leuchtet, sagt sie zu meinem Vater: „In Kriegszeiten darf kein Bunker abgeschlossen werden, Volksgenosse! Leute, es ist Platz, ihr könnt in den normalen Luftschutzkeller gehen, der zum Haus gehört! Ich kontrolliere die Wassereimer und Patschen auf dem Dachboden." Mein Vater ist Volksgenosse. Das ist was anderes als Parteigenosse. Der alte Rogalla ist Parteigenosse, außer ihm geht niemand mehr in den Keller. Alle warten, bis mein Vater uns beide abgestellt und die Tür aufgeschlossen hat. Er hat die Nachbarn davon überzeugt, daß sie nur durch einen Volltreffer umkommen können, und wer rechnet schon damit.

„Hauptsache, es ist noch Platz für die Familie", sagt mein Vater, und drängt sich mit uns in den Bunker, unter die duftende Erde. Es darf nur eine Kerze angezündet werden, mehr nicht, sonst wird zuviel Luft verbraucht.

Johanna 4. Stück

Johanna hat den Riemen übergeworfen, der Bauch ist ihr schon im Wege, und hat ein Bett auf den Karren geladen. Jetzt steht ein richtiges Bett an der Bretterwand, mit einer Matratze. Es ist schon etwas rostig gewesen, sie hat es mit heller Farbe angestrichen, so daß die senkrechten Stäbe am Kopfende jetzt aussehen wie Marzipanstangen. Auf diesem rosa Eisenbett wird sie ihr Kind kriegen.

Gottselig ist den ganzen Tag bei ihr. Sie hat seine kleine Zinkwanne noch mit ihm die Treppe hinaufgetragen, die drei Eimer Wasser hat sie selbst eingefüllt, einen Eimer hat Gottselig zum Sieden auf den Kanonenofen gestellt, die Schere hat er darin versenkt.

Jetzt sitzt er bei ihr und wartet auf die Hebamme, die er für heute und morgen bestellt hat. Alle paar Minuten steht er auf, um sich in der Schüssel, die auf dem Dreibein steht, die Hände zu waschen. Immer wenn es wehtut, hält Johanna sich mit einer Hand an den Gitterstäben fest und stößt Schreie aus, sie weiß nicht, wie laut diese Schreie sind. Mit der anderen befühlt sie ihren Bauch, ob das Kind sich bewegt. Zwischen den Wehen schaut sie zu ihm, und es sieht aus, als wollte sie ihn beruhigen. Sie lächelt, so oft sie nur kann.

Niederlegen will sie sich nicht, dann würde sie die Geburt verpassen. Von ihrem weißen Nachthemd bedeckt, sitzt sie halb im Bett, im Nacken das Kopfkissen, das sie gegen die Bretterwand drückt. Die Beine breit, die Füße auf dem Boden. Johanna hebt das Hemd, aber sie kann nicht über ihren Bauch sehen. Gottselig sieht den Kopf des Kindes, er schiebt den Stuhl beiseite. Den Eimer nimmt er vom Ofen, um das siedende Wasser unter das kalte in der Wanne zu mischen. Auf dem Grund des Eimers liegt die Schere, die noch so heiß ist, daß er sie nicht anfassen kann. Der Alte läuft zwischen der Wanne und dem Bett hin und her. „Wo bleibt die Ziege? Ich kann dir nicht helfen. Ich war noch nie bei sowas dabei", sagt er in jammerndem Ton.

Johanna greift die Eisenstäbe am Kopfende des Bettes und hangelt sich vom Sitzen ins Liegen, sie hat Angst, daß ihr das Kind aus dem Schoß fallen könnte.

„Das Kind ist da. Stumm ist es nicht! Es schreit!" ruft der Alte ihr zu. „Es ist ein Junge!"

Dann faßt er die Schere und schneidet die Nabelschnur durch. Johanna legt sich nieder und lacht. Sie kann sehen, wie Gottselig das Kind ins Wasser taucht. Er trocknet es ab und gibt es Johanna an die Seite. Sie hält ihr Ohr an den Mund des schreienden Kindes.

„Wenn du wüßtest! Ja, es kann richtig schreien! Und du bist jetzt eine Mama!"

Schwer atmend kommt die Hebamme herein. Sie kuck das Kind an, tätschelt Johanna die Wange.

„Gibt es schon einen Namen?" sagt sie, indem sie ein Schreibheft auf den Tisch legt.

„Nee", sagt Gottselig.

„Sieht aus wie'n Junge", sagt die Hebamme.

„Stimmt", sagt Gottselig.

„Wann kam es?"

„Jetzt, in dem Moment."

Die Hebamme wickelt dem Kind ein Stück Binde um den Bauch, befühlt den Leib der jungen Mutter und lächelt sie freundlich an. Dann wendet sie sich Gottselig zu: „Das arme Herzchen. Hat sie Familie?"

„Weiß der Geier. Wenn sie Familie hat, von denen hat

sie noch keiner besucht. Drehen Sie sich von ihr weg, wenn Sie über sie sprechen. Sie kann Polnisch und Deutsch von den Lippen lesen."

„Gibt's einen Vater?" fragt die Hebamme.

„Nee", sagt Gottselig.

„Zu was mußte die arme Frau ein Kind kriegen?"

„Zu ihrer Freude, was sonst? Ich mach den Vater." Und zu Johanna hingewendet sagt er laut, als wenn sie ihn so besser verstehen würde: „Nicht wahr? Du bist dein ganzes Leben in deinen eigenen Kopp eingesperrt, da willst du mal was anderes sehen!"

Die Hebamme schreibt die Geburt in ihr Heft: „Den Vornamen hole ich mir, sobald einer da ist."

Gottselig schenkt ihr einen Schnaps ein, den sie herunterkippt.

„Sie haben einen Zug am Leibe, dafür, daß sie nichts getan haben. Schreiben Sie einfach Albert."

Die Hebamme schreibt unterstrichen „Albert".

„Und wie heißt die Mutter?"

„Sie heißt Johanna", sagt Gottselig.

„Das geht, da schreiben wir als zweiten Namen Johannes. Albert Johannes."

Noch einmal kämpft Johanna mit den Gitterstäben, fängt an zu jammern.

„Um Gottes Willen, sie wird doch keine Zwillinge kriegen?" sagt der Alte.

„Das ist gleich vorbei. Schenken Sie noch einen ein, und dann gehen Sie bißchen raus, bis ich Sie rufe."

Später trägt Gottselig im Eimer die Nachgeburt herunter und vergräbt sie im Garten hinter dem Hof.

Gottselig schreibt auf einen Zettel „Johanna Krug", darunter schreibt er „Albert Krug" und sagt zu Johanna: „Das bist du." Er zeigt auf ihren Namen, dann zeigt er auf den zweiten Namen und sagt: „Das ist dein Sohn,

Albert Krug. Ein schöner Name." Er spricht ihr mit hochgebogener Zunge vor: Al-bert. Sie ahmt die Mundbewegungen nach. Aber was sie spricht, versteht man nicht. „Ja", sagt Gottselig voller Begeisterung, „so heißt er."

Petronella

Neben mir im Bunker sitzt Petronella Fabisch, die mit ihren Eltern aus Hinterpommern nach Hennigsdorf gekommen ist. Sie sieht fast so aus wie das Mädchen auf dem Plakat „Auch du gehörst dem Führer!“. Blonde, lange Zöpfe, oben auf dem Kopf noch dazu die Hahnentolle. Kaum hat ihr Vater im Stahlwerk angefangen zu arbeiten, da ist er eingezogen worden. Jetzt ist sie mit ihrer Mutter allein. Ihren Namen habe ich noch nicht gehört, er ist wunderbar, er klingt nicht so blond wie sie wirklich ist, er klingt viel dunkler, fast schwarz. Meistens spielt sie zu Hause mit den beiden Puppen, die sie immer mitnimmt in den Bunker, und mit denen sie lieber spricht als mit mir. Ich ärgere mich nicht über Fliegeralarm, weil ich mich auf Petronella freue. Am liebsten würde ich sie später heiraten. Ich kucke so gern auf ihre Zähne. Überhaupt kucke ich den Menschen gern auf die Zähne, wenn sie sprechen. Sie sind bei jedem anders. Bei Petronella steht ein Zahn etwas über dem anderen. Aber das ist nur dann zu sehen, wenn sie lächelt, und das tut sie selten. Ich glaube, kein Junge in der Marwitzer Straße kennt das Besondere, das an ihren Zähnen zu sehen ist.

Die eine ihrer Puppen ist ein Mädchen, die andere ein Junge. Ich habe gefragt, ob sie nicht den Jungen auf den Namen Manfred taufen will, dafür würde ich ihr mein Aluminium-Flugzeug schenken. Sie hat gesagt:

„Die Puppen haben beide schon Namen. Das Flugzeug möchte ich nicht.“

Dann war Pause. Bis ich sie endlich gefragt habe, ob die Teufelsmütze, die sie auf dem Kopf hat, von ihrer Mutter gehäkelt worden ist und ob sie mir den Kamm zeigen würde, den sie unter der Mütze in ihrer Haartolle hat. Da hat sie mich nur angekuckt, das sollte nein heißen, und hat dann etwas gelächelt.

Wenn ich die Schallplatte „Eine Freundin, so goldig wie du…“ abspiele, denke ich an Petronella.

Es ist eng in unserem Bunker, aber das ist gerade richtig, ich kann neben ihr sitzen. Sie hat genug Platz, die Puppen festzuhalten. Ich zeige ihr ein paar Grammophonnadeln, meine neuen Zähne und den Hirschkäfer, den ich in einer Zigarettenschachtel habe, aber den will sie nicht streicheln. Wenn ich Petronella sehe, muß ich nicht mehr so oft an den Engel aus Frankreich denken und auch nicht an Eveline Kuffel.

Mein Vater nimmt mich in dieser Nacht mit nach draußen vor den Bunker und zeigt mir die Christbäume, die am Himmel leuchten. Nicht mal zu Weihnachten sieht man was Schöneres. Über dem Stahlwerk stehen drei Christbäume mit flimmernden Lichtern, als würden langsam die Sterne herunterrieseln. Dazwischen die Strahlen der Scheinwerfer, die durch Wolkenlöcher leuchten. Sie haben am Himmel ein Flugzeug gefunden, und schon kommen die anderen Scheinwerfer zu Hilfe. Die wollen das Fugzeug nicht loslassen, aber es verschwindet feige hinter den Wolken. Es fliegt so weit oben, daß man das Brummen nicht hören kann. Es ist winzig klein, und doch sitzt der Feind in dem Flugzeug, mit Ledermütze und Sturmbrille. Der kann mir nur leid tun.

„Wie machen sie die Christbäume?“ frage ich meinen Vater.

„Die werfen sie ab, damit sie was sehen können. Jedes einzelne von den vielen Lichtern ist eigentlich eine Leuchtpatrone, die an einem kleinen Fallschirm niederschwebt. Der Feind kann nichts sehen, weil wir so gut verdunkelt haben. Aber er will alles sehen, und besonders das Stahlwerk. Da will er Bomben drauf schmeißen, damit wir keine Panzer machen können.“

Wenn mein Vater mir was erklärt, spricht er in einfachen Sätzen mit mir. Das braucht er aber nicht, ich verstehe alles. Sogar manche Sachen, die er mir nicht sagen will.

„Bist du froh, daß du keine Nachtschicht hast?“ frage ich ihn.

„Ich bin überhaupt nicht froh. Warum?“

„Am Tag brauchst du nicht so viel Angst zu haben. Hast du Angst?“

„Ich habe Tag und Nacht keine Angst“, sagt er.

Die Flak fängt an zu schießen, wir gehen zurück in den Bunker. Petronella schläft an meiner Seite ein, ich decke sie mit der Hälfte meines Mantels zu, fast wie Sankt Martin. Aber der hat seinen Mantel mit dem Schwert durchgehauen. Wir hören die dumpfen Einschläge der Bomben. Die Erde bewegt sich. Sand rieselt. Ob sie es wissen will oder nicht, morgen werde ich Petronella sagen, daß sie ihren Kopf an meine Schulter gelegt hat.

Meine Mutter kommt ins Kinderzimmer, umarmt den Kachelofen und fragt ihn: „Liebst du mich noch?“. Roger und ich sitzen in unseren Kinderbetten und lachen. Sie hat das lange Nachthemd an, das bis zu den Knöcheln reicht. Wir haben eine schöne Mutter. Ich sehe es gern, wenn sie mit dem Ofen Theater spielt. Dann sieht man unter dem Nachthemd ihre großen Hinterbacken, die schöner aussehen als die von Frau Redlinger und schöner als die von den Töchtern des Leukippos. Und ihre lockigen dunklen Haare. Ich habe auch dunkle Haare, aber keine einzige Locke. Dann dreht sie sich um, legt rechts und links die Hände an den Ofen, als wenn er mollig warm wäre, und singt „Nur nicht aus Liebe weinen“, und dabei lacht sie manchmal, und manchmal weint sie, aber sie tut nur so. Wenn ich von meiner Mutter auch nur ein paar Töne höre, will ich nicht mehr lachen. Sobald sie den Mund zum Singen öffnet, liebe ich sie. Ja, dann liebe ich meine eigene Mutter.

„Nur nicht aus Liebe weinen“ hat sie sich zu Weihnachten gewünscht. Mein Vater mußte zwei Alt-Platten dafür im Laden abgeben, und bezahlen mußte er obendrein. Im Herrenzimmer gibt es hundert Platten. Nummer 99 heißt „Rumba Tamba“ und die letzte, die Nummer hundert, das ist „Nur nicht aus Liebe weinen“. Sie stehen alle hintereinander im Plattenständer unter dem elektrischen Grammophon. Unser Radio hat als einziges in der ganzen Marwitzer Straße eine beleuchtete Skala, die man umklappen kann. Deshalb muß das Herrenzimmer abgeschlossen sein, damit keiner an der Skala herumklappt. Wer das tut, biegt allmählich den elektrischen Draht entzwei. Der führt zu der kleinen Birne, von der die Skala erleuchtet wird. Nur wenn Gerichtsverhandlung ist, dürfen wir das Herrenzimmer betreten. Wenn mein Vater in den Krieg zieht, werde ich auf die Schallplatten, das Grammophon und das Radio aufpassen. Früher hörten Roger und ich manchmal zu, wenn im Herrenzimmer Feste gefeiert wurden. Dann haben sie dort nach den Platten getanzt. Mittlerweile sind die Männer eingezogen, mein Vater kann nicht allein mit allen Frauen tanzen, obwohl sie es bestimmt machen würden.

Die Bomben in der vorigen Nacht, die den Bunker zum Wackeln gebracht haben, sind auf das Stahlwerk gefallen, genau unter die Christbäume. Mein Vater sagt, er weiß gar nicht, wo sie die Trümmer hinräumen sollen, wenn nur noch Trümmer da sind. Er sagt, wenn er gewußt hätte, daß Krieg kommt, dann hätte er uns vielleicht nicht in die Welt gesetzt.

Manchmal kommt er nach Hause und hält sich die Ohren zu, weil wir laut sind. „Was ist hier los?“ sagt er. „Das ist ein Lärm wie in der Judenschule!“ Ich glaube, mein Vater muß mal in einer Judenschule gewesen sein. Er muß den Krach selbst gehört haben. Juden müssen einfach andere Menschen sein. Mir ist es peinlich, daß ich ihn so oft an den

Lärm in dieser Schule erinnere. In ganz Hennigsdorf gibt es keinen Juden. Gefangene Russen und Polen und Franzosen haben wir schon gesehen, wie sie ins Stahlwerk marschiert sind, die meisten in gestreiften Jacken, es sah aus, als liefen sie im Schlafanzug die Straße entlang. Aber Juden? Ich möchte gern welche sehen. Es ist was Unheimliches mit denen. Die Oma hat einmal zu meinem Vater gesagt: „Hoffentlich kriegt der Junge mal nicht die jüdische Nase, die du hast. Ich weiß bei Gott nicht, wieso du diese Nase kriegen mußtest."

Mein Vater wurde wütend: „Was redest du?" sagte er. „Was hat denn der Mann für eine Nase gehabt, mit dem du dich vor 35 Jahren eingelassen hast, he? Und was hast du für eine Nase? Siehst du, das weißt du nicht. Ich habe eine arische Nase. Manchmal glaube ich, du bist verrückt, Mutter."

„Verrückt? Ist es wahr, Rudi, daß du aus der Kirche ausgetreten bist? Dann wärs egal, ob du eine evangelische Frau heiratest oder eine Mohammedanerin. Gott wird dich strafen, mir sowas zu sagen."

Meine Oma sagt etwas Polnisches.

„Rede gefälligst Deutsch", sagt mein Vater, „Ich verstehe dein Kauderwelsch nicht! Was sollen die Kinder denken?"

Mehr Jüdisches hat meine Oma bestimmt nicht, und mein Vater auch nicht. Kann schon sein, daß sie damals in Kattowitz ein paar jüdische Nasen gesehen hat. Und daß sie verrückt ist, sagen alle. Warum singt sie manchmal ein Lied über die Juden? Zum Beispiel:

„Als die Juden zogen durch das Rote Meer,
da waren in Frankfurt die Caféhäuser leer.
Ham Se nicht den kleinen Cohn gesehn?
Sah'n Sie ihn denn nicht vorübergehn?
In des Volkes Menge?
Da kam er ins Gedränge.
Jetzt haben Sie den Schreck.
Der kleine Cohn ist weg."

Den hätten sie nicht entwischen lassen dürfen. Aber meine Oma tut so, als ob nichts dabei wäre, daß er entwischt ist.

Ich frage meinen Vater: „Sind Germanen alle blond?“

Er sagt: „Die meisten.“

„Es gibt auch dunkle?“

„Das siehst du an uns“, sagt mein Vater, „wir sind dunkel, und trotzdem Germanen. Aber der germanischste von uns, das ist dein Bruder Roger.“

8 Dann nimmt er mich auf den Schoß und sagt: „Die Arier haben in den Wäldern gelebt, die es damals gab. Sie waren Ritter, die sich nichts haben gefallen lassen. Sie hatten Kampfspeere und fürchteten sich vor niemandem, eben weil sie Arier waren. Von denen stammen wir ab, deine Mutter, ich und dein Bruder. Und sogar du stammst von ihnen ab, obwohl du manchmal ins Bett pißt.“

Daß Roger Arier ist, versteht man. Aber meine Eltern und ich?

Ich sage: „Papa, warst du als Kind in einer Judenschule?“

Er knallt mir kurz eine und geht ins Schlafzimmer schlafen. Oma Lisa nimmt mich in den Arm: „Er ist ein roher Mensch.“ Und sie ruft ihm hinterher: „Jeder kriegt seine Strafe. Du auch!“

Mein Vater ist in den letzten Tagen anders als sonst. Er sitzt abends mit uns zusammen. Roger ist sein einziger Liebling. Wenn kein Fliegeralarm ist, darf der Kleine auf seinen Schoß, sich die goldenen Haare streicheln lassen, und weil er schon lange nicht mehr ins Bett macht, wird er ganz anders geärgert als ich.

Mir passiert es nicht jede Nacht, aber bestimmt einmal in der Woche. Meistens ist mein Vater selber schuld, denn er erscheint mir im Traum. Einmal stehen wir im Regen am Brückenpfeiler, und mein Vater sagt: „Hier kannst du dich mal richtig auspinkeln, mein Junge. Hier darf man das, der Regen wäscht alles wieder weg. Und was das Wichtigste ist: es geht nicht ins Bett.“ Und dann lacht mein Vater. Manchmal hört es sich wie Schadenfreude an. Es ist schon vorgekommen, daß ich mitten im Traum wach werde, gerade weil er so komisch lacht. Und dann ist es schon passiert. Das mit dem Brückenpfeiler war nur ein Traum. Ich drehe die Matratze um, schleiche zur Badewanne, wasche mein Laken und hänge es auf den Balkon. Oft ist es kein erfundener Traum, sondern etwas, das ich selbst erlebt habe. Als ich noch in der ersten Klasse war, sind wir ins Havelbad gefahren. Mein Vater sagte: „Traust du dich, vom Ein-Meterbrett zu springen?“

„Ich kann nicht schwimmen“, sagte ich.

„Ach, ein bißchen kannst du schon“, sagte er. „Du wirst nicht absaufen, ich hole dich raus. Wenn du dich traust, springe ich von der Havelbrücke.“

Ich kuckte auf das Ein-Meterbrett und dann auf die Havelbrücke. Zwischen den Eisenbögen fuhren Lastwagen darüber.

„Du zuerst“, sagte ich.

„Gut“, sagte er.

Ich rannte schreiend über die Wiese: „Kommt alle her! Mein Vater springt von der Havelbrücke. Das müßt ihr sehen. Wenn er sagt, er springt, dann springt er!“

Udo war der erste, er holte noch ein paar Jungens aus unserer Klasse, und plötzlich war sogar der Lehrer Herr Schnauer da. Der ganze Trupp ging los, und je näher wir an die Brücke kamen, desto höher mußte mein Vater hinaufschauen. Endlich hatten wir den Damm erreicht, wir konnten hochklettern auf die Straße. Dort standen alle barfuß um meinen Vater herum. Er kuckte von oben lange auf die Havel. Alle steckten die Köpfe durch das Geländer und kuckten von oben auf die Havel. Lehrer Schnauer sagte: „Ich würde mir das überlegen, Volksgenosse. Keine Abenteuer.“ Mein Vater nahm sich die Zeit, den Lehrer Schnauer anzuschauen. Er griff mit beiden Händen um das Geländer, als wollte er ausprobieren, ob es hält. Ich habe die Knöchel auf seinen Fäusten blaß werden sehen. Niemand sprach. Nur die Autos fuhren hinter uns vorbei. Mein Vater stand da, als wenn er nachdenkt. Einmal schaute er noch zu mir herunter, mit den Händen hielt er sich fest, die Füße hoben sich mit einem Ruck von der Straße. Erst als sie schon in der Luft waren, ließ er das Geländer los, hechtete darüber, flog langsam, in einem schönen Bogen. Aber dann kippte er allmählich über, weiter und weiter, drehte sich auf den Rücken, bis ich in sein Gesicht sehen konnte. Dann schlug er mit einem lauten Klatsch auf der Havel auf, ohne unterzugehen. Eine Weile blieb er auf dem Wasser liegen. Die Kinder johlten und rannten zurück ans Ende der Brücke, um die Böschung hinunterzulaufen. Ich ging langsam hinterher, konnte nicht von ihm wegsehen. Endlich bewegte sich mein Vater wieder und schwamm auf das Ufer zu. Nicht im Kraulstil wie sonst, sondern langsam. Unten suchte ich seine Hand, die ich nicht mehr losließ, bis wir in der Badeanstalt waren. Unterwegs sah ich ihn ausspucken, und ich habe auch gesehen, daß die Spucke blutig war.

„Kannst du mich wirklich rausholen?“ sagte ich.

„Verlaß dich auf mich“, sagte er.

Dann stand ich auf dem Meterbrett, da, wo es noch fest war. Die Jungens liefen an mir vorbei, ließen sich ins Wasser wippen.

„Vor Sonnenuntergang mußt du springen, Manfred, wenn es dunkel ist, finde ich dich nicht!“ sagte mein Vater. Ich hielt mir die Nase zu und sprang und ging in dem grünen Wasser unter. Ich hatte die Augen offen, das Grün wurde dunkler, ich konnte Blasen aufsteigen sehen und dachte, das ist der Tod. Oben schien noch die Sonne, er mußte mich doch finden. Plötzlich ging es mit Schwung aufwärts. Mein Vater hatte mich an den Ohren hinaufgezogen, er hat mich gerettet, wie er es versprochen hat. Das habe ich alles wirklich erlebt.

Aber dann war es eben doch anders: Als er mit mir ans Ufer schwamm, habe ich mich an seinen Schultern festgehalten. Und ins Bett gemacht.

Wieder mußte ich die Matratze umdrehen und das Laken auf den Balkon hängen.

Roger ist kein Bettnässer. Ihn kann er damit nicht quälen. Deshalb ist er auf den Dreh mit den goldenen Haaren gekommen. Er hat rausgekriegt, wie er den Kleinen zum Weinen bringen kann. Er muß ihm nur ganz zart über die goldenen Haare streicheln. Dabei verstellt er die Stimme, als wenn er Mitleid mit meinem Bruder hätte. Er sagt:

„Ach, der Kleine. Schaut euch diesen goldigen Jungen mit den goldigen Haaren an. Was meinst du, Alma, wenn er einmal groß sein wird ..."

„Rudi, hör mit dem Unsinn auf. Das ist grausam ...", sagt meine Mutter.

„... ob er dann die schönen goldenen Haare noch haben wird? Diese schönen, schimmernden, goldenen Haare ..."

Das genügt. Dann verzieht Roger den Mund, ganz leise fängt er an zu weinen, und dann weint er bitterlich, bis ich Mitleid mit ihm habe. Er ist noch so klein, ich sehe seine Grübchen an den Händen. Und doch kann mein Vater ihm angst machen, daß er einmal, wenn er groß sein wird, die goldenen Haare verliert. Da geht es mir besser, ich hänge das Laken auf den Balkon, es stinkt in meinem Bett, aber goldene Haare und goldene Augenwimpern werde ich nicht verlieren, weil ich schwarze habe.

Madagaskar – drei, vier

Es ist soweit, mein Vater muß in den Krieg ziehen. Er gibt mir den Schlüssel für den Bunker und eine große Schachtel Grammophonnadeln, die immer eingeschlossen war, damit wir keine Platten abspielen konnten. Mein Vater sieht grau aus, so grau wie die Winterjoppe und der große Koffer, den er mit einem Lederriemen umschnürt hat.

Ein paar Leute aus dem Bunker stehen auf der Marwitzer Straße, um Abschied zu nehmen. Mein Vater hat den weinenden Roger auf dem Arm, meine Mutter verzieht keine Miene, es läuft ihr nur so die Wangen runter. Fräulein Rogalla hat in ihrem Garten die letzten Blumen geschnitten und einen Strauß für ihn gemacht. Von der Brücke her kommt der Zug Soldaten, die noch keine Uniform anhaben und nicht singen. Auf der anderen Straßenseite steht die schöne Frau Redlinger neben Herrn Siegfried, der zum Führergruß die Hand erhebt. Er trägt heute seine Uniform und das Parteiabzeichen. Als der Zug näherkommt, küssen sich meine Eltern. Dann küßt mein Vater Fräulein Rogalla, die ihm den Blumenstrauß gibt, dann stellt er Roger auf die Straße, dann kuckt er mich an, ob ich die Hände an der Hosennaht habe. Er küßt mich, ich sehe sein angespanntes Gesicht. Dann geht er mit einem Ruck los. Geht über die Straße, umarmt die Redlinger, küßt sie länger als alle anderen, gibt ihr die Blumen und reiht sich in den Zug der Männer ein.
29 Mein Vater ist von allen der jüngste und schönste.

Der einzige Soldat in Uniform ruft: „Madagaskar! Drei vier!“ Alle versuchen im Gleichschritt zu laufen. Ein paar Männer können das Lied. Ich auch. Mein Vater nicht.

„Wir lagen vor Madagaskar
und hatten die Pest an Bord,
In den Kesseln, da faulte das Wasser,
und jeden Tag ging einer von uns fort.
Olé olé, liebes Madel
Olé, olé.“

Ich laufe neben meinem Vater her. Den Koffer auf der Schulter, marschiert er vorwärts, ich muß rennen. Ich sehe den kleinen Rechenschieber, den er immer aus der oberen Jackentasche rauskucken läßt, denn daran sieht man, daß er Ingenieur ist. Ich stolpere in die Marschkolonne und rufe:

„Papa, der Rechenschieber!“ Er gibt ihn mir und ruft: „Verwahre ihn gut!“

Mein Vater und ich, wir winken uns ein letztes Mal zu. Beim Bäcker bleibe ich stehen. Der Zug von müden Männern wandert in gleichem Schritt und Tritt nach Marwitz. Ein letztes Mal höre ich aus der Ferne: „Olé olé, liebes Madel, olé, olé ...“

Als ich wieder ankomme, ist Edda Redlinger schon gegangen. Meine Mutter steht noch am Straßenrand und sagt: „Heute Abend gehen wir aus.“

Ich kucke im Volksatlas nach, wo die lagen. Aber Madagaskar kann ich nicht finden, und meine Mutter weiß es nicht.

Wir nehmen Petronella und ihre Mutter mit ins Kino.

„Petronella, weißt du was? Du bist im Bunker neben mir eingeschlafen“, sage ich. Sie antwortet nicht.

„Ich habe dir ein Stück von meinem Mantel gegeben ...“ Sie läuft mit ihrer Mutter neben mir her, „... und du hast es nicht gemerkt.“

Als wir schon fast bei der Brücke sind, sagt sie ganz leise: „Dann danke ich dir.“ So lange hat sie über eine Antwort nachgedacht.

Ich fange noch einmal ein Gespräch an: „Kannst du mit dem Rechenschieber rechnen?“ sage ich.

„Nein.“

„Aber ich. Wenn du willst, zeige ich es dir.“

„Gern“, sagt sie.

Im Kino ist ein alter Kartenverkäufer, der sich freut, wenn meine Mutter rot lackierte Fingernägel hat. Sie legt ihm das Geld auf den Drehteller, dann sieht er die Fingernägel, kuckt zu ihr hoch und lächelt: „Hm, schöne Hände, gnädige Frau.“ Das Fläschchen mit ihrem Nagellack ist fast leer, es gibt keinen mehr zu kaufen, meine Mutter lackiert nur noch eine Hand, die andere läßt sie in der Manteltasche. So schmuggelt sie uns rein.

Die Wochenschau hat eine schöne Musik. Zuerst erscheint die Schrift, so daß man innerlich mitsingen kann: „DIE DEUT-SCHE WOOO-CHENSCHAU!“ Wie schön sind unsere Soldaten, wie stark sind die Panzer, aus denen sie herausschauen. Wie stolz ihre Gesichter.

Die Vorstellung ist für Erwachsene, es sind aber nicht mehr viele Erwachsene in Hennigsdorf. Der Film läuft ohne Stromsperre durch, ich weiß nicht, ob Petronella ihn verstanden hat. Ich habe ihn verstanden: Ein Mann ist in eine Frau verliebt, deshalb singt er ihr zu, und sie ist in den Mann verliebt und singt ihm zu.

„Ich brauch dich
und du brauchst mich,
was braucht ein Mensch noch mehr?“

Das haben wir auch zu Hause auf Platte.

Ich denke an Zephirine aus Frankreich, und ich denke an Eveline Kuffel, und dann denke ich an Petronella, die eine Klasse höher ist als ich. Alle Mädchen meinen, daß ich zu klein für sie bin. Ich hätte gern eine Schwester.

„Hast du gesehen, was die Frau für rote Lippen hatte?“ sage ich auf dem Heimweg zu Petronella, und zwar deshalb, weil ich was sagen will, worüber sie nicht nachdenken muß. Sie könnte einfach sagen: „Ja, habe ich gesehen.“ Aber Petronella antwortet nicht. Sie kuckt nach oben zu ihrer Mutter, und die antwortet: „Wie kommst du auf rote Lippen? Das war doch kein Buntfilm.“ Bis heute habe ich keinen Buntfilm gesehen. Ich sehe in allen Filmen rote Lippen und blaue Augen und braune Augen, wie es in Wirklichkeit ist. Da kann der Film so bunt sein wie er will. Alles sehe ich, wie es wirklich ist, in allen Filmen.

Die Schule, an der wir vorbeikommen, steht noch, aber Unterricht ist nur selten, Schulspeisung gar nicht mehr. In letzter Zeit gibt es nackte Marmeladenstullen und Hirsebrei, entweder süß oder salzig. Wenn er salzig ist, darf sich jeder einen Spritzer aus der Maggiflasche nehmen.

Nur noch einmal in der Woche spielen wir Völkerball. Immer weniger Kinder wollen das Volk spielen, der Ball ist so schwer, daß viele von uns glatt umfallen, wenn sie getroffen werden.

Die Sirenen fangen an zu heulen. Wir müssen uns beeilen. Lastwagen, auf denen Soldaten sitzen, fahren Richtung Marwitz. Da liegt der Osten, und dahinter liegen die Russen, die auch Bolschewisten genannt werden. Ich stelle sie mir vor, mit blutenden Messern im Mund. Die deutschen Soldaten müssen alle nach Osten, denn da ist die Ostfront, wo Onkel Walter verwundet worden ist.

Seit mein Vater an der Front ist, habe ich oft von ihm geträumt, und trotzdem nicht ein einziges Mal ins Bett gepinkelt. Wenn er nicht kriegswichtig gewesen wäre, dann wäre er früher eingezogen worden, und ich hätte vielleicht früher damit aufhören können.

Jetzt haben wir viel Platz. Bald wird es bei uns wieder eng werden, weil meine Tante Erna und die Cousine Sonja aus Duisburg zur Evakuierung hierher kommen, sie bringen meine andere Oma mit, die Mutter von meiner Mutter, sie heißt Wilhelmine und hat sich von ihrem Mann scheiden lassen. Den habe ich noch nicht gesehen, weil er aber der Vater von meiner Mutter ist, ist er mein einziger echter Opa. Er heißt dünner Opa, denn Wilhelmine ist mit einem neuen Mann verheiratet, einem dicken, und der heißt dicker Opa. Der dicke Opa will nicht evakuiert werden, er hat zu Wilhelmine gesagt, er bleibt lieber in Duisburg und schläft sich mal richtig aus.

Oma Wilhelmine stammt aus Moers, das ist eine kleine Stadt auf der linken Rheinseite. Dort hatte sie ein Gemüsegeschäft und vier Töchter, die alle Geigenunterricht hatten, aber daraus ist nichts geworden. Meine Mutter Alma ist die älteste, Erna die zweite, dann folgten Hilde und Edith. Seit Tante Erna in Hennigsdorf evakuiert ist, reden sie den ganzen Tag davon, wie schön es früher war, in Moers, in ihrem Gemüseladen, und wie schlimm es jetzt ist, jetzt könnten sie nur noch warten, bis die Russen kämen. Oma Wilhelmine ist gebildet, sie weiß alles. Auch sie kennt jedes Wort, selbst meine Mutter fragt Oma Wilhelmine manchmal, wie ein Fremdwort geschrieben wird oder wie hoch der Funkturm ist. Das Wort „Mutter“ sagt sie nicht. Sie geben sich alle untereinander kurze Namen: meine Mutter heißt nicht Alma, sondern „Alm“, Erna heißt „Ern“, Hilde heißt „Hild“ und Edith heißt „Edt“. Und die Mutter von den vieren heißt „Mamm“.

Zu dem Gemüsegeschäft in Moers hatten sie auch eine Gemüsehalle, in der die Kohlköpfe für das Sauerkraut aufbewahrt wurden. Eines Tages hat die Mamm den Vater der
4 vier Töchter, den dünnen Opa, überrascht, als er auf einer umgedrehten Gemüsekiste stand. Vor ihm lagen die Kohlköpfe, und für die Kohlköpfe hat er eine Rede gehalten. Er hat sie mit „Meine Damen und Herren!“ angesprochen, in der linken Hand hatte er den Hut und mit der anderen hat er auf einzelne Kohlköpfe gezeigt und sie beschimpft: „Was geschieht mit den Steuern?“ soll er gesagt haben, „Auf manchen Bürgersteigen von Moers kann man sich den Hals brechen!“ Die Mamm hat lange in der Tür gestanden und sich gewundert. Noch keinen einzigen Kohlkopf hatte er in Streifen geschnitten. Das wäre nämlich seine Arbeit gewesen. Sie wollten die geschnittenen Kohlköpfe in Fässer füllen und Sauerkraut daraus machen. Er brauchte sie aber nicht geschnitten, sondern ganz, denn er hat sie angebrüllt: „Unterstehen Sie sich, Herr Kämmerer...“ und „Pfui, Herr Bürgermeister...!“ Er soll sich sehr aufgeregt haben. Da hat die Mamm sich sofort von ihm scheiden lassen. Jetzt muß er in Duisburg allein leben. Er ist schon alt und heißt Wilhelm Huppers. Zusammen hießen sie also Wilhelm und Wilhelmine.

Von hinten bis vorne

Tante Ern hat den Badeofen angeheizt und wäscht ihrer Tochter Sonja mit Sandseife den nackten Popo. Das muß wehtun. Ich würde ihn nur mit dem Schwamm waschen. Sonja steht in der Badewanne, ich kann sie durch den Türspalt sehen. Baden darf ich nicht mit ihr, weil sie nackt ist. Wie alle Mädchen hat sie in der Haartolle einen gebogenen Kamm, den sie mir noch nicht gezeigt hat, und jetzt liegt er auf dem Hocker neben der Wanne.

Ich habe keine Schwester, aber von Anfang an weiß ich, daß Mädchen anders sind als Jungens. Immer habe ich Sehnsucht nach einem Mädchen. Oft frage ich meine Mutter, warum sie keine Schwester für mich gekriegt hat. „Andere haben eine Schwester, Udo Kuffel hat zwei", sage ich.

„Dafür hat er keinen Bruder", sagt meine Mutter.

Tante Ern macht die Tür vom Badezimmer zu: „Na? Du liegst doch nicht etwa auf der Lauer?" Ich gehe in die Küche und sage meiner Mutter ins Ohr, so daß Oma Wilhelmine es nicht hören kann: „Bei Sonja geht der Popo von hinten bis vorne durch. Kuck es dir an."

„Das weiß ich schon", sagt meine Mutter. „Das ist bei allen Mädchen so, bei mir war es auch so."

„Und jetzt nicht mehr?"

„Doch", sagt sie. „Es ist noch immer so, aber jetzt sieht man es nicht mehr. Weil ich dort Haare habe."

„Zeigst du mir die?"

Meine Mutter kuckt sich nach ihrer Mamm um. Die zeigt ihr den Vogel. Dann streift sie blitzschnell das Kleid hoch, zieht die Unterhosen runter und zeigt mir das schwarze Haarbüschel, es sind so krause Haare, die sie auch auf dem Kopf hat. Sonst sieht man nichts.

Jungens wollen Mädchen haben, den ganzen Tag reden sie darüber. Das ist es ja gerade. Wenn die Mädchen groß geworden sind, haben sie Brüste, dann ist schon mehr zu sehen. Wenn sie alt sind, dann haben sie noch größere Brüste. Meine beiden Omas haben die größten, aber kleine sind mir lieber.

Schwester Theresita hat uns erklärt, daß wir nicht unschamhaft sein dürfen. Wir sollen nicht hinter den Mädchen hergehen, zum Beispiel dürfen wir nicht sehen, wie sie pinkeln. Unschamhaft will ich nicht sein, aber heimlich bin ich es doch. Extra dafür beten, daß ich nicht unschamhaft werde, möchte ich nicht. Einmal habe ich Eveline beobachtet, wie sie sich hinter einen Busch gehockt hat. Als sie weg war, habe ich nachgekuckt. Es war fast nichts zu sehen.

Gerda, die Tochter vom Blockwart, ist acht Jahre und kann ein unschamhaftes Gedicht auswendig:

„Liebe Mutter der die das,
in mei'm Bauch, da kribbelt was,
kannst du mir das sagen?
Nein, mein Kind, das kann ich nicht,
mußt du erst den Vater fragen.

Lieber Vater der die das,
in mei'm Bauch, da kribbelt was,
kannst du mir das sagen?
Nein, mein Kind, das kann ich nicht,
mußt du erst den Friedhelm fragen.

Lieber Friedhelm der die das,
in mei'm Bauch, da kribbelt was,
kannst du mir das sagen?

Ja, mein Kind, das kann ich wohl,
weißt du noch vor 14 Tagen,
als wir auf dem Sofa lagen?
Hose runter, Beine breit,
war das eine Herrlichkeit."

Rüdiger Bleibtreu und ich haben Gerda mit in den Bunker genommen und ihr am hellichten Tage in die Möse gekuckt. Sie hat die Beine auseinandergemacht, Hosen runter, und wir haben mit der Taschenlampe nachgekuckt. Ich nur flüchtig. Was man zu sehen kriegt, ist fast nichts.

Wenn ich der Schwester Theresita erzählen würde, daß meine Mutter mir das Haarbüschel gezeigt hat, würde sie in Ohnmacht fallen.

Johanna 5. Stück

Johanna geht eine Stunde lang vor der Villa Kalweit die Marienstraße in Kattowitz auf und ab. Sie tut es unauffällig, es wird allmählich dunkel, und doch sind ihre Augen überall. Sie will den geliebten Mann wiedersehen. Johanna hat Angst, daß sie nie wieder einen Mann haben wird.

Auf dem Arm trägt sie den kleinen Albert, in der Bluse hat sie einen Zettel, den der Altgeselle Gottselig für sie geschrieben hat:

„Geehrte Familie Kalweit!

Jetzt habe ich ein Kind, meinen Sohn Albert. Ich würde ihn zum Waschen mitbringen, das würde nicht stören. Wenn Sie mich wieder gebrauchen könnten, wäre ich Ihnen sehr dankbar. *Von Herzen.*

Und treu ergeben.
Hochachtungsvoll!

Johanna Krug“

Endlich entschließt sie sich, durch das Tor zu gehen, und schon kommt die Kalweit aus dem Haus unter die Kastanienbäume und wehrt mit strenger Miene ab. In den Händen hat sie eine Papiertüte, die sie Johanna wie ein Geschenk übergibt. Der junge Herr Anselm steht in der Tür, hinter seiner Mutter. Die spricht lautlos mit deutlichen Mundbewegungen auf Johanna ein: „Es tut mir leid. Wir haben eine neue Wäscherin. Tut mir leid …“

Während Frau Kalweit sich schon abwendet, sagt Johanna etwas, dann macht sie wie verloren einen Knicks und geht mit dem Kind und der Tüte davon.

Noch einige Male streunt sie in der Dämmerung vor der Villa auf und ab. Und als sie einmal den Herrn Kalweit trifft, will er um sie herumgehen. Er schaut nicht vom Boden auf, nur zu den erleuchteten Fenstern. Er schiebt Johanna beiseite, das Kind hat er nicht angesehen.

Wieder ist der Herbst stürmisch an diesem Abend, wieder wirbelt der Wind die Kastanienblätter auf. Johanna dreht sich ein letztes Mal nach dem Haus um, nimmt Abschied und geht durch die Stadt in die Nottebohmstraße. Sie klopft im Parterre, der Altgeselle macht ein fragendes Gesicht. Johanna lächelt ihn an und gibt ihm den Zettel zurück. Seit sie das Kind hat, gibt er ihr keinen Klaps mehr auf den Hintern, und sie wartet auch nicht mehr darauf.

„Komm rein, bei mir ist warm", sagt er, „hier kannst du den Kleinen ein bißchen auspacken." Sie säugt ihr Kind, und Gottselig freut sich an Johannas Brüsten. Dann geht sie nach oben auf ihr Dach, wo sie Feuer macht und den Kleinen wickelt. Aus zerschlissenen Laken reißt sie Windeln und näht Leibchen für später. Alle paar Sekunden schaut sie auf das Kind, das immer im Blickfeld der Mutter liegt, damit sie es schreien sieht.

Oft hält sie inne, beugt den Kopf nach vorn und spürt der Erinnerung an das zärtliche Bartkitzeln nach, das sie damals im Nacken gespürt hat, damals, im Keller. Sie lächelt Albert zu, dem süßen Andenken an die heimlichen Stunden im Dunkel.

Gern hätte sie noch ein Kind von Herrn Kalweit. Wer könnte sonst der Vater sein, wer sollte sie sonst lieben? Johanna weiß, warum sie verstoßen wird. Frau Kalweit verjagt sie nicht wegen ihrer Taubheit, im Gegenteil, die hat ihr und dem Herrn nichts ausgemacht, sondern weil sie in ein Familienleben eingedrungen ist. Und weil

Herr Kalweit sich schämt, einer Sprachlosen ein Kind gemacht zu haben. Und seine Frau schämt sich für ihn mit.

Johanna arbeitet, so lange sie denken kann. Unterricht hat es für sie nicht gegeben. Schon als Kind hat sie gearbeitet, während die Geschwister in die bescheidene Kattowitzer Schule gegangen sind. Alle haben sich für Johanna geschämt und ihren Namen verschwiegen. Wie sollte sie schreiben und lesen lernen, da ihr doch niemand sagen konnte, was die Buchstaben bedeuten. Sie bedeuten nur etwas in der Welt der Hörenden und Sprechenden. Dort müssen sie wichtig sein, denn erst wenn Johanna die einzigen Buchstaben, die sie kann, hingekrakelt hat, diese Zauberzeichen, die ihren Namen und ihr Dasein ausmachen, dann sehen ihr die Leute ins Gesicht. Aha, scheinen sie zu denken, das bist also du. Und Johanna denkt: Du weißt nicht, wer ich bin. Aus den Buchstaben weißt du gar nichts.

Johanna denkt, daß ihr das Wichtigste zum Menschsein fehlt. Manchmal ist sie neidisch auf die Blinden, die sich so leicht verständigen können. Und es gibt blinde Frauen, die einen sehenden Mann finden. Wie soll Johanna wieder einen Mann finden?

Johanna weiß, was in der Tüte ist, sie hat es gefühlt. Es ist das vornehme Dienstbotenkostüm, das die Kalweits für sie im Spind hatten und das sie zum Servieren anziehen durfte. Sie sah darin aus wie eine Bonbonverkäuferin, mit weißem Schürzchen, gestärktem Krönchen. Und der Rock war eng, so daß ihr Hinterteil gut zu sehen war. Herr Kalweit hat gern hingeschaut.

Versonnen nimmt sie das Kostüm aus der Tüte, sie kann sich nicht vorstellen, daß sie es wieder brauchen wird. Auf dem Grund der Tüte findet sie ein Bündel von Geldscheinen. Einen Moment überlegt sie, ob es ein

Versehen sein könnte. Dann wird ihr klar, es ist kein Versehen, es ist die Abfindung.

Für Johanna ist es ein Vermögen. Mindestens ein Jahr lang muß sie sich um Essen und Trinken und um die Wohnungsmiete keine Sorgen machen. Sie verwahrt das Geld, legt es zum Ersparten, das sie im Gebälk des Dachbodens versteckt hält. Dann geht sie rasch zurück zum Kind und lächelt es an. Sie sagt etwas zu dem Kind, sie stößt einen Laut aus. Wer wird dem kleinen Albert das Sprechen beibringen?

Johanna schläft leicht wie eine Füchsin. Immer wieder wacht sie auf, den Kleinen neben sich. Sie befühlt ihn, ob er warm ist. Manchmal, wenn er ohne Regung auf dem Rücken liegt, die Hände neben seinem Köpfchen, beugt sie sich dicht zu ihm und beriecht ihn, befühlt seinen Mund mit ihren Lippen, um zu spüren, ob er atmet.

Die Ameisen leben

Manchmal ziehen am hellichten Tag ganze Verbände von feindlichen Flugzeugen frech über den Himmel. Unhörbar fliegen sie vor ihren Kondensstreifen dahin. Über Flugzeuge, die man nicht hören kann, weiß man doch alles. Es sind feige Engländer, die Angst vor der deutschen Flak haben.

Diese entfernten Flugzeuge werfen weniger Bomben, dafür aber Flugblätter, die man nicht aufheben darf. Die Flugblätter hat der Feind vergiftet, daran kann man sterben. Wenn wir im Wald ein Flugblatt finden, würden wir gleich sehen, daß ringsum die Ameisen weggestorben sind. Das habe ich nicht gesehen. Ich habe Ameisen gesammelt und sie zusammen mit einem Flugblatt in ein Einweckglas gesperrt. Nach drei Tagen lebten sie immer noch.

Jeden Tag hören wir im Radio, wo die Front ist. Der Feind rückt näher, aber das schwächt ihn. Tante Erna, Oma Wilhelmine und die schöne Sonja sind extra aus Duisburg vor den Bomben ausgerissen, um nicht unter den Trümmern zerquetscht zu werden. Vielleicht haben sie Glück und die Russen schaffen es nicht bis nach Hennigsdorf. Meine Oma Lisa mußte in Duisburg zurückbleiben, die halbe Stadt ist schon zu Schutt geworden. Sie schreibt jede Woche einen Brief an Mannfred Krug, den meine Mutter mir vorliest, weil ich das Gekrakel von der Oma nicht gut lesen kann. Bei der normalen Schrift bin ich der beste Vorleser in der Klasse.

„Mein lieber Mannfred, so schlim ist es nicht. Wenn Du kannst, kom her. Es passiert nix, Du weißt schon, warum." Ich weiß es: weil sie zur Muttergottes betet.

Ich schreibe meiner Oma immer zurück. Meine Mutter war mal Sekretärin beim Rechtsanwalt, sie kennt jedes Wort und weiß, wie es geschrieben wird. Deshalb lacht sie, wenn ein Brief von meiner Oma aus Duisburg kommt. Alles falsch geschrieben. Manchmal lacht sie so sehr, daß sie sich die Tränen abwischen muß.

Ich würde auch zur Muttergottes beten, mit lauter Stimme, aber nur dann, wenn die Oma zu Besuch käme, damit sie es hört: „Danke, Muttergottes, daß du meiner Oma den Heinrich geschenkt hast. Jetzt ist sie nicht mehr allein." Für meinen Vater bete ich nicht, der glaubt nicht an den Lieben Gott und an die Muttergottes auch nicht, was nützt es ihm dann? Ich glaube nur manchmal an Gott, wenn es keine Rettung gibt, dann bete ich. Wenn Gefahr ist, lege ich die Hände nach katholischer Art zusammen, mit geraden Fingern. Die Evangelischen falten ihre Finger krumm zusammen, daran kann man sie erkennen. Ich glaube, daß Gott bei einem richtigen Gebet stramme Finger sehen will. Und er will ein lautes Gebet hören. Wenn die Gefahr vorbei ist, schäme ich mich, daß ich nicht jeden Abend bete. Sobald keine Gefahr da ist, lasse ich ihn im Stich. Dann tut der Liebe Gott mir leid.

Meine Mutter heult manchmal, weil sie nicht hamstern kann. Wir haben nichts zu bieten, und betteln will sie nicht. Bloß die Vorstellung, daß ein Bauer sie verjagt, ihr die Tür vor der Nase zuschmeißt, bringt sie in Wut. Da bindet sie sich lieber das Kopftuch um und geht zum Ährenlesen. Sie geht über Felder, auf denen keine Ähre mehr zu finden ist. Genau so beim Kartoffeln Nachgraben. Mit der Harke zieht sie über die Äcker, die schon dreimal mit richtigen Spaten umgegraben worden sind. Manchmal kommt sie mit nichts nach Hause. Sie hat erst von mir gelernt, daß man Löwenzahn und Sauerampfer essen kann, ich zeige ihr die Hecken, an denen Mehlfäßchen wachsen.

Manchmal findet man nichts. Die Leute gehen früh im Dunkeln los, und in der Morgendämmerung picken sie jedes Körnchen auf.

Einmal bin ich vom Ährensuchen auf der Landstraße nach Hause gegangen. Es regnete. Ein Tempo-Dreirad, in dem zwei alte Männer saßen, hat mich auf der Ladefläche mitgenommen. Da standen lauter Zementtüten, voll mit

Kartoffeln. Zwischen Marwitz und Hennigsdorf steht ein einziger Holunderbusch. Auf den habe ich gewartet, und die ganze Zeit habe ich mit geraden Fingern laut gebetet: „Lieber Gott, gib mir die Kraft!" Und er hat sie mir gegeben. Genau am Holunderbusch habe ich eine Tüte rübergewuchtet, und keiner hat's gesehen.

Zu Hause nahm ich einen Sack und das Fahrrad und bin, mit einem Bein quer durch die Stange, zurückgefahren. Die Zementtüte war zerplatzt, die Kartoffeln lagen beim Holunderbusch verstreut auf der Wiese, ich brauchte sie nur einzusammeln. Dann habe ich den Sack über die Stange gelegt. Fahren konnte ich nicht, das Rad mußte ich nach Hause schieben. Der Liebe Gott hatte mir wirklich geholfen. Aber ich habe mich an seine Hilfe weder erinnert, noch mich bei ihm bedankt. Ich dachte nur daran, was meine Mutter für Augen machen wird, wenn ich mit den Kartoffeln nach Hause komme. Dann werde ich sagen, was ich mir wünsche: Kartoffelpuffer. Und wenn meine Mutter sagt, wir haben kein Fett, dann sage ich, wir braten sie mit Muckefuck.

Aber Gott hat sich gerächt. Er ließ einfach das Auto zurückkommen, ließ die beiden Alten rausspringen, dann, ehe ich mich versah, haben sie mich gegriffen. Der eine von den beiden hielt mich fest, der andere trat mir immer wieder mit aller Kraft in den Hintern, bis er keine Luft mehr kriegte. Sie haben den Sack genommen, sind rein in das Dreirad, und weg waren sie.

Tagsüber ist kein Frost mehr. Nicht weit von unserem Haus werden Eisenträger für Panzersperren abgeladen. Auf die Marwitzer Straße ist erst eine Bombe gefallen, es gab keinen Toten. Aber das Stahlwerk ist in Trümmern. Meine Mutter sagt: „Woher sollen die sicher sein, daß sie nur das Werk zerbombt haben, das können sie von da oben nicht sehen. Sie werden immer weiter bomben, bis Hennigsdorf vom Erdboden verschwunden ist, und wir sind alle tot."

Richtung Marwitz fangen die Frauen an, seitlich der Straße Löcher zu graben, die später mit Beton ausgegossen werden. Ern und Alm, die beiden Schwestern, müssen schaufeln, denn sie sind nicht kriegswichtig, und das ist irgendwie eine Schande. Die schwerste Arbeit machen zwei alte Männer, sie holen auf einem Handkarren jeden Tag einige Fuhren Kies. Alles soll fertig sein, damit die Russen, wenn sie kommen, mit ihren Panzern vor den Eisenträgern stehen bleiben müssen. Dann nehmen unsere Soldaten die Panzerfaust und jagen die Russen in die Luft.

Wenn meine Mutter mit Ern spricht, kuckt sie sich jedesmal vorher um: „Was machen wir, wenn sie kommen? Man hört Sachen – ich will mir das nicht vorstellen …"

„Wir machen uns dreckig", sagt Ern. „Dreckig und alt. Wir schmieren uns mit Ruß und Mist ein, wir waschen uns nicht. Wenn sie schon mit den Panzern von allein nicht umdrehen, Hauptsache, sie drehen um, sobald sie uns sehen. Das müssen wir schaffen."

Meine Mutter lacht darüber, und dann fängt sie gleich an zu heulen.

Mit verschmierten Wimpern sagt sie: „Manfred, deine Oma Lisa hat geschrieben. Die hast du doch gern."

„Ja."

„Sie schreibt, du sollst zu ihr kommen. Sie hat Platz für dich. Falls wir den Krieg verlieren, wir verlieren ihn nicht, aber wenn doch: nach Duisburg kommen keine Russen."

„Wer kommt denn?"

„Engländer oder Amerikaner, ich weiß nicht."

„Sei bloß nicht dumm", sagt Ern. „Oder hast du Angst, allein mit der Eisenbahn zu fahren?"

Ich denke an meinen Vater, der jetzt im Felde ist und bestimmt schon mehr Abzeichen an der Jacke hat als Onkel Walter. Er steht an der Ostfront und kämpft. Wenn der mich jetzt hören könnte. Ich antworte fest und laut: „Ich habe keine Angst."

Eine Woche später hat meine Mutter den kleinen Koffer gepackt, den Oma Lisa mir geschenkt hat. Zum Abschied zeige ich Udo Kuffel, was ich da alles zu Essen drin habe, Wintermöhren, Brot, getrocknete Apfelscheiben und ein Glas Kartoffelsalat. Das beste aber ist etwas Rübenkraut, und in einem extra Glas ein bißchen Rahm, den meine Mutter von der Dickmilch abgeschöpft hat. Er schmeckt wie Butter. Ich zeige ihm den Splitter aus Onkel Walters Bein, meine Briefmarken und die Schachtel Grammophonnadeln, die ich mitnehme. Ich habe die Baskenmütze auf und den dicken Pullover an, auf dem M.K. steht. Um den Hals habe ich ein Pappschild, da steht mein Name, mein Absender und meine Adresse drauf. Und unter dem Pullover habe ich den Brustbeutel mit der Fahrkarte drin. Meine Mutter wäscht mir mit Spucke ein letztes Mal das Gesicht, dann übergibt sie mich der Frau von der Volksfürsorge. Den ganzen Weg zum S-Bahnhof muß ich an meine Mutter denken, weil es spuckig riecht und weil sie mir das Leibchen mit den scheuernden Strumpfbändern angezogen hat.

In Berlin ist der halbe Bahnhof kaputt. Mittags sollte der Zug abfahren, aber er fällt aus. Auf dem Bahnsteig wartet mit mir die Frau von der Volksfürsorge, bis es dunkel ist. Sie sagt, daß ich in den vorletzten Waggon einsteigen muß, weil in Braunschweig extra eine Kinderkontrolle sein wird. Da wird eine Kollegin von ihr kommen, die wird kontrollieren, ob ich im Zug sitze.

Die Bahnhofshalle ist riesig, auf allen Bahnsteigen warten Menschen, – Kinder, Frauen, Soldaten. Endlich fährt die Lokomotive ein, die mich in meine Vaterstadt Duisburg bringen wird, die aber eigentlich meine Oma-Stadt ist. Wir drängen uns durch die Leute und erreichen den vorletzten Waggon. Viele steigen aus, Verwundete mit Krücken, Sanitäterinnen und eine Schaffnerin, ein Soldat trägt über der Schulter einen Sack mit einem quiekenden Ferkel, das ihm auf die Uniformjacke pinkelt. Und dann ist der Waggon noch immer nicht leer, denn es bleiben viele Leute drin, und die, die gewartet haben, drücken sich mit ihren Rucksäcken und Koffern hinein, sie kratzen sich gegenseitig ins Gesicht und brüllen sich an. Die Frau schreit: „Ich habe hier ein Kind abzuliefern, so brutal werden Sie doch nicht sein!" Keiner dreht sich um. Auf einmal ist der Waggon so voll, daß die Tür nicht zugeht. Die Lokomotive muß aber aus dem Bahnhof fahren, sie pfeift und die Zugschaffnerin pfeift. Und ich heule nicht, ich denk nicht dran. Mein Vater würde mich verachten. Mir fällt das Lied auf der Schallplatte Nr. 94 ein:

„Süße kleine Schaffnerin,
kling kling kling...
...Und dann küsse ich sehr galant
Ihre kleine entzückende
kleine berückende
fahrkartenzwickende Hand."

Die Frau schiebt mich weiter, schlägt gegen die Scheibe: „Machen Sie das Fenster auf!" schreit sie.

Ein Soldat mit verbundenem Kopf zieht das Fenster runter, die Frau nimmt mich mitsamt dem Koffer hoch und hält mich so lange in die Höhe, bis der Soldat zupackt und mich hineinzieht. Jetzt stehe ich in dem Abteil, zwischen den muffigen Hosen und Mänteln, und doch bin ich allein.

Erst am Rattern der Räder höre ich, daß der Zug fährt.

Wer Platz findet, stapelt sein Gepäck auf der Ablage und unter den Bänken. Weil es von den Menschen warm wird, ziehen manche ihre Mäntel und Jacken aus. Dadurch entstehen ein paar Lücken zwischen den Leuten. Der Soldat, der mich durchs Fenster gezogen hat, darf sitzen, weil er verwundet ist. Mit ihm freunde ich mich an, ich tröste ihn und erzähle, daß an seinem Platz im Schützengraben jetzt vielleicht mein Vater steht, oder Onkel Walter. Ich frage, ob er Abzeichen hat, er sagt, er hat welche, aber die sind im Gepäck, damit er sie auf der Reise nicht verliert. Ich will den Koffer aufmachen, um den Splitter aus Onkel Walters Wade zu zeigen, aber er will ihn nicht sehen, er hätte selber einen, nämlich, den sie aus seinem Kopf herausgeholt haben. Er sagt: „Leg dich unter die Bank, da ist die Heizung, und das Köfferchen nimmst du als Kopfkissen. Schieb das andere Zeug etwas zur Seite." Das war die beste Idee.

Als ich wach werde, muß ich mal nötig. Ich frage den Soldaten, ob Braunschweig bald kommt. „Das ist schon vorbei", sagt er.

Dort müssen Leute zugestiegen sein, denn es ist noch enger geworden. Wer weiß, ob die Frau in Braunschweig wirklich am Zug gewesen ist. Wie hätte sie mich finden sollen?

„Was machen wir jetzt? Ich muß mal", sage ich zu dem Soldaten.

„Halt's noch ein paar Minuten aus", sagt er, „dann müssen sowieso alle aussteigen. Dann geht es ein Stück zu Fuß weiter."

„Ein paar Minuten, das geht nicht", sage ich. Es gibt ein Hin und Her, jemand sagt: „Uns geht's auch nicht besser. Wie willst du denn mitten durch die Leute aufs Klo kommen?" Der Zug fährt langsamer an dieser Stelle, weil die Gleise bombardiert worden sind. Da schiebt der Soldat das Fenster runter und sagt: „Mach den Hosenstall auf." Ich knöpfe die Hosen auf. Er nimmt mich hoch und hält mich mitten in der Nacht aus dem Fenster. Frierend sehe ich den Mond hinter dem Rauch der Lokomotive entlangfliegen.

„Mach schon!" sagt der Soldat, aber es geht nicht, weil ich Angst habe, er könnte mich fallen lassen.

„Fertig?" sagt er.

„Ja", sage ich. Dann liege ich wieder unter der Bank und habe nichts gemacht. Da unten im Dunkeln suche ich etwas

Weiches, ich schäme mich und strulle in einen Rucksack. Die werden sich wundern.

Im Gänsemarsch gehen alle um große Löcher herum. Auf die zerfetzten Schienen scheint der Mond.

Später verliere ich den Soldaten aus den Augen. Eine Frau will meinen Koffer tragen, aber ich gebe ihn nicht her. Auf der anderen Seite, hinter den Bombentrichtern, steht dampfend der neue Zug. Er hat einen Waggon weniger, deshalb kommen viele Leute nicht mit, ich auch nicht.

Die Übriggebliebenen schlafen alle in einer Dorfturnhalle gleich neben den Schienen. Am nächsten Tag habe ich Zeit, mich an einer Pumpe zu waschen und mir nach dem Kartoffelsalat die Zähne zu putzen. Danach muß man sich den Mund gut ausspülen, denn die grüne Zahnseife ist aus Sand gepreßt, der ein bißchen aufschäumt und dann den ganzen Tag zwischen den Zähnen knirscht.

Am Mittag kommt wieder ein Zug, und es kommen neue Menschen den Weg entlang, den wir in der Nacht gegangen sind. Die wollen alle mitfahren.

Diesmal mache ich es anders. Beim Einsteigen schlage ich mit dem Koffer um mich und stecke auch ein paar Schläge ein. Aber ich schnauze die Leute an:

„Denkt ihr, weil ich kleiner bin als ihr, könnt ihr mich stehen lassen? Wenn mein Vater nicht an der Front wäre, der würde euch was erzählen!"

Ich weiß, daß die Leute mich für blöd halten, einige lachen über mich, aber sie drehen sich nach mir um, und in dem Moment, wo sie abgelenkt sind, komme ich ein Stück vorwärts. Mit den Menschen treibe ich in den Zug, bis alle irgendwo stecken bleiben. Die Fahrt geht weiter.

Ich stehe vor dem Klosett. Immer quetschen die Leute sich an mir vorbei, es stinkt, wenn sie die Tür aufmachen, weil kein Wasser zum Nachspülen da ist. Es ist Nacht. Der Zug hält oft an, auch ohne Bahnhof. In Dortmund steigen so viele Leute aus, daß ich vom Klosett weggehen kann, um mich in den Gang zu legen.

Endlich kommt Duisburg.

Zwar bin ich in Duisburg geboren, aber die Stadt kenne ich nicht. Der Bahnhof ist noch heil. Erst als die Leute sich zerstreut haben, gehe ich zu der Treppe, die vom Bahnsteig hinunterführt.

Da sehe ich sie. Sie hält ein großes Pappschild in die Höhe, auf dem steht: „DEINE OMA". Als sie mich erkennt, läßt sie das Schild fallen. Sie hockt sich hin, hält mich mitsamt dem Koffer lange umschlungen und sagt kein Wort. Aus ihrer Manteltasche holt sie die Brille, sieht mich an, drückt mich.

„Ich stehe hier seit gestern abend", sagt sie. Zweimal war ich im Bahnhofs-Bunker. Jetzt gehen wir schlafen."

Aber die Straßenbahn Linie 2 fährt erst dann wieder, wenn die Trümmer weggeräumt sind, die noch auf den Schienen liegen. Das schwerste auf der Reise ist der Weg vom Bahnhof bis zur Schweizerstraße. Wir können nicht reden, weil wir über die Trümmer steigen müssen.

Die Schweizerstaße 1 ist ein altes Eckhaus, drei Stockwerke hoch, im Parterre ist eine Kneipe. Wir klettern die Stiege hoch in den zweiten Stock. In der Wohnungstür ist eine Glasscheibe mit eingeschliffenen Blumen, durch die man nicht kucken kann. Unter der Scheibe ist eine Klingel, die nicht elektrisch ist. Oben steht das Wort „Bitte", unten „Drehen", man muß mit Daumen und Zeigefinger daran drehen, dann hört sie sich an wie eine Fahrradklingel. Die Tür geht auf, und ein alter Mann mit silbernen Haaren kommt heraus. Es ist der Heinrich, den die Muttergottes meiner Oma geschenkt hat. Er kuckt nur sie an und sagt leise: „Liesel, ich habe mir Sorgen gemacht. Ein Blödsinn, den Jungen hierher zu holen." Dann gehen wir in die Wohnung. Meine Oma bringt mich zur Toilette und sagt: „Sei leise, die anderen Leute schlafen schon. Dann bringt sie mich in ein altmodisches Zimmer, darin ist ein Bett, ein Waschtisch mit Marmorplatte und ein Kleiderschrank. Ohne Zähneputzen schlafe ich ein.

Am Morgen liege ich in einem trockenen Bett, darüber freue ich mich jedesmal, wenn ich aufwache, aber das ist nichts Besonderes mehr. Mein Zimmer hat ein Fenster zum Hof. Man kann es aufmachen und hinunterkucken: Ein enger Hinterhof ist zu sehen, aus dem Biergeruch aufsteigt. Auf dem Flur, meiner Tür gegenüber, ist der Ausguß mit Wasserhahn, links die Toilette. Die Leute, die dahinter wohnen, heißen Bumüller und Albrecht, das steht an den Türen. Sie alle gehen zum selben Wasserhahn und auf dieselbe Toilette.

Meine Oma und der Heinrich wohnen rechts hinter der Gasuhr. Ich höre die Luftlagemeldung, die aus dem kleinen Bakelit-Radio kommt.

Sie haben zwei große Zimmer, das Schlafzimmer an der Ecke des Hauses hat einen Balkon, von dem aus man die große Kreuzung sehen kann: die Mülheimer Straße, auf der die Linie 2 nach Mülheim fährt, und die Schweizerstraße, die auf der Neudorfer Seite Sternbuschweg heißt. Viele Ruinen mit Schildern „Gesperrt – Einsturzgefahr!". Aber etliche Häuser stehen noch, die meisten sind alt, mit Zierrat an Balkons und Fenstern. Gegenüber auf dem Sternbuschweg ist die höchste Sirene, die ich je auf einem Dach gesehen habe, sie sieht aus wie ein englischer Stahlhelm. Duisburg ist eine große Stadt. Ich stehe auf dem Balkon und bin stolz, hier geboren zu sein.

Den Betten gegenüber steht die Nähmaschine, daneben ein Waschtisch, an dem der Heinrich sich mit dem Rasiermesser das Gesicht schabt.

Das andere Zimmer ist die Küche. Rings um den Kohlenherd läuft eine dicke Stange, damit man sich an der Platte nicht verbrennt. In der Mitte sind drei Feuerlöcher, die man mit Eisenringen größer oder kleiner machen kann. An einem Ende des Herds sind zwei Gasflammen. In der Ecke steht ein Sofa, an der Fensterwand die Anrichte, daneben hängt das ovale Foto mit meiner Oma drauf als junge Dame, und auf einem Schränkchen steht das Radio aus Bakelit. Herr Kuffel hat das gleiche, er sagt Goebbelsschnauze dazu. Gegenüber ist der Fliegenschank. Er heißt so, weil im Frieden die Fliegen durch das feine Drahtgitter nicht an den Käse und die Wurst ran konnten, und er hat ein Fach mit Löchern, da waren die Eier drin. In der Mitte steht zwischen vier Stühlen der Tisch, da sitzen sie beide. Ich küsse meine Oma und gebe dem Heinrich die Hand. Er will sie nicht haben, ich halte sie so lange hin, bis er sie nimmt.

Drei mal das Kreuz

Obwohl sie katholisch sind, beten sie mit krummen Fingern. Meine Oma sagt: „Komm, Herr Jesus, sei unser Gast, und segne, was du uns gegeben hast." Ich bete mit geraden Fingern. Sie legt den frischen Brotlaib an ihre Brüste und schabt mit dem Messer dreimal das Kreuz darauf. Damit dankt sie dem Lieben Gott, und mir lächelt sie zu, denn manchmal beten wir das Vaterunser gemeinsam, und immer wenn die Stelle kommt: „Unser täglich Brot gib uns heute", lächelt sie mir zu. Dabei hat sie das Brot selbst gekauft, und wenn sie keine Brotmarken gehabt hätte, hätte sie es nicht gekriegt. Dann schneidet sie für jeden eine Scheibe herunter und streift das Mehl vom Kleid.

Der Heinrich spricht nicht. Er wirft unauffällige Blicke, aber mir fallen sie auf. Er kuckt, wieviel ich vom Brot und von der Margarine nehme und wieviel Marmelade, sogar wieviel Salz. Er gehört zu den Leuten, die mich nicht leiden können, das merke ich gleich.

Meine Oma sagt: „Sei froh, Manfred, daß es Nacht war, als wir vom Bahnhof hierher gelaufen sind, sonst hättest du gesehen, daß von Duisburg kaum was übriggeblieben ist." Der Heinrich kuckt nur sie an. Ich erzähle von der Reise und von dem Soldaten, dem sie einen Splitter aus dem Kopf gezogen haben. Ich will dem Heinrich meinen Splitter aus Onkel Walters Wade zeigen, aber er nimmt ihn nicht. Also zeige ich ihn meiner Oma. Die setzt ihre Brille auf und geht ans Fenster, um ihn besser sehen zu können. Dann bringt sie ihn zum Heinrich, und jetzt nimmt er ihn in die Hand und kuckt ihn an.

Nach dem Frühstück sagt sie: „Komm mit, Manfred, die Albrecht, das ostpreußische Ekel, kann mich zwar nicht ausstehen, aber ich werde ihr wohl meinen Enkel zeigen dürfen."

Wir gehen den Flur entlang, da öffnet sich die Toilettentür. Ein alter Mann kommt heraus. Meine Oma zieht ihm die Hosen hoch, die an den Knien hängen, und ruft ihm beim Zuknöpfen ins Ohr: „Gut, daß ich Sie treffe, Herr Bumüller. Das ist mein schwarzer Zigeuner."

„Was? Wer? Mathilde, komm mal, hier ist irgend was los." Frau Bumüller kommt in den Gang, sie ist kleiner und älter als meine Oma. Frau Bumüller ruft in sein Ohr: „Das ist der Junge, von dem Frau Koppmann erzählt hat, daß er kommen wird. Und Herr Koppmann hat ihr den Vogel gezeigt."

„Ja, meinetwegen", sagt Herr Bumüller, während er in seine Wohnung zurückgeht.

Es ärgert mich, wenn ich nicht beachtet werde, und es tut mir auch leid für meine Oma, wenn ich nicht beachtet werde. Mir tun sowieso zu viele Leute leid, das strengt mich an.

Meine Oma klopft an die Tür, wo Familie Albrecht wohnt. Frau Albrecht macht auf und will gleich wieder zumachen. Dann sieht sie mich und sagt: „Den Kleinen lassen Sie man reinkommen." Sie hat einen fremden Dialekt. Meine Oma muß draußen bleiben, durch die Tür sagt sie noch: „Vielleicht spielen die beiden zusammen, Ihr Helmut und mein Junge!"

Familie Albrecht hat auch ein Sofa in der Küche, da liegt ihr Sohn Helmut drauf, der schon ein großer Junge ist, aber er sieht sehr dünn aus. Er liegt nur auf dem Sofa, und wenn er sich nicht manchmal hochsetzen und malen könnte, dann hätte er auch das Rosenbild in echten Ölfarben nicht malen können, das über dem Sofa hängt. Laufen kann er nicht alleine. Frau Albrecht freut sich darüber, daß Helmut und ich mit der Unterhaltung anfangen. Er atmet schnell und spricht leise, denn er ist krank, sein Herz klopft nicht richtig, und manchmal hört es ganz auf. Dann denkt er, daß er sterben muß. „Mein Herz stottert", sagt er, „wenn du willst, kannst du mal dein Ohr hier drauf legen." Ich lege mein Ohr auf seinen mageren Brustkasten: tatsächlich, das Herz stottert.

„Wo kommt ihr her?" frage ich.

„Aus Biesellen in Ostpreußen", sagt er mit dünner Stimme. „Da hab ich gespielt. Wir sind schon ein Jahr weg von dort. Meine Mutter sagt, wenn der Krieg gewonnen ist, fahren wir am nächsten Tag zurück."

„Und dein Herz?"

„Weiß nicht, was damit passiert ist. Muß unterwegs kaputtgegangen sein."

Der Heinrich trägt die Waschschüssel mit dem Rasierwasser in den Flur, dann zieht er sich die Joppe an.

Meine Oma sagt: „Ich habe ein bißchen Rindfleisch, das werde ich zur Feier des Tages schmoren, und du mußt was erleben, mein Manfred. Geh mit dem Opa runter nach Schnabelhuk, und kuck dir seinen Garten an. Er hat ihn von der Hafenbahn gepachtet, weil er dort Beamter gewesen ist. Der Garten ist direkt am Bahndamm, da kannst du die Lokomotiven sehen, und im Schuppen hat er eine Armbrust. Zeig ihm die Armbrust, Heinrich."

Ich laufe mit dem Heinrich, der eine Pfeife im Mund hat, die ganze Schweizerstraße runter, bis die Häuser und Ruinen kleiner werden. Einmal frage ich, ob es noch weit ist, er sagt nichts. Ich staune, daß er mit seinen alten Beinen so schnell laufen kann.

Meine Oma ist der einzige Mensch, dem ich sein Ein und 33
Alles bin. Und dem Heinrich ist meine Oma sein Ein und Alles. Für ihn bin ich nichts. Zwar bin ich an dem Ort, wo ich auf die Welt gekommen bin, und doch habe ich außer meiner Oma nichts, wonach ich mich sehne. Ich denke an meinen Vater, der an der Ostfront ist, und an meine Mutter und Roger, die in Hennigsdorf sind. Und wenn ich dort bin, sehne ich mich nach meiner Oma. Immer will man sein, wo man gerade nicht ist.

Aus dem Schuppen holt der Heinrich Hacke und Spaten und gräbt um, bis er schwitzt. Ohne mich anzusehen, kuckt er zu mir herüber. Auf meine Beine, die bloß dastehen. Das soll heißen: He, willst du nicht umgraben? Ich will nicht umgraben. Ich spiele Armbrustschießen. Das zischende Geräusch mache ich mit dem Mund, denn die Feder kann ich nicht spannen. Ich schieße auf die Bohnenstangen im Nachbargarten, zwischen denen Fischernetze hängen.

„Kannst du sie mir spannen?"

„Nein, das kann ich nicht", sagt er.

Er sieht nicht, daß ich ein Verwandter von seiner Liesel bin, die er so liebt. Ich müßte auch etwas haben, das er lieben kann, aber für ihn habe ich nichts, und wenn, er würde es nicht sehen. Von Zeit zu Zeit spuckt er schwarzen Saft von seinem Priem aus und hält inne, um den Rücken zu strecken. Es würde ihm gefallen, wenn ich den anderen Spaten nähme.

Irgendwann schließt er den Schuppen ab, wäscht sich unter der Pumpe, streicht mit den nassen Händen über die Haare, steckt die Pfeife an, wirft einen halben Sack Kartoffeln über die Schulter und hält die Gartentür auf, bis ich draußen bin. Schweigend gehen wir den Weg zurück. Einmal bückt er sich nach einem Zigarrenstummel, den er sofort in die Pfeife steckt und anzündet. Er raucht, was er finden kann und kaut obendrein auf seinem Priem herum.

„Was macht der Nachbar mit den Netzen?" frage ich. Der Heinrich überlegt, ob er mir antworten soll.

„Er fängt Spatzen", sagt er.

„Was macht er mit den Spatzen?" sage ich.

„Er brüht sie und rupft sie und frißt sie."

Er hat gesprochen.

Das ist eine ganze Menge an dem ersten Tag, den ich in Duisburg erlebe.

Meine Oma hat das Stück Rindfleisch geschmort und den Tisch gedeckt. Die beiden Fenster zur Mühlheimer Straße sind verdunkelt, über der Glühbirne hängt zerknülltes Zeitungspapier, es sieht gemütlich aus.

Der Braten ist trocken und braun, mit einer harten Kruste, die wie Brotkruste aussieht. Meine Oma gießt die Kartoffeln ab und trägt den Braten auf. Wir beten. Der Heinrich schneidet von seinem Stück Fleisch die Hälfte ab und legt es auf ihren Teller.

Sie sagt: „Heinrich, das sollst du nicht, ich hab genug." Sie legt es zurück auf seinen Teller.

„Iß nur, Liesel", sagt er, und legt es wieder auf ihren Teller. Das Bratenstück geht hin und her, bis meine Oma es auf meinen Teller legt. Der Heinrich hört einen Moment auf zu kauen und blickt auf das Stück Fleisch. Ich weiß nicht, was ich machen soll.

Die alte Frau Bumüller kommt herein und sagt: „Hören Sie kein Radio?"

Und schon heulen die Sirenen. Fliegeralarm. Das Essen bleibt stehen. Meine Oma zieht mir den dicken Pullover an, sie hängt mir auch das Pappschild wieder um. Der Heinrich reißt die Fenster auf und die Türen zum Treppenhaus. Er greift sich den bereitstehenden Koffer: „Komm, Liesel!“ Meine Oma sagt. „Nu gehen Sie schon in den Keller, Frau Bumüller!“

„Wir gehen nie, das wissen Sie doch.“

Dann rennen wir die Stiege hinunter. Ich reiße mich nochmal los, will zurück, weil ich meinem neuen Freund Helmut helfen will, aber die Albrechts sind schon unten. Von irgendwo höre ich das Knallen der Flak, das kenne ich aus Hennigsdorf. Meine Oma zieht mich durch die Blechtür in den Luftschutzkeller. An der Wand liegt Helmut auf einem Feldbett, seine Eltern sitzen bei ihm. Es riecht nach Bier. Eine Kerze flackert in dem modrigen Raum, der in der Mitte durch einen Baumstamm abgestützt ist. In die Wände, die an die Nachbarhäuser grenzen, sind mannsgroße Löcher gestemmt. Durch das eine Loch könnte man alle Keller auf unserer Seite der Schweizerstraße erreichen, durch das andere könnte man unterirdisch die Mülheimer Straße entlangkriechen. Aber das ist verboten, das darf nur der Luftschutzwart.

Der Kneipwirt hat sein Radio in den Keller gebracht. Er hat zwei Töchter, eine heißt Maria, die andere Eva. Alle hören die Luftlagemeldung, zwischendurch spricht Josef Goebbels, er sagt, draußen wären die Feinde, aber sie werden besiegt. Draußen, das ist da, wo mein Vater ist. Der Kneipwirt sagt jedesmal „Pscht!“, wenn jemand spricht. Meine Oma sagt: „Was soll das heißen? Von uns hören Sie vielleicht ein Flüstern. Da müssten Sie die Kanonen abstellen.“ Manchmal kommt es mir vor, als würden die Erwachsenen nicht an den Sieg glauben.

Meine Oma flüstert zum Heinrich: „Hast du das gehört? Der Goebbels geht baden und kriegt einen Krampf ins Bein. Es fehlt nicht viel, daß er ersaufen muß. Ein Junge schwimmt hin und zieht ihn raus."

Der Heinrich verzieht das Gesicht: „Liesel, woher willst du solche Geschichten kennen?"

„... Der Bursche zieht ihn aus dem Wasser. Goebbels ist gerettet und sagt: ‚Du kannst dir was wünschen, mein Junge, ein Tretauto oder einen Roller oder 100 Mark.' Der Junge druckst ein bißchen und sagt: ‚Ich wünsch mir nur, daß Sie die Sache niemand erzählen. Wenn mein Vater hört, daß ich Sie gerettet habe, der haut mich grün und blau'".

Eine Bombe fällt.

Es ist die krachendste Bombe, die ich je gehört habe. Die Leute im Keller schreien auf, alle glauben, das Haus über uns ist zusammengefallen. Mörtel fliegt von der Wand, das Radio geht aus, die Kerze geht aus, die Steine von einem zugemauerten Kellerfenster stürzen nach innen, ich reiße den Mund auf. Der Heinrich, der im Ersten Weltkrieg Soldat war, macht ganz ruhig ein Streichholz an. Meine Oma wackelt mit dem Kopf, sie fällt auf die Knie und betet. Frau Albrecht sagt: „Seht euch das an, was die Frau für ein Theater macht." Die zweite Bombe geht nieder und schiebt die Druckwelle durch das offene Kellerfenster. Von draußen hört man Schreie und fallende Trümmer, nur der Baum in der Mitte des Kellers steht fest. Meine Oma geht auf die Albrecht los: „Ich mache Theater? Stehen Sie auf! Bewegen Sie sich! Knien Sie nieder. Ich will nicht umkommen wegen Ihnen. Los runter, fangen Sie an zu beten!"

Meine Oma hat Zauberkraft, wenn sie will. Frau Albrecht kniet bei dem Baumstamm hin und fängt an zu beten. Die Oma daneben. Draußen fallen Bomben, von der Straße dringt Rauch und Staub ein. Frau Albrecht übertönt den Lärm, jetzt hören wir, was sie betet: „Herr Gott, mach, daß wir diesmal davonkommen ..."

„Diesmal?“ schreit meine Oma. „Ich will davonkommen, bis der Krieg vorbei ist, schon wegen dem Jungen. Sagen Sie ihr das! Beten Sie mir nach: Mutter Maria, hilf meinem armen Helmut und allen Kindern hier im Keller, auch dem Manfred von der Frau Koppmann, wie du ihr schon viele Male geholfen hast. Amen.“

„Wie du ihr schon viele Male geholfen hast. Amen.“ Auch den letzten Satz spricht Frau Albrecht ihr nach, dann hört man den Bombenteppich von weiter weg.

Dann ist es still.

Alle warten, bis der lange Sirenenton kommt: Entwarnung.

Durch den Staub tasten wir uns mit flackernder Kerze die Kellertreppe hoch. Die Haustür ist zersplittert, wir sehen schon den Schein von Feuer. Das Haus gegenüber, das noch höher war als unseres und das auch solche schönen Balkons hatte, ist nur noch ein Haufen, in dem brennende Balken stecken. Blutige Menschen liegen auf unserer Straßenseite, aber man kann sie nicht mehr fragen, wie sie da hin gekommen sind. Gegenüber steht halb verschüttet und halb verbrannt ein Möbelwagen mit großer Aufschrift „Ernst Espey, Spedition“. Der Chauffeur hängt brüllend aus dem Fenster, weil er die Tür nicht aufkriegt. Meine Oma rennt hoch in die Wohnung. Ein paar Leute zerren den Chauffeur durchs Fenster auf die Straße. Meine Oma kommt mit einem Bettlaken, daß sie in Streifen reißt und dem Mann um den blutigen Kopf wickelt. Ich fange an zu zittern. Ich höre, wie meine Zähne zusammenschlagen. Der Heinrich tappt mit mir nach oben in mein Zimmer.

Zum Hof raus ist es ganz ruhig, als wäre Frieden. Die Stadt ist ohne Strom. Ich kann nicht schlafen, starre in den dunklen Hof, aus dem Bierdunst aufsteigt, es riecht nach Staub und Qualm. Später höre ich Oma Lisa kommen, sie atmet schwer, und sie jammert. Ich gehe über den Flur in die

Küche. Eines der beiden Fenster, die mit Pappe und alten Röntgenfotos vernagelt sind, ist in die Wohnung geflogen und liegt quer über Tisch und Stühlen. Unter den Fenstertrümmern liegt unser Braten.

Wir gehen schlafen. Meine Oma schläft heute nicht neben dem Heinrich, sondern im Hofzimmer, neben mir, in dem schmalen Bett.

Aus dem Braten, der gestern verschüttet worden ist, hat meine Oma ein paar Mörtelbröckchen herausgesucht, jetzt wärmt sie ihn zum Frühstück. Der Heinrich hämmert auf einem Schusterdreibein krumme Nägel gerade. Dann zimmert er an dem Fenster. Ich gehe auf den Balkon und sehe durch die Steinsäulen, wie Feuerwehrfrauen Wasser auf den Trümmerhaufen spritzen, der immer noch raucht. Wieder kann die Linie 2 nicht fahren, die Mülheimer Straße ist halb zugeschüttet.

Johanna 6. Stück

Gottselig ist oft bei Johanna auf dem Dachjuchhe. Immer wieder zeigt er ihr, daß der kleine Albert hören kann. Der Alte pfeift und zwitschert und klatscht in die Hände. Johanna macht es ihm nach und freut sich für den hörenden kleinen Albert.

Gottselig hat ein Loch durch Johannas Brettertür gebohrt und einen Draht hindurchgeschoben, an dessen Ende ein Handgriff aus Porzellan hängt. Darüber klebt das Pappschild mit den Worten „KLINGEL- bitte ziehen!", und darunter der Name „JOHANNA KRUG".

„Damit der Junge sich nicht erschrecken tut, meine Gute", hat Gottselig gesagt, „er kann nun mal hören!" Und von innen hat er an das Drahtende eine weiße Windelfahne geknotet. Jedesmal, wenn Gottselig die Treppen geschafft hat und vor der Tür steht, zieht er so lange an dem Griff, bis drinnen Johanna die Fahne flattern sieht. Erst dann öffnet sie die Tür. Johanna ist glücklich über die Erfindung des Alten. Jetzt hat sie eine Familie, da kann nicht jeder einfach hereinstürmen. Aber es ist immer nur Gottselig, der sie und Albert besucht und der mit dem Kleinen spricht und Lieder für ihn singt.

Albert ist älter als ein Jahr, als Johanna ihn zum zweiten Mal über Weihnachten mitnimmt in die Kirche. Voriges Jahr trug sie ihn während der Adventszeit zur Taufe, heute läuft er an der Hand seiner Mutter mit unsicheren Schritten zum Krippenspiel, das neben dem Altar aufgebaut ist. Die Christmesse beginnt, die Orgel fängt zu spielen an, die Gläubigen verlassen den Stall von Bethlehem, jeder sucht sich einen Platz in der überfüllten Kirche. Johanna nimmt ihren Sohn auf den Arm und setzt sich in die erste Bankreihe. Sie kann den Blick nicht von Maria und dem Jesuskind wenden. Wieder bewundert sie die Könige aus dem Morgenland, aber auch den Esel, der es nicht wagt, von dem Heu zu fressen, das in der Krippe liegt. Am meisten liebt sie den treuen Joseph.

Wenn die große Glocke läutet, ahnt sie, daß etwas verändert ist in der Luft. Sie spürt mit dem Körper ein Dröhnen, es ist, als würde ihr Kopf in Schwingung geraten. Sie würde auch gern den Klang der Handglöckchen vernehmen, die von den Meßdienern so zart bewegt werden.

Der größte, der älteste der Meßdiener in seinem mit Spitzen besetzten Gewand kniet nieder. Aber er schaut weder zum Priester noch zum Altar, lächelnd blickt er auf Johanna mit dem Kind, hockt direkt vor ihr, als betete er sie an. Johanna erkennt ihn sofort, es ist der junge Herr Anselm. Er hat sich verändert, ist ein junger Herr geworden mit seinem Adamsapfel und dem dunklen Flaum auf der Oberlippe.

Johanna weiß nicht, daß sie als kleines Kind eine Zeit des Hörens erlebt hat. Sie weiß nicht, daß eine Krankheit sie im Alter von drei Jahren taub gemacht hat: die Masern, deren schwerste Form sie überstand. Nach der Ertaubung hat sie sich in ihrer Familie nicht behütet gefühlt. Sie war ausgestoßen und einsam. Ihre Geschwister schämten sich, mit ihr in die Schule zu gehen, und die Schule weigerte sich, sie als Schülerin aufzunehmen. Der polnische Priester Hironim war der einzige, der sich um sie gekümmert hat. Als sie fünfzehn war, gab er ihr eine Stunde in der Woche Kommunionsunterricht, nach dem sie sich sehnte. Es war nicht leicht, mit ihr über die Bedeutung der Taufe zu reden. Er sprach lautlos und sehr langsam: „Als du ein Säugling warst, hat deine Mutter für dich erklärt, daß du zum Reich Gottes und zur Katholischen Kirche gehören wirst. Das war die Taufe. Jetzt ist es Zeit, daß du es selbst noch einmal erklärst. Verstehst du mich?" Johanna nickte ihm eifrig zu. Ja, ich verstehe es. Hironim schaute ihr in die Augen und sah, daß sie ihn verstand.

Vor der Kommunion hatte er ihr die Erste Beichte abzunehmen, wie es Vorschrift war. Und er ahnte, wie die Sache ausgehen würde. Als er sie nach ihren Sünden fragte, antwortete sie bereitwillig, es sprudelte nur so aus ihr heraus. Aber der Pater Hironim verstand nicht ein einziges Wort. Er legte ihr beruhigend den Arm auf die Schulter und, deutlich Zunge und Lippen bewegend, sagte er langsam: „Schon gut. Ich gebe dir drei ‚Ave Maria' auf. Wenn du sie nicht sprechen kannst, denke sie. Die Muttergottes versteht, was du denkst. Sie wird dir einen Schutzengel schicken. Verstehst du das Wort Engel?" Johanna nickte und breitete die Arme zum Fliegen aus. Hironim schenkte ihr eine große Kerze, die in einem papiernen Spitzendeckchen steckte.

Nach Ostern kam der „Weiße Sonntag", die Gemeinde saß in der Kirche, Pater Hironim hielt ein Hochamt. Er heißt „Weißer Sonntag", weil an diesem Tag alle kleinen Kattowitzer Mädchen aus den dritten Klassen in weißen Kleidern gehen und weiße Kerzen in der Hand tragen. Die Knaben, von den Mädchen getrennt, standen in dunklen Anzügen vor der Kirchentür und warteten.

Dann kam der Augenblick. Alle die kleinen Kinder, unter ihnen die große Johanna, deren Brüste sich schon wölbten, traten an den Altar, knieten nieder, um die Hostie zu empfangen und zu geloben: „Ich widersage dem Teufel, seiner Pracht und seinen Werken und verspreche, als guter Christ zu leben..."

Johanna bewegte die Lippen.

Mit sechzehn Jahren, sobald sie Arbeit und einen Unterschlupf gefunden hatte, verließ Johanna ihre Familie. Sie hat alles versucht, selbständig zu leben. Sie hat den amtlichen Vormund nicht haben wollen, trotzem hat er sie einmal im Vierteljahr besucht, um nachzusehen, ob sie in Schmutz oder Ungeziefer lebt. Dem polnischen Priester Hironim wird sie immer dankbar sein, denn er hat sie an der Kommunion teilehmen lassen, obwohl der Heilige Augustinus gesagt hat: „Taubstumme können niemals Glauben empfangen oder Glauben haben; denn der Glaube kommt aus der Predigt, aus dem, was man dort hört; sie können weder lesen noch schreiben."

Hironim hat sich ihrer erbarmt und zwei Jahre mit ihr die Fingersprache geübt und ihr die Buchstaben beigebracht, die sie zum Schreiben ihres Namens braucht. Vor seinem Tod hat er ihr die beiden Bücher geschenkt, die sie bewahrt: Die große „Bilderbibel" und „Die Fingersprache für Taubstumme".

Obwohl es in Kattowitz und der ganzen Umgebung keine Taubstummenanstalt gibt, kann Johanna Krug mit ihrem Namen unterschreiben.

Feind hört mit!

Der Heinrich hat das Fenster zusammengenagelt und eingesetzt. Der Straßenlärm ist ausgesperrt, der Wind weht nicht mehr durch die Wohnung.

Ein Telegramm wird abgegeben. Meine Oma liest es und gibt es dem Heinrich.

„Ach Liesel, da hast du deinen schwarzen Zigeuner“, sagt er.

Nachdem sie mich lange angekuckt hat, sagt meine Oma: „Willst du wissen, was in dem Telegramm steht?“

„Ja“, sage ich.

„manfred sofort zurück stop. gruß alma.“

Sie wischt sich die Tränen ab. Der Heinrich steht auf, um sie zu trösten. Sie sagt: „Willst du denn zurückfahren?“

„Ja“, sage ich schweren Herzens.

Mein Koffer ist wieder gepackt. Ich sitze neben meiner Oma, die auf dem Bahnsteig eine Bank ergattert hat. Ich halte sie fest umschlungen und sie mich. Das Schild hängt wieder um meinen Hals. Ich muß die Reise zurück machen. Meine Oma steht auf und kuckt den Fahrplan an, der in einem Glaskasten hängt. Der Bahnhofsvorsteher sagt: „Da brauchen Sie nicht reinzukucken, da sind schon Spinnweben drin. Kein Zug fährt pünktlich. Die Leute sind froh, wenn überhaupt einer fährt. Wo wollen Sie hin?“

„Der Junge muß nach Berlin“, sagt meine Oma.

„Kommen Sie morgen wieder, es sei denn, Sie wollen auf dem Bahnsteig schlafen. Morgen soll es einen durchlaufenden Zug geben. Je schlimmer die Zeiten, desto mehr Leute fahren in der Weltgeschichte herum.“

Überall auf dem Bahnhof hängen Plakate, ein Mann mit Hut und mit hochgeschlagenem Mantelkragen. Oben steht in großen Buchstaben „PST! FEIND HÖRT MIT!“ Damit sind Spione gemeint, die überall herumlungern. Der Bahnhofsvorsteher hält seine Blechtüte vor den Mund und ruft, daß der Personenzug über Dortmund, Braunschweig nach Berlin ausfällt und daß es morgen weitergeht. Das können die feindlichen Spione alles hören. Der Führer hat Sorgen. Ich würde ihm gern helfen, aber ich bin zu klein, für fast alles.

Wir können mit der Linie 2 vom Bahnhof in die Schweizerstraße fahren. Helmut Albrecht sagt: „Schade, daß du weggehen mußt. Du könntest das Malen von mir lernen. Wenn du keine Rosen willst, könnten wir Autos oder Panzer malen. Wer weiß, wann du wiederkommst. Dann bin ich nämlich schon tot."

Ich bleibe noch eine Nacht bei der Oma. Außer den Schuhen habe ich alles an. Sie ist auch angezogen und kommt bis zum Fliegeralarm zu mir ins Bett. Sie sagt: „Sing mir zum Abschied ein Lied."

„Ich trau mich nicht."

„Du traust dich alles, das hast du von mir. Es hört ja keiner, nur ich. Sing mir ganz leise ins Ohr."

Ich singe ihr das neueste Lied aus dem Radio ganz leise ins Ohr:

„Mir geht's gut, ich bin froh,
und ich sag dir auch, wieso:
weil du mich gut verstehst..."

Die Sirene jault los, wir müssen in den Keller. Heute wackelt keine Wand, nichts ist zu hören in Duisburg. „Der Feind fliegt den Rhein hinauf nach Köln", sagt Helmut Albrecht.

Am nächsten Morgen zerschneidet die Oma einen kaputten Regenmantel aus Gummi. Sie macht mir an der Nähmaschine einen Umhang mit Kapuze daraus, den sie in meinen Koffer stopft. Wir können mit der Linie 2 zum Bahnhof fahren.

Wirklich, der Zug kommt. Wieder werde ich durchs Fenster in ein Abteil gereicht, die Oma steht in der Dampfwolke auf dem Bahnsteig:

„Lebe wohl, mein lieber Junge. Ich bete! Und du betest auch. Wir wollen uns doch wiedersehen, wir beide! Ich sag dir, wer schon gestorben ist: die Tante Grete. Julius sagt, an einer Lungenentzündung. Da weiß man doch Bescheid…“

Der Zug fährt an, meine Oma läuft mit ihren krummen Beinen nebenher.

„…Sie ist an gebrochenem Herzen gestorben“, ruft sie. „Er hat eine junge polnische Hure kennengelernt, die heißt Lydia. Er ist ein Teufel. Also nimm dich in acht.“

Wir fahren. Ich gehe auf die Reise, die noch länger dauert als die Hinfahrt. Wieder wird auf offener Strecke angehalten, wir müssen über Schwellen und Gleise laufen, und jedesmal regnet es, jedesmal ziehe ich den Umhang über den Kopf und denke an meine Oma. Jetzt habe ich auch eine Regenpelerine.

Goldene Haare

In Berlin steht meine Mutter auf dem Bahnhof. Sie streichelt mich und nimmt meine Hand. Meine Mutter hat warme weiche Hände. Schon viele Leute haben meine Hände festgehalten, aber am schönsten ist, wenn sie es tut. Wenn ich blind wäre, würde ich sie sofort an ihren Händen erkennen. Solche Hände möchte ich auch mal haben. Manchmal probiere ich aus, mich selbst zu streicheln, aber so sanft, wie es meine Mutter kann, kann ich es noch lange nicht.

Bis wir mit der S-Bahn in Hennigsdorf ankommen, vergehen viele Stunden. Ich erzähle ihr von der Nacht im Keller in Duisburg. Sie hört zu. Sie sagt nur: „Ach Manfred, ich muß verrückt gewesen sein, dich dorthin zu schicken, das war Panik. Dann hörte ich im Radio von der schweren Bombennacht in Duisburg. Entschuldige.“ Ich glaube, das ist das erste Mal, daß ich um Entschuldigung gebeten werde.

„Hast du den Papa lieb?“ frage ich.

Sie sagt: „Manchmal ja, manchmal weniger.“

„Glaubst du, daß Papa mich lieb hat?“ frage ich.

„Das glaube ich“, sagt sie. „Papa hat ein großes Herz, er hat viele Menschen lieb, da fällt für jeden was ab. Am meisten hat er Frauen lieb. Und am allerliebsten hat er die
31 Frauen, mit denen er nicht verheiratet ist. Als ich ein junges Mädchen war, wollte ich einen schönen Mann, der nur mir treu ist. Einen schönen habe ich gefunden, aber treu? ...“

Mein Vater hat immer gesagt, daß meine Mutter eifersüchtig wär. Es gibt wenige Männer in dem Alter meines Vaters. Sie sind alle eingezogen. Ich habe oft gemerkt, daß junge Frauen sich nach ihm umgekuckt haben, auch wenn ich dabei war. Einmal stand ich mit ihm in der S-Bahn, die von Berlin nach Hennigsdorf fuhr. Da hat er sich mit einer Frau unterhalten, und schon nach ein paar Worten fingen sie zu flüstern an und warfen sich Blicke zu. Er beugte sich zu mir runter und sagte: „Manfred, ich muß bis Velten durchfahren. Sag der Mutti, daß ich noch arbeite. Eine Besprechung.“ Ich stieg allein aus, hatte die Sache aber mitgekriegt. Das hätte er bestimmt nicht gedacht. Zu Hause habe ich meine Mutter sogar angelogen und gesagt, er hätte in der S-Bahn einen Herrn getroffen.

Und nun sitze ich mit meiner Mutter in der S-Bahn. „Kannst du mir sagen, was das Wort eifersüchtig bedeutet?“

„Davon gibt es verschiedene Sorten. Kinder sind eifersüchtig, Männer und Frauen auf eine andere Weise, sogar Tiere sind eifersüchtig.“

„Bin ich eifersüchtig?“ sage ich.

„Ja. Zum Beispiel auf deinen Bruder, weil er goldene Haare hat.“

„Die will ich gar nicht haben“, sage ich und denke, wenn ich die hätte, könnte ich nicht der schwarze Zigeuner von der Oma sein.

„Höchstens weil ich immer die Prügel kriege, und er nicht“, sage ich. „Aber das ist keine Eifersucht, das ist Wut. Du bist eifersüchtig.“

„Wer sagt das?“

„Papa. Er hat gesagt, du wühlst in seinen Jackentaschen.“

„Ja, da finde ich die Adressen von den Weibern. Und dann schreibe ich ihnen Briefe, die sich gewaschen haben. Teils aus Eifersucht und teils aus Angst, daß ich deinen Vater verliere.“

Zu Hause kucken mich alle an, als wäre ich aus dem Krieg heimgekehrt. Außer Sonja sind alle nett zu mir.

Für die Adventszeit holen Udo und ich Tannenzweige. Es dürfen keine Fichten mit langen Nadeln sein, sondern Tannen, weil man daraus einen Adventskranz machen kann. Mit dem Fuchschwanz schleichen wir in die Vorgärten und sägen die Zweige aus den Tannen. Es gibt keine Männer mehr, die uns verhauen könnten, und vor Frauen haben wir keine Angst. Sie können nicht schnell laufen, weil sie die Füße immer nach außen werfen.

Der Vater von Udo Kuffel ist der jüngste erwachsene Mann in der Marwitzer Straße, aber den lassen sie nicht an die Front. Die Leute sagen, er ist ein Kommunist, vielleicht ein Spion. Das ist gelogen, keiner kennt Herrn Kuffel so gut wie ich.

Aus den Zweigen machen wir mit Draht dicke Adventskränze, jeder für seine Familie. Meine Mutter schneidet eine rote Friedenskerze in vier Stummel und verteilt sie auf dem Kranz. Sie dürfen nur so lange angezündet werden, wie das Lied dauert, das wir singen.

Ich singe es etwas anders als die anderen, so gefällt es mir besser:

„Süßer die Glocken, sie klingen
all zu der Weihnachtszeit.
’s ist, als ob Engelein singen…“

Und bei dem Wort Engelein fühle ich einen Schmerz, denn manchmal muß ich noch an Zephirine denken.

Mein Bruder singt nur falsche Töne, die richtigen hört er nicht. „Sei nicht traurig", sage ich. „Dafür hast du die Grübchen und die goldenen…"

„…Halt die Klappe!" sagt mein Bruder.

Nach ein paar Tagen kommt ein Päckchen von meiner Oma, für mich allein. Darin finde ich, in ein Pappkästchen eingepackt, einen Schmalfilm, auf dem steht „Der Duisburger Tierpark". Meine Mutter verdreht die Augen und sagt zu Tante Ern: „Sie ist verrückt, sie wird immer verrückter." In Zellophanpapier hat sie ein Stück harte, versalzene Wurst gewickelt, und das Ganze in die Turnhose gerollt, die sie für mich aus dem Gedächtnis genäht hat und die jetzt nach Wurst riecht. Meine Mutter schneidet die Wurst in dünne Scheiben und wirft sie in die Erbsensuppe. Auf jedem Teller schwimmen ein paar abgezählte Scheiben, die gar nicht mehr salzig schmecken. Sonja will ihre Wurstscheiben nicht essen, sie schenkt sie meinem Bruder, mir nicht, weil ich sie nackt gesehen habe und weil ich fast so groß bin wie sie. Ich bin der einzige, der mit dem Wetzstahl das große Messer scharf machen kann, und ich habe es scharf gemacht, sonst hätte sie die Wurstscheiben gar nicht verschenken können.

In dem Filmkästchen liegt ein Zettel: „Lieber Mannfred, nehm die Lupe, dann kanst du die Bären und die Pelikane sehen. Du mußt sie ans Fenster halten. Wenn der Krieg vorbei ist, kaufe ich Dir dazu einen Aparat. Also immer schön in den Bunker gehn! Deine Dich liebende Oma und Opa."

Zu Weihnachten gibt es nicht viel. Meine Mutter und ich haben mit dem Hammer Haferkörner plattgehauen, daraus hat sie Makronen gebacken.

Zwei große Jungens in Uniform klingeln und fragen, ob wir Bücher für die Frontsoldaten hätten, oder Knochen zum Seifekochen. Meine Mutter hat wirklich die Knöchelchen von jedem toten Huhn aufbewahrt. „Bücher gibt's nicht", sagt sie zu den Jungens, „die habt ihr schon alle bekommen. Die Frontsoldaten werden im Moment was anderes zu tun haben, als Bücher lesen."

Meine Mutter schwindelt, denn Bücher gibt es nicht in unserer Wohnung. Nur ein Fach im Herrenzimmer, da sind Bücher und Hefte zu sehen, die heißen alle „EISEN UND STAHL".

Die Jungens haben Uniformen an. Udo und ich müssen noch drei Jahre warten, dann dürfen wir auch zum Jungvolk. Wir fragen die Jungens, ob wir eine Runde mitlaufen dürfen. Sie sagen, daß man aus den Knochen Sprengstoff herstellen kann. Der kleine Bollerwagen, den sie hinter sich herziehen, ist in der Mitte geteilt, vorn die Bücher, hinten die Knochen. Bücher haben sie mehr als Knochen.

Wir klingeln an jeder Tür. Opa Kulicke in der Nachbarschaft sagt: „Knochen habe ich nicht. Woher denn? Wartet noch ein bißchen, dann könnt ihr meine eigenen mitnehmen ..." und knallt die Tür zu.

Zwei magere Ziegen

Es ist kalt, ich darf die langen Strümpfe und das Leibchen noch längst nicht ausziehen, da kommen die ersten Pferdewagen von Marwitz her. Die Pferde sind mager, und manche müssen unterwegs gestorben und aufgegessen worden sein, denn einige Wagen werden von Menschen gezogen. Wenn Kriegsautos hupend überholen, müssen die Pferdewagen anhalten. Kleine Kinder sitzen oben drauf, dick vermummt und aneinandergekuschelt. Die alten Leute halten die Zügel oder ziehen mit. Die kommen von weit her, von Ostpreußen, und das sieht man, so zerlumpt, wie die aussehen, wie Landstreicher.

Manche halten drüben bei Herrn Siegfried an, aber es gibt nichts, außer mal einen Eimer Wasser für die Tiere. Ich sehe auch Hühner mit zusammengebundenen Füßen und Kaninchen in Säcken. Sogar zwei magere Ziegen, die im Geschirr laufen und mitziehen. Wenn es regnet, halten manche unter der Brücke an, aber sie werden verscheucht. Herr Siegfried kommt in Uniform aus dem Laden und sagt: „Verstopft nicht die Straßen, Volksgenossen! Vorwärts, es muß weitergehen!“

Wagen und Flüchtlinge werden immer mehr, die Pferde weniger, dann sehe ich nur noch Leute zu Fuß, die ihre Bündel auf der Schulter tragen. Wer einen Kinderwagen hat, kann froh sein, kaputte Räder liegen herum und Stroh und Lumpen. Eine Frau hat ein Säckchen Zwiebeln und will Brot dafür haben, eine andere zeigt uns zum Tauschen einen Tiger aus Porzellan. Der Zug nimmt kein Ende, er zieht langsam weiter, Tag und Nacht.

Jede Woche schlachte ich eine von unseren schönen weißen Hennen, und wenn der Kopf ab ist, halte ich sie fest, bis sie nicht mehr zucken. Wir haben keine Körner für sie, und die Brotkrusten essen wir selbst. Wenn wir nur genug davon hätten. Roger und ich graben nach Regenwürmern, um die letzten Hühner zu füttern. Mit dem Schlachten muß ich mich beeilen, damit die Hühner nicht abmagern.

Mein Vater hat einen Feldpostbrief geschrieben, in dem er zum Beispiel fragt, ob ich nicht lieber den Vater Rogalla zum Hühnerschlachten holen will.

Ich schreibe zurück:

„Bis auf zwei habe ich sie fast alle geköpft, und keins ist weggeflogen. Mutti hat nichts davon gegessen, nur Roger und ich. Sie sagt, sie kann die Hühner nicht essen, die
21 uns so viele Eier gelegt haben. Sie hätte alle persönlich gekannt.“

„Wer weiß, ob der Brief noch ankommt“, sagt meine Mutter.

Ohne daß wir etwas ahnen, kommt Onkel Walter noch einmal vorbei. Er kann von dem Planwagen nicht runtersteigen, weil er wieder eine Ladung Splitter abgekriegt hat. Meine Mutter kommt auf die Straße und ruft zu ihm hoch: „Wo sollst du hin?"

„Weiß ich nicht, wo die mich hinfahren. Vielleicht nehmen sie mir das Bein ab. Nochmal danke für alles! Den Rudi habe ich nicht gesehen", sagt er, dann ist schon Fräulein Rogalla hochgeklettert und redet leise mit ihm. Dann küßt sie ihn, schiebt eine Wolldecke unter seine schwarzen, italienischen Haare, und weinend kommt sie wieder herunter.

Ich klettere auf die Gulaschkanone, die hinten angehängt ist. Er liegt mit anderen Verwundeten auf Lumpen zwischen Munitionskisten. Als er mich sieht, sagt er: „Schade, daß es mich nochmal erwischt hat, mein Bürschchen. Sonst wäre ich hiergeblieben, um dir den Arsch zu versohlen."

„Gott sei Dank geht's nicht", rufe ich zu ihm rüber. „Ich habe Fallschirmseide für Muttis Blusen geholt, ich habe Weizen, Roggen und Gerste geholt, ich habe Kartoffeln geholt und Sauerampfer und Hagebutten. Hol du auch mal was!"

Ich hasse diesen Kerl.

Das Auto fährt Richtung Berlin los, und mir gefällt es, daß er nicht die Kraft hat, mir noch was nachzurufen.

Udo und ich gehen in den Wald, den wir für uns allein haben. Mit allen Schützengräben. Unsere Soldaten sind nicht zu sehen, und der Feind auch nicht.

Auf dem Waldweg ist ein Kübelwagen stehengeblieben. Wahrscheinlich war kein Benzin mehr im Tank. Udo und ich sehen, daß der Wagen bis unters Dach voll von Streichhölzern ist. Immer zehn Schachteln in einem Paket und zehn Pakete in einem Karton, halb so groß wie Margarinekisten, und davon so viele in dem Kübel, wie nur reinpassen. Wir legen jeder zwei Pakete zur Seite, die wir mit nach Hause nehmen werden. Die ganze Nacht hindurch hätten wir

Streichhölzer nach Hause schleppen sollen, aber wir wollen das Auto brennen sehen. Eine einzige Schachtel zünden wir an, und dann faucht es los. Es faucht und brennt, bis uns langweilig wird.

Am nächsten Tag finden wir unter der Asche eine dicke Schicht Salz. Es muß vorher in Tüten gewesen sein, die jetzt abgebrannt sind.

„Das war alles blöd von dir, Udo."

„Das war blöd von dir, Manfred", sagt er.

„Es war blöd von uns."

Udo holt einen Koffer und eine Kehrschaufel von zu Hause, wir schleppen das noch nicht geschmolzene Salz in Udos Wohnung, sieben es durch eine Küchengardine und teilen die Beute. Frau Kuffel sagt: „Was wollen wir mit dem ganzen Salz?"

Als ich mit meiner Hälfte nach Hause komme, sagt meine Mutter: „Was wollen wir mit dem ganzen Salz?"

Ich weiß es auch nicht, schütte es aber in den Kasten, in dem früher das Hühnerfutter war.

Schwarze Makkaronistangen

Der Krieg geht zu Ende. Nur noch wenige Räder rollen und alle aus derselben Richtung, aus Marwitz. Hinter der Fontanesiedlung auf dem Bahndamm sind zwei Waggons eines Munitionszugs stehengeblieben. Udo und ich wandern jeden Tag dorthin. Wir haben kistenweise schwarze Makkaronistangen gefunden. Die großen Jungs sagen, diese Stangen wären aus Schwarzpulver gemacht. Die großen Jungs sind auf der Suche nach Fallschirmseide. Sie haben die Riegel der Waggons aufgehämmert, jetzt suchen sie nach Leuchtpatronen. Das sind Aluminiumhülsen, wenn man die vorsichtig öffnet, findet man darin einen kleinen Fallschirm aus Seide.

Es sind die gleichen Fallschirme, die der Feind für seine Christbäume verwendet. Die Frauen machen Blusen daraus, pro Bluse brauchen sie vier Fallschirme, die sie zusammennähen. Nach zwei Tagen ist keine einzige Leuchtpatrone mehr zu finden. Udo und ich rollen Bleisoldaten in die Fallschirme und schmeißen sie hoch. Dann schweben sie herunter und landen auf unserem Schlachtfeld hinter dem Haus.

Die Schule ist vorbei. Unser Lehrer Schnauer ist mit dem Volkssturm in die Wälder abmarschiert. Die Maggiflasche habe ich am letzten Tag mit nach Hause genommen. Es ist Frühling.

Herr Kuffel sagt, Udo darf sich nicht mehr mit mir bei den Waggons mit der Munition herumtreiben, das wäre zu gefährlich. Die Rote Armee könnte nagelneue Granaten gut gebrauchen.

Die Rote Armee?

Ich gehe allein zum Bahndamm, wo die Waggons friedlich in der Sonne stehen. Zentnerweise liegen die Makkaronistangen auf dem Schotter. Um herauszufinden, ob sie wirklich aus Schwarzpulver sind, trage ich eine Stange weit genug vom Bahndamm herunter und zünde sie an. Sie faucht und spuckt wie ein Silvesterknaller und brennt schnell ab. Man kann sich mit der Schuhsohle draufstellen, dann fliegt die Makkaronistange, die wirklich ein hohles Röhrchen ist, plötzlich ein paar Meter vorwärts, bleibt im Gras liegen und verzischt. Ein bißchen graue Asche bleibt übrig.

Ich schleppe Arme voll von Makkaronis den Bahndamm runter. Hundertmal muß ich mich bücken, um Stange für Stange aneinanderzulegen, und zwar so, daß eine nach der anderen abbrennt, wie eine Zündschnur. Die dünne Schlange fängt auf einem Acker an und endet in dem Haufen von Makkaronistangen, die an der Waggontür liegen. Von dort bin ich 60 abgezählte Schritte entfernt.

Es ist niemand da, Häuser sind nicht in der Nähe, keiner kann mich beobachten.

Mein Vater hat mal gesagt: „Wenn du was geklaut hast, lauf nicht weg. Keine jüdische Hast. Denn jeder wüßte gleich, daß du der Dieb bist." So mache ich es jetzt. Ich gehe ganz langsam auf den Waldrand zu. Hin und wieder drehe ich mich um, bis das Zischen nicht mehr zu hören ist. Wo die Kiefern anfangen, bleibe ich stehen und warte.

Und dann knallt es. Erst der eine Waggon und dann der andere. Nacheinander fliegen die Dächer in die Luft. Eine halbe Stunde dauert es, bis alles verknallt ist.

Noch am nächsten Tag brennt es. Ein paar Leute kucken sich die Räder und die verglühten Gerippe der Waggons an, und ich kucke mir die Leute an. Keiner weiß, daß ich es war, der das Feuerwerk abgebrannt hat. Mein Vater wäre stolz auf mich gewesen.

Ich bin selber ein Kind

Alle reden vom Plündern, aber niemand sagt, wie es funktioniert. Meine Mutter weiß nicht, wie und wo sie plündern soll. Sie weiß nur, daß es streng verboten ist, man kann eingesperrt werden. Rüdiger Bleibtreu aus der vierten Klasse ist der einzige, der etwas weiß. Er nimmt mich mit zu den geheimnisvollen Baracken, über die gemunkelt wird, daß dort Wehrmachtsbestände lagern, man müßte eine Stunde laufen. Rüdiger ist groß genug, das Fahrrad meines Vaters zu fahren, ich sitze auf dem Gepäckträger.

Die Fensterscheiben sind eingeschlagen, die Türen aufgebrochen. Viele Frauen sind zu sehen, die ihre Kopftücher zu Turbanen zusammengedreht haben. Die Zimmer in den Baracken sind voll von aufgerissenen Papiersäcken, die Leute stehen auf gemahlenem Malzkaffee, der zu den Türen herausquillt. Sie wollen keinen Malzkaffee, sie wühlen nur darin herum, weil sie hoffen, etwas Besseres zu finden. Rüdiger und ich fangen an wie die Frauen in dem schwarzen Muckefuck zu graben. Ich finde nach und nach fünf gleich aussehende Hämmer. Sie sind nicht aus Eisen, sondern aus Bakelit. Zuerst stopfe ich sie in mein Netz, stolpere mit dem Fahrrad durch die Baracken und sehe überall nur Malzkaffee. Alles andere ist schon weggeplündert. Rüdiger geht nach Hause. Ich will den Weg nicht umsonst gegangen sein und grabe und grabe mit den Händen, der Geruch von gebranntem Malz kommt mir immer ekelhafter vor. Da finde ich unter einer Lage Dachpappe einen Sack mit der Aufschrift „Feinster Zucker". Es ist ein kleiner Sack, aber tragen kann ich ihn nicht. Eine Frau will mir den Sack wegnehmen: „Ich habe zwei kleine Kinder", sagt sie und zerrt an dem Sack. „Ich bin selber ein kleines Kind", sage ich. „Und zu Hause habe ich viele Verwandte und einen Bruder, der noch kleiner ist."

Die Frau läßt ab, wühlt nach Zucker. Ich wuchte den Sack auf die Stange und schiebe das Rad nach Hause. Das Netz mit den fünf Hämmern hänge ich an den Lenker.

Unter der Brücke kommt mir ein alter Mann mit Krückstock entgegen, bleibt stehen und brüllt mich an: „Hast du etwa den ganzen Zuckersack geplündert? Das ist ein Fall für die Polizei. Her damit, du kleiner Verbrecher!"

Ich lasse das Fahrrad fallen, nehme in jede Hand einen Hammer und gehe auf den Alten zu.

Ich sage gar nichts, mache nur ein Mördergesicht. Ich denke an meinen Vater, der für alles aufkommt. Der Alte streckt seinen Krückstock nach mir aus, geht aber rückwärts: „Du wirst doch nicht… Du kleine Ratte. Warte, dir werde ich eins drüberziehen." Er schlägt nicht nach mir. Er geht rückwärts. Derjenige, der vorwärts geht, das bin ich. Ich schmeiße ihm mit aller Wucht den ersten Hammer entgegen, treffe ihn aber nicht. Mit dem zweiten treffe ich ihn am Schienbein, er jault und setzt sich auf den Hintern. Ich hole Nachschub aus dem Netz. Wieder gehe ich mit zwei

Hämmern auf ihn zu. Jetzt bin ich größer als er, weil er so schnell nicht hochkommt. Ich könnte ihm einen Hammer ins Gesicht schmeißen. Er legt den Krückstock beiseite, jammert ein bißchen, faßt sich ans Schienbein.

Ich wuchte mein Fahrrad hoch, lasse ihn nicht aus den Augen. Langsam schiebe ich weiter und merke, daß ich zittere. Als ich mich umdrehe, hat er sich aufgerappelt und kuckt sich den Hammer an.

Mit dem Fliegeralarm ist es vorbei. Keine Bomben mehr.

Vielleicht hat der Feind seine Bomben woanders losgelassen und fliegt sehr hoch in sein Feindesland zurück. Wenn es von Bomben donnert, dann hört man dunkles Grollen, und die Erde wackelt. Jetzt hören wir schon Kanonen, von weit her, die haben einen helleren Ton.

Dann wird es still im Dorf. Seit drei Tagen sind wir nicht mehr im Bunker, sondern im Keller.

Kein Kind spielt draußen. Immer wieder gehe ich hoch in die Wohnung, schiebe das Verdunklungsrollo an die Seite und kucke auf die Straße. Flüchtlinge gibt es nicht mehr, ein letztes Motorrad mit Beiwagen knattert Richtung Berlin.

Es ist noch nicht dunkel. Alle warten auf die Russen. In den Fenstern hängen weiße Tücher, der einzige, der die deutsche Fahne rausgehängt hat, ist Herr Siegfried.

Wir überlegen, was wir machen wollen, wenn der Iwan kommt. Alle haben Angst vor dem Iwan. Alle sprechen vom Vergewaltigen. Was es genau bedeutet, weiß ich nicht, kann es mir aber denken. Als ich meine Mutter danach frage, sagt sie: „Das hörst du doch: ‚Ge-walt' steckt in diesem Wort, und es wird immer von Männern gemacht, von Russen. Kapito?"

Lange kann es nicht mehr dauern. Keiner will in den Bunker gehen. Die Mamm sagt: „Nachher denken die Russen, daß sich dort deutsche Soldaten verschanzt haben und glühen mit dem Flammenwerfer den Bunker zu Asche."

Mein Vater hat damals gesagt, wir können Pilze darin züchten, wenn wir den Krieg gewonnen haben. Das könnten wir auch machen, wenn wir ihn verloren haben. So brächte der Bunker immer noch Nutzen.

Die Leute im Keller erzählen tolle Geschichten. Ein Panzer wäre einfach um die Panzersperre herumgefahren, dann durch einen Garten und dann durch ein Haus.

Hitlerjungs hätten mit einer Panzerfaust auf Russen geschossen und wären dabei in ihrer eigenen Wohnung verbrannt.

Die Russen hätten noch nie eine Toilette gesehen, sie würden ihre Kartoffeln in der Kloschüssel waschen und sich dann wundern, wenn sie runtergespült werden.

Und sie hätten eine Frau erschossen, weil sie sich nicht vergewaltigen lassen wollte.

Tante Ern sagt: „Alm, vergiß nicht, die Fahne zu verbrennen. Wenn die das Hakenkreuz sehen ..."

Meine Mutter und Tante Ern nehmen unsere Kinderbetten auseinander. Dann sägen sie am Fußende Löcher hinein, so daß sie die Knie beugen und ihre Beine durch die Löcher stecken können, jetzt passen sie in die kleinen Betten rein, denn ihre Füße stehen auf dem Boden. Sie haben sich gegenseitig die Haare auf der Stirn gerade abgeschnitten, ihre Augen haben sie verschmiert, damit sie aussehen wie ungewaschene Kinder. Die ganze Nacht müssen sie auf dem Rücken schlafen, denn sie können sich nicht umdrehen. Wenn die Russen mit Taschenlampen ins Kinderzimmer kommen, werden Alm und Ern die Zudecke über ihre Gesichter ziehen und nur die abgeschnittenen Pony-Haare sehen lassen. So stellen sie es sich vor.

Meine Mutter sagt: „Ich werde die Fahne nicht verbrennen. Die Kommunisten haben rote Fahnen, oder nicht?"

Sie trennt mit einer Rasierklinge den Kreis mit dem Hakenkreuz heraus. Jetzt ist die Fahne rot. Mit einem Löffel klopft sie ringsrum auf den Stoff, damit man die Stiche nicht so sieht. Es nützt nichts. Die Fahne ist zwar rot, aber in der Mitte hat sie einen Mond, der ist dunkelrot.

„Roter Mond, –
warum welkst du denn schon?"

Wir drei Kinder sind mit der Mamm im Keller, dort versuchen wir, neben dem Briketthaufen zu schlafen. Ich kuschele mich an Sonja und kann keine Ruhe finden. Ich hätte mich nie an Sonja rankuscheln können, wenn kein Krieg wäre. Jetzt ist es, als hätte ich eine große Schwester. Auch die Mamm hat sich das Gesicht mit Ruß und Dreck eingerieben, sie sieht aus wie eine Hexe.

Einen großen Kellerraum haben wir nicht. Alle Bewohner des Hauses hocken hinter ihren abgeteilten Bretterwänden. Manchmal vertreten sie sich die Füße. Fräulein Rogalla hat eine Strickjacke an und von der Uniform nur die Hose. Ihren blauen Stahlhelm mit dem Silberadler hat sie versteckt.

Mit Karacho auf den Boden

Von unserem Balkon hängt ein weißer Kopfkissenbezug, die Mamm hat sich eine weiße Armbinde gemacht und ein Laken über unsere Kellertür gehängt.

Es ist kalt, die Kellerfenster müssen offen sein, falls die Häuser mit Kanonen beschossen werden.

Dann hören wir es. Allmählich fangen die Wände an zu rieseln. Ein Panzer kommt langsam und dröhnend näher, bleibt kurz stehen, dann rasseln wieder die Ketten, und es stinkt nach Panzerqualm.

Wir hören fremde Männerstimmen und die fremde Sprache. Es wird gebrüllt und gegen die Bretterverschläge getreten. Drei Russen und ein Pole kommen rein, drei mit Stahlhelm, der Pole mit Schiffchen, alle haben Trommelgewehre, die sie vorhalten. Die Mamm hat zitternd die Hände hochgerissen. Wir reißen auch zitternd die Hände hoch. Die Russen sehen so dreckig aus wie wir. Einer schreit „Uhri! Uhri! Dawai!“ Er streift den Ärmel hoch und zeigt auf eine goldene Armbanduhr. Genau wie die Leute es vorher erzählt haben. Die Mamm tut so, als wenn sie die Sache nicht verstanden hätte. Sie bückt sich, um etwas aus dem Briketthaufen zu wühlen. Es ist unser Wecker, den sie dem vordersten Russen entgegenstreckt. „Hier, bitte!“ sagt sie. Zwei Mann laden ihre Gewehre durch, es sieht aus, als würden sie die Mamm auf der Stelle erschießen. Dabei brüllen sie laute Flüche. Die Mamm schmeißt sich auf den Bauch: „Bitte! Bitte! Was sollen die Kinder von Ihnen denken? Andere Uhren haben wir nicht!“ Der Russe schmeißt den Wecker mit Karacho auf den Boden, dann gehen sie in die anderen Keller. Der letzte von den Russen kommt nochmal zurück und streichelt meinem Bruder, dem Daumenlutscher, über die goldenen Haare. Plötzlich reißt er sein Trommelgewehr hoch und schreit die Mamm an: „Rattattattatta!!“ Er macht mit dem Brüllen das Schießen nach, Wilhelmine fällt wie tot auf die Briketts und bleibt liegen. Der Russe zieht ihr das Kopftuch in den Nacken, daß er ihre grauen Haare sehen kann und lacht schallend. Ich hole eine Zeitung, um die Teile einzusammeln, die aus dem Wecker gesprungen sind. Wie ich es damals mit der Taschenuhr gemacht habe.

So fängt in Hennigsdorf der Frieden an. Eine Weile fahren Panzer vorbei und Lastwagen mit Kanonen, noch dreimal stürmen Soldatentrupps durch die Keller. Jedesmal „Uhri Uhri“-Gebrüll, jedesmal Flüche. Dann hören wir Pferdewagen, den ganzen Abend Pferdegetrappel, bis ich neben dem Kohlenhaufen einschlafe. Nachts werde ich wach und zünde den Kerzenstummel an. Roger und Sonja schlafen, die

Mamm ist nicht da. Ich gehe nach oben in unsere Wohnung. Ich schließe die Tür auf. Kein Licht. Im Kinderzimmer sitzt die Mamm mit Kopftuch und ängstlichen Augen in dem Korbsessel, dann sieht sie, daß ich es bin und atmet aus. Meine Mutter und Ern liegen schlafend in den Kinderbetten. Ich sage: „Waren die Russen da?"

„Psst", sagt die Mamm, „Ja, sie waren da. Sie haben gebrüllt. Sie waren beleidigt, weil wir sie für so blöd halten, daß sie erwachsene Frauen nicht von kleinen Mädchen unterscheiden können. Wir müssen es durchstehen. Es werden noch mehr kommen."

Ich kucke an der Verdunklung vorbei auf die Straße. Nichts ist zu hören, alles friedlich. Jemand hat draußen eine Petroleumlampe angemacht, ein paar Leute stehen vor dem Laden von Herrn Siegfried.

Ich schleiche mich aus der Wohnung in den Hausflur. Die Tür ist eingetreten. Fräulein Rogalla hat allen gesagt: „Wenn die Russen kommen, schließt nicht die Türen ab. Die treten sie sowieso ein. Laßt die Fenster offen. Und ihr, Krugs, schließt den Bunker nicht ab, sonst schmeißen sie Handgranaten rein."

Die Haustür ist trotzdem zertrümmert. Ich kucke auf die Straße, von wo Gemurmel zu hören ist. Es sind keine Russen. Die Leute stehen um einen Menschen herum, der auf dem Asphalt liegt. Ich gehe langsam den Bürgersteig runter, da höre ich die Stimme von Fräulein Rogalla, die sagt: „Mörderpack."

Die Tochter von Herrn Siegfried setzt sich auf den Bordstein. Es sieht komisch aus, denn alle Frauen sind mit Ruß eingeschmiert. „Wie kommen Sie auf Mörderpack?" sagt sie und fängt an zu heulen. „Das hat er selber fertiggebracht. Wer macht jetzt den Säbel da raus? So ein Scheißdreck!"

Der alte Rogalla hockt sich mit der Laterne hin. Ich sehe den Herrn Siegfried am Bordstein liegen. Er hat seine senfbraune Uniform an. Die Lache ist so groß, daß ein Teil von dem Blut den Rinnstein runtergelaufen ist. Aus seinem Rücken ragt ein langer Säbel, den Griff sieht man nicht, weil Herr Siegfried auf dem Bauch liegt. Er muß sich in den Säbel hineingestürzt haben. Holzsplitter ragen aus der zerfetzten Reithose. Ein Panzer muß über sein Holzbein gefahren sein. Herr Rogalla sagt zu seiner Tochter: „Faß schon an." Sie wollen Herrn Siegfried auf den Rücken legen, aber das geht nicht. Wegen dem Säbel. So drehen sie ihn auf die Seite.

Herr Rogalla horcht an seinem Mund. Wie soll der atmen, ach du lieber Gott! Fräulein Rogalla kann jetzt mit beiden Händen den blutigen Griff umfassen und zieht den Säbel mit einem Ruck heraus. An die Brust von Herrn Siegfried ist das Eiserne Kreuz geheftet und andere Abzeichen, die ich noch nicht gesehen habe.

„Um Gottes Willen, der Junge!" sagt Fräulein Rogalla. Sie nimmt mich bei der Hand und zieht mich über die Straße ins Haus.

Ich verkrieche mich im Keller unter der Decke bei Roger und Sonja. Der Kerzenstummel ist abgebrannt.

Johanna 7. Stück

Johanna arbeitet wieder, nicht weit von hier, in der Töpferei Bober. Der Meister sagt: „Das strengt an. Ist Männerarbeit. Den Ton einweichen, ihn mit dem Knüppel schlagen und mit den Füßen kneten. Schaffst du das?" Johanna lacht und zeigt auf ihre Muskeln. Nach der Arbeit fegt sie die Werkstatt aus, wäscht die Fenster, holt für den nächsten Tag Wasser aus der Plumpe. Sie ist dankbar, daß sie den kleinen Albert mit zur Arbeit bringen darf. Manchmal spielt sie mit ihm, und wenn er müde ist, darf sie den Kleinen in die Ecke zum Schlafen legen.

Bruno Bober ist ein schweigsamer Mann, und doch läßt er hin und wieder die Töpferscheibe zur Ruhe kommen, um ein paar freundliche Worte mit Albert zu sprechen. Wenn seine Frau Danuta in die Werkstatt kommt, um ihn zum Essen zu holen, unterbricht er das Schäkern mit dem Kleinen und tut gleichgültig. Johanna fühlt, daß sie von dem Ehepaar Bober beneidet wird. Für irgend etwas wird man wohl immer beneidet. Johanna hat in den anderthalb Jahren unzählige Male an Herrn Kalweit gedacht, sie sehnt sich nach ihm. Oft fragt sie sich, ob es auch ein anderer sein könnte, sicher würde sie sich mit einem Mann verstehen, der sprachlos und taub wäre, wie sie selbst. Auch der Töpfermeister Bober würde ihr gefallen. Johanna ist neidisch auf Danuta, und Danuta wünscht sich ein Kind.

Abends geht Johanna in ihr Zuhause in der Nottebohmstraße, wo an langen Tagen die Sonne noch spät durch die Dachluke ins Gebälk scheint. Alle Augenblicke steht Johanna vom Stuhl auf, um mit Albert zu spielen. Mutter und Kind lachen, haschen einander, und sobald der Junge ihr im Spiel den Rücken zukehrt, klatscht Johanna in die Hände, weil sie immer wieder erleben will, daß er es hört und sich zu ihr umdreht.

Da bewegt sich die weiße Fahne an der Tür, sie weht auf und ab. Bis jetzt war es Gottselig, der zu Besuch kam. Heute ist es der junge Herr Anselm. Linkisch und lächelnd steht er auf dem Treppenabsatz.

„Guten Abend, Johanna. Kennst du mich noch?“

Johanna nestelt an ihrer Bluse und sagt: „Herr Anselm!“

Ihrer einladenden Geste folgt er nicht gleich, denn er hat einen Kinderwagen im Treppenhaus stehen, den er nun vorsichtig hereinschiebt, mit hohen Rädern und einem Klappverdeck aus Wachstuch. Johanna schlägt die Hände ineinander und betrachtet den Wagen, dann schaut sie auf Herrn Anselm, sie will nicht verpassen, was er sagen wird.

„Ich wollte ihn dir schenken...“ Johanna hängt an seinen Lippen.

„Für mich?“

„Ja, eigentlich...“ Herr Anselm lächelt und stockt. „...Eigentlich für meinen Bruder... Wie heißt er denn?“

Er geht ein paar Schritte in die Dachkammer, auf den kleinen Albert zu.

Johanna dreht ihn zu sich um: „Bruder?“ fragt sie mit offenem Mund. Und dann fängt sie an zu lachen, schlägt sich an die Stirn: „Ja. Ja! Bruder!“ sagt sie, umarmt den jungen Mann und küßt ihn auf beide Wangen. Herr Anselm hält sie einen Moment ganz fest, fast wie ein Liebhaber seine Geliebte festhält. Sie sagt: „Albert!“ Und der junge Mann nickt, als wüßte er jetzt, wie der kleine Junge heißt.

In der Nacht sehe ich, daß der Russe, der meinem Bruder die Haare gestreichelt hat, eine Tafel Schokolade im Hutfach unseres Kleiderschranks versteckt. Er dreht sich zu mir um und sagt in gebrochenem Deutsch: „Schokolade! Mußt du mit Bruder teilen, verstehn?"

„Jawohl!" sage ich.

Am Morgen renne ich aus dem Keller hoch ins Schlafzimmer, ich stelle einen Stuhl vor die offene Schranktür und suche unter den Hüten die Schokolade.

Meine Mutter sieht mich auf dem Stuhl stehen.

„Wer hat sie gefunden?" sage ich.

„Wen?" sagt sie.

„Die Schokolade!"

„Das hast du geträumt", sagt meine Mutter.

Das wäre nicht schlecht, wenn ich es geträumt hätte. Es wäre der erste Traum, in dem kein Regen, kein Schwimmbad und überhaupt: kein Wasser vorgekommen ist.

Aber ich glaube ihr nicht. Ich glaube, daß sie die Schokolade gefunden und für Roger aufbewahrt hat. Immer heißt es: „Der Kleine braucht Grieß, der Kleine braucht dicke Milch, der Kleine braucht sonstwas." Und früher hat sie gesagt: „Der Papa braucht Butter, der Papa braucht das Kotlett, der Papa braucht das Ei."

Dann gehe ich nach draußen, nachsehen, ob ich auch den toten Siegfried nur geträumt habe. Er ist nicht mehr da, das Blut haben sie weggespült, aber in der Pfütze sehe ich rosa Wasser stehen. Immer die guten Sachen träumt man, wenn es nicht gerade ums Bettpissen geht. Die schlechten sind wirklich passiert.

Überall einspännige Leiterwagen, die Pferde stehen ausgeschirrt im Hof zusammen. Alles ist voller Russen. Sie liegen da und schlafen oder laufen herum, auf einem Holzfeuer in der Toreinfahrt kochen sie Suppe, andere essen Kommißbrot mit Speckscheiben. Und alle rauchen krümeligen Tabak, den sie in kleine Tüten füllen. Die Tüten sind aus Zeitungspapier und am vorderen Ende zusammengedreht. Sobald sie angezündet sind, fallen brennende Krümel heraus. Davon haben sie alle die kleinen schwarzen Flecken auf den Uniformjacken. Das spitze Ende der Tüten stecken sie zwischen die Zähne, auch beim Sprechen. Sie haben silberne Zähne, manchmal goldene, und manchmal haben sie Zähne ohne Metall.

In unserer Wohnung ist ein Offizier mit krummen Beinen und einem Revolver im Stiefel. Er hat oben drei goldene Zähne nebeneinander. Der spricht mit meiner Mutter russisch, aber das ist ihm egal. Er legt ein Stück Speck und ein halbes Kommißbrot auf den Tisch und kuckt meine Mutter an. Sie hält den kleinen Roger fest, der leise vor sich hin heult. Der Russe will etwas haben, wir verstehen nicht, was. Meine Mutter gießt ihm eine Tasse warmen Malzkaffee ein, die will er nicht. Er zeigt auf sich selbst und sagt: „Sergej! Offizier!“ Meine Mutter hat ein schwarzes Kopftuch und lange Skihosen an, über denen sie einen Kittel trägt. Die schönen Locken sind versteckt unterm Kopftuch, das sie auf der Stirn zu einem Turban zusammengeknotet hat. Sie sieht schlecht aus.

„Der will bloß deinen Namen wissen“, sage ich. „Sag ihm doch, daß du Alma heißt.“

„Das geht ihn nichts an“, sagt meine Mutter. „Das kannst du nicht kapieren, Manfred. Nachher denkt er, ich will seine Freundin werden.“

Der Offizier schimpft laut, faßt sie um die Hüfte, sie schreit, er schiebt sie beiseite, dann geht er mit seiner Schnapsflasche fluchend ins Schlafzimmer und legt sich mitsamt den Stiefeln ins Bett. Ich bin dabei, wie meine Mutter ihm mit spitzen Fingern die Zigarre wegnimmt, die noch zwischen seinen goldenen Zähnen steckt.

An der Seite der Stirn hat er einen tätowierten Würfel, auf dem fünf Punkte zu sehen sind.

Ab jetzt wohnt er bei uns.

Am Tag ist er meistens draußen im Wald und auf dem Hof. Dort sortiert er Soldaten und Pferde, verjagt bettelnde Frauen, die kleine Kinder hochhalten, und manchmal teilt er Brot an sie aus und paßt auf, daß nicht jemand zweimal hinlangt.

Abends kriegt er Besuch von anderen Russen. Sie saufen, spielen Schach, singen Lieder, oder alles zusammen. Denn Sergej schläft im Schlafzimmer und wohnt im Herrenzimmer. Eine Truppe Soldaten sammelt in der ganzen Marwitzer Straße die deutschen Radios und Fahrräder ein. Unser Fahrrad nehmen sie mit, das Radio bleibt da, weil Sergej es behalten will. Grammophon kann er nicht spielen, denn ich habe die Nadeln versteckt.

Wir wohnen alle zusammen im Kinderzimmer und in der Küche. Roger und ich schlafen wieder in den Kinderbetten, die Frauen und Sonja auf dem Fußboden.

Die Soldaten, nachdem sie unseren Bunker vollgedreckt haben und nicht in ihre eigene Scheiße treten wollen, kommen neuerdings in unser Badezimmer. Deshalb steht die Wohnungstür Tag und Nacht offen. Wenn es Nacht ist, singen sie traurige russische Lieder, und manchmal schlafen sie auf der Kloschüssel ein. Dann werden sie morgens von Sergej geweckt und rausgeschmissen. Die Frauen haben einen Eimer auf den Balkon gestellt, den ich jeden Tag in den Vorgarten tragen muß. Überall stinkt es. Im Torbogen nach Pisse, und in unserer Wohnung nach Scheiße.

„Das ist nicht so schlimm“, sagt Herr Kuffel. „Sie sind tausend Kilometer durch Dreck und Pulverdampf marschiert und haben die Nazis besiegt, das ist das, was zählt. Ihr braucht keine Angst vor ihnen zu haben. Ihr seid noch klein. Ihr seid die einzigen Menschen, denen sie ihre Liebe zeigen können.“

Herr Kuffel durfte sein Fahrrad behalten, er braucht es, weil er jetzt als Hilfspolizist durch ganz Hennigsdorf fahren und für Ordnung sorgen muß. Deshalb hat er eine rote Binde am Arm, daran können die Leute erkennen, daß er in Moabit im Gefängnis gesessen hat, denn er ist gegen den Führer und gegen Deutschland gewesen. Das alles kommt jetzt nach und nach heraus. Frau Kuffel hat auch ein Kopftuch um. Alle Frauen tragen dunkle, häßliche Kopftücher, um ihre Haare zu verstecken.

Udo darf wieder mit mir losziehen. Herr Kuffel sagt zu seiner Frau: „Die Rote Armee ist da, ich habe noch nie so wenig Angst um die Kinder gehabt wie jetzt."

SELBSTSCHÜSSE

Wir wandern weit, bis zum Velten-Kanal, denn uns hat keiner was zu sagen, höchstens die Russen. Am Ufer steht ein verwahrlostes Gehöft, das wir nach Beute absuchen. Jeder Dreckhaufen wird durchstochert, jede Ecke, jedes Loch. Alles wird angerochen. Wir sind schon wie streunende Hunde, die zu Hause nichts zu Fressen finden. Bei allen verlassenen Gehöften rings um Hennigsdorf stehen Schilder: „VORSICHT SELBSTSCHÜSSE!". Hier auch. Manche glauben, es wäre eingegrabenes Pulver, das von selbst losgeht. Das glaube ich nicht, denn wie soll so ein Schuß unterscheiden, ob ein Russe in die Luft fliegt, oder ein Deutscher? Vom Küchenherd aus kann man durch das abgebrannte Dach den Himmel sehen. Hinterm Herd entdecken wir eine Falltür, von der wir die Steine wegräumen. Wir gehen die Stiege hinunter. Dort unten liegen stinkige Kartoffeln, deren Keime bis zu den Kellerfenstern hinaufwachsen. An der Wand steht eine Kiste, die wir aufbrechen. Sie ist voll von deutschen Handgranaten, an deren Holzgriff der Abzugsring zu sehen ist.

„Davon nehmen wir welche mit", sagt Udo. „Ich weiß, wie es geht. Man zieht den Ring, zählt bis drei und schmeißt!"

„Wir nehmen sie nicht mit", sage ich.

„Warum?"

„Weil wir beide nicht wissen, wie langsam oder wie schnell man zählen muß. Bei den Molchen wachsen die Füße nach, beim Menschen nicht mal ein Finger."

Ich finde eine Blechtasse mit Untertasse. Da ist in Emaillefarben ein Junge aufgemalt, der einen Pumpenschwengel bewegt. Ein Mädchen wäscht unter der Pumpe Geschirr, zwei Enten kucken zu.

„Schmeiß weg", sagt Udo.

„Das ist was Schönes von früher. Sowas gibt's nicht mehr."

Am Kanalufer wasche ich die beiden Teile mit Sand ab, ehe sie in meinen Hosentaschen verschwinden.

Ein Torflügel aus Holz schwimmt im Wasser, wir finden zwei schmale Bretter und rudern den Kanal runter. Aus der Ferne hören wir ein paar Explosionen. Bei der Hermann-Göring-Kaserne steht unter einer Zeltplane eine Gulaschkanone. Russische Sodaten haben mit Handgranaten gefischt. Sie sammeln vom Kahn aus die benommenen Fische ein, nehmen sie aus und werfen sie in den Kessel.

Während die Fischsuppe kocht, nähern wir uns langsam den Russen, und bald reden wir auch mit ihnen.

Der Russe, der die Fisch-Suppe umrührt, sagt: „Hast du Schwästr?"

„Ich habe keine."

„Wo Muttr?"

„Zu Hause. Alte Mutter!"

Und zu dem blonden Udo sagt er: „Du?"

Udo sagt: „Zwei Schwestern." Er zeigt mit den Fingern, wie alt sie sind: „Drei Jahre, und die andere zehn Jahre." Der Russe gibt Udo eine kleine Kopfnuß und lacht.

Als die Suppe fertig ist, schiebt er uns in die Schlange von Soldaten. Der russische Soldatengeruch von Schweiß und Tabak kommt mir jetzt angenehm vor, dadurch riecht es nicht so fischig. Ich würde gern aus meiner Tasse essen, aber die ist so klein, daß ich lieber vom Koch den tiefen MITROPA-Teller nehme. Jeder kriegt zur Suppe ein Stück Kommißbrot. So satt war ich noch nie.

Bald darauf schieben Udo und ich wieder Kohldampf. Die Russen ziehen aus der „Hermann-Göring-Kaserne“ ab, dort sollen jetzt Flüchtlingskinder gesammelt werden. Keine einzige rote Kirsche an den Bäumen, die Äpfel noch kaum zu erkennen, nicht mal Hagebutten, alle unsere Hühner tot, kein Ei. Außer Sauerampfer ist nichts zu finden. Udo und ich werden länger und dünner. Wir haben keine Lust mehr, auf einem Bein Rollschuh zu laufen. Wir fallen öfter hin als früher, und sofort bluten die knochigen Knie. Meine Mutter sagt: „Das kommt vom Wachsen, dann kriegt man erst mal dünne Beine.“ Sie füllt eine halbe Tasse mit Weizenkörnern, die wir letzten Sommer nach dem Ährenlesen für die Hühner getrocknet haben und deren Reste wir jetzt in der Kaffeemühle zu Graumehl mahlen. Udo und ich kriegen davon jeder fünf Teelöffel, Roger drei. Dann haben wir immer noch Hunger.

„Es ist nichts zu holen“, sagt Udo. „Denkst du noch an die Handgranaten?“

Ja, wir müssen irgendwie durchkommen. Wir wandern zum Veltenkanal und holen zehn Handgranaten aus dem Keller, für jeden fünf. Ich bestehe darauf, daß wir uns in weitem Abstand voneinander aufstellen.

Udo wirft als erster. Er zieht den Ring und ruft so laut, daß ich es gerade noch höre, und so schnell wie er nur zählen kann „Eins, zwei, drei!“ und schon wirft er. Der Kopf der Granate geht unter, der Holzstiel kuckt aus dem

Wasser. Es dauert länger, als ich gedacht habe. Dann rummst es.

„Kein Fisch zu sehen“, ruft Udo. „Laß uns zur Havel gehen, da sind Fische drin.“

„Mit den Handgranaten? Wenn sie uns damit kriegen, erschießen sie uns. Die Russen sind auch nicht zur Havel gegangen.“

„Jetzt du“, ruft Udo. Mir geht durch den Kopf, daß alle Gewässer rings um Berlin verseucht sein sollen. Vielleicht fliegt mein Arm mit, dann war alles umsonst. Ich bin zu feige, mich vor dem Werfen zu drücken. Ich mache es genau wie Udo, nur zähle ich im Kopf, das geht schneller, dann kann ich noch früher werfen. Eins, zwei drei, sie fliegt – lange Pause – Rumms!

Ich ziehe mich nackt aus, um Fische einzusammeln. Ein kleiner Fisch kommt nach oben, er sieht aus wie eine betäubte Ölsardine. Dafür gehe ich nicht ins Wasser. Alle Explosionen zusammen bringen immerhin fünf Fische, so groß wie geköpfte Heringe, die ich schwimmend an Land hole. Ich bin stolz, daß ich durch den tiefen Kanal schwimmen kann. Wenn jetzt ein Junge oder noch lieber ein Mädchen hier ertrinken würde, dann würde ich sie rausziehen und vom Bürgermeister eine Rettungsmedaille kriegen. Dann würde ich vielleicht in die Wochenschau kommen. Aber seit der Krieg zu Ende ist, gibt es kein Kino.

Meine Mutter brät die Fische in unserer Küche mit Malzkaffee, ohne Fett. Ein Stück Brot dazu oder eine Kartoffel, das wär was. Oder ein Haufen Nudeln. Aber wir haben Salz.

Die Leute erzählen geheimnisvolle Geschichten. In dem verschlossenen Waldbunker soll Mehl und Schokolade liegen. Das soll der Bürgermeister dort gehortet haben, bevor er abhauen mußte. Wir ziehen auf dem nassen Boden eine Linie aus Pulver und legen einen Stapel 2cm-Flakgeschosse vor die Stahltür. Udo bläst das Pulver an, es brennt nicht.

Und dann zischt es plötzlich doch los, so daß er sich die Augenbrauen und den halben Vorgarten von seiner Glatze wegsengt. Wir rennen los. Es rummst und rummst immer wieder, jedes Flakgeschoß einzeln. Als wir uns nach einer halben Stunde hintrauen, ist die Tür noch immer zu. Sie hat sich nicht einen Millimeter bewegt.

Was wir überall finden, ist Munition. Die kann man nicht essen, keiner will sie haben, meine Mutter sagt jeden Tag, mit Leichen und Munition spielt man nicht. Nur die deutsche Handgranate ist begehrt, weil damit Fische gefangen werden können. Aber die ist nirgends mehr zu finden.

Der Bäcker hat zum ersten Mal Brot gebacken, wir sind zu spät gekommen. Udo und ich haben eine Stunde angestanden, Eveline hat uns abgelöst, dann waren wir wieder dran. Es roch nach Brot die ganze Zeit, die Leute sagen, der Bäcker würde Sägespäne in den Teig mischen, aber das habe ich nicht gerochen. Die Bäckersfrau kommt mit mehliger Schürze heraus und sagt: „Die Kriegsversehrten vortreten!“

Ein paar Männer mit Krücken humpeln in den Laden. Dann sagt die Bäckersfrau: „Tut mir leid, Leute, das wars. Ihr könnt nach Hause gehen.“

In dem Laden von Herrn Siegfried steht jetzt seine Tochter. Außer Zahnseife und Pomade verkauft sie nichts, weil nichts da ist. Sie sagt, bald kommen die neuen Lebensmittelmarken, ob dann was da ist, werden wir sehen. Das Bild des Führers über der Verkaufstheke ist weg. Der Führer war darauf ganz zu sehen, in der gleichen Uniform, die Herr Siegfried getragen hat. Kurz bevor die Russen kamen, ist der Führer von Herrn Siegfried oben rechts in der Ecke mit einem schwarzen Tuch geschmückt worden. Seine Tochter sagt: „Das Bild ist in der Erde, ich habs bei Nacht und Nebel auf ihn draufgelegt, bevor ich ihn begraben habe. Soll er glücklich werden damit.“

Jeden Tag etwas Neues. Sergej, der Russe, der bei uns wohnt, hat sich in Tante Ern verliebt. Ihm gefallen die Pony-Haare, die sie sich so schön gerade abgeschnitten hat. Tante Ern verläßt das Kinderzimmer nur dann, wenn Sonja bereit ist, sich von ihr herumtragen zu lassen. Tante Ern kann sie kaum schleppen. Sobald Sergej oder ein anderer Russe sich blicken läßt, hebt sie Sonja hoch und drückt sie an sich. Aber sie kuckt nicht ängstlich, sondern kalt, als wenn sie zu allem entschlossen wäre. Der Blick ist dem Sergej nicht angenehm, deshalb interessiert er sich für Tante Ern immer weniger. Einmal ist sie nämlich von Sergej angefallen worden. Es hat einen Kampf gegeben. Sie hat ihm das Gesicht zerkratzt, eine Strieme quer durch den tätowierten Würfel mit den fünf Punkten.

Jetzt jagt er manchmal besoffen hinter meiner Mutter her. Er verfolgt sie, scheucht sie um den Küchentisch. Er ist laut, schimpft auf russisch, ich stelle mir vor, daß er fürchterliche Sachen sagt: „Du Hure! Ich werde dich erwürgen. Ich werde dir den Hals umdrehen, bis du nicht mehr röcheln kannst, schlachten werde ich dich, vergewaltigen werde ich dich. Mit Gewalt. Du hast den letzten Furz geröchelt!“ Das höre ich, aber nur in meinem Kopf, denn eigentlich höre ich nichts außer russischem Gebrüll. Was soll es schon anderes heißen? Das kann man sich ja vorstellen. Und meine Mutter flieht vor ihm, sie stößt kurze Entsetzensschreie aus, die ich von ihr nicht kenne. In dem Moment verachte ich meine Mutter, weil sie sich nicht wehrt. Wie oft ist sie mit dem Kochlöffel hinter mir hergerannt. Aber jetzt reißt sie aus, nur weil der stinkende Iwan einen Revolver im Stiefel stecken hat. Ich baue mich vor ihm auf. So ein krummbeiniger Kerl, der auf mich runterkuckt. Ich schreie ihm alles entgegen, was er gerade auf Russisch selbst geschrien hat: „Du Hurensohn. Ich werde dich erwürgen. Ich werde dir den Hals umdrehen, bis du nicht mehr röcheln kannst. Schlachten und vergewaltigen, das werde ich mit dir machen, du Arsch Arsch Arsch Arsch!“

Ich stelle mich zwischen ihn und meine Mutter. Sergej bleibt stehen und kuckt mich mit glasigen Augen an. Es ist Ruhe. Er hat sich genauso erschrocken wie ich. Wer weiß, was er verstanden hat. Ich glaube, er hat kein einziges Wort verstanden. Er ist ein richtiger Bolschewist, zwar ohne blutiges Messer, dafür mit Revolver. Er zieht ihn aus dem Stiefel und schüttelt alle Patronen heraus, die er in die Hosentasche steckt. Dann gibt er mir den Revolver in die Hand. Er zeigt auf sich selbst und sagt immer dasselbe Wort auf Russisch. Ich ziele nicht auf ihn. Ich ziele auf die Unbekannte aus der Seine, die sowieso tot ist, dann stecke ich den Revolver zurück in seinen Stiefel. Er lacht sich halbtot. Dann nimmt er einen Schluck aus der Flasche, steckt sich eine Zigarre an, geht ins Schlafzimmer und läßt sich aufs Bett fallen.

Meine Mutter nimmt ihm wieder die Zigarre aus dem Mund. Er ist eingeschlafen, seine drei Goldzähne glänzen. Onkel Julius hat nur einen.

Der einzige Indianer

Endlich herrscht keine Zucht und Ordnung mehr in unserer Familie. Alle haben gesehen, daß ich vor niemandem Angst habe, nicht mal vor Sergej. Ich bin klein, mein Herz ist rein, aber fast bin ich ein Mann, und ich sorge für alle wie ein Mann. Die Hühner habe ich nach und nach geschlachtet, und außer meiner Mutter haben alle von der Suppe gegessen.

Nachts passe ich auf, daß ich nicht auf die schlafenden Verwandten trete, und schleiche mich aus der Wohnung, an dem schnarchenden Sergej vorbei, dessen Zimmertür immer offen steht. Udo Kuffel darf nachts seine Wohnung nicht verlassen. Aber ich frage nicht. Wenn mich draußen im Dunkeln ein Russe von der Streife erwischt, dann tue ich ängstlich und sage, daß ich mich verlaufen hätte oder aus Versehen eingeschlafen wäre. So ein dummes Zeug, sie verstehen nichts, aber es hilft beim Weinen. Wenn mich einer festhält, rinnen sogar die Tränen runter, dann lassen sie mich laufen. Ich weiß nicht, ob es echte Tränen sind. Russen sind gutmütig.

Ich habe eine Polizei-Taschenlampe, die rot, grün und weiß scheinen kann. Aus dem Luftschutzpäckchen von Fräulein Rogalla habe ich die Batterien geklaut. Es gibt keinen Luftschutz mehr. Trotzdem habe ich die Lampe mit Isolierband verklebt, sie gibt wenig Licht, und ich schalte sie nur sekundenweise ein. Ich bin besser ausgerüstet als die Russen, die haben nur Streichhölzer. Nachts schleiche ich im Wald unseren Schützengraben entlang.

Etwas außerhalb hat der Iwan ein Indianerlager eingerichtet. Die Panjewagen sind im Kreis aufgestellt, die Pferde ausgeschirrt an Kiefern gebunden, und in der Mitte sitzen sie ums Feuer herum, rauchen, trinken und kochen Suppe. Ich spähe sie aus, der einzige Indianer von Hennigsdorf, das bin ich. Wenn sie besoffen sind und die Lieder werden lauter, dann verschwinde ich durch den Graben.

Heute nacht liegen alle Russen schlafend herum, manche zu zweit unter einer Decke, manche haben sich in ihren Filzmantel gewickelt. Das Feuer glimmt noch. In eine Pyramide aus drei Ästen haben sie einen Kessel gehängt, in einer Bratpfanne liegen zwei trockene Spiegeleier. Daneben erkenne ich drei abgehackte Schweinefüße und einen Schweinekopf, durch dessen Schnauze ein Fleischerhaken gezogen ist. Ich werfe Kienäppel auf die Pferde, um zu sehen, ob sie scheuen oder wiehern. Es sind magere Kriegspferde, sie zucken nur ein bißchen und machen keinen Mucks. Ich schleiche zu dem Schweinekopf, rolle ihn zum Schützengraben und lasse ihn runterfallen in den Sand. Dann gehe ich zurück und hole die drei Füße, die ich mir ins Hemd stopfe. Wo ist der vierte? Ein Russe dreht sich im Schlaf um, ich verschwinde.

Weil ich den Schweinekopf nicht hochheben kann, schleife ich ihn am Fleischerhaken den ganzen Schützengraben entlang. Mein Herz schlägt, die Finger schmerzen, Blut und Blasen an beiden Händen. Ich stecke die Füße in die Hosentaschen und ziehe mein Hemd aus, mit dem ich den Haken umwickle.

Auf dem Hof ist alles ruhig, im Stall, wo früher unsere Hühner waren, lasse ich den Kopf und die Füße liegen. Die Schublade ist noch immer voller Salz. Mein Vater hat einmal Sülze aus einem Schweinekopf gemacht. Wenn der mich so sehen könnte. Er würde sagen: „Kuck dir unsern Sohn an, er kommt im Morgengrauen halbnackt aus dem Wald."

Als ich mit dem blutigen Hemd ins Zimmer komme, umarmt mich meine Mutter: „Was ist los? Wo warst du? Um Gottes Willen, eines Tages falle ich vor Angst tot um."

„Mutti, im Stall liegt ein Schweinekopf. Und noch drei Füße, die müssen gepökelt werden. Salz ist im Stall in der Schublade."

Schnute mit Ohren

„Du bist verrückt! Sowas esse ich nicht", sagt meine Mutter.

Also schleppe ich die Schweineteile in die Waschküche und fange an, mit der Bürste den Sand abzuschrubben, und mit einem Pinsel putze ich dem Schwein die Zähne und die Nasenlöcher und die Ohren. Auch die Zunge ist noch im Mund drin. Meine Mutter hat Fräulein Rogalla zur Hilfe geholt.

„Ganz der Vater", sagt die. „Dann wollen wir mal." Sie klappt ein Rasiermesser auf und schabt ein paar Borsten aus dem Schweinegesicht. Dann machen wir eine Salzlake und legen den ganzen Kopf und die Füße in den Waschkessel, dort soll er drei Tage drin bleiben. Die Rogalla holt ein Feldbett aus dem Luftschutzkeller, darauf schlafe ich drei Nächte allein neben dem abgehackten Kopf, damit er nicht geklaut wird. Am vierten Tag wird die Lake gegen frisches Wasser ausgetauscht und unterm Waschkessel Feuer gemacht. Dann muß man Holz aus dem Feuerloch nehmen, damit es nur wenig kocht. Das dauert viele Stunden. Der Kopf sieht komisch aus. Schnute und Ohren fallen fast von allein ab. Die Brühe läßt man langsam weiterkochen, damit sie weniger wird. Den Kopf nimmt man raus. Fräulein Rogalla rennt in der Nachbarschaft rum und bettelt Zwiebeln und Möhren zusammen, sogar Lorbeerblätter und Wacholderbeeren. Nur Salz und Essig haben wir selber.

Wir nehmen das Fleisch vom Kopf ab und schneiden es in kleine Stücke, auch die knorpeligen Sachen. Die Rogalla nimmt die Zunge raus und zieht sie ab. Ich schabe die drei Schweinefüßchen von den Knochen runter. Das sieht vielleicht aus. Am Schluß ist nur noch der Totenkopf von dem Schwein übrig. „Da drinnen", sagt Fräulein Rogalla, „ist das Gehirn. Schade, daß meine Mutti nicht mehr lebt. Die hätte gewußt, wie man Wurst daraus machen kann."

Dann rührt sie die Brühe und sagt: „Hast du was von deinem Vater gehört?"

„Nein. Vielleicht haben ihn die Russen mitgenommen."

„Das wäre schrecklich", sagt Fräulein Rogalla.

„Haben Sie meinen Vater lieb?"

„Wer hat den nicht lieb?" sagt sie.

„Aber den Onkel Walter haben Sie noch lieber ..."

„Ja", sagt sie, „weil der nicht verheiratet ist. Verstehst du, was ich meine?"

„Na klar."

Am Schluß kommt alles in eine Schüssel, die heiße Brühe drüber und abends ist es schon Sülze. Sie wird im Keller von Fräulein Rogalla eingeschlossen.

Am nächsten Tag kriegt jeder seine Portion, Fräulein

Rogalla und ich kriegen die größte. Außerdem kriegt Udo eine, Petronella und Rüdiger Bleibtreu, und dann ist noch was übrig. Meine Mutter wird immer dünner, weil sie von der Sülze nichts ißt. „Ohne Brot schon gar nicht", sagt sie.

Sie schneidet von unserem Stück für Roger und mich kleine Portionen ab, dabei fischt sie mit der Gabel etwas aus der Sülze, das sie sich genau ankuckt. Es ist ein Gummiband, wie ich es am Leibchen habe, nur breiter und schwarz.

„Das kann nicht wahr sein", sagt meine Mutter. „Ein Straps? Von der Rogalla? Wie kommt das Ding in die Sülze?"

Fräulein Rogalla hat dann gesagt: „Ich habe mir in meinem Keller die Luftschutzhosen angezogen, damit ich häßlich aussehe, falls ich einem Russen begegne. Kann sein, daß es dabei in die Sülze gefallen ist." Und sie hat gesagt, meine Mutter soll sich deswegen nicht so haben. Sie hat den Straps genommen: „Den nähe ich mir wieder an, und fertig."

Lebendige Chinesen kenne ich nicht, nur die mit Zöpfen aus dem Malbuch „Drei Chinesen mit dem Kontrabaß". Manche Russen sehen aus wie Chinesen ohne Zöpfe, denn alle Russen haben Glatze. Ein solcher schlitzäugiger Russe, der mit einer mageren Kuh am Strick über unseren Hof kommt, kann etwas Deutsch. Er ruft zu den Fenstern hoch: „Hier Kuh! Wo Frau! Hier Kuh! Frau, komm!" Andere Russen kommen und beschimpfen ihn, wollen ihn mitsamt der Kuh in den Wald schieben. Aber er ist besoffen, er läßt sich nicht verjagen. Die Frauen erzählen dann, jemand hätte ihm aus dem Fenster zugewinkt, aber niemand sagt, wer es war. Ob es Fräulein Rogalla im Dirndlkleid mit der roten Schürze war? Ich glaube, meine Mutter weiß es, aber sie sagt nichts. Jedenfalls drei Tage hintereinander gibt es in unseren beiden Blöcken Gulasch. Überall duftet es nach Kuhbraten und Fleisch. Die Mamm weckt drei Gläser Gulasch mit Soße ein. Bestimmt weiß sie, wer gewinkt hat, aber auch sie sagt nichts. Der schönste Kuhbraten wird einem zuviel, wenn keine Kartoffeln da sind. Oder wenigstens etwas Brot. Aber auch so ist nach drei Tagen die ganze Kuh verschwunden, und keiner in der Marwitzer Straße weiß, wer sie von dem Chinesen bekommen hat.

Wenn ein Stück Brot da ist, nehme ich es abends mit ins Bett. Dann beiße ich etwas davon ab und kaue es grob durch. Dabei muß man auf der Seite liegen. Noch ehe es ganz naß ist, gebe ich es zurück in meine geöffnete Hand, aus der ich es dann in kleinsten Portionen wieder in den Mund schiebe. So ähnlich, wie es die Schafe beim Wiederkäuen gemacht haben. Ich kaue es dann zu dünnem Brei und zögere mit dem Runterschlucken, so lange ich es aushalten kann. So bringe ich es bei einer Scheibe Brot auf eine viertel Stunde Kauzeit. Brot ist so wunderbar, daß ich mir nicht die Zähne putze, so habe ich den Geschmack bis zum Einschlafen. Wenn Brot da ist, ist das Einschlafen die schönste Zeit des Tages. Ich stelle mir vor, im Gefängnis zu sein. Wenn ich mir dort jeden Tag nur zwei Speisen wünschen dürfte, so wären es Brot und Kartoffeln. Klar, zum Wiederkäuen ist Brot besser.

Fräulein Rogalla sagt, alle im Haus müßten zusammenhalten. Mülltonnen sind noch da, abgeholt werden sie nicht mehr. Asche muß auf einen Haufen, die soll im Winter zum Streuen genommen werden. Sonst fällt Müll nicht an, alles, was es gibt, wird mit Schale gegessen. Da sehe ich, daß ein Russe mit einer Schubkarre in die Toreinfahrt kommt und eine Ladung Schalen wegschmeißt. Ich kaue sie ein bißchen durch, sie schmecken bittersüß und sandig, es sind Zuckerrübenschalen. Mein Bruder und ich tragen den ganzen Haufen in den Waschkeller. Wir suchen Holz, um den Ofen anzuheizen. Die Schalen kochen wir im Waschkessel aus, abwechselnd rühren wir Stunde um Stunde, es knirscht auf dem Grund des Kessels, aber nach und nach bildet sich der Saft, den wir zu schwarzem Rübenkraut eindicken. Aus den

Schalen kochen sechs Einweckgläser heraus, die mit Zellophanpapier verschlossen werden. Ein Glas kriegt der Bäcker, wir kriegen anderthalb Brote dafür. Eines wird gegen Fett-Marken getauscht. Den Rest behalten wir. Ganz darf man das Glas nicht auslöffeln, denn je tiefer man kommt, desto mehr knirscht es.

Johanna 8.Stück

Der junge Herr Anselm kommt abends öfter ins Dachjuchhe, und wenn er da ist, kann Gottselig mit der Fahne wedeln, solange er will, Johanna sieht es nicht. Sie hat nur Augen für ihren Besuch. Es sind seine kleinen, vorerst als Versehen ausgegebenen Gesten und Berührungen, die Johannas Aufmerksamkeit brauchen. Oft nimmt er den kleinen Albert in die Höhe, um sich bei der Mutter einzuschmeicheln, und wenn er ihn zurükkgegeben hat, stützt er sich wie zufällig einen Moment lang auf ihren Schoß. Manchmal hilft er Johanna beim Windeln, und sie zeigt ihm, während sie hinter Anselm steht, wie man es richtig macht. Es bleibt nicht aus, daß sie seinem Rücken näherkommt, und sie will, daß er es spürt.

Sie ist stolz darauf, vom Leben schon etwas zu wissen, das sie an den jungen Mann weitergeben könnte.

Johanna spürt, daß er Sehnsucht hat. Er übt sich darin, mit der Mutter seines Halbbruders zärtlich zu sein, und manchmal nimmt Johanna wie zufällig seine Hand, um ihn zu ermutigen. Sie kommen einander näher, erst sind es die kleinen Küsse zur Begrüßung und zum Abschied, auf die sie sich freuen. Und eines Tages umarmen sie sich.

Er nimmt ihr Gesicht in beide Hände, vergewissert sich, daß sie seinen Mund sieht: „... Ich habe euch einmal beobachtet, meinen Vater und dich, weißt du das? Ihr habt im Keller am Ofen gelegen. Ich habe es nicht vergessen ...“

Einen Bart hat der junge Herr Anselm nicht, aber der Flaum über seinem Mund ist so zart, daß sie sich mit ihren Lippen daran nicht sattfühlen kann. Manchmal, wenn er es nicht sieht, kommen ihr die Tränen, weil sie in den schönsten Augenblicken an das Ende denken muß.

Dem alten Gottselig fällt es schon schwerer, die Treppen zu steigen, er beobachtet das Kommen und Gehen von Herrn Anselm, und nachdem der junge Mann im Dachjuchhe verschwunden ist, treibt sich der Alte lauschend bei ihrer Tür herum. Er weiß, was vor sich geht.

„Was willst du mit dem Jungen?“ hat er Johanna gefragt. „Wie kannst du Umgang mit dem haben, wo es sowieso verboten ist?“

Johanna wendet den Blick von ihm ab. Er stößt sie an:

„Kuck auf mich und hör zu. Du kennst doch das Leben. Denkst du, ich sehe deinen Bauch nicht? Sofort habe ich es gewußt, vielleicht früher als du.“

Es ist eine lange Ansprache, die Gottselig ihr hält. Jetzt fange der Ernst des Lebens an, jeder werde sagen, das alles habe sie sich selbst zuzuschreiben. Und wer solle ihren Kindern das Sprechen beibringen, er, Gottselig werde auch nicht ewig leben, und trotzdem, wenn sie bei Trost sei, dann solle sie keinen anderen als ihn heiraten, wen sonst? Er sei nicht mehr jung, leider, dafür aber frei, und schließlich könne er ihr ein paar Pfennige hinterlassen.

Johanna schaut ihn lange an. Langsam bewegt sie ihren Kopf nach links und wieder nach rechts.

Zur Strafe bleibt der Alte ihr eine Weile fern. Erst als er sieht, daß sie wieder mit Albert allein ist und ihr Alltag anstrengender wird, erlaubt er ihr, den Kinderwagen unten in den Flur seiner Wohnung zu stellen. Denn Johanna schiebt ihn noch immer in die Töpferei. Meister Bruno hat ihr schon über den Bauch gestreichelt, und seine Frau Danuta hat gefragt, wann es so weit sei.

Es wird nicht mehr lange dauern. Johanna denkt nicht daran, mit dem Bauch zu Kalweits in die Marienstraße zu gehen, um nach dem jungen Herrn zu fragen. Auch wenn sie wieder schlank sein wird, diesmal wird sie es nicht tun.

Endlich bekommt sie von Herrn Anselm einen Brief, den Gottselig ihr vorliest:

„Geehrte junge Frau!

Meine Eltern haben mich in ein Internat nahe Breslau geschickt, wo ich mich während der nächsten Jahre aufhalten werde. Wie lange es mir unmöglich bleiben wird, Ihnen zu begegnen, ist somit nicht gewiß.

Hochachtungsvoll!

Anselm Kalweit“

Gottselig sagt es ihr deutlicher: „Er ist weg. In einer Schule bei Breslau. Er kommt nicht wieder.“

Der Alte wartet auf die Wirkung seiner Worte, er würde gern erkennen, was sie denkt. Johanna, die jede Regung zeigen kann, schon deshalb, weil sie darauf angewiesen ist, zeigt ihm nichts.

„Seine Eltern haben spitzgekriegt, daß er dich geschwängert hat. Er redet dich nicht mal mit dem Namen an.“

Um ihr zweites Kind auf die Welt zu bringen, muß Johanna die Töpferei verlassen. Für kurze Zeit, sagt Bruno Bober, solange werde er sich behelfen.

Die Hebamme kommt in die Nottebohmstraße, wo Gottselig schon das Wasser wärmt. Einige Schnäpse lang bleibt sie an Johannas Bett und hilft ihr, das Kind auf die Welt zu bringen. Es ist ein Mädchen. „Das geht ja wie's Brezelbacken…“, sagt sie. „Ist diesmal ein

Vater einzutragen?“ Gottselig schüttelt den Kopf: „Ich weiß, wer es ist. Ich wußte es auch beim ersten Mal. Aber sie will nicht, daß ich es sage.“

„Etwa derselbe?“ fragt die Hebamme. „Nicht ganz“, sagt Gottselig. Die Hebamme wendet sich von Johanna ab und, während sie sich an die Stirn tippt, sagt sie zum Altgesellen: „Sie wird nicht bloß taub sein, sie wird meschugge sein. Wie soll das Kind heißen?“ „Ach ja. Wie soll es heißen?“ sagt der Alte. „Am besten wie meine Mutter geheißen hat. Margarethe. Schreiben Sie es ein.“

Die Hebamme schreibt unterstrichen den Namen Margarethe. Und dahinter schreibt sie Amanda.

Gottselig kuckt in das Heft.

„So hat nämlich meine Mutter geheißen“, sagt die Hebamme.

Wie heißt du noch?

Unsere Schule ist eine Kaserne geworden, dort wohnen jetzt russische und polnische Soldaten. Wir haben manchmal Unterricht im Hennigsdofer Kino. Viele Lehrer sind verschwunden, auch Herr Schnauer. Die erste, zweite und dritte Klasse müssen gleichzeitig unterrichtet werden. Das Schönste ist, daß Jungens und Mädchen zusammen sind. Es gibt keinen Stundenplan. Alle sitzen vor einem fremden Lehrer, der nicht weiß, was er uns beibringen soll. Am Ende des Unterrichts kuckt er auf einen Zettel und sagt, wann wir wiederkommen sollen. Ein großes Durcheinander.

Die Hälfte der Kinder zieht vormittags in die Schule, die andere nachmittags. Der Lehrer sagt, das würde auch später so bleiben, wenn wir wieder in die richtige Schule einziehen dürften.

Es gibt kein Benzin. Jeder in Hennigsdorf hat schon mal ein Auto mit einem Holzvergaser gesehen. Das sind Lieferwagen, die werden mit Holzgas betrieben. Das Holz kommt in einen Ofen, der aussieht, wie ein Badeofen und der hinter dem Fahrerhaus aufragt. Diese Autos werden von den Russen nicht geklaut, weil sie zu faul sind, sie in Gang zu bringen.

Jedenfalls so ein Auto kommt durch den Torbogen auf unseren Hof gefahren. Es war ursprünglich kein Lieferwagen, sondern ein Personenauto mit gepolsterten Sitzen, von denen jetzt nur noch die beiden vorderen da sind. Man hat das Dach halb durchgesägt und den Holzofen dorthin gebaut, wo früher die Rücksitze waren.

Wenn der Ofen vollgeschüttet ist, wird Glut entfacht, dann wird er zugeschraubt. Das Holz glüht weiter, aber brennen kann es nicht, weil nur wenig Luft drankommt. Also wird es in Gas verwandelt, und dieses Holzgas nimmt der Motor an, als wäre es Benzin. Hinter dem Ofen ist eine kleine Pritsche, da ist Holz drauf und ein Hauklotz.

Ich kann es nicht glauben: Der Mann, der am Steuer sitzt, ist Onkel Julius Stolarek aus Thorn. Auf dem Hof hält er an, steigt aus und bewegt einen Schieber am Holzofen.

Nachdem er mich erkannt hat, breitet er die Arme aus und lacht mit seinem Goldzahn: „Du bist gewachsen. Donnerwetter. Wie heißt du noch?"

„Manfred."

„Komm her. Kennst du mich?"

„Onkel Julius."

„Ja. Ich bin Julius, dein Großonkel."

Er hat den verschwitzten Hut von damals auf, ein Hemd mit Schlips und Kragen und einen Pfeffer-und-Salz-Anzug mit Knickerbockers. Auf dem linken Ärmel trägt er eine schwarze Armbinde. Er nimmt seinen Rucksack vom Nebensitz.

„Julius!" ruft meine Mutter aus dem Fenster. „Gotteswillen, wie ich aussehe, wie hier alles aussieht. Die Russen haben sich einquartiert. Meine Mutter, meine Schwester, meine Nichte, alle schlafen im Kinderzimmer auf dem Fußboden. Nur schlechte Nachrichten." Sie geht vom Fenster weg und kommt durch den Torbogen auf uns zu, zeigt an sich selbst herunter: „Wir sind abgemagert. Deine Frau ist gestorben, herzliches Beileid."

„Niemand weiß, wo Walter geblieben ist", sagt Onkel Julius. „Und Rudi? Ist er noch in englischer Gefangenschaft?"

Sie umarmen sich. „Hier ist er nicht aufgetaucht. Er wird Angst vor den Russen haben."

Wenn sie sich da mal nicht irrt. Mein Vater hat vor nichts Angst.

Nach und nach tauchen alle hinter ihr auf, die Mamm, Ern, Sonja und auch Sergej mit dem Revolver im Stiefel. Die Verwandten sehen verschämt aus, weil sie so schmuddelig sind. Denn es ist keine Seife zum Waschen da, und graue Wäsche, sagt meine Mutter, will sie nicht bügeln, sie hätte andere Sorgen. Es gibt einen Grund, warum sie nicht bügelt. Wir haben noch das alte Bügeleisen, das man mit glühender Kohle füllen könnte. Aber die Frauen wollen alle grau und arm aussehen, sie wollen Mitleid von den Russen haben.

Die Verwandten geben dem Onkel Julius die Hand und ein Küßchen. Sergej kuckt sich mißtrauisch das Auto an.

In der Küche legt Julius seinen Rucksack ab. Ich würde mich freuen, wenn da die Butterstücke drin wären, die in Thorn auf dem Tisch lagen. Das erste, was Julius rausholt, ist eine Flasche Wodka.

Er stellt sie auf den Tisch und sagt: „Das ist für euch. Obwohl ich sie gut eintauschen könnte." Dann öffnet er das Fenster und ruft unserem Sergej auf Russisch etwas zu. Der läßt das Auto stehen und kommt mit ernster Miene herein. Es gibt einen Wortwechsel, den von uns niemand versteht. Sergej spricht laut, als wenn er einen Befehl geben würde. Onkel Julius ist heiter, er lacht mit seinem goldenen Zahn und nimmt lässig ein Blatt Papier aus der Brieftasche, das er dem Russen unter die Nase hält. Es sind Stempel darauf zu sehen, die Schrift ist russisch.

Während Sergej den Brief liest, wendet Onkel Julius sich an meine Mutter und sagt: „Ja, meine Frau, die Grete, ist gestorben. Ganz plötzlich. Du meinst, ich kann hier nicht schlafen?"

„Herzliches Beileid", sagt meine Mutter noch einmal. „Schlafen? Wie soll das gehen?"

Sie hält ihm die zerfetzte Uniformjacke von seinem Sohn Walter hin, an der das vertrocknete Blut klebt.

„Da kannst du mal sehen. Mein Sohn. Ein tapferer Junge", sagt er zu meiner Mutter. „Dabei ist er bloß ein kleiner Italiener. Ich wäre gar nicht auf die Idee gekommen, die Grete wollte ihn mitnehmen, aus Catania, das ist auf Sizilien. Wenn sie das noch erlebt hätte, sie wäre stolz auf ihn gewesen."

„Woran ist sie denn gestorben?" frage ich.

„Das weiß man nicht“, sagt Onkel Julius. „Ich glaube, sie hat Angst vor den Bolschewisten gehabt.“

Er packt die Uniformjacke in seinen Rucksack und zieht eine rote Fahne hervor, die er ausbreitet, um zu zeigen, wie schön sie ist. „Die schenk ich dir, Alma. Glaub mir, es ist jetzt gut, eine rote Fahne zu haben.“

Sergej hält die Fahne gegen das Licht und zeigt uns die Einstiche von der Nähmaschine. Auch hier der rote Mond im Roten Meer.

Sergej sagt etwas, das ganz freundlich klingt.

„Was sagt er?“ fragt meine Mutter.

„Er hat gesagt: Wir Deutschen waren immer ein Lumpenpack, und wir bleiben ein Lumpenpack.“

„Ich wußte nicht, daß du Russisch sprichst.“

„Ich spreche russisch, deutsch, italienisch, und manche verstehen mein Französisch. Wo immer ich in der Welt Pfeiler eingerammt habe, da habe ich mit den Leuten auch gesprochen.“

„Und alle diese Sprachen sprichst du wie ein Pole“, sagt meine Mutter.

Sergej ist mit Lesen fertig, es ist alles in Ordnung, Onkel Julius kann das Auto behalten. Sergej gibt mit einem Schulterklopfen den Brief zurück und zeigt auf die Wodkaflasche. Onkel Julius macht sie sofort auf, dann holt er Speck, Zwiebeln und ein Kommißbrot aus dem Rucksack.

Wir sitzen alle um den Tisch herum und essen, die beiden Männer trinken Wodka dazu. Alles, was wir reden, wird von Onkel Julius ins Russische übersetzt.

„Alma, wenn dein Mann nicht zurückkommt, mußt du dir einen neuen suchen“, sagt Onkel Julius. „Wie wärs denn mit Towarisch Sergej, das wäre praktisch, er wohnt sowieso schon hier.“

Nach der Übersetzung lacht Sergej, dann sagt er was, und Onkel Julius übersetzt: „Er meint, er würde dir schon seit Wochen vorschlagen, du sollst deinen Mann, den alten

Faschisten, vergessen und lieber mit ihm nach Rußland gehen. Hahaha!"

Die Mamm legt mir ein bißchen Speck und Brot auf die Hand und schiebt Sonja und mich ins Kinderzimmer. Wir hören das fröhliche Treiben aus der Küche. Onkel Julius singt zusammen mit Sergej ein russisches Lied. Die Mamm läuft zwischen Küche und Kinderzimmer hin und her und sagt: „Ich glaube, es geht alles gut. Sie verstehen sich prächtig. Ihr braucht keine Angst zu haben."

Am nächsten Morgen schleiche ich mich ins Schlafzimmer. Sergej liegt schnarchend in dem Bett meines Vaters, er hat diesmal die Stiefel ausgezogen und die Fußlappen darübergehängt, der Revolver kuckt unter seinem Kopfkissen hervor. Wenn noch Krieg wäre, könnte man ihn erschießen. Onkel Julius liegt im Bett nebenan, wo früher meine Mutter geschlafen hat.

Ich schleiche zurück ins Kinderzimmer, wo alle auf dem Boden liegen. Meine Mutter wird als erste wach. Sie zieht mich zu sich herunter, nimmt mich in den Arm, streichelt mit ihren weichen Händen meinen Kopf und meine Schultern. Sie will mir etwas zuflüstern und druckst, weil sie nicht weiß, wie sie anfangen soll.

„Mein großer Junge", sagt sie. „Es wird sicher nicht lange dauern. Als du das letzte Mal in Duisburg warst, hat es auch nicht lange gedauert. Einerseits weiß ich nicht, was ich ohne dich machen soll. Du warst so tapfer. Andererseits... bin ich am Ende. Dein Vater hat mir geschrieben, daß er bald aus englischer Gefangenschaft entlassen wird. Er traut sich nicht in die russische Zone, fürs erste, schreibt er. Wenigstens für einen seiner Söhne soll er sorgen. Oder meinetwegen seine Mutter, Oma Lisa, die weiß, wie man hamstert, schachert und schiebt. Du siehst, daß er nicht nach Hause kommt. Ich habe der Oma in einem Brief geschildert, wie wir hier leben müssen. Sie will dich wiedersehen. In der Nacht habe ich deinen Koffer gepackt. Onkel Julius wird dich in seinem Auto mitnehmen …"

Ich bin ganz nah am Gesicht meiner Mutter. Sie hat dunkelgraue Augen, die ein bißchen ins Bläuliche gehen. Soll das der Abschied sein? Soll ich jetzt ohne Mutter sein in der Welt? Ich habe das Gefühl, meine Mutter im Stich zu lassen. Ihre Stimme ist wie Gesang.

„Ich bin noch nie mit einem Auto verreist, das wäre wunderbar", sage ich. „Wenn Papa nach Hennigsdorf zurückkommt, komme ich auch zurück. Dann sind wir wieder eine ganze Familie."

Wir schauen uns lange in die Augen. Ja, sie will Abschied von mir nehmen.

Julius steht im Hof und heizt das Holzgasauto an. Er hat unten aus dem Ofen mit einem Schieber Schlacke und stinkenden Teer rausgeholt, jetzt zieht der Ofen wieder.

„Wo liegt Tante Grete begraben?" sage ich.

„In Thorn. Das wird jetzt polnisch. Wenn du sie später auf dem Friedhof besuchen willst, brauchst du einen Reisepaß."

„Weißt du, daß Onkel Walter die Nahkampfspange hat? Ich bin auch ein tapferer Junge", sage ich. „Ich habe den Russen einen Schweinekopf geklaut."

Meine Mutter macht die Autotür auf und stellt meinen Koffer hinter den Sitz. Sie gibt Onkel Julius den letzten Brief meiner Oma Lisa:

„Ehe du losfährst, Julius, lies das mal", sagt meine Mutter.

Sie schaut mich an. Ich halte ihre Hände fest. Sie steht neben mir. Onkel Julius liest aus dem Brief von Oma Lisa vor: „… Unser Haus in der Schweizerstraße steht noch. Der Mannfred kann kommen. Du hast genug Sorgen, Alma. Wer kommt durch in diesen Zeiten? Ich. Das weißt Du doch: *Ich komme durch …*"

Er gibt den Brief zurück, aber meine Mutter schaut nicht ihn an, sondern mich. Sie will mich nochmal gründlich sehen. Sie weint nicht, und ich weine auch nicht. Ich lache. Die Autofahrt wird schön sein, meine Rollschuhe bleiben hier, unser Fahrrad haben die Russen. Ich denke an meinen Bruder Roger und an den Wald hinter den Gärten.

„Und wann sehen wir uns wieder?" sage ich zu meiner Mutter. Sie dreht sich um und geht in die Toreinfahrt. Dort steht Udo Kuffel, der nochmal ans Auto kommt. Wir geben uns die Hand, als seien wir uns schon fremd geworden.

„Willst du dem Udo nicht deine Rollschuhe schenken?" sagt meine Mutter.

„Ich leihe sie dir, Udo. Bis ich wiederkomme."

Onkel Julius hat fertiges Kleinholz aufgeladen, das noch mein Vater mit mir gehackt hat, dazu Hauklotz, Beil und Schrotsäge.

Der Motor von dem Holzgasauto hört sich genau so an wie jeder andere Motor, nur was hinten rauskommt, riecht nicht so schön wie Benzin.

Eine Freundin, so goldig wie du

Als wir losfahren, steht die ganze Verwandtschaft auf der Marwitzer Straße. Sogar Sergej, unser Russe, winkt mit einer weißen Fahne. Die hat er aus unseren Bettlaken zurechtgerissen, die Russen machen frische Fußlappen daraus, bis keine Laken mehr da sind.

Ich kucke hoch, ob ich Petronella sehen kann. Wahrhaftig, sie kuckt aus dem Fenster. Sie legt die Puppe weg, damit sie aus ihren Händen einen Trichter machen kann, denn sie ruft mir laut und deutlich zu: „Manfred!" Sie redet mich mit meinem Namen an. „Manfred, Gute Reise!"

Ich kann ihr nichts zurufen, weil mir die Stimme versagt. Meine Mutter beugt sich durchs Autofenster. Ich gebe ihr den kleinen Rechenschieber: „Gib ihn Petronella als Geschenk", sage ich.

Onkel Julius fährt los. Ich höre in meinem Kopf das Lied:

„Eine Freundin, so goldig wie du,
etwas Frühling und Mondschein dazu,
das wär was,
das wär was,
das wär etwas für mich..."

Petronella Fabisch ist schön und süß, ich werde sie nicht vergessen.

In der Marwitzer Straße stehen noch fast alle Häuser. Dagegen lag Duisburg schon bei meinem letzten Besuch in Trümmern. Wie wird es jetzt aussehen? Wenigstens die Oma wartet dort auf mich.

Wir sind aus Hennigsdorf noch nicht raus, da ist schon die erste Kontrolle. Ein paar Russen mit Trommelgewehr und Herr Kuffel, der die rote Armbinde trägt. Es dauert eine Zeit, bis die Soldaten ihren Offizier holen, der liest den gestempelten Brief von Onkel Julius und sieht ihn staunend an. Herr Kuffel fragt: „Was steht da drin?"

„Da steht drin, daß ich Brückenbaumeister bin und für den Wiederaufbau gebraucht werde."

„Und den Udo läßt du allein?" sagt Herr Kuffel.

„Ich bin bald wieder da", sage ich.

„Wohin soll die Reise gehen?" sagt Herr Kuffel.

„Nach Duisburg!"

Onkel Julius sagt: „Ich fahre den Jungen nur bis zur Zonengrenze, dann steigt er um auf die Bahn, und ab geht's, zu seiner Oma."

Wir werden oft angehalten, und jedesmal zeigt Onkel Julius den russischen Brief, während er freundlich mit den Soldaten spricht. Er hat in der Jackentasche immer ein Päckchen von dem Krümeltabak, der sich Machorka nennt, und bittet die Russen, daß sie ihm ein Stück von der Zeitung „PRAWDA“ abreißen. Eine handgedrehte Machorkazigarette schmeckt nur in dem originalen „PRAWDA“-Papier, sagt er. Und das erzählt er auch den Russen. Ich glaube, daß er sie damit nur ablenkt, denn sie scheinen stolz darauf zu sein, einem deutschen Kenner mit einem Stück Zeitung auszuhelfen, wovon sie immer genug bei sich haben. Denn jeden russischen Scheißhaufen erkennt man am Prawda-Papier.

Überall sieht es ähnlich aus. Panzersperren, Schrottautos, gesprengte Brücken, Bunker, kaputte Flakgeschütze. Auf der Reichsautobahn sind nur wenige Russenautos zu sehen. Sie überholen uns, weil wir die langsamsten sind. Nur die Pferdewagen sind langsamer als wir.

„So? Du hast den Russen einen Schweinekopf geklaut?“ sagt Julius.

„Ja. Ich konnte ihn nicht tragen. Da habe ich ihn am Haken durch den Wald bis nach Hause gezogen.“

„Im Klauen seid ihr alle nicht übel“, sagt Onkel Julius. „Zum Beispiel dein Vater, du erinnerst mich dauernd an ihn. Als er ein junger hungriger Bursche war, in Kattowitz nach dem ersten Krieg, da hat er sich im Brückenbogen einer Unterführung festgebunden. Er hatte eine lange Stange bei sich, aus deren Spitze ein Draht ragte. Wenn Fuhrwerke vorbeikamen, die mit Kohlköpfen oder Runkelrüben beladen waren, dann hat er die von oben aufgespießt. Das war eine Kunst. Den Draht hatte er auf den Amboß gelegt und ihn kalt geschmiedet, ihm eine geeignete Form gegeben, mit Widerhaken. Da zeigte sich schon der spätere Ingenieur. Deine Oma wollte mir in Thorn die Butter vom Tisch klauen. Du bist dabei gewesen. Gott sei Dank habe ich sie erwischt.“

Ich sage ihm nicht, was ich weiß, nämlich daß die Oma ihm ein Stück Butter geklaut hat, ohne daß er es merkte, und wie dick ich sie mir dann auf die Rübenkrautstullen geschmiert habe.

„Und ein Stück Butter“, sagt Onkel Julius, „hat sie mir doch gestohlen. Ich habe es erst später bemerkt, beim Nachzählen.“

Das Auto rattert, wir müssen laut sprechen. Ich rufe ihm zu: „Ach! Das glaube ich nicht.“

„Ich glaube es für dich mit“, sagt Onkel Julius. „Deine Oma hat es noch heute dicke hinter den Ohren. Als sie jung war, hat sie es nicht schlecht getrieben. Die soll sich bloß nicht so haben. Die beiden Söhne, der Rudi und der Erich, Brüder sind sie nur zur Hälfte, weil sie beide von der Lisa stammen. Gott weiß, von welchen verschiedenen Kerlen sie die gekriegt hat. Und ihre Mutter, die Taubstumme, die war auch sehr lebensfroh, wenn du verstehst, was ich meine. Vier Kinder – vier Väter, und kein Mensch weiß, wer. Einmal habe ich den Rudi und den Erich, auf einer Pferdekoppel mit bißchen Geld angestachelt. Das war bei der Kattowitzer Zeche. Da stand ein Belgierwallach. Wer von den Jungs sich ohne Sattel länger auf dem Belgier halten würde, der sollte das Geld kriegen. Beide sind gleichzeitig auf die Schnauze gefallen. Da mußten sie es sich teilen. Hahaha.“

Gehirnerweichung

Wir sind von der Reichsautobahn abgefahren, weil dort an der Zonengrenze russische Kontrollen sind. Jetzt fahren wir einen Waldweg entlang, den Onkel Julius vorher auf der Landkarte gefunden hat.

„Tante Grete ist gestorben?“ frage ich ihn.

„Ja. Sie fehlt mir. Ich könnte heulen." Er hält an, schraubt den Ofen auf, um Kleinholz nachzufüllen.

„Hast du schon eine neue Frau?"

„Ja", sagt er. „Ich hatte schon eine neue, als Tante Grete noch lebte. Sie heißt Lydia."

Er geht um das Auto herum und kuckt den Hinterreifen an, dann kuckt er mich an, weil er die nächste Frage erwartet. Ich sage aber nichts, da sagt er:

„So eine wie Tante Grete findet man im Leben nur einmal. Weißt du, was ein Reserverad ist?"

„Ja", sage ich, „das braucht man zur Reserve."

Er tritt gegen den Hinterreifen: „Wir haben kein Reserverad. Aber einen kaputten Hinterreifen haben wir. Da ist kaum noch Luft drin. Steig ein. Hast du auch schon eine Freundin?"

„Nein", sage ich und lache. Petronella ist meine Freundin, ich träume nachts von ihr. Das muß Onkel Julius nicht wissen, der macht sich nur lustig darüber.

„Zeig mal deine Hände, ob du Haare zwischen den Fingern hast. Daran kann man sehen, ob einer ein Wichser ist. Die Wichser haben nämlich Haare zwischen den Fingern. Und vom Wichsen kriegt man Gehirnerweichung. Wenn du älter wirst, ist es dann schon besser, du hast eine Freundin."

Ich zeige ihm die Finger.

„Gut, noch ist nichts zu sehen", sagt er.

Ich glaube es nicht. In seiner Miene ist nichts zu lesen. Kann sein, daß es sein Ernst ist, was er gesagt hat. Ich kucke mir hin und wieder unauffällig die Finger an. Nur oben drauf, wo sie hingehören, sind ein paar winzige Härchen, nicht ein einziges dazwischen. Es kann nicht stimmen, denn ich habe schon gewichst, sogar schon öfters.

Alles, was schwer zu verstehen ist, hängt mit dem Unterleib zusammen. Da sind die gefährlichsten Stellen, man kann ins Bett pinkeln oder Durchfall haben, und obendrein kann man Gehirnerweichung kriegen oder Haare zwischen den

Fingern. Und mit dem Kinderkriegen hat der Unterleib was zu tun. Meine Mutter hat mich und Roger unter dem Herzen getragen. Ja, verdammt, wie? Wie die Muttergottes das Jesuskind.

Immer wenn es über eine Wurzel oder einen Stein geht, höre ich, daß die Felge hinten aufschlägt. Und bald ist es soweit, daß wir nur noch auf der Felge fahren, ich höre den Reifen rumpeln. Wir halten an.

„Komm, Junge", sagt Onkel Julius, „jetzt geht es zu Fuß weiter. Mit dem Auto wären wir sowieso nicht rübergekommen." Er nimmt den Rucksack, ich meinen Koffer.

„Willst du das Auto hier stehenlassen?"

„Ja, komm."

„Aber du brauchst es doch, wenn du zurückfährst."

„Ich fahre nicht zurück. Niemals."

In der Nähe der Grenze warten wir in einem Schützenloch auf die Nacht. Manchmal fallen Schüsse, die ersten, die ich im Frieden höre.

Ich frage Julius: „Hast du damals mit Lydia und Tante Grete zusammengelebt?"

„Ja, eine Zeitlang."

„Nachher nicht mehr?"

„Nein. Weil Tante Grete gestorben ist."

„Aber als sie noch lebte: eine mußt du doch lieber gehabt haben als die andere."

„Sie waren verschieden. Bei Grete hatte ich das Herz lieber, und bei Lydia den Arsch."

Onkel Julius weckt mich in der Nacht, mir ist kalt weil ich auf der feuchten Erde lag. Er nimmt einen Kompaß und eine Taschenlampe aus dem Rucksack, wir machen uns auf den Weg. Die Lampe knipst er nur an, wenn er auf den Kompaß kuckt, unter seiner Jacke. Ich sehe nachts besser als er. Er stürzt hin und rappelt sich wieder auf. Oft bleiben wir stehen, um in den Wald zu lauschen wie Indianer. Dann dürfen wir nicht atmen.

„Wenn wir Russen hören, müssen wir einen großen Bogen machen“, flüstert er. Wir hören keine Russen, nur manchmal aus der Ferne einzelne Schüsse.

„Ich kann Russen riechen“, sage ich. „Ich weiß, wie sie riechen.“

„Wie denn?“

„Das kann ich nicht erklären“, sage ich. „Eben wie Russen.“

„Gut“, sagt er. „Dann riech.“

„Nach Wodka riechen die, nach Fußlappen, nach Machorka …“, sage ich. Meine Beine werden müde, ich habe Angst, in eines der dunklen Schützenlöcher zu fallen.

„Da hinter uns muß Marienborn liegen, wir haben's nicht mehr weit“, sagt Onkel Julius.

Es ist Tag. Ich wache in einem richtigen Bett auf. Wenn ich wüßte, wie ich hierhergekommen bin. Auf dem Fußboden liegt ein Blatt Papier: „Bin gleich wieder da, Onkel Julius.“

Aber er ist schon da, das sehe ich daran, daß er den Zettel aufhebt und sagt: „Du bist ein Glückspilz, Manfred, wasch dich.“ Er schüttet eine Kanne Wasser in die Schüssel.

„Wir sind in der englischen Besatzungszone. Und da bleiben wir drin, bis wir in Duisburg sind. Du kannst dich freuen.“

Ich muß im Schlaf hierhergekommen sein, oder Onkel Julius hat mich getragen, ich frage erst gar nicht.

„Wir sind hier in einem kleinen Gasthof bei Helmstedt. Ich habe alles klargemacht, war schon beim Bürgermeister. Da habe ich für uns eine Lebensmittelkarte geholt. Der Kerl wollte sie nicht rausrücken. Ich habe ihn überzeugt, in meinem polnischen Englisch, er verstand kein Wort, ich verstand selber kein Wort, aber ich habe so lange geflucht und mit dem gefälschten englischen Paß hin und her gewedelt, bis die Lebensmittelkarte auf dem Schreibtisch lag. Das ist die Art, die ein guter alter Nazi versteht."

Onkel Julius hat den Tisch gedeckt: Schwarze Rettiche, zwei Äpfel, Brot, Butterschmalz. Was für ein Essen, in mehreren Gängen.

Wieder in der Eisenbahn. Viel ausgestiegen, umgestiegen, in Wartesälen gewartet. Ob wir zwei Tage unterwegs sind oder nur einen, ich weiß es nicht. Ankommen werden wir im Dunkeln. Zwischen Dortmund und Duisburg weckt mich Onkel Julius und sagt: „Deine Oma ist meine Schwägerin. Sie ist ihrer Schwester Grete sehr ähnlich, deshalb möchte ich ihr nicht begegnen, es würde mir das Herz zerreißen. Verstehst du?"

„Ja", sage ich.

„Deshalb werde ich weiterfahren nach Köln. Ich konnte deiner Oma nicht schreiben, wann wir kommen. Findest du den Weg in die Schweizerstraße allein?"

„Ja", sage ich. „Danke, Onkel Julius."

Er war eigentlich nicht schlecht auf der Reise, deshalb gebe ihm ein Küßchen. Die meisten Leute haben es sowieso gern, wenn ich ihnen ein Küßchen gebe. Onkel Julius rückt drei Mark raus. „Hier", sagt er und lächelt mit seinem goldenen Zahn, „vielleicht fährt schon eine Straßenbahn."

Wie von irgendwo oben sehe ich mich selbst mit meinem Köfferchen durch die Leute drängen, und ich sehe, wie rührend das aussieht, ich, der Junge mit dem Köfferchen und mit einem Schild um den Hals.

Wo ist der Hurenbock?

Als ich aus dem Waggon steige, steht meine Oma auf dem Bahnsteig im Gedränge. Woher sie weiß, daß ich komme, weiß ich nicht. Wie sie mich so schnell gesehen hat, weiß ich auch nicht. Sie kann Karten legen, vielleicht hat sie sich die Karten gelegt. Glücklich sieht sie aus, sie drückt mich, küßt mich, aber dann sagt sie mit drohender Stimme: „Wo ist Julius? Wo ist der Hurenbock?“ Sie rennt an den Waggonfenstern entlang, und, während der Zug schon anfährt, schreit sie ihm durch die Scheibe zu: „Daß Gott dich straft, daß dir was abfault, du Hurenbock, du hast meine Schwester auf dem Gewissen. Wo fährst du hin? Zu deiner Fose? Zu dieser Polakenbraut? Mach bloß, daß du wegkommst ...“ Weiter kommt sie nicht, die Leute halten sie auf. Nirgendwo sind so viele Menschen auf einem Haufen wie auf Bahnhöfen. Und alle kucken entsetzt auf meine Oma. Die sieht mir tief in die Augen, während sie sich zu mir runterbeugt. „Mach dir nichts draus, daß ich weine“, sagt sie, „ich weine nur aus Glück, und nicht aus Kummer.“ Aber sie weint gar nicht, ich glaube, sie fühlt sich nur so. „Und was ist eine Polakenbraut?“

„Eine Polakin ist eine Polin, weiter nichts“, sagt meine Oma. „Für Hurenböcke waren sie schon immer unwiderstehlich. Mich hat man früher oft für eine Polin gehalten.
33 Kannst du dir vorstellen, daß ich einmal unwiderstehlich war?“

Ich umarme sie und sage: „Ja.“

Die Straßenbahn Linie 2 fährt wieder, die Mülheimer Straße, das sind zwei langgezogene Schutthaufen, einer rechts, der andere links.

Es tut mir leid, daß meine Oma nur schlecht über Onkel Julius denkt.

„Onkel Julius war wie ein Vater zu mir. Weißt du, daß er vier Sprachen spricht?“

„Ja, weiß ich", sagt sie, „weil er überall mit den Weibern rumgemacht hat."

Der Heinrich küßt meine Oma, mich sieht er schief an.
In dem Zimmer zum Hof kann ich nicht mehr schlafen, das wird vermietet an Fremde, deshalb heißt es jetzt Fremdenzimmer. Dort wohnt ein Herr Alois Binek, er stammt aus Gleiwitz in Oberschlesien und ist Kellner im Bahnhofswartesaal.

Ich schlafe in der Küche auf dem Sofa. Wir essen etwas zu Abend, dann macht meine Oma ihre Haarzwiebel auf, legt die Zähne in ein Wasserglas, – nur die oberen, die unteren hat sie noch – zieht ein Nachthemd an und verschwindet mit dem Heinrich im Schlafzimmer. Ich lege mich unter die Wolldecke auf das Sofa. Der Heinrich macht die Küchenlampe aus und läßt die Schlafzimmertür halb offen. Ich höre die beiden Alten schnarchen und manchmal abwechselnd in den Eimer pinkeln, der, halb mit Wasser gefüllt, neben den Ehebetten steht. Meine Augen gewöhnen sich an das Dunkel, aber es gibt nichts zu sehen, nur wenn mal ein Auto die Mülheimer Straße herunterkommt, beobachte ich den Lichtschein oben an der Decke. Wandernde Fratzen und Figuren. Dann höre ich Herrn Binek von der Arbeit kommen. Ich wandere im Dunkeln durch die Küche und sehe mir so gut es geht mein neues Leben an. Zwischen den Herdringen schimmert noch ein bißchen Glut.

Ich hole aus meinem Köfferchen die Taschenlampe und die Blechtasse, um sie auf das Fensterbrett zu stellen und dann anzuleuchten. Aber die Batterie ist zu Ende, nur noch einen Moment lang sehe ich im letzten Glühen die Tasse auf ihrem Tellerchen stehen. Wie schön sie ist. Wenn ich einmal sterbe, soll man sie in meinen Sarg legen. Hier bin ich jetzt zu Hause. In dem Stadtteil Duissern, am Fuße des Kaiserbergs.

Es ist Frieden, nie wieder Verdunkelung. Jetzt könnte ich abends lesen, in meiner schönsten Stunde.

Aber die Oma braucht Geld für Gas, Strom und Miete. Miete ist das Wichtigste, jeden Monat kommt der Hauswirt mit dem Mietbuch. Da wird alles eingetragen. Wer nicht zahlt, fliegt raus. Meine Oma und der Heinrich wohnen schon lange in der Schweizerstraße 1, sie haben immer die Miete gezahlt. Die Miete ist das Erste, alles andere kann zusammengespart werden. In Schmitz' Kaufladen gibt es nicht viel, aber es wird angeschrieben.

Wir haben in der Wohnung nur zwei Lampen, die eine hängt im Schlafzimmer, es ist eine Schüssel aus Marmorglas mit einer Glühbirne drin, die andere hängt in der Küche über dem Tisch. Sie hat drei Arme, aber nur in einem Arm steckt eine Birne. Dann haben wir das Radio, den Volksempfänger, der keine beleuchtete Skala hat und mit dem man nur Köln und die Amerikaner hören kann. Der Heinrich hört einmal am Tag Nachrichten, und meine Oma hört nur zwei Menschen gern singen: mich und den Bariton Willy Schneider, am liebsten mit dem Stück „Man müßte nochmal zwanzig sein, und so verliebt wie damals…" Ansonsten bleibt das Radio den ganzen Tag aus. Sobald ich allein bin, höre ich den Amisender, zum Beispiel „American Patrol", „Oh! Miss Jaxson". Dann gibt es nur noch zwei Glühbirnen, im Fremdenzimmer von Herrn Binek hängt eine nackt von der Decke, und die letzte steckt in seiner Nachttischlampe. Macht zusammen vier Birnen und das Radio.

Das Gas haben wir zum Kochen, wenn dazu Holz und Kohlen fehlen. Die Gasuhr hat oben einen Schlitz, in den besondere Münzen eingeworfen werden, die man dem Gasmann abkaufen muß. Nach der letzten Münze passiert es, daß die Gasuhr automatisch stoppt und die Suppe nicht gar wird. Dann hole ich gegenüber Holz aus den Trümmern, denn bei uns wird öfter die Suppe nicht gar. Einen Kachelofen gibt es nur bei Herrn Binek, sonst ist der Kochherd die einzige Heizung. Hier wohne ich.

Johanna 9. Stück

Johanna rührt das Ersparte kaum an, das sie im Dachgebälk versteckt hat. Doch jetzt, nach der Geburt von Margarethe, schrumpft ihr kleines Vermögen ein wenig, denn sie hat besondere Ausgaben. Sie kauft für die Kinder bunte Wolle, um Hemdchen zu stricken, aber auch Milch, Grieß und Äpfel. Vor allem muß sie Kohlen kaufen, sie ist lange nicht auf die Halde gekommen, um sie zu stehlen.

Einmal in der Woche wird gebrannt, dann ist es schön warm in der Töpferei. Der Meister Bruno Bober nimmt Johanna mit Freuden wieder auf. Soeben ist er dabei, auf der Töpferscheibe Gurkenkrüge zu drehen: „Es macht mir nichts aus", sagt er. „Warum sollen nicht beide Kinder in der Werkstatt aufwachsen? Ich liebe Kinder. Leider will Gott meiner Frau und mir keins schenken. Dem einen gibt er's doppelt, dem andern gar nicht. Du könntest uns helfen, Johanna …"

Sie sitzt auf dem Hocker, hat den Säugling an der Brust, sieht, was Bruno sagt, aber sie versteht ihn nicht. Schon lange fällt ihr seine Freundlichkeit auf, sie weiß, daß er für die Arbeit, die sie schafft, niemand besseren finden könnte. Gutgelaunt zeigt er mit dem lehmigen Finger auf sich selbst, dann auf Johanna: „Ein Kind. Ich und du", sagt er halb im Lachen.

Johanna steht auf. Sie staunt Bruno an. Dann legt sie das Kind in den Korb, der nah am Töpferofen steht, blickt zur Tür, ob Danuta in der Nähe ist, und stampft barfuß mit aller Kraft den eingeweichten Ton durch.

Viel Glück hat sie mit den beiden Männern in ihrem Leben nicht gehabt, weder mit dem Vater, noch mit dem Sohn. Und doch haben ihr beide Glück gebracht. Ohne sie gäbe es die Kinder nicht. Was wäre das für ein Dasein?

Johanna ist eine rührende Mutter. Sie küßt und herzt ihre Kinder, und mit den Kindern küßt sie auch deren Väter, an die sie zurückdenkt.

Wenn der Briefträger kommt, ist Johanna schon aus dem Haus. Als er sie einmal antraf, hat er sich vor dem Stammeln der seltsamen Frau gefürchtet. Deshalb steigt er nicht gern nach oben. Er hat für Johanna im Jahr zwei, drei Briefe. Jeder weiß, daß der Alte im Parterre ihr die Post vorlesen muß. Heute, als sie den Kinderwagen bei ihm abstellt, übergibt Gottselig ihr ein Päckchen: „Wenn's was vorzulesen gibt, komm ich", ruft er ihr nach, während sie die kleine Grete hinaufträgt. Albert schafft die Treppen allein. Er ist ein aufgewecktes Kind, er tippt seine Mutter schon an, wenn er etwas von ihr will.

Johanna schnürt das Päckchen auf, dessen Absender sie nicht lesen kann und in dem sie einige fest gewikkelte Geldscheine findet, sonst nichts. Sie blättert das umhüllende Zeitungspapier durch: Kein Brief.

Die weiße Fahne an der Tür flattert. Johanna legt das Geld unter ihr Kopfkissen und öffnet. Es ist Gottselig, der hereinkommt und sagt: „Na? Was haben sie dir geschickt? Pralinen? Können ja nicht viele gewesen sein." Johanna schneidet den Absender aus dem Umschlag und legt ihn auf den Tisch. Gottselig liest den Namen Kalweit, auch die Papierreste kuckt er sich an und macht eine fragende Geste. Johanna stopft das Packpapier zum Anfeuern in den Ofen. Dann wird gefüttert und gewindelt, Margarethe wird an die Brust gelegt.

„Was war's?" sagt der Alte.

Johanna steht auf und holt unter dem Kissen die Geldscheine hervor.

Gottselig zieht ein geringschätziges Gesicht: „Was meinst du? Bist du jetzt reich?"

Sie lacht, mit dem Finger macht sie die Nein-Geste und zeigt auf die Kinder.

„Ja, ein armes Luder bist du", sagt Gottselig, „mach mal so weiter."

Und nach einer Weile: „Wer war dir lieber? Der Vater oder der Junge?"

Johanna wundert sich über die Frage und will nicht antworten. Dann zeigt sie zwei Finger.

Und Gottselig sagt lachend: „Alle beide. Was für ein Grützkopf du bist." Er nimmt einen Schluck aus dem Flachmann. Sein Gesicht wird ernst: „Jetzt sind die Kalweits alle weg. Die ganze Familie."

„Wo?" sagt Johanna.

„Keiner weiß es. Das Haus ist leer. Zum Abschied haben sie dir ein bißchen Geld geschickt."

Der kleine Albert ist auf seinen Schoß geklettert, er streckt den Arm nach der Schnapsflasche aus, aber Gottselig lenkt ihn ab und singt:

‚Der Kasimir, der Kasimir,
das ist ein guter Freund von dir …'
Na? Wer bin ich?"

„Kasimir", sagt der Kleine.

Gegenüber liegt noch unberührt der große Haufen, der mal ein Haus war. Ich habe die Nacht erlebt, als es, von Bomben getroffen, in einer Staubwolke zusammengesackt war. In dem Schutthaufen ist noch immer Holz, und je tiefer man darin wühlt, desto mehr Dinge kommen zum Vorschein.

Ich finde beim Holzsammeln sogar das von der Nässe zusammengebackene Buch „Robinson Crusoe". Das öffne ich mit dem Messer Seite für Seite und trockne es am Rand der Ofenplatte. Bei der ersten Stelle, die ich umblättern kann, kommt Robinson gerade auf der Insel an. Ich lese nicht weiter. Sobald das Buch trocken ist, werde ich alles nach und nach zusammen mit ihm erkunden.

Beim Holzsammeln auf dem Trümmerhaufen lerne ich einen Jungen kennen. Er heißt Reiner Vogels und wohnt nebenan in der Nummer fünf. Er hat zwei Schwestern, eine Oma und eine Mutter. Sein Vater ist Studienrat und Parteigenosse, vielleicht ist er deshalb noch immer in englischer Gefangenschaft. Das muß ich alles aus ihm rausfragen.

Obwohl er mich mißtrauisch ansieht, teilt er sich mit mir den Trümmerhaufen. Das Holz, das in Richtung Nummer 5 liegt, sagt er, wäre seins, das in Richtung Nummer 1 dürfte ich sammeln.

„Danke", sage ich. „Wenn wir Freunde wären, könnten wir uns den Trümmerhaufen einfach teilen, und jeder sucht, wo er will."

Alle in der Gegend kennen meine Oma, alle wissen, daß sie eine seltsame Frau ist, aus Oberschlesien zugewandert, mit einem fremden, aber feinen Dialekt und mit feineren Gefühlen, die man sofort in ihrem Gesicht sieht. Sie ist fromm und fleißig, das schon, aber sonst ist sie den Leuten
32 unheimlich. Und plötzlich hat sie einen Enkel, das bin ich,

also bin auch ich etwas unheimlich. Reiner Vogels kuckt mich jedenfalls von oben bis unten an. Ich glaube, daß ihm meine Hose nicht gefällt.

„Mir gefällt die Hose, die du anhast, auch besser als meine“, sage ich.

„Wir werden sehen“, sagt Reiner. „Du hast eine berlinische Sprache.“

„Ich bin aber in Duisburg geboren.“

„Trotzdem, du bist eine Berliner Großschnauze.“

Seine Mutter kuckt mit einem schönen ovalen Gesicht aus dem Fenster.

„Kann sein, daß wir Freunde werden, sogar Blutsbrüder, mal sehen“, sagt er und geht mit dem Holz hinüber in die Nummer fünf.

Ich muß schnell die Duisburger Sprache lernen, ich hab sie ja im Ohr von meiner Mutter.

Glaubst du an Gott?

Helmut Albrecht lebt noch, kann aber nicht mehr aus dem Bett aufstehen. Er malt im Liegen, solange er den Pinsel noch halten kann.

„Ich werde aus unserer Familie der erste sein, der in den Himmel kommt“, sagt er und atmet in kurzen Stößen. „Dann wird mein Vater kommen, damit ich nicht so allein bin. Er hat Zucker, seine Zehen sind schon weg. Aber ich gräme mich nicht. Da oben bin ich sowieso nicht allein. Glaubst du an Gott?“

„Ja“, sage ich. Eigentlich dürfte ich es nicht sagen. Warum kann ich bloß nicht an Gott glauben? Ich glaube, daß die meisten Menschen in den Himmel wollen. Deshalb glauben sie an Gott. Vorsichtshalber, sozusagen.

„Ach was, Helmut“, sage ich, „keiner ist allein da oben.

Denn wenn Gott will, daß ein Mensch in den Himmel kommt, wird er ihn dort nicht im Stich lassen."

Nur noch selten besuche ich Helmut. Ich bin zu feige, ihn sterben zu sehen. Eines Tages wird er keine Luft mehr kriegen, sein Herz bleibt stehen. Vielleicht gerade dann, wenn ich bei ihm bin, und ich kann ihm nicht helfen.

Oma meldet mich in der evangelischen Volksschule an. Ich soll in die dritte Klasse, aber die sei total überfüllt, die Kinder wüßten nicht, wo sie sitzen sollen, sagt die Lehrerin, die um den Hals eine Trillerpfeife hängen hat. Meine Oma geht ins Schulbüro und redet mit dem Direktor: Sie ahmt einen weinerlichen Ton nach und sagt: „Ich habe den Krieg nicht angezettelt, Herr Direktor, und Sie auch nicht." Der Mann schüttelt müde den Kopf. „Wir waren es alle nicht", sagt sie, „und doch steht kaum noch eine Schule. Der Junge ist intelligent, er kann nicht auf der Straße lungern. Und begabt ist er! Manfred, sing dem Herrn Direktor das Lied vor: ‚Denn wir fahren gegen Engelland …'" Ich schiele meine Oma an, so daß es der Direktor nicht sieht. Der hebt die Hände und sagt: „Danke, wir sind keine Musikschule!" Sie muß unter ihren falschen Tränen lachen, denn sie weiß, daß mir das Theater peinlich ist, und sie weiß auch, daß es Theater ist. Nach einer Viertelstunde will er sie loswerden und sagt: „In Gottes Namen, wir nehmen den Jungen auf."

Meine Oma kümmert sich um alles, was gut für mich ist, sie schafft es meistens, meine Gegner zu besiegen. Zum Beispiel hat sie vom Untermieter Binek eine Schachtel „Lucky Strike"-Zigaretten bekommen, weil sie ihm die Karten gelegt hat. Binek glaubt an Kartenlegen. Er wollte wissen, ob er es schafft, im Bahnhofsrestaurant Oberkellner zu werden. Sie hat aus den Karten gelesen, daß er es schaffen würde, und drei Wochen später war er Oberkellner. Meine Oma hat getan, als wollte sie die Zigaretten nicht annehmen, aber er sagte: „Nehmen Sie, Frau Koppmann, beleidigen Sie mich nicht. Von Ihnen geht eine magische Kraft aus. Meinen Aufstieg verdanke ich Ihnen.“ Und warum hat sie es getan? Weil sie die Zigaretten für mich braucht. Aus der Schachtel nimmt sie fünf heraus und sagt: „Manfred, geh auf den Schwarzmarkt und hol dir zum Lesen eine Batterie. Die mußt du mit der Zunge anlecken, ob es kribbelt. Wenn nicht, ist sie leer. Paß auf die Polizei auf, manchmal machen sie Razzia.“

Auf dem Schwarzen Markt muß ich nur drei „Lucky Strike“ für eine volle Batterie zahlen. Ich handele schließlich für die fünf Amizigaretten zwei Batterien aus.

Jetzt kann ich nachts unter der Bettdecke „Robinson“ lesen, welcher der einsamste Mensch auf der Welt war und mir gerade deswegen beisteht, wenn ich selber einsam bin. Dabei ist er schon 200 Jahre tot. Das alles kann ein Buch schaffen, wenn eine spannende Geschichte drin steht. Robinson stirbt nicht. Und Dichter sterben auch nicht. Da können die Bücher noch so vermodert sein, weil sie unter den Trümmern gelegen haben.

Der Heinrich hat einen leichten Schlaf. Deshalb muß ich aufpassen, daß kein Lichtstrahl unter der Decke hervorschimmert. Er kuckt, nachdem er in den Eimer gepinkelt hat, zur Kontrolle in die dunkle Küche. Die Zudecke halte ich so dicht über meinem Kopf, daß ich alle paar Minuten Atem holen muß. Dazu knipse ich jedesmal die Taschenlampe aus, schnappe im Dunkeln nach Luft, dann tauche ich wieder unter ins Helle. Aber es flackert schon, die erste Batterie ist vor dem Ende. Noch ein paar Seiten muß sie durchhalten.

In dem Moment, als Robinson Schiffbruch erleidet und sich als einziger auf die einsame Insel rettet, wird die Decke hochgerissen und der Heinrich schreit: „Himmel Sakrament!!“

Ich sehe sein wütendes Gesicht über mir.

Wahrscheinlich hat er nicht geschrien, es schien mir nur so, weil mein Herz stehengeblieben ist. Ja, ich glaube, es stand still. Hätte ich in dem Moment zufällig ein Messer unter der Decke gehabt, ich hätte ihn vielleicht, im Entsetzen und mitten im Sturm, aus Versehen erstochen, wie soll ich sagen?, im Kampf mit dem Meer.

„Das merk dir: Daraus wird nichts. Licht aus – Schlafenszeit!" sagt der Heinrich.

Ich liege wie besinnungslos da. Sterne kreisen.

Meine Oma wird wach, es gibt Tumult und Streit, sie nimmt ihm die Taschenlampe aus der Hand und bringt sie mir zurück.

Sie küßt mich ohne Zähne. „Versuche zu schlafen..." sagt sie, „Schrecklich! Schrecklich!"

Herr Binek müßte ausziehen, aber das geht nicht, wir brauchen die Miete.

Ich habe noch eine volle Batterie. Vielleicht ist wenigstens das bei dem Krach herausgekommen: Der Heinrich muß sich damit abfinden, daß ich lese. Ich habe es mit dem größten Schreck meines Lebens bezahlt.

Morgen werde ich am Tag lesen. Dann werde ich erfahren, was Robinson aus dem Wrack bergen konnte.

Die Schweizerbande

Duissern ist ein reicher und zugleich armer Stadtteil, da würde meine Oma mit dem Heinrich gerade noch hinpassen. Aber die Schweizerstraße ist Grenzgebiet. Links, unsere Nummer 1, ist das älteste Haus, fast 100 Jahre alt. Dann werden die Häuser moderner und vornehmer, und die Grundstücke dahinter sind größer. Bei Eschenbachs ist sogar die Gummifabrik gleich an das Wohnhaus angebaut. Auf der linken Straßenseite ist fast alles stehengeblieben, manche Häuser haben noch den hellen Anstrich aus der Friedenszeit.

Auf der rechten Seite fängt die vornehmste Gegend von Duisburg an, der Kaiserberg. Dort, in den Villen, wohnen meist ältere Leute, die haben keine Kinder, jedenfalls haben wir noch keine gesehen. Wenn es welche geben sollte, dann gehören sie nicht in die Schweizerbande. Sonst hätten sie längst gefragt, ob wir sie aufnehmen.

Nach und nach lerne ich die Kinder der Schweizerstraße kennen, die ganze Bande, die armen, die mittleren und die reichen.

Zum Beispiel den armen Karl Kölles, er hat keinen Vater, und es fehlt ihm das rechte Auge. Dafür hat er ein gutaussehendes Glasauge, das er mir schon mal von innen gezeigt hat. Es ist ein gewölbtes Stück Milchglas als Augapfel, da sind die kleinen Äderchen draufgemalt, und in der Mitte die blaue Pupille, die etwas blauer ist als seine richtige. Man merkt, daß der Künstler, der Augapfelmaler, alles aus sich rausgeholt hat. Im Krieg, vor drei Jahren, hat Karl Kölles eine leere Patronenhülse mit dem Hammer in einen Hauklotz geschlagen, da ist sie geplatzt, und ein Stück Messing flog ihm ins Auge. Manche Kinder nennen den Karl „Kommunistenschwein". Keiner weiß, warum, und keiner weiß, was ein Kommunistenschwein ist. Ich habe den Karl Kölles mal gefragt, da hat er gesagt: „Ich weiß es auch nicht. Als ich noch klein war, ist mein Vater ins Zuchthaus gekommen, weil er ein Kommunistenschwein war. Vielleicht hat er es an mich vererbt."

Dann gibt es den armen Frieder Fastrich, er hat auch keinen Vater, und die Mutter habe ich noch nie gesehen. Als wenn sie sich versteckt. Er ist der Stärkste aus der Schweizerstraße und der beste Ruinenkletterer. Manchmal hängt er sich im ersten Stock an ein Bleirohr und zieht es mit seinem Körpergewicht aus der Putzschicht einer Wand, bis er im Parterre landet. Mit ihm ist nicht zu spaßen. Er soll sich im Schulunterricht noch nie gemeldet haben. Wenn man ihn nur mal im Scherz fragt, ob das stimmt, kriegt man sofort eine geschmiert.

Dann den armen Klaus Vonderstraße. Er ist das älteste von fünf Geschwistern, sein Vater ist gefallen. Und wie seine Mutter durchkommt, das weiß man nicht.

Ich habe noch einen Vater. Unsere Familie ist nur zerrissen. Das Gute ist, daß alles wieder so werden wird, wie es war.

Reiner Vogels und ich wollen zu Weihnachten Blutsbrüder werden. Dazu müssen wir uns gegenseitig in die Arme schneiden. Wir haben schon ein Markenzeichen erfunden: Die vier Buchstaben RVMK kann man so zusammenschreiben, daß sie nicht zertrennt werden können.

Ich spreche jetzt weniger Berlinerisch, allmählich gewöhne ich mich an die Sprache meiner Vaterstadt, wenn ich will, sogar an das Duisburger Platt. Jetzt bin ich keine Berliner Großschnauze mehr, aber sollte ich jemals nach Berlin zurückkommen, dann schalte ich bloß von einer Sprache um auf die andere. Und keiner merkt, daß ich ein Fremder bin. Fremder zu sein, ist anstrengend.

Die Mittleren & die Reichen

Reiner Vogels kommt eines Tages mit seinem Taschenmesser runter und sagt: „So. Zier dich nicht, jetzt wird geschnitten, damit wir ein bißchen Blut haben. Wie sollen wir sonst Blutsbrüder werden?“

Er will als erster sein Blut hergeben, ich soll schneiden. Aus Angst, in der ganzen Straße als Feigling dazustehen, schneide ich ihm in den Unterarm. Es blutet ein bißchen. „Los, trinken“, sagt er, und ich benetze mit einem Tropfen die Lippen. „Nicht so vornehm“, sagt Reiner, „komm, mach es richtig“.

Es schmeckt so wie mein eigenes Blut, das ich schon oft abgeleckt habe. Dann schneidet er mich.

Während er mich schneidet, kucke ich weg und sage: „Hast du das schon mal gemacht?"

„Nein", sagt er und leckt mit leichtem Ekel mein Blut ab. „Man hat nur einen Blutsbruder. Old Shatterhand hatte auch nur einen."

Er hat gebügelte Taschentücher mitgebracht, die wir um die Wunden binden.

Reiner Vogels gehört zu den Mittelreichen, die alle auf der linken Straßenseite wohnen.

Zu denen gehört auch Hännes Mentz, dessen Mutter aus Sachsen stammt. Ich höre es gern, wenn sie in sächsischer Sprache aus dem 4. Stock der Schweizerstraße 17 ihren Sohn zu Mittag hochruft: „Gomm nuff, Essen, mein Härzschen!"

Mittelreich sind auch die Brüder Heinz und Willi Neuhaus in Nummer 9. Die beiden schwänzen nie die Schule und haben Angst, wenn's ums Klauen geht. Sobald wir einen Streifzug planen, verdrücken sie sich nach Hause. Sie sind immer blaß und gewaschen, so daß man sich heute schon vorstellen kann, wie sie als Erwachsene aussehen werden. Ich glaube nicht, daß sie mal heiraten.

Jetzt kommen die Reichen, das sind zuerst die Brüder Eschenbach, die eine Gummifabrik besitzen. Bruder Jörg ist mir der liebste. Er trägt eine echte Lederhose, in der er fast den ganzen Winter durchhält. Jeden Dreck wischt er an der Hose ab, sie wird dadurch immer speckiger und wertvoller. Das wäre eine Hose für mich. Jörg Eschenbach kann schon auf Lunge rauchen. Daß er die besten Ideen hat, sieht man, wenn wir auf dem Kaiserberg spielen. Der ganze Berg ist aus Lehm. Den Sommer über bleibt das Regenwasser in den Bombentrichtern stehen. Wir verbinden sie durch kleine

Flußläufe. An diesen Tümpeln ist Jörg Eschenbach der Architekt. Dort vergißt er die Welt. Oftmals denke ich, wie schön, daß es den Krieg gegeben hat. Was hat er uns nicht alles beschert: Wunderbare Ruinen, Bombentrichter, überall Holz zum Budenbauen, verschüttete Keller, Abenteuer. Die Reichen haben auch zu Hause Spielzeug, falls sie nicht ausgebombt sind. Wenn es regnet, bleiben sie drinnen. Aber Väter haben sie auch nicht. Ich habe weder Vater noch Mutter. Jörg Eschenbach baut aus Lehm Talsperren und fängt die dicksten Molche, die er in den selbstgemachten Stauseen aussetzt. Seine Mutter steckt ihm manchmal Geld zu. Einmal hat er hundert Reichsmark aus der Lederhose gezogen, dem Klaus Vonderstraße einen Molch hingehalten und gesagt: „Wenn du's machst, kriegst du den Hunderter." Klaus hat blitzschnell das Geld eingesteckt und den Molch runtergeschluckt. Die Leute sagen, der Vater Eschenbach wäre nicht ganz richtig im Kopf gewesen, deshalb hätten sie ihn im Krieg schon nach Bedburg-Hau in die Klapse gebracht. Aber im Urlaub, wenn er nach Hause kam, soll er dem Jörg hin und wieder ein Geschwisterchen gemacht haben. Und das wäre nur deshalb glatt gegangen, weil er ein Nazi mit Goldenem Parteiabzeichen gewesen sei.

Sein Bruder Thilo geht aufs Gymnasium, fährt Tretroller und trägt einen weißen Pullover zu weißen Hosen und zum weiß lackierten Tennisschläger. Mit dem haben wir nichts zu tun.

Reich sind auch die Brüder Fritz und Werner Henrichs, die haben eine halb stehengebliebene Fabrik für Drehbänke, aber jetzt machen sie dort nur Grubenlampen.

Die reichen Kinder passen auf, daß ich sie nicht besuche, nie bin ich bei denen zum Geburtstag eingeladen, und umgekehrt würden die nicht auf die Idee kommen, mich zu besuchen, obwohl meine Oma ihnen zeigen würde, daß sie sich geehrt fühlt.

Die spüren, daß ich nicht zu ihnen passe. Ich würde sagen, die haben Angst vor den Flöhen, die es manchmal bei uns gibt. Denn Flöhe haben sie nie kennengelernt. Die werden einmal sterben und eine ganze Tiergattung nicht kennengelernt haben. Meine Oma nimmt die Sache leicht, sie sagt: „Ach, wir hatten in Kattowitz immer Flöhe. Die versammelten sich im ganzen Haus und hopsten hoch ins Dachgeschoß. Da haben wir ein bißchen Kampfer aufs Laken geschüttet, und fertig. Oder wir haben ein paar Blätter Wermut oder Zitronenschalen in den Strohsack gesteckt. Den Geruch können Flöhe nicht leiden. Aber heute gibt es ja nix, nicht mal Zitronen."

Und auch keine Bananen. Das muß ein Lied aus der Friedenszeit sein, was Ingelore Laas uns vorgesungen hat:

„Banane, Zitrone,
an der Ecke steht 'n Mann,
Banane, Zitrone,
der lockt die Weiber an,
Banane, Zitrone,
er nimmt sie mit nach Haus,
Banane, Zitrone,
er zieht sie nackend aus.
Banane, Zitrone,
er nimmt sie mit ins Bett,
Banane, Zitrone,
er macht sie dick und fett."

Die Reichen erzählen von ihrer elektrischen Eisenbahn, die sie im Kinderzimmer haben, oder von der Ritterburg mit Rittern, und manchmal bringen sie davon was nach draußen, damit wir es bestaunen können, zum Beispiel ihre Hockeyschläger, oder sie kommen auf einem Tretroller mit Zahnrad und Luftbereifung angefahren. Das alles haben ihre Eltern in Friedenszeiten auf Vorrat gekauft.

In Hennigsdorf wäre ich vielleicht als ein Mittelreicher angesehen worden. Hier ist es anders. Hier stoßen die verschiedenen Sorten Kinder aufeinander, daß es jedem auffällt.

Reiner Vogels und ich fühlen uns als Häuptlinge der Schweizerbande. Wir haben die schlechten Ideen und teilen die Kinder ein, die uns bei der Ausführung helfen dürfen. Wir haben eine große Rolle Aluminium-Draht ausgegraben, der mit einer Gummischicht überzogen ist. Dieser dicke Draht wird in drei Metern Höhe von Baum zu Baum gespannt und an den Stämmen festgenagelt. Einer dient zum Gehen, an dem anderen, der etwas höher gespannt ist, halten wir uns fest. Die Leute bleiben mit offenem Mund auf der Straße stehen. Meine Oma kuckt vom Balkon. Sie hofft, daß ich ihr Kopfwackeln sehe. Ich sehe es lieber nicht. Frau Vogels kommt aus dem Haus über die Straße gelaufen: „Reiner! Sofort runter!" Reiner denkt nicht dran.

Wir fühlen uns wie die Artisten von der Selma-Traber-Truppe. Zwei Tage später sind alle Drähte verschwunden. Jemand muß auf den Bäumen gewesen sein und sie geklaut haben.

Stolz bin ich schon

Wie schön ist das halb verrottete Buch „Robinson", in dem ich abends weiterlebe. Wie gefaßt ist Robinson, der ein halbes Leben durchhält, der nie verzweifelt, der seine Einsamkeit dreimal länger erträgt, als ich überhaupt auf der Welt bin. Dieses Buch muß jeder Junge lesen, der keine Heimat hat oder ohne Vater und Mutter ist. Einsame Kinder! Ihr könnt sogar ein paar Sätze davon lernen, die ich schon auswendig kann, zum Beispiel:

„Ich bin ausgesondert, unter allen Menschen zu lauter Unglück ausgewählt."

Oder: „Ich habe nichts, um mich gegen Überfälle von wilden Tieren oder Menschen zu schützen."

Oder: „Ich habe keine Menschenseele, zu der ich sprechen und bei der ich Trost finden könnte."

All das hat er in sein Insel-Tagebuch geschrieben, aber in jedem dieser Übel entdeckte er auch das Gute.

Einsamer als er war, ist niemand. Er hat allem Elend getrotzt, er war geduldig und stolz. Stolz bin ich schon jetzt, nur geduldig muß ich noch werden.

Zuerst dachte ich, Robinson Crusoe habe das Buch selbst geschrieben. Denn es fängt so an: „Ich wurde im Jahre 1632 in der Stadt York geboren ... Mein Vater war ein Ausländer aus Bremen ..." Also ein Deutscher. Und der Vater hieß eigentlich Kreuznaer, vielleicht sogar Kreuznacher, was die Engländer nicht aussprechen können, deswegen haben sie den Namen ins Englische übersetzt. Also stammt dieser Seemann, der in die Welt hinaus mußte, von uns Deutschen ab. Dann hat aber Reiner Vogels gesagt, das wäre bloß ein Trick von dem Dichter, der heiße eben nicht Robinson, sondern Daniel Defoe. Dann habe ich im Nachwort gelesen: es stimmt. Eigentlich ist das noch besser. Der Dichter Defoe muß gewußt haben, daß die Leser seine Geschichte bestimmt glauben, wenn er Robinsons Vater zu einem Deutschen macht. Jeder wird sagen: „Ein Deutscher! Da brauche ich mich nicht zu wundern."

Sollte ich später heiraten und Kinder haben, so werde ich den ersten Sohn Daniel nennen, zur Erinnerung an den englischen Dichter Daniel Defoe, der schon so lange in seinem Sarg verfault und außer meiner Oma der einzige ist, der mich trösten kann.

Ich bin mit dem Buch fertig. Robinsons letzter Satz: „... Alles das ... werde ich vielleicht künftig in einem weiteren Buch berichten."

Er hat es nicht getan. Was jetzt?

In der Hutablage im Kleiderschrank stehen die einzigen sechs Bücher, die meine Oma besitzt. Auf einem Leinenbändchen steht der Titel „Die Räuber“, der mich neugierig macht. Es ist ein langweiliges Buch von dem berühmten Dichter Schiller, das ich nach ein paar Seiten ins Hutfach zurückstelle. Ich weiß nicht, wie es in den Haushalt meiner Oma gekommen ist.

Reiner will mir bald den ersten Karl-May-Band leihen. Wer weiß, wann das sein wird. Ich schlage Seite 1 von „Robinson Crusoe“ wieder auf und beginne von vorn: „Ich wurde im Jahr 1632 in der Stadt York geboren...“

„Pfui“, sagt meine Oma

Die Amerikaner freuen sich über den gewonnenen Krieg, und gleichzeitig haben sie Mitleid mit uns, weil wir verloren haben, weil alles kaputt ist und weil wir hungern. Deshalb werden dort Pakete mit Trockenmilch, Schokolade und Eipulver gepackt, auch mit Hosen und Pullovern, die sie nicht mehr brauchen. Sie schicken diese Care-Pakete nach Deutschland. Jeder will sie haben, aber außer in der Wochenschau hat noch kein Duisburger eins gesehen. Die Mutter von Karl Kölles hat ein Carepaket beantragt, es ist aber nicht bewilligt worden. Meine Oma sagt: „Wir kommen auch so durch. Ich will nicht in der ganzen Gegend hören, daß wir uns von den Amerikanern füttern lassen.“

Als meine Oma mit dem Heinrich allein war, hat die Rente gereicht. Das ist jetzt anders. Karl Kölles und ich ziehen manchmal allein in den Wald und suchen uns Futter, wie es die wilden Tiere auch im Frieden machen müssen. Meistens sieht Karl Kölles mit dem einen Auge mehr als ich mit zweien.

Im Rheinland findet man Pflanzen, die es in Hennigsdorf nicht gab. Dort gab es Huflattich, Löwenzahn, Sauerampfer, Hagebutten, Hollunder und Maulbeeren. Hier gibt es wilde Himbeeren, Walderdbeeren, das Pflänzchen Rühr-mich-nicht-an, Mispeln, Bucheckern und eßbare Kastanien, alles mitten im Wald.

Meine Oma spricht mit Herrn Binek: „Herr Oberkellner Binek, Sie sehen ja, was los ist. Wir sind arm. Außer einer kleinen Brosche, mit der ich schon aus Kattowitz gekommen bin, und dem goldenen Ehering meines Mannes habe ich nichts, was ich beim Bauern eintauschen könnte. Diese Dinge kommen zum Versetzen nicht in Frage, weil sie den Familienbesitz darstellen. Ich habe schon oft etwas zusammengehamstert, wenn ich nicht sagen will: zusammengebettelt. Aber für nichts kriegt man nichts. Die Bauern sind hart geworden, ein hartgesottenes Pack. Die Schachtel Zigaretten, Herr Binek, vergesse ich Ihnen nicht. Danke, danke. Aber die Hälfte fehlt schon, weil der Junge Batterien dafür eingetauscht hat, damit er abends lesen kann."

„Warum erzählen Sie mir das? Warum liest er nicht bei Licht?" sagt Herr Binek.

„Weil mein Mann abends das Licht ausknipst."

„Warum tut er das?"

„Zum Teil weil er geizig ist, zum Teil weil wir die Stromrechnung zahlen müssen und weil mein Enkel nicht sein Enkel ist. Ob der Junge sich bildet oder nicht, ist ihm egal."

„Mir auch", sagt Herr Binek.

„Pfui!" sagt meine Oma. Dann geht sie dicht an ihn ran: „Ich will sehen, ob die magische Kraft, die von mir ausgeht, auch bei Ihnen wirkt, Herr Binek: Ich erhöhe Ihnen die Miete."

„Dann werde ich ausziehen", sagt Binek.

„Wegen der paar Pfennige? Kucken Sie sich die Stadt an, platt wie ein Teller. Wollen Sie in den Nissenhütten wohnen?"

„Um wieviel denn? Ich brauche Geld für meine Zukunft."

„Sie nehmen ein großes Wort in den Mund: Geld! Es wären nur ein paar Mark, damit ich das bißchen Strom bezahlen kann, den der Junge zusätzlich verbraucht."

„Wieviel?"

Meine Oma sagt eine Zahl auf Polnisch. Und dann sagt sie: „Eine alte Lampe und eine 20-Watt-Birne werde ich von dem Geld bezahlen, das Sie mir noch schulden."

„Schulden? Bei Ihnen?"

„Ich habe Ihren Kellnerfrack gewendet und die Hosen gekürzt."

Herr Binek geht kopfschüttelnd in sein Zimmer, als wäre es in der Miete mit drin, daß die Wirtin seinen Anzug neu zusammensetzt.

Meine Oma sagt leise zu mir: „Der Mensch hat kein Herz. Ich habe ihn zum Oberkellner befördert, und er will Geld sparen. Wir müssen ihn loswerden."

Drei Tage später kommt Herr Binek mit einer Nachttischlampe in die Küche.

„Drinne ist eine 20-Watt-Glühbirne", sagt er, „wie Sie gewünscht haben, und hier, eine Verlängerungsschnur. Alles für Ihren Prinzen."

Während er die Lampe an mein Schlafsofa stellt, sagt er: „Und jetzt müssen Sie mir nochmal die Karten legen." Er zieht die Schublade des Büffets heraus und legt die Karten auf den Tisch.

„Worum geht's?"

„Ich will heiraten. Sagen Sie mir, ob ich eine Frau finde."

„Das ganze Land ist voller Frauen. Was es nicht gibt, sind Männer", sagt meine Oma. „Aber wer will schon einen Hagestolz haben wie Sie einer sind. Als Zimmerherrn hätte ich Sie nicht genommen, wenn Sie kein Junggeselle gewesen wären, schon wegen der Bettwäsche."

Junggeselle. Man kann ziemlich alt sein als Junggeselle. Herr Binek ist über vierzig, seine vier oberen Schneidezähne sind falsch. Zum Kartenlegen muß er die Brille aufsetzen, und graue Haare hat er.

Während ich „Robinson“ lese, legt meine Oma ihm die Karten. Manchmal schaue ich auf, weil sie ihm, mal polnisch, mal deutsch, die Fallstricke erklärt. Mehrmals breitet sie die Karten in unterschiedlichen Reihen aus, deckt manche ab, stellt andere um, zeigt immer auf den Herzbuben, der ja niemand anderer ist als Herr Binek selber. Gefährlich ist die Pik-Dame, die ihn zwar umgarnt, die er aber meiden soll. Sie fragt ihn, wer es sein könnte, Binek weiß es genau: „Die Köchin“, sagt er, „aber die ist keine Gefahr, die will ich nicht.“

„Brawo! Zostaw to w spokoju! Lassen Sie von ihr die Finger weg!“ Meine Oma bestärkt ihn, er solle sich um eine ganz andere kümmern, und das sei diese da, die Herz-Dame, die „dama sercowa, panie Binek“. Plötzlich juchzt meine Oma auf, schlägt auf der Brust das Kreuz, dann die Hände über dem Kopf zusammen und ruft: „Da! Da ist sie. Hier über Ihnen, das heißt, auf dem kurzen Weg, wo ich sie nicht erwartet hatte. Versteckt im Gebüsch, sozusagen. Sie ist fein, spüren Sie das? Eine gutgestellte Dame, die Ihnen nicht auflauert. Sie will gefunden werden. Scheuen Sie nicht zurück, Herr Binek, Sie wissen, daß im Zurückscheuen eine Gefahr liegt bei Ihnen, sondern zeigen Sie die Zuneigung, die Sie im Innern fühlen.“

Meine Oma sagt, Herr Binek habe schon mehrere Nächte nicht in seinem Zimmer geschlafen. Warum wohl? Ich komme aus der Schule in die Küche, Binek steht da, allein mit meiner Oma. Sie hält ihre Hände verschränkt, wie manchmal bei großem Entzücken. Herr Binek hat auf meinem Schlafsofa Raritäten ausgebreitet: drei Flaschen Wein und eine Tüte Kekse aus der Schweiz. Auf dem Tisch stehen zwei Schalen voller Dickmilch und ein Einweckglas, gefüllt mit Schweinebraten. Alois Binek hält eine Rede: „Das ist mein

Dank an Sie, Frau Koppmann. Ich bin glücklich, Ihnen Gutes zu tun. So wie ich auch Ihrem Enkel", er zeigt auf die Nachttischlampe, „Gutes getan habe. Leider konnten Sie die Miete, die Sie mir erhöht haben, nur zwei Monate lang genießen. Damit ist jetzt Schluß. Stellen Sie sich vor: Ich habe die Frau meines Lebens gefunden, Sie ist Schneiderin, wie Sie, Frau Koppmann, aber eine, die es gelernt hat. Noch drei Wochen, und wir heiraten. Der Oberkellner Alois Binek, psiakrew cholera jasna!!- und die Schneidermeisterin, die eine Wohnung inklusive Maßatelier hat. Da ziehe ich ein. Und Sie sind eine Zauberin, die man nur verehren kann. Lassen Sie sich umarmen. Sollte ich je in Not kommen, klopfe ich bei Ihnen an."

„Besser, Sie klopfen bei mir an, wenn ich in Not komme", sagt sie.

Er geht in sein Zimmer, um den einen Koffer zu packen, den er besitzt.

„Da siehst du", sagt meine Oma leise, „was ich für magische Kräfte habe. Aber das bildet der sich nur ein." Und dann flüstert sie: „Ich bin mit der Muttergottes im Bunde, habe zu ihr gebetet: ‚Schaff mir den Binek vom Hals, ich komm nicht hin mit dem Geld! Tausend Leute suchen in der Stadt eine Bleibe und zahlen beinahe jede Miete'. Daß es so schnell gehen würde – da staune ich. Glaube mir, sie ist die Beste im ganzen Himmel."

Vier Wochen steht das Zimmer leer. Es bringt nichts ein. Meine Oma sagt: „Wir halten durch, bis wir einen reichen Mieter finden. Einen König aus dem Morgenland."

Johanna 10. Stück

Danuta ist eine nervöse Frau. Sie kommt nicht oft in die Werkstatt, wo ihr der Kinderlärm zu viel ist. Über die Duldsamkeit von Bruno wundert sie sich nicht mehr, sein heiteres Gehabe mit den Kindern faßt sie als unbewußten Vorwurf auf. Danuta macht sich hinten in der Küche, wo sie jeden Tag Eintopf kocht, mit leichteren Arbeiten zu schaffen. Dort sitzt sie mit ihrem Mann beim Essen, nachdem sie einen großen Teller für Johanna in die Werkstatt getragen hat. Johanna gibt der kleinen Margarete noch immer die Brust, und Kraft zum Arbeiten braucht sie auch.

Ihr fällt auf, daß sich Danuta in letzter Zeit verändert, sie wirkt gelassener und läßt sich öfter blicken. Ihr Haar ist gebürstet, oft schmückt sie es mit einer Schleife. Bruno sagt am Mittagstisch: „Haben wir in der Lotterie gewonnen?“ Danuta lächelt und ziert sich mit einer Antwort. Schließlich sagt sie: „Du solltest dich um einen Gehilfen bemühen, ich glaube, es wird zu eng in der Werkstatt.“ Bruno läßt langsam den Löffel sinken: „Kriegen wir ein Kind?“

Danutas schlanke Gestalt läßt ihren Bauch jetzt deutlicher hervortreten. Bald ist es so weit, daß sie sich beim Gehen leicht nach hinten biegen muß, um das Gleichgewicht zu halten. Sie kommt in die Werkstatt und betrachtet den kleinen Albert, der mit Tonklümpchen spielt. Dann sagt sie, zu ihrem Mann gewendet: „Hast du mit ihr gesprochen?“

„Hab du mal keine Angst vor ihr. Sie versteht dich. Sprich du mit ihr.“

Johanna spürt seit Tagen, daß etwas in der Luft liegt. Sie kommt mit lehmigen Füßen aus dem Bottich und schaut Danuta ins Gesicht, wie sie es stets macht, wenn sie zeigen will, daß sie zum Zuhören bereit ist.

„Tut mir leid, Johanna, hier ist der Lohn für die letzte Woche …“ Danuta steckt ihr das Geld in die Kitteltasche. „Es werden zu viele Kinder hier sein, verstehst du?“ Johanna kuckt sich nach ihrem Albert und der kleinen Grete um, die schon anfängt zu laufen. Johanna mag denken: diese Werkstatt soll zu klein sein? Bruno, der sie beobachtet, bewundert sie für die Ausdrukkslosigkeit in ihrem Gesicht. Sie läßt sich die innere Empörung nicht anmerken, lächelt sogar und macht eine Bewegung, die der Rest von einem Knicks sein könnte. Sofort denkt sie an Kasimir Gottselig. Ihn wird sie fragen, ob er Albert hin und wieder einen Tag hüten kann. Die Kleine muß sie wegen der Milch überall hin mitnehmen, wo sich Arbeit findet.

Am letzten Tag in der Töpferei, als sie sich mit den Kindern aufmacht, sagt Bruno: „Du kannst dir mit dem Karren was nebenbei verdienen, kannst freitags Holz vom Händler holen, für den Brennofen. Da spare ich das Transportgeld, das wäre dein Lohn.“ Er gibt ihr die Hand, Johanna kann in seinem Gesicht lesen, daß er sie nicht gern gehen läßt.

Eine Woche lang hat Johanna sich nur um Albert und Grete gekümmert. Sie hat das gute Kleid angezogen und ist in den Stadtpark spaziert, um sich zu zeigen. Wenn der kleine Albert nicht mehr laufen wollte, hat sie ihn oben auf den Wagen gesetzt. Manchmal ist sie sogar von Herren angesprochen worden, die sie wohl für eine Dame gehalten und ihren Nachwuchs bewundert haben.

Heute ist Freitag. Gottselig verscheucht die Nachbarskinder, die unter seinem Karren spielen, er nimmt die Plane ab und spachtelt Wagenschmiere auf die Achsen: „Da kann man nichts machen“, sagt er, „aber wenn die

Töpfersfrau keine Kinder dulden will, warum will sie dann eins kriegen?“ Johanna zieht die Achseln hoch. Dann küßt sie ihre Kinder und wirft den Zugriemen über die Schulter. Sie bringt zwei Fuhren quer durch die Stadt vom Holzhof in die Töpferei. Nach der ersten macht sie zu Hause halt, um Gretchen zu waschen und ihr die Brust zu geben. Auch die zweite Fuhre lädt sie allein vor der Töpferei ab, denn niemand zeigt sich dort, der ihr helfen könnte.

Nach Feierabend setzt sie sich zu Gottselig und den Kindern auf die Hofbank, von wo sie den Zigeunern beim Musizieren zuschaut. Johanna kann sich nicht satt daran sehen, daß Albert und Grete nach der Musik tanzen und daß der Junge anfängt, mit den anderen Kindern zu sprechen und zu singen. Hin und wieder springt sie auf und tanzt mit. Wenn der Primas es ihr erlaubt, darf sie am Korpus der Geige lauschen, und er wundert sich, wenn sie die Geige küßt. Aber es ist kein Küssen, sie nimmt mit den Lippen die Schwingungen auf, die der Geigenkorpus abgibt.

Manchmal, nachdem Gottselig die Treppen hochgekommen ist, horcht er an der Tür. Johanna plappert die ganze Zeit, und weiß Gott, was mag sie bloß sagen? Es ist nicht das Säuseln, das Mütter hören lassen, wenn sie mit ihren kleinen Kindern reden. Es ist der scheinbar grollende Ton, den er von ihr kennt, wenn sie ihm etwas sagen will, das Stammeln, das auch er oft nicht versteht.

Wieder ist Freitag, wieder fährt Johanna die erste Fuhre Holz für den Brennofen. Als sie ankommt, sitzt Bruno im schwarzen Anzug, den Rücken an die Plumpe gelehnt, im Hof der Töpferei. Er hat das Gesicht in den Händen vergraben, seine blonden Haare hängen herunter, das Rattern von Johannas Karren auf dem Pflaster scheint er nicht zu hören. Johanna tippt ihn an, sie schüttelt ihn, er rührt sich nicht. Sie werden Kindtaufe gehabt und sich betrunken haben, denkt Johanna und fängt mit dem Abladen an. Das Holz der vergangenen Woche ist noch unberührt. Der Meister wird keine Ware gebrannt haben.

Als sie nach Mittag mit der zweiten Fuhre auf den Hof kommt und ihn noch immer dasitzen sieht, beriecht sie ihn und bemerkt die Schnapsfahne. Schließlich greift sie ihm unter die Arme und zieht ihn hoch. Er sieht sie aus glasigen Augen an und lallt: „Ein Junge… wäre es gewesen…“ Johanna versteht ihn nicht. Sie schleppt Bruno in die Töpferei und läßt ihn in den Korbstuhl fallen. Jetzt sucht sie im Haus Frau Danuta, ruft auch ihren Namen. Sie geht ins Schlafzimmer. Frau Danuta liegt mit gefalteten Händen auf dem Bett. Sie hat ein helles Kleid an, in ihr Haar ist eine Samtschleife eingebunden. Das Wachs einer Meßkerze tropft vom Stuhl auf den Boden. Johanna fühlt ihr Herz klopfen. Sie greift Danuta an die kalte Stirn, bläst die Kerze aus und geht zurück in die Werkstatt. Armer Bruno.

Für einen Moment steht sie unschlüssig da. Sie geht in den Hof und wirft mit Wucht die Scheite von der Karre auf den Holzhaufen. Noch einmal geht sie zurück in die Werkstatt, wo sie dem Töpfermeister Schuhe und Socken auszieht. Dann zerrt sie den Bottich herbei, füllt ihn halb mit Wasser und stellt Brunos Füße hinein.

Durchhalten, das heißt, mit Arbeit Geld verdienen, und da gibt es für meine Oma nur das Tapetenreinigen. Die Arbeit ist schon schwer, aber sie zu finden, ist noch schwerer. Meine Oma ergattert beim Bäcker gegen Brotmarken und Amizigaretten einen extra großen Brotlaib aus Sauerteig, der nicht viel Hitze bekommen darf. Dann schneidet sie die blasse Kruste ab, die wir zum Frühstück essen. Das Innere des Brotes knetet sie nochmal durch, schüttet etwas Kupfervitriol dazu, bis es grün wird. Die grüne Farbe ist zu nichts nutze, sie soll nur die Kundschaft beeindrucken. Dann wickelt sie den Batzen in feuchte Tücher und zieht mit mir durch die Straßen. Sie sieht sich die Häuser an, versucht durch Fenster zu kucken, riecht in die Hausflure, betrachtet die Klingelschilder, ob sie geputzt oder matt sind, und hört auf die Geräusche. Aus all dem macht sie sich eine Vorstellung von den Menschen, die hier wohnen. Man merkt, daß sie schon in Oberschlesien eine Hausiererin war, schon als junge Flickschneiderin, die sich tageweise in Wohnungen einquartierte, um Gardinen und Schabracken zu nähen, auch mal einen Flicken auf eine Bauernhose. Sie hat Erfahrungen.

Sobald nach dem Klingeln jemand öffnet, versucht meine Oma, durch den Türspalt in das Innere der Wohnung zu sehen und sagt: „Gnädige Frau, wie haben Sie diese herrliche Tapete durch den Krieg gerettet? Ein Wunder! Erlauben Sie, einen Blick darauf zu werfen? Vielen Dank." Und erstmal ist sie drin im Flur. Von dort kann sie meistens in ein Zimmer schauen: „Ich weiß, Sie haben andere Sorgen in diesen Zeiten … Oh, was für ein Raum! Entschuldigen Sie, ist das etwa Seide?" Sie setzt die Brille auf und fährt fachmännisch mit den Fingern über die Wand. „Unglaublich, das sind ja die teuersten Tapeten, die es gibt, geprägt aus Leder oder Pappmaché. Was haben diese Kunstwerke gelitten, erst im Frieden durch Zigarrenrauch und dann im Krieg durch Dreck und Pulverdampf."

Manche Leute sind erfreut, wieder von Hausierern belästigt zu werden. Die letzten, die geklingelt haben, das waren die von der Hitler-Jugend, die ihre Winterhilfswerk-Plaketten verkaufen wollten.

„Nichts wert ist das Geld heutzutage, gnädige Frau. Frischen Sie Ihre Wohnung auf. Das beste, was man für dieses Geld kaufen kann, ist anständige Arbeit."

Und wenn meine Oma dann verspricht: „Für die Renovierung eines Raums benötige ich nur zwei Tage, Wiederherstellung der historischen Tapeten einbegriffen, und ohne einen Krümel Dreck!", dann werden die Leute doch neugierig und wollen wissen, wie das gehen soll.

Meine Oma sagt, wie es geht: „Möbel und Diele werden mit alten Zeitungen abgedeckt, ich komme mit zwei Leitern, reinige, fege auf und verschwinde."

Dann wollen die Leute wissen, wie sie den Schmutz von den Wänden herunterkriegt. „Hab mir schon gedacht, daß Sie einen Beweis haben wollen", sagt sie, „bitte, suchen Sie selbst eine Stelle aus, die ich probereinigen soll. Am besten dort, wo ein Bild gehangen hat, sehen Sie, hinter dem Bild, ist es sauber und rings um den Rahmen dreckig, da hätten Sie einen schönen Vergleich …"

Wenn die Leute in diesem Moment nicht „Halt!" schreien, dann sagt sie ganz harmlos: „Soll ich es vorführen?" Die Leute sind neugierig und nicken. Sie nimmt die grüne Knete aus dem Tuch und sagt, während sie schon anfängt: „Das ist wie ein großer Radiergummi. Mein Geheimrezept. Im Grunde radiere ich nur … sehen Sie?" Und sie fängt im Sauberen an, das unter dem Bild geschützt war, und radiert … und radiert … über die Rahmenkante hinaus mitten in den Dreck, der vom Weltkrieg stammt. Wenn sie danach das Bild wieder hinhängt, ja dann sieht es merkwürdig aus. Seitlich der Bilder bleiben auf der Tapete riesige frisch radierte Elefantenohren zurück. Dann hat meine Oma den Auftrag in der Tasche und sagt: „Wir fegen nur noch die kleinen Dreckwürstchen weg, und fertig."

Dann fängt die Arbeit an. Ich suche bei Nachbarn im Haus eine Trittleiter, und wenn keine zu finden ist, müssen wir nochmal losgehen, und unsere eigenen Leitern aus dem Keller zur Arbeitsstelle tragen.

Das erste Zimmer ist in zwei Tagen sauber. „Picobello", sagt meine Oma. Manchmal kriegen wir was zu essen. Und manchmal, wenn den Leuten das gereinigte Zimmer gefällt, lassen sie die ganze Wohnung machen.

Ich dachte, du bist tot

Es klingelt, ich mache auf, Onkel Walter steht vor der Tür. Sein Lächeln ist weg, als er mich sieht. Ich bin fast so groß wie er. Meine Oma schlägt die Hände überm Kopf zusammen: „Walter! Ich dachte, du bist tot! Wie kommst du hierher?"

„Hallo, Tante Lisa, ich hause hier um die Ecke in Mülheim, bin frisch verheiratet, meine Frau heißt Marga, wir suchen eine Wohnung, ich arbeite als Baggerführer. Da hast du meinen Lebenslauf. Und hier habe ich einen gebrauchten Anzug, Tante Lisa, den sollst du mir kürzen." Er trägt die Sachen überm Arm, in der freien Hand hat er einen Krückstock.

„Komm rein", sagt meine Oma und breitet den gebrauchten Anzug aus: „Was soll die Trauerbinde am Ärmel?"

„Die lassen wir gleich dran", sagt Onkel Walter, „Weißt du nicht, daß meine Mutter tot ist?"

„Eine Schande", sagt meine Oma, „die tapfere Grete. Sie war viel zu jung. Aber sie ist gestorben, als noch Krieg war. Sei froh, daß du selber lebst."

Onkel Walters Mundwinkel zucken, es fehlt nicht viel, und er fängt an zu heulen.

„Das ist sympathisch an euch Italienern, daß ihr so einen starken Familiensinn habt“, sagt meine Oma, während sie mit dem Bandmaß Walters Beinlänge abnimmt. Sie hat die Angewohnheit, bei jungen Männern die Schrittlänge ganz genau zu messen.

„Das bleibt dir vom Krieg“, sagt sie, „daß du ein langes Bein hast und ein kurzes.“

„Beeil dich, Tante Lisa, meine Familie wartet im Hausflur.“

„Familie? Na hol sie doch einen Moment rauf.“

Als Walter draußen ist, sagt sie: „Ein halber Krüppel, und hat eine Familie.“

„Das ist Marga“, sagt Onkel Walter während er eine ältere blonde Frau mit Dauerwelle hereinschiebt, „und das sind Ernst, Vera, Willi und Beate...“ Die vier Kinder reihen sich auf. Meine Oma gibt allen die Hand, und zu Marga sagt sie: „Sehr angenehm. Die haben sie alle mit in die Ehe gebracht?“

„Was sollte sie machen?“ sagt Onkel Walter, „ich wollte nur Marga haben, nun habe ich sie alle fünf.“

Dann zieht er die Hose aus und zeigt uns das kurze Bein und alle Granatsplitter, die noch immer bläulich durch seine Haut schimmern.

Ich gehe mit Ernst, dem ältesten Jungen, ins Schlafzimmer, damit er vom Balkon auf unsere Kreuzung kucken kann.

„Unser Stiefvater ist Italiener“, sagt Ernst. „Er hat die Nahkampfspange. Weißt du, warum? Weißt du, was eine Haftmine ist?“

„Ja, danke, ich weiß Bescheid“, sage ich.

Onkel Walter läßt den Anzug auf der Nähmaschine liegen, nimmt seinen Stock und zieht mit der neuen Familie von dannen.

So weit getragen

An der Tür geht die Drehklingel, ich mache auf, draußen steht mein Vater. Er hat eine braune englische Militärjacke an, einen schlaffen Rucksack drüber, eine Schiebermütze auf dem Kopf. Er sieht aus wie früher, bloß magerer und grauer. Wenn er innerlich sehr bewegt ist und am liebsten weinen würde, beißt mein Vater die Zähne aufeinander, daß die Kaumuskeln zu sehen sind:

„Da bist du ja an der richtigen Stelle, mein Junge“, sagt er in leichtem Ton. „Wer hat dich hergebracht?“

„Onkel Julius.“

Mein Vater umarmt mich, noch ehe er die Wohnung betritt. Ich muß es ihm jetzt sagen: „Papa, der Rechenschieber ist weg.“

„Welcher Rechenschieber?“

„Der kleine, den ich bis nach dem Krieg für dich aufheben sollte.“

„Das macht nichts. Die Zahlen könnte ich ohne Brille sowieso nicht mehr lesen.“

Man weiß es nie bei meinem Vater.

Er drückt mich und küßt mich, er küßt seine Mutter, dem Heinrich gibt er die Hand. Die Oma fängt sofort an, vor Glück mit dem Kopf zu wackeln. Sie sagt nichts. Er zieht die Jacke mit den weißen Buchstaben „PoW“ aus, dann die Stiefel, dann die Socken.

„Diesen Füßen“, sagt er, „habe ich mein Leben zu verdanken. Wenn sie mich nicht so weit getragen hätten, querfeldein bei Nacht und Nebel, von Frankfurt/Oder bis Bremen, dann wäre ich in russischer Gefangenschaft gelandet. Danke, ihr Füße. Leider bin ich zu steif, um euch zu küssen.“

Wir stehen alle da, und kucken uns die Füße meines Vaters an.

„Gehst du in die Schule?“

„Ja."
„Bist du gut?"
„Ja."
„Wir werden sehen. Deutschland braucht Stahl. Ich werde mir Arbeit besorgen. Eine Nacht würde ich gern hier schlafen, Mutter. Ich habe im Zug jemanden aus Meiderich kennengelernt, da kann ich erst mal unterkommen."
„Eine Nacht kannst du im Gästezimmer schlafen", sagt meine Oma.
„Hast du Gäste?"
„Jeden Tag kann der Richtige kommen. Wir brauchen die Miete."
Mein Vater holt das Rasierzeug und eine große Konservendose aus dem Rucksack.
„Gezuckerte Milch", sagt er. „Benimmt der Manfred sich anständig?"
„Du kannst froh sein, daß er lebt", sagt meine Oma. „Er ist ein halber Artist. Er kann von Baum zu Baum schweben. Vier amerikanische Zigaretten habe ich ausgegeben, damit der Elektriker mit der Spezialzange bei Nacht und Nebel die Drähte durchknipst."
Mein Vater schneidet mit dem Dosenöffner den Deckel ab und stellt vier Eierbecher auf den Tisch: „Das ist alles, was ich aus der Gefangenschaft mitbringe." Er löffelt in jeden Eierbecher etwas von der honigdicken Milch, dann schlürfen wir. Es ist das Beste, was ich je geschlürft habe. Feierlich stellt er die Dose in den Fliegenschrank. Nach dem Abschließen zeigt er uns den Schlüssel, steckt ihn in die Hosentasche und geht schlafen.
Meine Oma schneidet eine dicke Scheibe Brot ab, die sie ihrem Sohn ins Fremdenzimmer hinterherträgt.
„Was meinst du, Liesel, wird Rudolf den Jungen zu sich nehmen?" sagt der Heinrich.
„Zu sich? Wo soll das sein? Erst mal wird er eine Scheibe Brot zu sich nehmen."

Mein Vater verschwindet am nächsten Tag und taucht längere Zeit nicht auf, weil er sich Arbeit suchen muß. Meine Oma sagt: „Kennengelernt hat er jemand. Im Zug. Kann mir schon vorstellen, was das für jemand ist."

Dann kommt er ein paarmal mit der Zugbekanntschaft zu Besuch. Sie heißt Heidemarie. Dazu passen die rot gefärbten Löckchen, und bei ihrem sonst schlanken Körper und dafür, daß es wenig zu essen gibt, hat sie große Brüste. „Donnerwetter", sagt meine Oma, „da haben Sie ja was, Fräulein. Früher habe ich Maßkorsetts verkauft, da hätten wir das ein bißchen mildern können."

„Mildern? Rudi ist ganz verrückt drauf", sagt Heidemarie.

Mein Vater sagt: „Ich habe was nachzuholen. Kapito? Was bist du für eine Rabenmutter? Beleidige meine Freundin nicht, sonst muß ich auch noch in die Schweizerstraße 1 ziehen. Fräulein Heidemarie ist Zahnarzthelferin. Manche Männer lassen sich einen gesunden Zahn ziehen, bloß weil sie ihr dabei in den Kittel kucken können."

Mein Vater hatte Glück, ohne Verwundung ist er durchgekommen, Krieg und Gefangenschaft haben für ihn nur anderthalb Jahre gedauert. Was er für Abenteuer erlebt hat. Er könnte einen Roman schreiben, sagt er. Ich höre ihm kaum noch zu, weil er immer dasselbe erzählt. Trotzdem stelle ich ihm zwischendurch Fragen, denn ich merke, daß er sich über die Anteilnahme freut.

Aber er ist nicht zufrieden mit mir. Er merkt, daß ich nicht mehr strammstehen will. Und die Hände lege ich nicht mehr an die Hosennaht, kein Seppelhut mehr, ich bin nicht mehr drollig. Und ich pinkle schon lange nicht mehr ins Bett. Um so strenger sind seine Strafen, wenn er glaubt, daß er einschreiten muß.

Mein Vater ist mir fremd geworden.

Es gibt noch mehr Neuigkeiten. Alle Verwandten sind aus Hennigsdorf ins Rheinland zurückgekommen. Tante Ern und die schöne Sonja haben in der Nähe von Moers Unterschlupf gefunden, und die Mamm wohnt im letzten Haus von Buschhausen, fast auf der Wiese. Dorthin hat sie meinen Bruder Roger mitgenommen. Jetzt sitzt meine Mutter ganz allein in der Marwitzer Straße und wartet, daß jemand unsere Möbel kauft.

Ich schlage mich nach Buschhausen durch, um Roger zu besuchen. Er wohnt mit der Mamm in einem Zimmer. Wir umarmen uns alle drei. Die Mamm sagt: „Jetzt sind wir arm, aber glücklich. Der Krieg ist vorbei. Es kann nur besser werden." Roger sagt: „Wenn meine Mutter hier ist, dann ist der Krieg vorbei." Er ist groß und traurig geworden. Er wußte nicht, warum er mit der Mamm in den Westen fahren sollte. Die Mamm sagt: „Weil die englische Zone besser ist als die russische, und weil wir hier einander beistehen können. Hier leben alle Verwandten, dort wären wir allein gewesen. Wir alle kommen vom Rhein, und hier werden wir uns wiederfinden."

Deine dünnen Beine

Meine Oma treibt immer etwas auf. Heute gehen wir auf der linken Rheinseite hamstern.

„Dort ist was zu holen, die Grenze zu Holland ist nicht weit, da können die Leute schmuggeln", sagt meine Oma. „Gut, daß ich dich habe, Manfred, du siehst so dünn aus. Du erinnerst mich an meinen Bettelinstinkt, den ich schon fast vergessen hatte. Für dich bin ich verantwortlich, also muß ich aufpassen, daß du nicht verhungerst, sonst steigen mir eines Tages deine Eltern aufs Dach. Das ist gut, wenn die Bauern deine dünnen Beine sehen. Das Mitleid von Bauern zu erregen, ist keine Kleinigkeit. Die haben schon echte Teppiche im Stall liegen, da pissen die Kühe drauf, und die Frauen tragen Brillantringe an den Fettfingern. Das alles schleppen ihnen die Städter für ein Stück Speck raus aufs Land."

„Bist du denn mal Bettlerin gewesen?" sage ich.

„Jesus Maria! Was schießt dir durch den Kopf? Wir waren stolze Kinder. Meine Mutter hat sich immer Arbeit gesucht, sie war in Kattowitz berühmt, weil sie stark wie ein Mann war. Nur wenn sie krank wurde, ging es uns schlecht. Wir waren vier Kinder. Da haben wir schon mal hungrige Augen gemacht, wenn wir jemand wo beim Essen gesehen haben, durch die Restaurantscheibe. Manch einer hat diese Augen nicht vertragen und uns was geschenkt. Betteln kann man das nicht nennen."

Meine Oma und ich tippeln die Landstraße entlang. Zwei Pferdewagen überholen uns. Niemand nimmt uns mit. Im Erzählen vergeht die Zeit. Ich habe mir vorgenommen, meine Oma nicht auszufragen. Aber jetzt könnte ich was über meinen wirklichen Großvater erfahren, von dem ich abstamme.

„Und als du erwachsen warst, da hast du meinen Vater auf die Welt gebracht", sage ich, „und den Vater von meinem Vater, hast du den lieb gehabt?"

„Na, was glaubst du?" sagt sie.

„Ich glaube, ja", sage ich.

„Du kennst mich, mein Junge", sagt sie, „du verstehst mein Herz."

„Und er? Hat er dich auch lieb gehabt?" Ich weiß, daß man so nicht fragt. Man fragt: „Und er? Hat er dich geliebt?" Aber das ist eine Frage für Erwachsene.

„Glaubst du, ich hätte mich mit einem eingelassen, der mich nicht lieb gehabt hätte?"

„Aber wie er hieß, hast du vergessen ..."

„Nur der Vorname ist mir entfallen, mit Nachnamen hieß er Herker, soweit ich mich erinnere. Mit dem bin ich einen ganzen Tag Kahn gefahren. Er kaufte mir einen schönen Hut, und dann hat er mich gerudert, und bezahlt hat er obendrein."

„Als du Onkel Erich gekriegt hast, – war der auch ein Sohn von dem Ruderer?"

Darauf antwortet sie nicht.

„Der arme Erich", sagt sie. „Der ist schon so lange in Amerika. Mit einem zerschossenen Arm mußte er aufs Schiff. Endlich kam er in ein Lager in Trinidad, wo nur Deutsche waren. Von dort konnten sie Berge sehen, die man Rocky Mountains nennt. Da paßten deutsche Offiziere auf die deutschen Soldaten auf. Als Erich eine Büchse Erbsen geklaut hatte, hat ihn so ein deutscher Offizier an die Amis verpfiffen. Den hat er windelweich geprügelt. Nicht umsonst war er in Kattowitz Jugendmeister im Boxen gewesen. Die Amerikaner haben ihn dann eingesperrt, in das berühmte Gefängnis „Sing Sing". Da sitzt er heute noch. Und die Nazis sind längst zu Hause."

„Und der Vater vom Erich ist der Mann gewesen, mit dem du Kahn gefahren bist?"

„Erich ist der Bruder von deinem Papa. Das reicht. Warum? Weil er dieselbe Mutter hat wie dein Papa. Meine Geschwister und ich hatten auch alle dieselbe Mutter. Und es hat uns auch gereicht."

Als wir vor dem ersten verschlossenen Hoftor stehen und vergeblich warten, daß jemand aufmacht, sagt sie: „Nein, es war nicht derselbe. Es war ein anderer. Der hieß Förster, glaub ich. Sie waren beide ordentliche katholische Herren."

Während wir auf das nächste Gehöft zuwandern, das kurz vor dem Horizont zu sehen ist, sagt sie: „Frag mich nicht, wo sie geblieben sind. Damals war auch Krieg. Gott hat sie längst gestraft. Wenn eine Frau von einem Kerl genug hat, ist es das beste, sie läßt sich ein Kind machen. Schon ist er verschwunden. Später, wenn du groß bist, und es passiert dir ein Kind, lauf nicht weg. Du siehst es nicht wieder, und das grämt dich ein Leben lang. Die schwerste Strafe. Weglaufen? Pfui Deibel."

Die Bauern am linken Niederrhein haben an den Toren Schilder: „Betteln & Hausieren verboten!", „Achtung! Hund läuft frei!". Auch wo keine Schilder sind, hören wir Knurren und Bellen. Bei geschlossenen Brettertoren erkennen wir die freilaufenden Hunde am Scharren, die Kettenhunde am Jaulen.

Wie romantisch diese bellenden Dörfer sind. Hennigsdorf heißt zwar Dorf, ist aber keins. Düsseldorf auch nicht.

Die Bauern, soweit wir sie zu sehen kriegen, kucken nicht auf meine dünnen Beine.

„Wir haben nichts", sagt einer. „Ziehen Sie gleich weiter. Wenn ich den halben Tag mit Hamsterern quassle, komm ich nicht vorwärts."

„Bald ist Sankt Martin", sagt meine Oma, „wollen Sie, daß hier zwei Tote vor Ihrem Hoftor liegen?"

„Sie machen mir Spaß…" sagt der Bauer und will das Tor zumachen.

„Was ist mit dem Haus passiert?" sagt meine Oma und zeigt auf die Scheune, von der nur noch die Außenwände stehen.

„Na, was schon? Da wird eine Brandbombe reingeflogen sein", sagt der Bauer.

„Haben Sie keinen Dachdecker?"

„Gute Frau, wo kommen Sie her?"

„Aus Duisburg", sagt Oma Lisa.

„Und?" sagt der Bauer. „Hat Duisburg schon einen Dachdecker?"

„Mein Sohn Rudolf ist frisch aus dem Krieg zurück", sagt Oma Lisa. „Der ist Dachdecker. Und Ingenieur dazu."

Die beiden Töchter des Bauern kommen in Holzklotschen über den Hof. Sie tragen gemeinsam einen Kartoffelkübel, den sie absetzen, um uns anzukucken. Jede hat ein Kettchen um den Hals, und das Kreuz an jedem der Kettchen hat sich zwischen ihren Brüsten verkantet.

„Seien Sie froh, daß Sie einen Sohn haben. Ich hatte Pech", sagt der Bauer und kuckt sich halb nach seinen Töchtern um. „Schicken Sie ihn her. Der kann mir das Dach vielleicht decken. Unsere Familie heißt Gustav Brakmann."

Meine Oma spuckt auf ihren Kopierstift und schreibt es auf.

„Ein paar Kartoffeln sind vielleicht übrig?" sagt sie, und schon ist sie am Kübel. „Kucken Sie sich die Beine von dem Jungen an ..." Jetzt blicken alle auf meine Beine.

„Nehmen Sie 10 Stück, als Anzahlung", sagt Bauer Brakmann.

Meine Oma nimmt die zehn größten und sagt: „Ich werde für Sie beten, Herr Brakmann."

Das ist für heute alles, was wir hamstern können. Die Kraft, die in den zehn Kartoffeln steckt, haben wir uns abgetippelt, noch ehe wir die kaputte Brücke erreichen. Eine Kartoffel esse ich roh.

„Dachdecker?" sage ich.

„Ach", sagt sie, „wozu habe ich ihn im Schweiße meines Angesichts studieren lassen. Wär ja noch schöner, ein Ingenieur, der nicht mal ein Dach decken kann."

Wir bringen die Adresse nach Meiderich zu der Dame, wo mein Vater jetzt wohnt.

„Du bist allein?" sagt die Oma.

„Ja, sie muß arbeiten."

„Ist es mit ihr vorbei?" sagt die Oma.

„Es war gut, daß ich sie getroffen habe. Sie ist hübsch und musikalisch. Aber irgendwie sträubt sich mein Fleisch gegen sie."

In zwei Monaten kommt mein Vater einmal vorbei, schließt den Fliegenschrank auf, nascht eine halbe Tasse Zuckermilch, schließt wieder zu und verschwindet.

Bauer Brakmann hat meinen Vater tatsächlich zum Dachdecken eingestellt. Er hat ihm den Pferdewagen gegeben, damit er die Ruinen der Gegend abklappert, um Dachpfannen und Latten zusammenzuklauen. Jetzt soll alles gestapelt vor der Scheune bereitstehen.

Du liebe alte Sau

Einmal besuche ich ihn dort, bei Brakmanns auf der linken Rheinseite. Als ich ankomme, steht er verdattert auf dem Dach. Seine Muskeln sind schon dicker, er arbeitet im Hemd, weil es herbstlich kalt geworden ist.

Die beiden Bauern-Töchter reichen ihm alte Dachpfannen, die er neu verlegt. Er kommt zu mir runter, die beiden hinterher. Sie kucken ihn ganz stolz und verliebt an. Ich weiß nicht, ob ich Papa zu ihm sagen soll. Da sagt er: „Die Damen sind die Brakmann-Töchter. Sie heißen Tring und Drück."

Sie geben mir beide die Hand, ich lächele sie freundlich an und sage: „Tring und Drück?"

„Warum nicht?" sagt die jüngere. „Wer hier bei uns Bauersleuten Katharina heißt, wird einfach Tring genannt. Christine nennen wir Sting und Gertrud heißt Drück. Das ist hier so. Es gibt ein Sprichwort:

'Tring, Sting und Drück
heißen all die ärme Lück.'
Und wie heißt du?"

„Das ist mein Sohn Manfred", sagt mein Vater.

„Hab noch einen Bruder", sage ich. Was soll ich sagen? Ich mache mich kindlicher als ich bin. Das hilft, wenn man fremden Menschen begegnet, die man nicht einfach stehenlassen kann. Man sagt was Langweiliges, das macht den anderen Mut, ebenfalls was Langweiliges zu sagen.

Die jungen Frauen zeigen mir die Schweine. Eine große Sau hat Ferkel. Sie erinnert mich an den russischen Schweinekopf, aus dem wir Sülze gekocht haben. Ich streichle ihr über die warmen Ohren und sage: „Entschuldige, du liebe alte Sau."

Die Brakmann-Töchter kucken sich gegenseitig an. Ich wundere mich über ihre Namen, sie wundern sich über meine Ansprache an eine Schweinemutter. Dann zeigen sie mir zwei Kühe, zwei Pferde, und zwischendurch fragen sie, ob meine Mutter wieder verheiratet ist.

„Nein", sage ich, und dazu vorsichtshalber: „Noch nicht."

Wie beim Grottenolm

Am Abend ist es zu spät, um nach Hause zu Oma Lisa aufzubrechen, ich darf auf dem Bauernhof schlafen, im Bett meines Vaters, das in der Mansarde unterm Dach steht. Als ich nachts wach werde, liegt er nicht neben mir im Bett. Und als ich morgens wieder wach werde, auch nicht. Ich stelle mir vor, daß er abwechselnd zwischen den Kammern der Töchter hin und her gerannt ist. Ich stehe auf und wasche mich auf dem Hof an der Pumpe, damit alle sehen, daß ich ein sauberer Junge bin.

Dann sitzt die Bauersfamilie an dem schönsten Frühstückstisch meines Lebens. Es gibt Brot, Butter, Eier und Schinken. Drück und Tring beobachten mich mit Wohlwollen, ich habe noch nie so langsam gefrühstückt wie diesmal.

Zum Abschied gebe ich allen die Hand. Bauer Brakmann sagt: „Nach dem Frühstück sind deine Beine schon dicker geworden, hahaha."

Ich lache ebenfalls und mache einen Diener.

Draußen schirrt mein Vater das Pferd an den Leiterwagen, mit dem er die Schindeln zusammengesucht hat. Er wird mich zur Behelfsbrücke fahren. Ich setze mich vorsichtig auf den Bock, um die zwei Schinkenscheiben nicht zu zerdrücken, die ich für Oma Lisa in die Hosentasche gesteckt habe.

Ein Plakat aus dem Krieg klebt auf der Innenseite des Brettertors, da steht drauf „Jugend dient dem Führer". Der Führer ist halb abgerissen, aber ich erkenne ihn an dem Bärtchen, das Herr Kuffel immer Rotzbremse genannt hat. Im Vordergrund steht ein Hitlerjunge, der quer einen Sturmriemen durch die Achselklappe gezogen hat. Der Junge sieht mir ähnlich, nur daß er blond ist.

Während wir rausfahren, zeige ich auf das Plakat: „Ein Arier, stimmts?"

Ich habe Lust, mit meinem Vater zu sprechen. Das Thema hat er gern.

„Die ersten Arier sind aus Indien gekommen" sagt er. „Da waren sie noch nicht blond. Das ist wie beim Grottenolm. Der war vor Millionen Jahren vielleicht ein ordinärer Feuersalamander. Dann ging er für immer in die dunkle Grotte, dort wuchsen ihm die Augen und allmählich wurde er blaß. Mit den Ariern ist es auch so, am Äquator hatten sie alle schwarze Haare und dunkle Haut. Nachdem sie hier im Norden waren, wo es wenig Sonne gibt, sind sie ausgeblichen. Bis sie eines Tages blond waren."

„Seit sie blond sind, nennt man die Arier Germanen?"

Plötzlich schlägt seine Laune um:

„Ja. Nehm ich an! Himmel, Arsch und Zwirn!"

„Warum sagt man das, wenn man sich ärgert? Diese drei Sachen haben nichts miteinander zu tun."

„Das weiß ich nicht", sagt er.

„Hast du heute Nacht in einem anderen Bett geschlafen?"

„Unten in der Küche auf dem Sofa", sagt er.

Früher hat er jede Frage gern beantwortet. Er war sogar stolz auf mich, er meinte, ich würde so interessante Fragen stellen.

„Warum heißt ein Sturmriemen Sturmriemen?"

Mein Vater kuckt mich spöttisch an: „Warum heißt eine Trillerpfeife Trillerpfeife?" sagt er.

„Weil sie beim Pfeifen trillert."

„Der Sturmriemen heißt so, weil ihm der Sturm nichts anhaben kann", sagt mein Vater.

„Aber er geht durch die Achselklappe und hält den Gürtel von der Hose fest, da kann ihm der Sturm sowieso nichts anhaben", sage ich.

„Nein, er hält bei Sturm die Mütze fest", sagt mein Vater. „Er spannt sich ums Kinn. Der Riemen, der die Hose festhält, heißt Schulterriemen, denn er spannt sich über die Schulter."

Solche praktischen Sachen kann man mit meinem Vater besprechen.

„Wer ist eigentlich dein Vater?" sage ich.

Bevor er mit der Erklärung anfängt, macht er ein ernstes Gesicht: „Mein Vater hatte ein schweres Leben. Er konnte die Familie nicht ernähren, weil er nicht genug Geld verdient hat. Deshalb hat er sich geschämt und ist schweren Herzens in die Welt hinausgezogen. Niemand weiß, wohin. Es muß grausam für ihn gewesen sein, daß er die Familie im Stich lassen mußte."

„Hat er sich von dir verabschiedet?"

„Weiß ich nicht. Ich war noch nicht geboren."

Wir sind an der Notbrücke angekommen. Mein Vater drückt mich an sich und sagt: „Du bist ein bißchen blöd, aber ich hab dich lieb."

Vielleicht will er, daß ich blöd bin, dann ist er der Schlaue. Ich bin nicht blöd. Ich wollte bloß vermeiden, daß er anfängt, von der Schule zu reden. Und das habe ich geschafft.

Süßigkeiten sind knapp, deshalb spielt sich ja gerade die Sache mit der Zuckermilch ab. Mein Vater dachte, da steht die Büchse unerreichbar im Fliegenschrank. So ist es ja auch gewesen, bis es mir gelang, eine Handvoll kleiner Schlüssel zu finden, von denen einer auf den Fliegenschrank paßt. Wenn ich allein bin, nehme ich einen Löffel voll in den Mund, lege mich aufs Sofa und schließe die Augen, um mich zu konzentrieren. So was Sahniges, Süßes, Fettes habe ich in meinem Leben noch nicht gekostet. Noch einen halben Löffel, mehr nicht. Dann wieder das Zellophanpapier drüber. Doch mehr und mehr geht es mit der Zuckermilch aufs Ende zu. Ich fange an, das jeweils entnommene Schlückchen durch die gleiche Menge Wasser zu ersetzen. Jetzt sehe ich auf dem Grund der Büchse nur noch einen wässrig-bläulichen Rest.

Mein Vater kommt zu Besuch, um von den Brakmann-Töchtern auszuspannen und sich an dem süßen Zeug zu laben. Er schließt den Fliegenschrank auf, kuckt in die Dose und stutzt, denn es ist nichts da, das er wiedererkennen könnte. Er sieht, daß ich seinem Blick ausweiche, darauf macht er es kurz und erteilt mir eine Tracht Prügel. Ohne Gerichtsverhandlung, nicht mehr so genußvoll wie früher, keine numerierten Hiebe in Abständen, sondern unordentliche Schläge, zwischen denen ich Deckung suchen und etwas Herzerweichendes schreien kann: „Sei nicht so geizig! Du kannst beim Bauern jeden Tag Milch trinken! Hättest du lieber gleich geteilt!“

Dann ordnet er Stubenarrest an. Ich rufe durch die Tür: „Du kannst langsam mit dem Prügeln aufhören! Als du an der Front warst, habe ich für die Familie gesorgt. Das kannst du dir mal merken.“ Ich rechne damit, daß er reinkommt und mir noch eine schmiert, aber er macht es nicht. Vielleicht schämt er sich. Als er wieder weg ist, schließt meine

Oma die Tür auf und sagt: „Du kannst dich bewegen, wohin du willst, mein Junge. Er hat weiter nichts im Kopf als diesen katholischen Bauerntrampel. Könnte man sich den Vater aussuchen, hättest du bestimmt einen gefunden, der nicht so stinkend geizig ist."

„Zwei", sage ich.

„Was zwei?" sagt die Oma.

„Zwei katholische Bauerntrampel."

Die zweite Schule in meinem Leben ist die Tonschule, die so heißt, weil sie in der Tonstraße im Stadtteil Duissern steht, umgeben von Schrebergärten. Dort hat sich das Bombenschmeißen nicht gelohnt. Deshalb ist die Tonschule weniger ramponiert, aber heizen kann man sie nicht.

Das Beste an der Schule ist die warme Schwedenspeise, die jeden Tag in Kübeln angeliefert wird. Deshalb haben alle Schüler einen Blechteller oder einen Henkelmann bei sich. Ein schönes Geklapper.

Unsere Klassenlehrerin heißt Agathe Frank. Die Trillerpfeife, die an ihrem Hals hängt, braucht sie, um sich Gehör zu verschaffen. In der Klasse sind sechzig Kinder, und wenn Fräulein Frank hereinkommt, steckt sie die Pfeife in den Mund und trillert. Dann muß ich an den Duisburger Hauptbahnhof denken und sage: „Abfahrt!". Agathe Frank hat mir deswegen schon mit den Lineal auf die Finger gehauen, aber immer, wenn sie trillert, es ist wie ein Zwang, muß ich „Abfahrt!" rufen. So weiß Agathe schon am Beginn der Stunde, daß ich anwesend bin.

Die Deutschlehrerin heißt, obwohl sie verheiratet ist, Fräulein Bernsau. Alle Lehrerinnen in Duisburg heißen „Fräulein". Die Kinder schnippen mit den Fingern, wenn sie etwas wissen und sich melden, und dazu sagen sie in quengelndem Ton: „Fräulein ..." Ich mache das nicht mit. Dieses sich Einkratzen bei Lehrern ist mir zuwider. Kaum daß ich mich mal melde. Manchmal weiß ich zufällig etwas, zum

Beispiel die Höhe des Kölner Doms, dann kucke ich mich um und warte, ob es noch andere wissen. Nur wenn sich sonst keiner meldet, melde ich mich, aber ohne Schnippen und ohne Quengeln.

Wir sind Jungens und Mädchen gemischt, katholische und evangelische, alles durcheinander. Agathe Frank hat gesagt: Sollten die Zeiten sich bessern, werden die Katholischen wieder aussortiert und kommen auf eine andere Schule.

Ich bin gut in Deutsch. Fräulein Bernsau hat zu mir gesagt: „Ich freue mich zwar, daß du ganze Sätze sprechen kannst. Das ist aber auch schon alles, worüber ich mich bei dir freue."

Ich mache einen geheuchelten Diener und sage: „Danke, Fräulein Bernsau." Dann kuckt sie mich böse an, denn sie will, daß sie Berns-au genannt wird, erst Berns- und dann au, und nicht Bernsau. Es muß ein Teufel in mir stecken, daß ich mich mit der Aussprache ihres Namens so gern irre. Einmal hatte sie genug davon und hat den kleinen gemeinen Rektor Göbel gerufen. Der bringt grundsätzlich seinen eigenen dünnen, sehr weh tuenden Stock aus Weichselrohr mit. Dann muß man sich über die erste Bank legen. Er hat es noch nicht geschafft, mich zum Schreien zu bringen. Ich zeige keinen Schmerz, wie ein Indianer. Das imponiert ihm nicht. Er hat kein Gefühl für den Stolz eines Menschen.

Mit Holzstiften genagelt

Mein Vater hat von einem holländischen Schmuggler ein Paar hohe Schuhe bekommen, die ihm zu klein sind. Also schenkt er sie mir. Vorher hat ihm auf dem Brakmannschen Hof eine Hamsterin ihre goldenen Ohrringe angeboten, die er gegen ein Stück von seinem Schinken, dem Lohn für die Dachdeckerarbeit, eingetauscht hat. Die Ohrringe hat er dem Schmuggler für die Schuhe gegeben, und die Schuhe hat er mir gegeben. Mir sind sie zu groß.

Oh, was muß ich diese Schuhe bewundern, ehe ich sie anziehen darf. Sie hatten etwas sehr seltenes, nämlich eine Kernledersohle, die mit Holzstiften genagelt war. Jeden einzelnen dieser Holzstifte haben wir gemeinsam betrachtet. Es waren pro Schuh neunzehn Stück. Die Kernledersohle soll, vielleicht schon vor dem Krieg, in Leinöl getränkt und zur Reife gebracht worden sein. Das würde dem Leder die Festigkeit gegeben haben, so daß es kaum möglich sein würde, die Sohlen während einer einzigen Kindheit abzulaufen. Mein Vater meint, ich soll die Schuhe, wenn ich herausgewachsen bin, verpacken und sie für die eigenen Kinder als Erbe aufbewahren.

Und was passiert? Ich spiele Straßenhockey mit dem Krückstock vom Heinrich, da fängt es an zu regnen. Die Sohlen werden weich und fallen beide von den Schuhen ab. Sie waren nämlich nicht aus Kernleder, sondern aus gewachster Pappe.

Ich bringe die vier Teile zu meiner Oma, die beiden Sohlen mit den achtunddreißig Holzstiften drin und die Oberteile.

Obwohl nun mein Vater Ingenieur ist und die Sache mit der Lupe betrachtet, kriege ich ein paar Ohrfeigen und drei Tage Hausarrest. Ich sehne mich nach den Gerichtsverhandlungen von Hennigsdorf zurück, wo es erlaubt war, sich zu verteidigen.

Er ist auf einen Ganoven reingefallen, der ihm die goldenen Ohrringe abgeknöpft hat, deshalb ist er auf sich selbst derart wütend, daß er mich verhaut und einsperrt. Kommt aus dem Krieg zurück, und sperrt mich ein. Meine Oma sagt: „Vielleicht waren es Sargschuhe, für einen Toten. Den Leichen zieht man Hemden aus Papier an. Sie sollen ja damit nicht auf den Ball gehen. Sie sollen adrett aussehen, wenn sie aufgebahrt sind.“

Meine Oma irrt sich selten. Aber in diesem Fall… Wer wird einem Toten hohe Schnürschuhe anziehen? Nein, es sind einfach Betrügerschuhe.

Johanna 11. Stück

Johanna hat die Nacht auf dem Dachjuchhe schlecht geschlafen. Früh macht sie sich auf in die Töpferei, Gottselig schiebt den Kinderwagen, er tut es gern, weil er sich beim Laufen etwas aufstützen kann. Erste Trauergäste stehen wartend auf dem Hof, es sind die Eltern von Danuta, die sich vorstellen. Gottselig spricht Worte des Beileids, Danutas Vater sagt: „Taka jest wola Boska." Es ist Gottes Wille, und bricht in Tränen aus. Der schönste Leichenwagen von Kattowitz hält vor dem Tor. Zwei Rappen in feinem Geschirr sind eingespannt, unter dem Baldachin steht der Sarg, die beiden Kutscher tragen Zylinder und Handschuhe. Eine Abordnung von Handwerkern, alle in Trauerkleidung, kommt auf den Hof. Sechs Männer mit ernsten Gesichtern tragen den Sarg in die Töpferei. Johanna ist erleichtert, Bruno muß über Nacht den Bottich verlassen haben, seine Schuhe stehen noch da.

Die Trauergäste, angeführt von Johanna, gehen mit ihren Blumensträußen durch die Wohnung, um Bruno zu suchen. Sie finden ihn im Schlafzimmer. Er liegt mit nackten Füßen neben seiner Frau auf dem Ehebett und hat über der Hemdbrust und der Krawatte noch immer den schwarzen Wollanzug am Leibe. Zwei leere Wodkaflaschen liegen auf dem Fußboden. Zwischen der Leiche und dem Betrunkenen liegt der Kindersarg, den jemand abgeliefert haben muß. Ein friedliches Bild. Die Männer spornen sich gegenseitig dabei an, Bruno zu wecken. Vergeblich. Für einen Moment kommt er halb zur Besinnung, aber außer einem hundsmäßigen Jaulen hört man nichts von ihm. Johanna entschließt sich als erste, den Leichnam zu berühren, dann helfen die Männer ihr beim Einsargen.

Ohne Bruno setzt sich der Trauerzug in Bewegung.

Unter dem Baldchin steht der große Sarg, daneben der kleine, und weil auf dem Bock des Leichenwagens kein Platz ist, darf Gottselig rückwärts auf der Rampe sitzen und bis zum Friedhof den Trauernden das Gesicht zukehren. „Ich kann den Töpfer verstehen", sagt Gottselig, „die Familie war klein genug, da will er nicht mit ansehen, wie sie in der Erde verschwindet."

Auch Johanna hat im letzten Moment beschlossen, nicht mitzugehen. Sie bleibt mit den Kindern in Brunos Nähe und durchsucht in Werkstatt und Wohnung jeden Winkel nach Wodka.

Am Abend kommt der alte Gottselig vorbei. Er ist angetrunken und will sehen, ob der Töpfermeister aufgewacht ist. Johanna hat sich in der Werkstatt für die Nacht eingerichtet. Während sie aus Säcken und Pappe eine Unterlage polstert, plappert sie mit den Kindern.

Gottselig fragt: „Willst du Wache schieben?" Johanna nickt. „Du bist eine treue Seele", sagt er.

„Ich bin keine treue Seele", sagt Johanna, „ich will hier arbeiten."

„Du bist eine treue Seele, und schlau bist du obendrein."

Johanna winkt ab.

„Gefeiert haben wir beim Lindenwirt", sagt der Alte. „Auf die Tote habe ich einen Stiefel Bier getrunken, und auf das Kleine hundert Gramm Wodka. Es war ein einziges Grab geschaufelt, da sind sie beide drin. Die Blumen hättest du sehen sollen. So vornehm möchte ich auch mal unter die Erde."

Bruno kommt von der Wohnung herein. Mit roten Augen steht er einen Moment da, geht zur Hoftür hinaus, schlägt sein Wasser ab, hält den Kopf unter die Plumpe, kommt wieder herein und sagt: „Raus. Alle raus."

Johanna ist zu stolz, in die Töpferei zurückzugehen, deshalb gibt es jetzt viele freie Tage. Zwar hat sie einen Auftrag ergattert, Tischdecken zu besticken, aber das ist nicht das Richtige für sie. Sie braucht Bewegung. Vom Starren tut ihr der Nacken weh, es kommt ihr vor, als trockneten die Augen aus, dabei zahlt der Ladenbesitzer wenig genug für die Arbeit. Aber Johanna will glücklich sein. Ihr Glück, das sind die Kinder, sie würde noch mehr haben wollen, wenn sie reicher wäre. Manchmal kommt ein Nachbarsjunge, den sie mit einem Teller Suppe anlockt, denn sie weiß, daß Albert Gelegenheit zum Sprechen braucht, gerade jetzt, im Winter, wo Spielfreunde selten auf den Hof kommen. Auch die weiße Fahne an der Tür weht nicht mehr. Gottselig meidet die Treppen. Bei Schnee geht er ungern aus dem Haus, zum Einkaufen gibt er Johanna einen Zettel mit.

Als die Tage länger werden, klopft es an der Tür. Albert nimmt seine Mutter an die Hand und führt sie hin. Draußen steht der Töpfermeister Bruno: „Ich habe geklingelt", sagt er. „Aber wenn keiner hinkuckt..."

Johanna bittet ihn in die Stube. Obwohl er zum ersten Mal hier ist, schaut Bruno sich nicht um. Es würde aussehen, als betrachte er die Armseligkeit der Bretterbude.

Nur ein Blatt Papier, das an der Wand neben dem Ofenrohr hängt, kuckt er sich näher an. Es ist der Brief von Anselm Kalweit, den Johanna auf ein Stück Pappe geklebt und dort aufgehängt hat.

Bruno setzt sich und sagt: „Ich hab noch Schulden bei dir, die beiden Holzfuhren sind nicht bezahlt." Er schiebt das Geld über den Tisch, das Johanna vor einem Vierteljahr verdient hat.

„Danke", sagt sie.

Sie kommt ihm fremd vor, fast möchte er sie nicht

duzen. Als wäre es schon immer falsch gewesen, sie wie ein Kind anzusprechen, nur weil sie nichts hört. Sie sehen sich eine Weile stumm an. Eigentlich war er gut zu mir, denkt Johanna, nur an diesem letzten Abend nicht. Sie legt ihm die Hand auf die Schulter und sagt etwas, das er, zusammen mit der Geste, versteht: „Ist schon gut."

Er steht auf und macht einen linkischen Diener. Vor der Tür dreht er sich um. „Auch wollte ich um Verzeihung bitten", sagt er. „So eine wie dich finde ich nicht wieder für die Töpferei."

Johanna fühlt, daß sie rot wird. Als die Tür schon geöffnet ist, sagt er: „Willst du zurückkommen?"

„Wann?" fragt Johanna.

„Wann du willst. Morgen."

Am nächsten Tag ist alles beim alten. Bruno gibt Johanna den festen Arbeitsplatz zurück. Er stellt sogar ein Sofa in die Werkstatt, so daß sie die Kinder während des Mittagsschlafs nicht mehr auf den Boden betten muß.

Ich denke oft an meine Mutter. Sie scheibt mir aus der russischen Zone, daß sie in Hennigsdorf tapfer aushält und daß sie es bereut, ihre Kinder in Sicherheit gebracht zu haben. Über meinen Vater schreibt sie nichts, weil sie beleidigt ist, daß er sich nicht meldet.

Ich will einmal nicht so werden wie mein Vater. Ich will, daß die Leute um mich herum sich vorstellen können, was ich tun oder lassen werde.

Früher stand er vor der Küchentür und hat gelauscht, ob wir die Mutter quälen. Er hat sich ein Bild von der Lage gemacht, und dann gab es Senge.

Bis heute muß man mit allem rechnen, sobald er zur Tür hereinkommt. Mein Vater dreht an der Klingel und kommt mit meinem Bruder Roger in unsere Küche. Den Kleinen hat er bei der Mamm in Hamborn abgeholt.

„Pack deine Sachen, Manfred, wir fahren alle drei mit der Eisenbahn zurück in die russische Zone. Mal sehen, was die Mutti macht. Ihr werdet euch sicher freuen, euer altes Hennigsdorf wiederzusehen. Zieh dich an."

Der Heinrich sieht aus, als wenn er sich freuen würde. Die Oma muß sich hinsetzen, sie hätte einen Schwindelanfall, sagt sie. Ich tröste und streichele sie.

„Was bist du für ein Mensch, Rudek? Was tust du deiner Mutter an! Sagst kein Wort, du kommst, nimmst den Jungen und verschwindest. Von dir habe ich schon nix gehabt, als du ein Junge warst. Da bin ich über Land gelaufen, durch Oberschlesien, und habe für die Leute genäht, damit du und Erich was zu Essen hattet. Es ist gleich Weihnachten. Der kälteste Winter, den wir die letzten Jahre hatten. Meinst du, es ist nicht genug Hin und Her gewesen für die Kinder?"

„Ich finde hier keine Arbeit, Mutter, ich kann nicht für ein halbes Schwein monatelang ein Scheunendach decken. Es muß weitergehen."

Mein Bruder steht stumm da. Die blonden Haare haben ein bißchen den Goldschimmer verloren. Ich könnte ihm einen Kuß geben, aber das wäre übertrieben. Ich gehe nur zu ihm hin, nehme seine Hand und kucke rasch, ob er noch die Grübchen hat. Sie sind noch da. Er sagt nichts. Ich weiß, daß er zu unserer Mutter zurückwill. Neben sich hat er einen fast vollen Marmeladeneimer abgesetzt, den er mir zum Tragen übergeben soll, weil ich stärker bin. Seine Hände sind kalt, ich wärme sie ihm.

Mir wird der Hals trocken. Ich gehe raus in den Flur, um aus dem Wasserhahn zu trinken. Das hat mein Vater verboten, denn in der Zeitung steht, daß es Fälle von Typhus gegeben hat. Das Wasser muß abgekocht sein. Ich komme zurück in die Küche, und mein Vater sagt: „Hast du Wasser aus dem Hahn getrunken?"

„Nein", sage ich.

„Mund auf!" sagt er.

Ich mache den Mund auf. Er legt seinen Finger in meinen Mund, fühlt daß ich eine kalte Zunge habe und knallt mir eine Backpfeife runter.

„Du sollst mich nicht anlügen", sagt er.

Von diesem Augenblick an bin ich entschlossen, jeden anzulügen, der die Macht hat, mir Ohrfeigen zu hauen.

Legt mir den Finger auf die kalte Zunge. Ein fieser Trick. Die Ohrfeige war stark. Aber ich zucke nicht, habe nicht mal den Kopf weggeduckt. Hochgereckt stehe ich vor ihm und kucke in seine Augen. Ich will keine Ohrfeigen mehr haben! Das kann er in meinem Gesicht lesen, wenn er will.

Ich ziehe mir die Wintersachen an, die meine Oma mir genäht hat und die ich hasse. Ich sehe darin aus wie ein häßlicher Erwachsener.

Sehnsucht habe ich schon nach meiner Mutter und auch nach den Schallplatten. Und den Udo will ich wiedersehen, und Petronella, die mir noch nie geschrieben hat. Vielleicht kann sie schon mit dem Rechenschieber rechnen.

Oma Lisa packt etwas Brot ein und steckt mir Geld in die Joppentasche. Die ganze Zeit schaut sie nur mich an, auch wenn sie mit meinem Vater spricht. Und für Roger hat sie keinen Blick, er steht da wie ein Fremder. Sie sagt als letztes: „Läßt du mir zur Erinnerung deine Blechtasse hier?“ Und weil sie sich dabei die Tränen abwischt, kann ich nicht nein sagen. Ich packe alles in meinen Koffer, nur nicht die Tasse. Aber an sie denken muß ich noch, als wir mit der Linie 2 durch den Schnee zum Duisburger Hauptbahnhof fahren. Wen meine Oma nicht liebt, der hat von ihr nichts zu erwarten. Mich liebt sie, und ich liebe sie. Deshalb muß ich die einzige Tasse, die ich besitze, auf ihrem Fensterbrett als Andenken stehenlassen.

Helmstedt – Marienborn, Marienborn – Helmstedt, das sind berühmte Städte. Zwar ist nichts an ihnen dran, aber Helmstedt ist die letzte Stadt im Westen und Marienborn die erste im Osten. Dazwischen ist die Grenze.

Weil Schnee liegt, ist es draußen nicht ganz dunkel. Mein Vater trägt einen verschnürten Koffer, da ist ein ganzer Knochenschinken drin, den er mit nach Hennigsdorf nehmen will. Ich trage den Marmeladeneimer mit dem Drahtbügel, der mir in die Finger schneidet, und dazu den kleinen Koffer mit meinen Sachen, zum Beispiel mit der bunten Kreide und den Briefmarken. Mein Vater besteht darauf, daß wir alle drei am Ende des Duisburger Bahnsteigs nochmal auf die Schienen pinkeln. Er meint, vielleicht wäre im Zug die Toilette besetzt. Ich konzentriere mich darauf und nehme mir vor, von diesem gemeinsamen Wasserlassen nicht zu träumen.

Das beste an dem Zug ist, daß er überhaupt kommt. Auf dem Puffer oder den Trittbrettern kann man nicht fahren, dazu ist es zu kalt und die Reise zu lang. Ich habe in meinem

Leben erst einen Eisenbahnzug gesehen, in dem man sitzen konnte, das war im Krieg der Zug nach Thorn.

Roger wird durchs Fenster gereicht, und für mich macht mein Vater die Räuberleiter. Anders geht es nicht. Er sagt, wir sollen keine Angst haben; auch wenn der Zug schon fährt, würde er den Weg zu uns durch die Menschen schon finden.

Ich kann alle Stationen auswendig: Dortmund, Hamm, Bielefeld, Hannover, Braunschweig, Helmstedt. Dann wird ausgestiegen, denn wir müssen wieder schwarz über die Grenze, diesmal in die andere Richtung.

In Helmstedt gibt es eine Bahnhofsmission, da kriegt jeder umsonst einen Teller heiße Kartoffelsuppe, und dann schlafen wir alle drei auf dem Fußboden, bis es dunkel wird. Mein Vater will es so einrichten, daß wir genau am Heiligen Abend über die Grenze gehen. Er meint, das wäre am sichersten.

Niemandsland gehört Niemandem

Es ist Vollmond, keine Wolke am Himmel. Mir kommt es vor, als würden wir schon stundenlang über ein riesiges verschneites Feld laufen. Ein Hügel ist im Mondschein zu sehen und in der Ferne, an einem Weg entlang, eine Reihe Telegrafenstangen. Ich achte nicht darauf, drehe mich nur öfter nach meinem Bruder um, dem letzten in unserem Gänsemarsch. Sonst kucke ich auf die Fußspuren meines Vaters. Der Marmeladeneimer wird immer schwerer. Es ist windstill und kalt. Wir sind im Niemandsland. Nichts ist zu hören, nicht mal der Schnee knirscht. Mein Bruder Roger atmet schnell, manchmal klingt es mehr nach Stöhnen. Flink wie die Windhunde sind wir nicht, aber Roger ist zäh wie Leder. Ich habe Mitleid mit ihm und bin stolz auf ihn.

„Das nennt man Niemandsland, weil es niemandem gehört“, sage ich leise zu meinem Bruder. „Hier unter dem Schnee ist irgendwo eine Linie. Bis dahin gehört Deutschland den Engländern, und ab hier gehört es den Russen. Wenn der Schnee im Frühling wegtaut, kann man die Linie trotzdem nicht sehen. Man sieht sie nur als Strich auf der Landkarte.“

Mitten auf der endlosen Schneefläche bleibt mein Vater stehen. Er kuckt seine beiden Söhne an. Dieses Gesicht meines Vaters, das ich zum ersten Mal so leer sehe, kann einem angst machen. Er will etwas sagen, sagt aber nichts.

„Was ist los, Papa?“ Ich versuche, mir nichts anmerken zu lassen.

Endlich zeigt er auf den Schnee und sagt: „Siehst du die Spur?“ Eigentlich spricht er nicht leise, sondern kleinlaut.

„Ja, die sehe ich“.

„Was meinst du, wessen Spur das ist?“ sagt er.

Es sind zwei große Füße, zwei mittlere und zwei kleine.

„Ich weiß es.“

„Ich auch“, sagt Roger, an seiner gestrickten Teufelsmütze ist vom Atmen eine Eiskruste zu sehen.

„Wißt ihr, was das bedeutet?“ sagt mein Vater.

„Ja. Daß wir einmal um den blöden Hügel herumgelaufen sind“, sage ich, so fest ich kann.

Mein Vater und ich kucken zum Mond. Während wir im Kreis gelaufen sind, haben wir nicht bemerkt, daß er weitergewandert ist. Das wäre einem Indianer nicht passiert.

„Onkel Julius hatte einen Kompaß bei sich. Hast du keinen?“

„Nein“, sagt er und kaut auf seiner Unterlippe.

So stehen wir eine Weile.

„Und ... Und nun habe ich an dich eine Frage, Manfred.“

Ich habe Angst, daß er mich fragt, in welche Richtung wir gehen sollen, gleichzeitig warte ich aber darauf, daß mein Vater keinen Rat weiß.

Er sagt: „In welche Richtung sollen wir gehen?“

Ich weiß es nicht, ich bin müde und durchgefroren. „Erstens …“, sage ich und weiß nicht, was erstens sein könnte. Es kommt aus mir heraus, als müßte ich gar nicht nachdenken: „Erstens: Wenn wir schon mal hier an der Stelle waren, dann wollten wir ja eigentlich in diese Richtung.“ Ich zeige die Richtung, rechts am Mond vorbei, quer über den Acker, dorthin, wo wir bis jetzt noch nicht waren.

„Und zweitens“, sage ich, „sollten wir auf den Horizont zugehen, da sieht man Telegrafenstangen. Sie werden uns zu irgendwelchen Häusern führen, in denen Menschen wohnen. Das Schlimmste, was uns passieren kann, es könnten die falschen Häuser sein. Dann wären wir wieder in der englischen Zone, wo wir herkommen.“

Früher konnten die Menschen allein an der Mondreise und an den Sternen die Himmelsrichtung erkennen. Heute kann es nicht mal mein Vater, der bei der Infanterie war.

Er sagt kein Wort, nimmt den Schinkenkoffer und geht los. Dem Ingschinör ist nix zu schwör.

Ich trage den Eimer, Roger trägt mein Köfferchen. Aber ich lasse den Weg mit den Telegrafenstangen nicht mehr aus den Augen.

Nach einer Stunde sind wir dort, und nach einer weiteren Stunde sind wir, an den Telegrafendrähten entlang, bei einem einzelnen Gehöft angekommen. Am Heiligen Abend. Ohne Herberge. Wie Joseph und Maria. Meinem Bruder läuft halbgefrorener Rotz aus der Nase, aber er ist eisern, erst als die Bäuerin auf unser Klopfen hin das Tor aufmacht, fängt er im richtigen Moment an zu weinen, weil er die Kälte nicht mehr aushält.

„Frohe Weihnachten“, sagt mein Vater, „sagen Sie uns doch bitte, in welcher Zone sind wir?“

„Man gerade so in der russischen, falls Sie da hin wollen.“

„Ja, da wollen wir hin.“

Es ist wie im Märchen. Die Bauersleute sitzen um den Abendbrottisch herum. Ein Christbaum steht im Zimmer. Auf dem Tisch eine Schüssel warme Specksoße mit Kartoffeln. Die Bäuerin will, daß wir ein Weihnachtslied singen. Ich singe „Leise rieselt der Schnee". Mein Bruder singt mit und trifft keinen einzigen Ton. Aber er hat glänzende, nasse Augen, und die Bauersfrau putzt sich selbst und ihm vor Rührung die Nase. Wie im Märchen.

Mein Vater erzählt unsere Geschichte, er zeigt auf mich und sagt, wenn sein Sohn Manfred nicht gewesen wäre, dann wären wir vielleicht da draußen erfroren.

Kartoffeln und Speck und Sahnesoße wird einmal mein liebstes Weihnachtsessen sein, wenn ich eine Familie habe. Wir dürfen im Stall übernachten, wo es nicht ganz dunkel ist, es riecht nach Mist und Tieren, ich höre bis zum Einschlafen das Niederplatschen der Kuhfladen. Der Mond scheint durch die Stallfenster, die Fladen dampfen ein bißchen, und ich habe das Gefühl, daß mir von alledem wohlig wird.

Wir stehen früh aus dem Stroh auf, denn einen Tag und eine Nacht brauchen wir noch, um Hennigsdorf zu erreichen. Die Bäuerin hat am Abend meine Blasen gesehen, sie verbindet mir zum Abschied beide Hände.

Du großer Gott

Es ist früher Morgen und noch dunkel, als wir das letzte Stück die Marwitzer Straße entlanglaufen. Ich drehe mich nach der Brücke um. Die Schrift „Räder müssen rollen für den Sieg" ist auf dem Eisenträger nicht mehr zu erkennen.

Alle zwanzig Schritte wechsle ich den Marmeladeneimer von der einen verbundenen Hand in die andere. Große

Schneehaufen sind in den Vorgärten aufgeschaufelt. Kein Mensch ist zu sehen.

Endlich stehen wir vor unserem Haus Nummer 50. Mein Vater legt den Finger auf den Mund, er will nicht, daß meine Mutter uns hört. Er will sie überraschen, will ihre strahlenden Augen sehen, will hören, wie sie in ihrem rheinischen Anklang sagt: „Mein Gott, mir bleibt das Herz stehen!"

Wir sind im Hausflur, ich stelle den Marmeladeneimer ab. Mein Vater wühlt sein Schlüsselbund aus der Hosentasche, aber er schafft es nicht, die Wohnungstür aufzuschließen.

Eine Frauenstimme ruft: „Wer ist da?"

„Rudolf...", sagt mein Vater. „ Äh... Ich wohne hier."

Die Tür geht auf. Ein Mann und eine Frau in Unterwäsche stehen nebeneinander.

„Tut uns leid", sagt der Mann. „Ihre Frau wohnt nicht mehr hier, sie wohnt schräg gegenüber im Parterre links. Eine Zweiraumwohnung." Erst jetzt sehen wir das fremde Namensschild an der Tür. Mein Vater sagt: „Entschuldigen Sie. Frohe Weihnachten."

Gegenüber im Parterre lesen wir an der fremden Tür „Ing. Rudolf Krug". Hier wohnt jetzt meine Mutter? In einer Wohnung ohne Balkon?

Vor der Tür bleiben wir stehen, bis unser Atem ganz ruhig geht. Mein Vater sagt: „Pscht!". Er legt das Ohr an die Tür. Nichts. Er kuckt durch den Spion – nichts. Er schlägt den Mantelkragen nach unten, zieht den Schlips gerade und – klingelt.

Lange Zeit vergeht.

Er klingelt nochmal.

Nichts.

Er klingelt Sturm, drückt den Knopf, ich weiß nicht, wie oft, er klatscht zusätzlich mit der flachen Hand gegen die Tür.

Endlich sieht man durch den Spion das Licht angehen. Die Linse des Kucklochs verdunkelt sich, weil meine Mutter durchsehen will, aber mein Vater hält die Hand vor. Dann geht er zur Seite, um nicht gesehen zu werden. Dabei nimmt er die Hand vom Kuckloch weg. Dann geht das Licht im Kuckloch aus. Dann geht das Licht im Treppenhaus aus.

Dunkel.

Das Licht im Kuckloch geht an. Meine Mutter sagt: „Wer ist denn da?"

Ihre Zarah-Leander-Stimme zittert.

Ich habe den Schalter im Treppenhaus ertastet und mache das Licht an.

„Mach auf!" sagt mein Vater. „Ich bins. Mit den Kindern."

Meine Mutter sagt etwas, das ich nicht verstehe, es könnte „Du großer Gott!" sein.

Dann bewegt sich etwas in der Wohnung, es trappelt, meine Mutter läuft hin und zurück. „Was soll denn das! Am Weihnachtstag! Konntest du das nicht ankündigen?" Es hört sich an, als wenn sie sich rasch etwas anzieht.

„Mach auf!" brüllt mein Vater.

Endlich öffnet sie, er geht an ihr vorbei den Flur entlang, reißt links eine Tür auf, kuckt rein, reißt rechts eine Tür auf, kuckt rein, und rennt dann geradeaus auf die letzte Tür zu, die er eintritt, daß es kracht. Als hätte er es gewußt: Jemand schreit auf, mein Vater greift um die zertrümmerte Tür herum und packt einen Mann im Nachthemd, zerrt ihn heraus auf den Flur, hält ihn mit der linken Hand fest, schlägt ihm mit der rechten Faust ins Gesicht, schleudert ihn herum, auf die Wohnungstür zu, reißt dabei das Bild „Raub der Töchter des Leukippos" herunter, läßt den Mann endlich los, verfolgt ihn aber und tritt ihn von hinten so gut er gerade trifft, jagt an Roger und mir vorbei durch den Hausflur und prügelt den barfüßigen Mann im Nachthemd zur Tür hinaus auf die Straße. In den Schnee.

Mein Bruder weint bitterlich. Ich drehe seinen Kopf von der Szene weg und drücke ihn an mich.

Irgendwo im Treppenhaus gehen Türen auf und wieder zu. Meine Mutter kommt in den Flur der Wohnung, steht einen Moment in Schlüpfern und einem kurzen Unterrock mit aufgerissenen Augen da, will zu uns ins Treppenhaus kommen, um uns in die Arme zu schließen. Mein Vater kommt ihr entgegen und hebt die Hand, sie schützt ihren Kopf, er schlägt sie aber nicht, greift ihr in den Nacken, schiebt sie durch das Treppenhaus hinaus und knallt die Haustür zu. Sie muß jetzt fast nackt in der Kälte auf der Straße stehen. Ich bin zu feige, ihr hinterherzulaufen.

Mein Vater trägt seinen Koffer und den Marmeladeneimer in die Wohnung. Nachdem er auch uns hineinschiebt, schließt er die Tür. Der linke Raum ist das Schlafzimmer, es sind noch dieselben Möbel. Er öffnet das Fenster und wirft Schuhe, Mantel und andere Sachen von meiner Mutter hinaus, auch die Hose und die Schuhe von dem fremden Mann.

„Erst mal lüften", sagt mein Vater.

Roger und ich stehen da, wir zittern nicht von der Kälte, wir zittern von der Angst. Der Kleine hat noch immer mein Köfferchen, das er mit beiden Armen umklammert. Mein Vater zieht die Betten ab, legt neue Laken auf.

„Kuckt euch das an, da könnt ihr was lernen, fürs ganze Leben. Man legt sich nicht in beschmutzte Betten. Nicht mal im Puff würde man das machen", sagt er.

Ich sehe keinen Schmutz in den Betten.

Wir reden nichts miteinander. Mein Vater macht das Fenster wieder zu, wickelt mir den Verband von den Händen, hält seine eigene geschwollene Hand unter den Wasserhahn. Roger und ich legen uns in die Ehebetten. Ich kann nicht schlafen. Ich hasse meinen Vater, ich hasse meine Mutter. Wo ist sie jetzt? Steht sie frierend im Hausflur? Ich stehe auf und suche aus dem Kleiderschrank ihren Mantel und warme

Sachen zusammen. Mein Vater sitzt in der demolierten Küche am Tisch, die Ellbogen aufgestützt, den Kopf zwischen den Händen. Er sieht, wie ich das Bündel hinaustrage, sagt aber nichts. Im Treppenhaus ist meine Mutter nicht zu finden. Ich lege die Sachen vor unsere Wohnungstür.

Zweiter Weihnachtstag. Mein Vater hat den Kachelofen angeheizt, Roger und ich putzen uns mit Sandseife die Zähne. Wir gehen auf Zehenspitzen durch die fremde Wohnung. Alles steht anders als früher, unsere Kinderbetten gibt es nicht mehr, das Radio ist verschwunden, kein Grammophon und keine Schallplatten. Alles bei den Russen. Der Mantel und die Sachen meiner Mutter liegen noch immer vor der Tür, ich nehme sie herein.

Mein Vater hat den Koffer aufgeschnürt, wirklich ist ein großer Schinken mit Knochen drin. Er wetzt das Messer und schneidet dünne Scheiben ab. Auch Brot ist in dem Koffer und Zwiebeln und ein gläserner Pfefferstreuer. Alles vom Bauern Brakmann. Er legt bedächtig den Schinken auf das Brot, schneidet ihn kreuz und quer zu kleinen Karos, und auf jedes Karo legt er ein hauchdünnes, leicht gepfeffertes Zwiebelscheibchen. Was für ein Mahl. An diesem Morgen lerne ich Zwiebeln essen. Roger tränen davon die Augen. Kann aber auch sein, daß er an unsere Mutter denkt.

Wir haben seit gestern Abend nicht über ihre Vertreibung und über die Schlägerei gesprochen. Roger sitzt vor seinem Teller und kuckt in die Ferne, ich kucke auf den Schinken. Mein Vater ist plötzlich ein anderer Mann. Im Krieg habe ich ihn mir als Held an der Front vorgestellt. In der Wochenschau habe ich die Helden gesehen, die gegen den Feind stürmten und manchmal, wenn ich im Kino war, dachte ich, der da, das ist mein Vater.

Aber gestern abend, da hätte ich geglaubt, er zieht ein Messer und schneidet dem anderen Mann, der schmaler und kleiner war als er, die Kehle durch. Ich rücke dichter an meinen Bruder ran. Zum ersten Mal habe ich das Gefühl, daß er einen Menschen haben muß, der zu ihm hält, so wie ich, weit von hier, einen Menschen habe: meine Oma. Wir essen still unsere Schinkenschnitten und trinken Malzkaffee, der in unsrer Familie Muckefuck heißt.

„Ihr habt gesehen, was los war", sagt mein Vater. Er will mit fester Stimme sprechen, aber es gelingt nicht. Ich höre, daß seine Stimme zittert.

„Ja", sagen wir beide.

„Was meint ihr: War das in Ordnung, was ihr gesehen habt?"

„Nein", sagen wir beide.

„Manfred, was würdest du jetzt machen, wenn du ein Mann wärst und wenn du mit der Mutti verheiratet wärst? Und wenn du zwei Kinder hättest?"

O Gott, das weiß ich nicht. Dann würde ich meine Frau noch immer liebhaben. Wahrscheinlich. Und meine Kinder würde ich noch immer liebhaben.

„Ich weiß es nicht, bin selbst ein Kind", sage ich.

Roger fängt an zu weinen, aber es ist eher ein Wutanfall, er kann nicht weiterkauen: „Ich will zur Mutti", sagt er. „Wo ist sie? Du kannst mir jetzt mal sagen, wo sie ist!"

„Sicher bei dem Kerl", sagt mein Vater. „Hoffentlich hat er eine Wohnung. Wenn nicht, dann habe ich ihn aus seinem Unterschlupf verjagt. Dann weiß ich auch nicht, wo eure Mutter ist."

„Darf ich sie suchen?" sage ich.

„Paß auf, daß sie sich hier nicht blicken läßt. Ich will sie nicht mehr sehen. Meinetwegen such sie."

„Du willst sie nicht mehr sehen?"

„Einmal noch. Vor Gericht", sagt mein Vater.

Ich nehme das Kleiderbündel und ziehe mit Roger los. Als ersten besuchen wir Udo Kuffel, der noch immer die alte Frisur hat, Glatze mit Vorgarten. Ich zeige meine blasigen Hände vor und umarme ihn. „Willst du die Rollschuhe abholen?“ sagt er.

„Nein.“ Ich frage ihn, ob er meine Mutter gesehen hat. Nein.

Wir gehen rüber zur Nr. 50, unserem alten Haus. Zuerst durch die Toreinfahrt, um nach dem Garten zu sehen. Der halbe Hühnerstall steht noch, wahrscheinlich wird das Holz verfeuert. An der Bunkertür hängt ein Vorhängeschloß. Wem mag der Bunker jetzt gehören?

Im zweiten Stock, wo Petronella gewohnt hat, steht an der Tür nicht mehr der Name Fabisch. Wir klingeln, eine fremde Frau öffnet und sagt, Petronella sei mit ihrer Mutter weggezogen. Niemand weiß, wohin.

Einen Stock tiefer wohnt Rosmarie Rogalla. Sie macht die Tür auf und läßt uns eintreten, als hätte sie uns erwartet.

Nur mit dem Unterrock bekleidet, eine Wolldecke um die Schultern, sitzt meine Mutter in der Küche auf dem Stuhl. Roger geht zu ihr und krabbelt auf ihren Schoß. Sie nimmt ihn in die Arme, küßt und drückt ihn. Und sie küßt auch mich. Müde und mager sieht sie aus.

„Ach, Mutti. Ich möchte zaubern können. Dann würde ich die Zeit zurückzaubern. Der fremde Mann würde sich anziehen und Auf Wiedersehn sagen. Du würdest allein im Bett liegen, dann, in der Nacht, würden wir klingeln, so wie es wirklich war. Du würdest aufmachen und denken: Gott sei Dank, daß der andere Mann weg ist. Du würdest uns begrüßen, uns alle drei abküssen, und das Leben würde ganz anders weitergehen.“

„Wie denn?“ sagt meine Mutter.

„Wir wären wieder eine Familie, würden uns eine Wohnung suchen, in der wir alle leben könnten, Papa würde wieder im Werk arbeiten …“

Meine Mutter zieht sich einen Pullover an und sagt nichts.

Eine Wohnung? Wie denn? Woher denn? Wenn sie unsere alte Wohnung schon tauschen mußte.

Alles bloß Träume.

Aber was könnte wahr werden? Ohne Fee geht es nicht. Eine Fee kommt, es macht „päng“, und ich wäre erwachsen. Die Schule ist vorbei. Ich bin Rennfahrer, so einer wie Carraciola, nehme nach dem Sieg meine Brille ab, Dreck und Staub im Gesicht, ich lache mit weißen Zähnen, und meine blonde Frau küßt mich. Alles Träume.

Meine Mutter ist noch immer schön, mit ihren dunklen 18
Locken. Sie kuckt erschöpft, mit leeren Augen, aber sie zeigt Roger und mir, daß sie uns lieb hat. Den Kleinen läßt sie nicht los. Er lutscht am Daumen, den Kopf hat er an sie gelehnt und schläft ein.

Ich gehe rüber in die fremde Wohnung und hole alles, was sie mir auf einen Zettel geschrieben hat. Ihre altdeutsche Schrift kann ich lesen. Was für eine schwungvolle Schrift sie hat. Ihre Sachen bringe ich rüber zu Fräulein Rogalla, dort kann sie jetzt wohnen, weil deren Vater gestorben ist.

„Vater, vergib ihnen“

„Was wird jetzt passieren?“ sage ich.

„Dein Vater wird sich von mir scheiden lassen. Er ist ein blöder Othello. Ist fremdgegangen, so oft und so lange er wollte. Es war ihm egal, daß ich jeden Tag neue Adressen aus seinen Taschen geräumt und verbrannt habe. Ich wußte, daß es aus und vorbei ist, wenn er mich einmal im Leben erwischen würde. Und es war das einzige Mal, das mußt du mir glauben. Warum ist er nach der Gefangenschaft nicht hierher gekommen, nach Hause? Der Mann, den er verprügelt hat, heißt Fred, er ist Musiker. Er spielt in Berlin jeden Abend Trompete. Und immer bringt er mir etwas mit, ohne ihn hätte ich verhungern können. Jetzt kann er nicht mehr spielen, weil dein Vater ihm die Zähne ausgeschlagen hat. Was erzähle ich? Du bist zu jung für dieses Thema."

„Ich bin nicht zu jung für dieses Thema", sage ich.

Roger bleibt gleich drüben bei Fräulein Rogalla, dort wird er jetzt mit meiner Mutter bleiben. Ich gehe zurück, über die Straße, in die neue kleine Wohnung. Dort schreibt mein Vater einen Brief an den Scheidungsanwalt.

„Ein Othello, was ist das?" frage ich.

„Das war ein Neger, der seine Frau erwürgt hat", sagt er.

„Wann war das?"

„Lange her. Da hat man Frauen noch erwürgt, wenn sie fremdgegangen sind."

Zwischen Weihnachten und Neujahr fragt mein Vater, ob ich nach der Scheidung lieber bei ihm bleiben will, oder bei meiner Mutter.

„Ich könnte bei der Verhandlung großzügig sein und zur Hälfte die Schuld auf mich nehmen", sagt er, „aber die Sache hat einen Haken: Dann kriegen beide Eltern je ein Kind."

Meine Mutter wird den Kleinen nicht hergeben, obwohl er wegen der goldenen Haare meinem Vater vielleicht lieber wäre.

Ich frage ihn, ob er ihr nicht verzeihen kann. Er sagt: „Ich muß mir immer vorstellen, wie die Mutti mit dem Kerl... mit dem Trompeter... Ich sehe es vor mir, ich kann es nicht aus meinem Kopf kriegen. Aber das ist kein Thema für dich, Manfred."

„Doch, das ist ein Thema für mich. Bleiben wir dann hier in Hennigsdorf?"

„Nein“, sagt er, „ich muß aus diesen Betten raus, du mußt fürs erste zurück zur Oma. Nochmal ein Scheunendach decken, für ein halbes Schwein, das mache ich nicht. Ich muß mir eine Arbeit suchen, von der wir leben können, von der ich was verstehe. Der Krieg ist aus. Die Ehe ist aus. Auf zu neuen Ufern.“

Er sagt „zu neuen Ufern“, als wäre er ein Seefahrer. „Du mußt dir das so vorstellen: Was gewesen ist, liegt hinter dir. Es ist nur Geröll. Danach dreht man sich nicht um. Du kuckst nach vorn, auf eine grüne Wiese, da findest du den Weg.“

Silvester ist die Familie ganz und gar getrennt. Mein Bruder gehört zur Mutter, ich gehöre zum Vater. Der tut mir leid, ich würde auch mit ihm die Silversternacht feiern. Aber mein Vater feiert mit Edda Redlinger, bei ihr zu Hause. Er will auch mal was anderes sehen, sagt er. Bestimmt will er ihre Schenkel sehen und das Parfüm in ihren Haaren riechen.

Ich bin drüben bei meiner Mutter eingeladen, die mit Roger und Fräulein Rogalla in deren Wohnung sitzt. Mein Vater hat mir zwei Schinkenstückchen mitgegeben, eins für Fräulein Rogalla, das andere für Roger. Alle scheinen darauf zu warten, daß mein Vater aus Hennigsdorf verschwindet. Auch Fred, der von der Weihnachtsprügel noch die Nase voll hat. Er spielt jetzt Klavier, läßt sich aber nicht blicken, dabei hat Fräulein Rogalla gehofft, daß er aus seinem Tanzlokal ein bißchen nachgemachten Rotwein vorbeibringt.

Einmal gehe ich noch mit Udo durch den Schnee zum Kindergarten. Schwester Theresita und Schwester Alverna sind noch da.

„Sieh an, wer uns besucht“, sagt Theresita.

„Udo und ich wollen die kleinen Stühle nochmal sehen, auf denen wir gesessen haben. Und ich will Ihnen noch was sagen …“

„Ja? Was denn, Manfred?“

„Ich will sagen, daß ich Ihnen alles verziehen habe. Wenn man für immer Abschied nimmt, soll man alles verzeihen. Bitte, nehmen Sie den Schinken, ein Weihnachtsgeschenk.“

„So ist es richtig“, sagt Schwester Theresita, „Kannst du dich erinnern, was Jesus am Kreuz gesagt hat?“

„Ja. ‚Vater vergib ihnen…‘“

„Bravo. Deine Oma wird dir helfen, zur Mutterkirche zurückzufinden.“

Meine Eltern haben die Scheidung eingereicht. Daran ist nichts zu ändern. Sie sind beide stolze Menschen. Nie würde meine Mutter ihn bitten, es sich anders zu überlegen, und nie würde mein Vater ihr verzeihen.

Ob es noch ein Kind gibt, das sich so oft verabschieden muß wie ich? Wieder ist es soweit. Ich küsse meinen Bruder, meine Mutter und Fräulein Rogalla. Die Rollschuhe habe ich Udo endgültig geschenkt. Eveline Kuffel, die kein Kämmchen mehr im Haar hat, kuckt mich gar nicht an. Dann mache ich mich auf die Reise. Wieder allein. Mein Vater will durch die ganze Russenzone fahren und eine Gießerei oder ein Stahlwerk suchen, für dessen Aufbau man ihn gebrauchen kann.

Er hat es erreicht, daß ich einen Kinderpaß kriege, in dem mein letzter Wohnort steht: Duisburg, Schweizerstraße 1. Diesmal muß ich nicht schwarz über die Grenze laufen, ich kann im Zug sitzen bleiben, bis ich bei der Oma bin. Wieder packe ich mein Köfferchen ein, die Briefmarken, die Granatsplitter, ein letztes Stück von dem Schinken.

In der S-Bahn sage ich: „Jetzt hast du keine Frau mehr. Willst du nicht zurück zu den Brakmann-Töchtern?“

Mein Vater kuckt mich einen Moment erstaunt an, als würde mir eine solche Frage nicht zustehen.

„Die würden mich alle beide sofort heiraten. Verständlich. Aber soll ich Bauer werden? Das kann ich nicht. Ich bin fast 40 Jahre alt. In Duisburg habe ich alles abgeklappert: Thyssen, Krupp, Mannesmann, – die bauen nichts auf, im Gegenteil, was im Krieg heil geblieben ist, wird abgerissen. Dazu brauchen sie keine Ingenieure. Zum Abreißen können sie jeden Trottel nehmen. Die alten Maschinen laden sie auf Schiffe, bringen sie nach England oder sonstwohin, dort werden sie wieder zusammengebaut oder auch nicht. Die Engländer werden sich schwarz ärgern, daß sie so viel Arbeit in alten Schrott investiert haben.“

„Und das ist in der Ostzone anders?“

„Dort regieren die Russen. Die brauchen jede Tonne Stahl. Deutschland hat den Krieg verloren. Und die Ostzone muß bezahlen, für alles, was wir in Rußland kaputtgemacht haben. Da können sie mich gebrauchen. Die Amerikaner wollen aus Deutschland ein Bauernland machen, ohne Fabriken. Was soll ich da?“

„Und wenn du Arbeit gefunden hast?“

„Dann hole ich dich. Du wirst mir vom Gericht zugesprochen, dann habe ich die Verantwortung für deine Erziehung. Verlaß dich auf mich. Jetzt mußt du erstmal nach Duisburg zurückfahren. Oder willst du etwa nicht?“

„Ich weiß gar nicht mehr, was ich will.“

Wir steigen aus der S-Bahn aus und laufen zu dem zertrümmerten Berliner Bahnhof, von dem ich abfahren werde.

Mein Vater gibt mir einen Brief im Kuvert, darauf steht *An Frau Elisabeth Koppmann.*

„Das gibst du der Oma."

Er bleibt auf dem Bahnsteig stehen. Der Zug ist nicht so voll wie bei der letzten Reise. Diesmal ist keine Heizung im Abteil, ich lege mich trotzdem unter die Bank, weil sie mir da unten nicht auf die Finger treten können.

Die Fahrt dauert lange, aber das Neue ist, daß ich im Grenzort Marienborn einfach im Zug bleibe. Zwei Polizisten kontrollieren das Gepäck und die Ausweise. Ich komme unter der Bank hervor. Sonst finden sie mich dort und glauben, ich hätte mich verstecken wollen.

Als ich an der Reihe bin, kucken sie meinen gestempelten Zettel an, den sie hin und her wenden. Sie durchsuchen mein Köfferchen: „Wie bist du denn über die Grenze gekommen, wenn du in Duisburg wohnhaft bist? Die Bescheinigung ist ungültig."

Ich erzähle, wie wir über die Grenze durch den Schnee gelaufen sind. Vor Angst, daß sie mich aus dem Zug holen und zurückschicken könnten, breche ich mehrmals in Tränen aus. Aber so viel Zeit haben sie nicht. Ich hole Beweise aus dem Koffer: „Das ist ein Stück von dem Schinken. Diese Splitter sind aus dem Bein von meinem Onkel geeitert, das war in Hennigsdorf. Und die bunte Kreide ist aus Duisburg, ich habe sie selbst ausgegraben. Glauben Sie mir jetzt?" Ich weiß, daß diese Beweise nichts wert sind. Das Beste, was ich erreichen kann, ist, daß ich die Herzen dieser Polizisten rühre. Ich bin verschlagen genug, eine solche Wirkung zu erwarten. Aber davon weiß wiederum nur ich.

„Mach den Brief auf."

Ich reiße den Brief auf, und sie lesen ihn.

„Wer ist Rudolf?"

„Mein Vater."

„Na gut, jetzt glauben wir dir", sagt lachend der eine, und dann lassen sie mich unter die Bank zurückkriechen.

In Duisburg steht meine Oma nicht am Bahnhof, weil sie

nicht weiß, daß ich komme. Als ich bei ihr klingele, wackelt sie mit dem Kopf und macht aus der Küchencouch wieder ein Bett. Ich gebe ihr den Brief:

„Liebe Mutter, ich habe hier eine Menge zu erledigen. Die Scheidung läuft. Mir ist klar: Bei den Russen wird es leichter sein, Arbeit zu finden. Den Manfred hole ich bald ab. Dein Sohn Rudolf"

Meine Oma läßt mich eine halbe Stunde lang nicht los. „Schau, Heinrich, wie ähnlich er mir sieht…" Sie hält ihr Gesicht neben meines, ich fühle ihre Freudentränen an unseren Wangen herunterrinnen und sehe dabei in die Augen von Heinrich. Ach ja, der. Ich hatte fast vergessen, daß er mich nicht ausstehen kann. Auf der Fensterbank steht meine Blechtasse.

Johanna 12. Stück

Bruno trägt am Gehrock und selbst am Arbeitshemd die schwarze Binde des Witwers um den Arm, so daß nicht nur Johanna ständig an seine Trauer erinnert wird, sondern auch Nachbarn und Kundschaft. Die wenigen Besucher haben sich an die Taubstumme gewöhnt, und wer es noch nicht weiß, dem zeigt er seine Güte, erzählt von der tapferen Arbeiterin Johanna, die mit ihren Kindern Unterschlupf bei ihm gefunden hat.

Eines Tages, das Trauerjahr ist noch nicht um, greift er mit seinen lehmigen Fingern unter die schwarze Binde und reißt sie ab.

„Einmal am Tag", sagt er, „sollten wir wieder warm essen." Von jetzt ab kocht Johanna Eintöpfe, wie es sie früher gegeben hat. Da die übrige Arbeit gemacht werden muß, geht sie jeden Tag spät nach Hause ins Dachjuchhe. Während der Arbeit sieht es wie Familienleben aus, was sich in der Töpferei abspielt. Johanna blüht auf, sie ist frohen Mutes, keinen Moment ist sie darin unsicher, was als nächstes zu tun ist, alles ist sie in einem, Gehilfin, Hausfrau, Mutter. Nur Geliebte ist sie dem Bruno nicht. Sie scheut sich, darüber nachzudenken, sie sehnt sich nicht nach ihm. Die Liebe, das ist eine Erinnerung an die zärtlichen Kalweits, den Vater und den Sohn.

Anders steht es um Bruno. Vor allem an den schlimmen Tagen, wenn die Luft flimmert, wenn der Brennofen die ganze Werkstatt aufheizt, wenn Johanna naß in Hemd und aufgekrempelten Männerhosen den Ton walkt und schlägt. Dann hält er die Töpferscheibe an und betrachtet ihren Körper. Schade, denkt er, wenn sie doch sprechen könnte. Die hat Kraft wie eine Stute. Die könnte Nüsse im Arsch knacken. Und gesunde Kinder kann sie kriegen. Ich hätte ihr gleich damals eins machen sollen, dann hätte ich jetzt einen lebendigen Sohn.

Er steht von seinem Hocker auf, wäscht sich die Hände und tippt Johanna an. Sie dreht sich um, steht verschwitzt vor ihm.

„Hör zu", sagt er. „Verstehst du alles, was ich sage? Auch die feineren Sachen?"

Johanna schaut auf seinen Mund. Sie wird ihn gut verstehen, weil er ein Mann ist, der keinen Schnurrbart trägt.

„Hast du behalten, was ich dich einmal gefragt habe?"

Johanna tut, als sei sie unsicher, obwohl sie sich jeden Tag an seine Worte erinnert.

„Ich habe damals gefragt, ob wir beide ein Kind machen wollen."

Sie senkt den Blick.

„Kuck mich an", sagt Bruno.

Ein Kind mit Bruno, das wäre vielleicht ein neues Leben. Mit einem Schlag könnte alles anders, alles leichter sein.

„Wir beide", sagt Bruno, „du und ich?"

Er sieht sie milde an, fast flehentlich. Hat sie Mitleid mit ihm? Nein, sie genießt das Gefühl, daß es in ihrem Leben einen Mann gibt, der sich ihr Erbarmen wünscht. Und sie könnte ja oder nein sagen. Johanna fragt sich: kann ich das? Und laut sagt sie einen langen Satz: „Allein will ich nicht bleiben, also was werde ich schon sagen?" – Ihr Mut hat sich nicht gelohnt, Bruno versteht kein Wort. Also nickt Johanna zustimmend und sagt: „Ja."

Seither bleibt sie manchmal über Nacht in der Töpferei. Dort, wo die tote Frau aufgebahrt war, möchte Johanna nicht sein. Wenn Bruno sie besuchen will, muß er in die Werkstatt kommen, abends, wenn die Kinder schlafen.

Zuweilen hat Johanna das Gefühl, daß er mit ihr reden will, dann läßt sie die Lampe brennen, damit sie ihn versteht. „Du willst wohl zukucken, wie ich dich liebe?“ sagt Bruno. „Nein“, sagt Johanna, „ich will sehen, ob du mich lieb hast. Sag: ‚Ich liebe dich‘. Wenn das Licht brennt, kann ich es hören …“ Bruno hat in all der Zeit nicht gelernt, Johannas Sprache zu verstehen. „Was? Was hast du jetzt gesagt?“ fragt Bruno. „Verdammt. Manchmal möchte ich schon wissen, was dir durch den Kopf geht. Wenn du es nur aufschreiben könntest …“

„Willst du mich heiraten?“ sagt Johanna. „Was will ich dich? Ah, du meinst heiraten! Das wär was. Wer weiß? Wenn Gott es mir eingibt …“ Johanna zeigt auf ihren Bauch. Bruno fährt mit der Hand über die beginnende Wölbung und sagt: „Wer weiß?“

Wie sie es immer gehalten hat, arbeitet Johanna bis zuletzt, nur schwer tragen und Tonstampfen kann sie nicht mehr. Sie will das Kind in der Nottebohmstraße in gewohnter Umgebung zur Welt bringen. Dort bleibt sie die ganze letzte Woche. Einmal horcht die Hebamme den Bauch ab und meint, es würde ein Junge werden. Johanna lächelt, denn Bruno hat gesagt, wenn schon, dann würde er sich einen Jungen wünschen, er wäre aber nicht sehr traurig, sagt er, wenn ein anderer Fall eintreten würde.

Als es soweit ist, stellt Gottselig den Flachmann auf den Tisch und heizt zum Wasserwärmen den Ofen an. Die ganze Zeit schüttelt er den Kopf. Johanna hält sich an den Bettstangen fest. Pünktlich kommt die Hebamme herauf, wartet, bis ihr Atem sich beruhigt, nimmt einen

Wodka aus dem Flachmann und schüttelt ebenfalls den Kopf. Sie wischt Johanna den Schweiß vom Gesicht, redet ruhig auf sie ein: „Du weißt doch, wie es geht, meine Gute. Wie liegst du da?“ Sie spreizt Johannas Beine und gibt dem Alten einen Wink. Während er hinausgehen will, fragt sie ihn über die Schulter: „Gibt's einen Vater?“ Und Gottselig sagt: „Es gibt immer einen. Johanna, willst du den Vater nennen?“ Sie hechelt, stöhnt, schreit, alles in einem: „Nein!“ Und gleich nach diesem herausgeschrienen „nein“ kommt das Kind auf die Welt und schreit ebenfalls, noch ehe man sehen kann, ob es ein Junge oder ein Mädchen ist. Der Alte geht gar nicht erst ins Treppenhaus, er mischt das heiße Wasser ins kalte und schaut zur Dachluke, als wolle er still beten. Während sie das Kind abnabelt, fragt die Hebamme: „Hatte Ihre Frau Mutter einen weiteren Vornamen?“ Gottselig legt Johanna ein feuchtes Tuch auf die Stirn: „Ja, hatte sie.“ Und zu Johanna sagt er: „Bist du mit dem Namen Elisabeth zufrieden?“ Sie lächelt und nickt. Sie weiß nicht, ob es einen schöneren Namen gibt.

„Also Elisabeth“, sagt die Hebamme. „Und der zweite Name?“

Gottselig denkt einen Moment nach und sagt grinsend. „Meinetwegen Brunhilde.“

„Gut“, sagt sie, „heute ist der fünfte Juni 1886.“

Meine Eltern haben sich tatsächlich nur noch einmal gesehen, am Tag der Scheidung. Und der Trompeter Freddy hat sich bei meiner Mutter nicht wieder blicken lassen. Also hat sie für wenig Geld die Möbel verkauft und sich die in der Jugend angesparte Rente auszahlen lassen. Dann ist sie mit Roger zu ihrer Mamm nach Duisburg gezogen. Dort in Buschhausen, in der Biesenwiese 3, wohnen sie in zwei kleinen Zimmern.

Meine Mutter fehlt mir. Mir kommt es vor, daß ich mit ihr verwandter bin als mit meinem Vater. Das Feinfühlige und das Musikalische habe ich von ihr. Das Zärtliche habe ich von ihr. Trotzdem besuche ich sie selten, weil sie traurig auf mich wirkt. Sie will mir immer etwas geben, hilflos kuckt sie sich um, was sie mir geben könnte, aber sie hat nichts.

Es gibt Neuigkeiten in Duisburg: Onkel Erich ist wieder da. Den wollen alle sehen, ich erst recht, denn er ist mein Patenonkel, der frisch aus amerikanischer Gefangenschaft zurück ist. Er ist der Bruder meines Vaters, und seine Frau Hilde die Schwester meiner Mutter. Zwei Brüder haben zwei Schwestern geheiratet. Ihre vier Jungens sind mehr als Cousins, sie sind fast meine Brüder: Helmut, Dieter, Horst und Günter. Tante Hilde war mit den vieren nach Österreich evakuiert worden. Dort sind die Russen einmarschiert. Als der Krieg vorbei war, mußte Tante Hilde aus Österreich verschwinden. Ihr kleines Fachwerkhaus am Ende der Schweizerstraße war zusammengesackt, nicht von den Bomben, sondern aus Schwäche. Tante Hilde war froh, mit den vier Jungens in einem Behelfsheim unterzukommen, draußen in Nachtigallenthal. Es ist nicht viel besser als eine Höhle, mit Schimmel und Kellerasseln. Wenn es regnet, kommt das Grundwasser durch den Estrich.

Tante Hilde ist eine mütterliche Frau, was man schon daran sieht, daß sie sich in den schlechtesten Zeiten zu den vier Söhnen noch eine Tochter gewünscht hat. Und das hat in Österreich endlich geklappt. Schwanger hat sie die Heimreise angetreten, und kaum war sie zurück in Duisburg, da lag schon die kleine Ilonka im Wäschekorb, ein schönes Kind und das einzige Mädchen, das Tante Hilde auf die Welt gebracht hat. Ilonka ist jetzt schon über ein Jahr alt.

Onkel Erich, der als Soldat Kradmelder in Afrika gewesen war, wurde von den Engländern gefangen und nach Amerika gebracht. Jetzt kommt er in die Heimat zurück und findet sein fünftes Kind.

Er soll seinen Seesack von der Schulter gestreift haben, dann soll er freundlich in die Wiege gekuckt und gesagt haben: „Ein nettes kleines Mädchen ..." Tante Hilde sollen vor Rührung über seine Milde die Tränen gekommen sein, und Onkel Erich soll nur zwei Fragen gestellt haben:

„Wie heißt sie?" und „Wer war das?"

Und Tante Hilde hat gesagt: „Sie heißt Ilonka. Die Russen waren das." Damit war die Sache erledigt. Kein Wort ist mehr darüber gesprochen worden.

Nur meine Oma, nachdem sie das Kind gesehen hatte, sagte: „Die sieht ja süß aus. Da wird nicht gerade Iwan, der Schreckliche ihr Papa gewesen sein. Dann schon eher der Graf von Luxemburg. Jedenfalls kann dein Vater von seinem Bruder was lernen."

Ja, er könnte vom Onkel Erich das Verzeihen lernen, aber ich weiß, daß meine Familie nicht wieder zusammenkommen wird.

Entenärsche

Direkt vor unserem Haus an der Ecke Schweizerstraße stehen abends die großen Jungens und machen Musik. Sie sind anders als alle großen Jungens, die ich bisher gesehen habe. Ihre Hosen sind mit Absicht zu eng und zu kurz, einige von ihnen haben sich Ringelsocken und Kreppschuhe aus Amerika besorgt. Das besondere daran sind die dicken Sohlen aus einer neuen Sorte Gummi. Die Jungens machen mit den Kreppsohlen Bremsversuche, wer die kürzeste Bremsspur hat, der hat gewonnen. Und sie begutachten gegenseitig ihre Frisuren, die sie Entenärsche nennen, weil die Haare mit Pomade eingeschmiert und hinten zusammengekämmt werden. Vorn lassen sie sich eine Sturzwelle wachsen, die sie beim Kämmen mit Zuckerwasser naß machen. So möchte ich, wenn ich groß bin, nicht rumlaufen, es sieht doll aus, ein bißchen abschreckend, aber auch ein bißchen aufregend. Es sieht amerikanisch geheimnisvoll aus. Ich kann mir nicht vorstellen, daß es sowas schon mal gegeben hat oder daß es überhaupt erlaubt gewesen wäre. Sie haben Schlaggitarren, auf denen sie aber nicht die „Möve, du fliegst in die Heimat" spielen, sondern „In The Mood" und „Moonlight Serenade", sie können schon ein bißchen amerikanisch singen. Das Leben ist anders, seit der Krieg zu Ende ist, und die Musik ist viel schöner als früher. Aber die älteren Leute, die ich kenne, hören lieber den Sänger Rudi Schurike mit dem neuen Schlager „Wenn bei Capri die rote Sonne im Meer versinkt…" Meine Oma stellt das Radio neben die Singer-Nähmaschine und wartet auf dieses Lied, das jeden Tag zehn Mal gespielt wird.

Ich kucke ihr beim Nähen zu, und eines Tages kann ich es selber. Aus einem Sack schneide ich mir eine Cowboyhose, die ich zusammennähe. Sie kommt bei meinen Freunden nicht an, die meinen, sie würde bloß erbärmlich aussehen. Die Hose allein macht es nicht, es fehlt der Hut und der Colt.

„Quatsch“, sagt Reiner Vogels, „du mußt dich unauffällig anziehen, sonst erkennt dich jeder wieder.“ In der Schweizerstraße 17 wohnen nämlich Leute, die früher mal reich waren, deshalb spähen Reiner und ich ihre Keller aus. Der Einbruch durch die Lattentüren ist leicht zu schaffen, wir warten, bis der Hausmeister nicht da ist. Im Keller der Familie Effkens finden wir ein Weinregal, und weil wir uns schon lange mal besaufen wollen, wählt Reiner eine Flasche aus. Er meint, je älter der Wein ist, desto besser würde er schmecken. Es ist italienischer Rotwein von 1896.

Für mich ist das beste Beutestück aus dem Keller eine Landkarte von Deutschland, die auf Leinen geklebt ist, so daß man sie zusammenlegen kann. Ich nehme sie mit, denn nah bei Berlin ist der Ort zu sehen, in dem ich gelebt habe: Hennigsdorf. Und noch weiter östlich die Stadt Thorn an der Weichsel, wo Julius Stolarek Rammeister war. Die Landkarte klebe ich mit Hansaplast über meinem Küchensofa an die Wand.

Zum Besaufen bringt Reiner am nächsten Tag einen Korkenzieher mit. Der Wein schmeckt gräßlich. Wir spucken aus und schütten die flockige Brühe auf die Sedanswiese.

Abends lese ich. Schon ein Dutzend Karl-May-Bücher habe ich unter der Lampe gelesen, denn im Herbst schläft der Heinrich in seiner Gartenlaube am Bahndamm. Bei Nacht haben Diebe ihm Kartoffeln und Möhren aus den Beeten gegraben. Deshalb hält er jetzt Wache. Er ist alt und klein und krumm, aber ein Löwenherz muß er haben. Griffbereit hat er einen Knüppel neben sich auf der Pritsche liegen. Wenn die Oma ein Stück Speck oder was Besonderes hat, bringe ich es zu ihm in den Garten. Manchmal kommt er zum Waschen oder Zähneseifen nach Hause, solange bleibe ich draußen und hoffe, daß niemand einbricht und mich verprügelt. Heute ist mein Blutsbruder bei mir. Wir beobachten die Güterzüge, die vom Hafen hier vorbeikommen. An der Stelle, wo die Gleise leicht bergauf führen, hat Reiner einen Eimer Staufferfett gefunden. Wir überlegen, was wir damit machen können. Reiner meint, wir sollten den Fetteimer anzünden und ihn aufs Gleis stellen. Der Lokführer würde die Rauchwolke bemerken und anhalten. In der Zwischenzeit würden wir versuchen, die Tür eines Waggons aufzuriegeln. Dann würden wir sehen, was es zu holen gäbe.

Ich habe einen anderen Plan: Wir werden die Schienen mit dem Staufferfett einschmieren. Dann wird der Zug nicht hochkommen, die Räder der Lok werden durchdrehen, der Zug muß halten. Wir werden die Türen aufschieben, und die Kohlebrocken werden wie von selbst aus dem Waggon in den Garten kullern, wo wir sie nachts bloß noch einsammeln. Wir einigen uns auf meinen Plan, weil er schlauer ist.

Jeder schmiert also seine Schiene über dreißig Meter ein, bis das Fett verstrichen ist. Dann liegen wir auf der Lauer. Endlich kommt der Zug die Anhöhe runter, und was macht er? Er fährt ohne zu rutschen ganz ruhig mit der vollen Ladung über unsere Fettstrecke hinweg. Bis er am Horizont verschwindet. Kein Kohlebröckchen ist heruntergefallen. Es gibt immer Rückschläge.

Sankt Martin ist ein Fest, das in Hennigsdorf nicht bekannt war. Hier im Rheinland freuen sich alle das ganze Jahr darauf. Am 11. November, wenn es dunkel geworden ist, zieht die Schweizerbande mit Laternen durch die Straßen und singt fromme Lieder. Als wenn wir kein Wässerchen trüben könnten, als hätten wir nicht viele Male die Gärten geplündert und die Keller aufgebrochen.

Je ärmer die Kinder sind, desto schöner sind die Laternen, die sie basteln. Ich baue aus Pappe einen kleinen Dom zu Speyer. Mit einer Kerze kann ich ihn von innen beleuchten. Dann leuchten auch meine unschuldigen Augen, denn die Leute sollen die Türen öffnen und Kekse und Äpfel verschenken. Aber nur wenige haben etwas übrig. Die Leute schämen sich. Sie bleiben still hinter ihren Türen stehen und lauschen.

Manchmal bin ich selbst den Tränen nahe, wenn ich meinen Sopran über den nackten Bettler singen höre:

„... Im Schnee saß, im Schnee saß,
im Schnee, da saß ein armer Mann,
Hat Kleider nicht, hat Lumpen an,
'O hilf mir doch in meiner Not,
Sonst ist der bittre Frost mein Tod.'

St. Martin, St. Martin,
St. Martin zieht die Zügel an,
Sein Roß steht still beim armen Mann,
St. Martin mit dem Schwerte teilt
Den warmen Mantel unverweilt ..."

Einige von uns verderben das ganze Bettlerlied, weil sie falsch singen. Abends gehe ich mit meinem Dom zu Speyer nochmal allein los. Die Leute hören, daß nur ein einzelner Bettler draußen steht, und manchmal reichen sie dann doch einen Keks aus der Tür.

Dafür muß er zahlen

Im Winter ist bei meiner Oma Schneidersaison. Bei uns klingeln schlechtangezogene Leute, die irgendwo auf dem Schwarzmarkt gebrauchte Kleidung ergattert haben. Meine Oma muß sie passend machen, und wer statt der Reichsmark ein Stück Brot oder Butter zu bieten hat, wird auf der Stelle bedient. Frauen lassen sich meistens die Brustabnäher an Kleidern und Blusen verkleinern. Herren kommen oft, wenn ihre Hosen zu kurz sind. Dann trennt die Oma den Umschlag ab, bügelt ihn aus und näht ihn unten wieder an.

Heute sind ein Herr und eine Dame zu Besuch, die beide

nichts geändert haben wollen. Dazu sind sie zu fein gekleidet. Sie hat einen Pelzmantel an, er einen dunklen Anzug mit Weste, weißem Hemd und Seidenkrawatte.

Er hat den Kopf voller Kringellöckchen, wie ein Pudel, eine gesunde Gesichtsfarbe, zarte Hände, einen Ring mit Glitzerstein am Finger und blanke Halbschuhe.

„Mach einen Diener", sagt meine Oma, als ich reinkomme, „das ist Herr Peter Salomon, unser neuer Zimmerherr. Die Dame ist seine Arbeitskollegin. Er wird die Miete im Voraus zahlen, denn er ist ein Geschäftsmann, der den Import und den Export wieder ankurbeln will. Er dürfte wohl der erste Jude sein, der es auf sich genommen hat, nach dem Krieg Deutschland zu betreten. Und als Sie es mir erzählt haben, Herr Salomon, was habe ich Ihnen geantwortet?"

Beide nicken mir freundlich zu, und Herr Salomon sagt: „Deine Großmutter hat geantwortet: Wenn es nach ihr gegangen wäre, hätte ich Deutschland nie verlassen müssen ..."

„Und ich habe noch mehr geantwortet", sagt meine Oma, „nämlich, wenn ich die geringste Chance gehabt hätte, zum Beispiel genug Geld, und wenn ich nicht den Heinrich hätte versorgen müssen in seinem Alter, dann wäre ich – so wahr mir Gott helfe – selber fortgegangen aus diesem Land."

Als Herr Salomon mit der Frau und zwei Koffern in seinem Zimmer verschwunden ist, flüstert sie:

„Er wird nicht jede Nacht hier schlafen. Die Dame interessiert sich nicht für ihn, das sieht man. Er hat Kontakt zu holländischen Schiebern, deshalb muß er öfter über die Grenze. Mir ist er sympathisch. Er sagt, wenn ich ihm was wasche oder bügle, wird er es extra bezahlen."

Ich bin ein bißchen enttäuscht, daß er keine jüdische Nase hat. Meine Oma und mein Vater haben beide eine jüdischere Nase als er.

So wie es Rückschläge gibt, gibt es auch Wunder. Ein Wunder ist, daß wir zum ersten Mal reich sind. Meine Oma hat zum Herrn Salomon gesagt: „Sie haben mir zu viel Damenbesuch. Alle paar Tage eine Neue." Und da hat er zu ihr gesagt: „Frau Koppmann, Sie können mich am Arsch lecken!"

Da ist meine Oma kein bißchen zusammengezuckt, sondern hat gesagt: „Packen Sie Ihre Sachen und gehen Sie!" Dann ist sie zum Heinrich in die Küche gegangen: „Heinrich, reg dich nicht auf. Weißt du, was der feine Herr gesagt hat? Ich könnte ihn am Arsch lecken." Der Heinrich hat die Zeitung weggelegt und ist aufgestanden. Sofort hat er die Schublade gezogen und das Rasiermesser aufgeklappt. Schon dabei hätte er sich schneiden können, denn er hat am ganzen Leibe gezittert. Die Oma hat ihn festgehalten, weil sie stärker ist als er, und sie hat ihn ganz leidenschaftlich geküßt. Ich muß an die beiden Wassergläser mit den Zahnprothesen denken, die nachts neben ihren Betten stehen. Beim Küssen hat sie ihm vorsichtig das Messer aus der Hand genommen und es wieder zugeklappt.

„Mein Lieber, um alles in der Welt, mach keinen Unsinn. Glaube mir: dafür muß er zahlen."

Nach ein paar Minuten ist Herr Salomon mit einer Dame und einem Koffer aus seinem Zimmer gegangen. Er hat geklopft, die Küchentür aufgemacht und ganz leise gesagt: „Ich wiederhole: Am Arsch können Sie mich lecken!" Dann ist er die Treppe runter und weg. An der Türklinke seines Zimmers klebte ein Stück Papier, darauf stand: „Zutritt verboten!"

Meine Oma hat zum Heinrich gesagt: „Du wirst dich nicht wegen einem kleinen Hurenbock ins Unglück stürzen. Aber du hättest es getan, das weiß ich. Und das genügt."

Nachdem drei Tage vergangen sind, hört meine Oma den Herrn Salomon wiederkommen, und sie hört sofort, daß er nicht alleine ist. Blitzschnell ist sie an seiner Zimmertür, und mit dem Finger zeigt sie auf die junge Frau in seiner Begleitung: „Schon wieder eine Neue! Jesus, Maria und Joseph! Gibt es so viele Weiber auf der Welt?“ Sie gibt die Tür frei und sagt: „Packen Sie, damit Ruhe einzieht in die ehrbare Wohnung, aus der Sie keinen Puff machen werden!“

Nach ein paar Minuten klopft Herr Salomon an die Küchentür.

„Herein!“ sagt meine Oma, „Tun Sie nicht so vornehm!“

Herr Salomon trägt einen Rupfensack in die Küche und sagt: „Ich habe Sie beleidigt, Frau Koppmann, es tut mir leid. Zwar hatten Sie Unrecht, aber das ist mir egal. Üble Jahre habe ich durchgemacht und bin froh, daß mir die Lebenslust nicht vergangen ist. Davon abgesehen: Es geht Sie nichts an, wieviele Damen zu meinem Bekanntenkreis gehören. Trotzdem hätte ich das, was ich gesagt habe, nicht sagen sollen. Verzeihen Sie. Es ist mir ernst. Das sehen Sie daran, daß ich Ihnen zur Versöhnung diese zwanzig Pfund Schwarzen Tee schenken möchte.“ Er stellt den Sack auf die Küchendielen und geht zurück in sein Zimmer.

Meine Oma trägt den Teesack auf den Tisch, bindet ihn auf, schnuppert und läßt die schwarzen Krümel durch ihre Finger rieseln.

„Heinrich, wir sind gerettet“, sagt sie.

„Wieso?“

„Weißt du, was die Ostfriesen sagen? ‚Wenn wi keen Tee hebben, möten wi starben‘.“

Der Grund, warum viele denken, meine Oma sei verrückt, liegt auch darin, daß ihr nie etwas peinlich ist. Nie schämt sie sich für etwas. „Ich kann nichts Unmenschliches begehen“, sagt sie, „deshalb muß ich vor Gott keine Angst haben.“ Das führt im Alltag dazu, daß sie eine besondere Form des Sich-gehen-lassens ausgeprägt hat. Zum Beispiel, wenn ihr, mal so im Gespräch, ein Darmwind entweicht, kann sie in großartiger Weise darüber hinweggehen.

Dadurch wird es einfach nicht wahrgenommen. Wahrscheinlich denkt sie, Gott hat diesen Körperteil zu diesem Zweck geschaffen, Hund und Pferd nehmen ihn unschuldig in Anspruch, warum soll ich es nicht tun?

Weil ich sie sehr liebe, gehört ihr meine ganze Aufmerksamkeit. Deshalb würde mir auch der kleinste Pups meiner Oma nicht entgehen.

Während ich es wieder mal überhöre, sitzen wir auf dem Stuhl und zerdrücken drei Pellkartoffeln. Den Brei vermischen wir mit Wasser und Mehl und rühren daraus einen Kleister, mit dem wir Tüten kleben, die wir aus alten Zeitungen geschnitten haben. Wenn meine kleine Blechtasse gestrichen voll ist, sind es für jedes Tütchen genau fünfzig Gramm schwarzer Tee. Das habe ich auf der Briefwaage von Frau Albrecht abgewogen.

Dreißig Tüten nehmen wir mit auf die Fahrt nach Norden. „Da leben die Friesen", sagt meine Oma. „Die stammen von den Wickingern ab, welche von jeher verrückt nach schwarzem Tee sind. Er ist für sie das, was für mich Bohnenkaffee ist."

Dann schreibt sie auf ein Papier: „Sehr geerter Her Salomon, die Sache ist beigelegt. Hochachtungsvoll – Elisabeth Koppmann" Sie malt ein vierblättriges Kleeblatt dazu und schiebt es unter seiner Tür durch.

Kirschblätter im Tee

Auf dem Bahnhof steht der vollste Zug meines Lebens. Meine Oma ist irgendwie in den Waggon reingekommen, jetzt werde ich zur Seite geschubst und verliere sie. Sie klemmt zwischen den Leuten. Bis zum Abteilfenster kann sie nicht vordringen. Sie würde aussteigen und auf die ganze Reise pfeifen, aber es geht nicht vor und nicht zurück.

„Bleib du in Duisburg, ich komme wieder“, ruft sie. Aber ich mache es anders, ich fahre die ersten Stationen außen auf dem Waggon-Puffer mit, sehe die Schienen unter mir hinrasen. Rechts und links stehen Leute, die sich anklammern, ein Mann bindet sich an einer Haltestange fest, auf den Waggondächern kleben die Menschen wie Fliegen, mitsamt ihren Beuteln und Bündeln. Es ist eine Höllenfahrt und doch ein Abenteuer.

Der Zug hält nicht nur auf Bahnhöfen, manche Leute haben kein festes Ziel, sie steigen einfach ab, vielleicht weil sie sich nicht mehr festklammern können, und wandern querfeldein auf ein Dorf zu.

Ab Osnabrück wird der Zug leerer, bei einem Halt kann ich es wagen, meinen Platz auf dem Puffer zu verlassen, um den Waggon zu entern, in dem meine Oma verschwunden ist. Sie sitzt auf dem Boden eines Abteils zwischen den Füßen der Leute. Neben ihr ein Oberschlesier mit einer Holzhand. Mit dem geht sie die schönsten Straßen von Kattowitz durch. Ölbeschmiert und voller Ruß hocke ich mich zu ihr: „Junge, du bist hier? Ich dachte, du wärst zu Hause geblieben.“

Vom Bahnhof Oldenburg nimmt uns ein Bauer auf dem Pferdewagen mit in Richtung Emden. Ich rieche das Meer, aber zu sehen kriegen wir es nicht. Irgendwo auf der Landstraße steigen wir ab, obwohl in der Gegend nur wenige Gehöfte liegen. Meine Oma sagt: „Das ist gut so. Je weiter man von Hof zu Hof laufen muß, desto weniger Hamsterer sind unterwegs. Je einsamer der Hof, desto neugieriger sind die Bauern. Und wir reisen mit dem Besten, was es gibt. Schwarzen Tee haben die Friesen seit Kriegsausbruch nicht gesehen.“

Gleich vor dem Tor des ersten Gehöfts steht eine Bäuerin und sagt etwas, das ich nicht verstehe. Meine Oma hat es aber verstanden, denn, als ob sie gefragt worden wäre, sagt sie: „Echten schwarzen Tee.“ Sofort wird uns aufgetan, wir dürfen in die Küche kommen, um unsere Ware auszubreiten. Die Bäuerin legt das 50-Gramm-Gewicht auf die Waage und wiegt einige Tüten ab. Dann spricht sie ein paar Worte mit meiner Oma, von denen ich wieder keines verstehe. Soll das der Dialekt der Friesen sein?

„Danke, das ist nett von Ihnen“, sagt meine Oma und schiebt mich an den Tisch, wo wir uns setzen. „Sie haben recht. Es gibt viel Betrug heutzutage. Aber daß Kirschblätter unter den Tee gemischt werden, höre ich zum ersten Mal.“ Höre ich? Ich habe es nicht gehört.

Die Bäuerin fragt etwas.

Meine Oma sagt: „Bitte, gern. Ist mir sogar recht, daß eine Dame aus Friesland, die von der Sache was versteht, den Tee abschmeckt. Sollte er nichts taugen, kann ich mir die nächste Reise ersparen.“

Die Bäuerin gießt kochendes Wasser zum Wärmen in die Kanne und brüht den Tee, den sie mit Sahne weißt und mit Zucker süßt. Meine Oma und ich sitzen schweigend dabei. Die Bäuerin schlürft und schmatzt und wirbelt die in der Tasse schwimmenden Teeblätter auf, um sie zu betrachten.

Dann fragt sie wieder etwas, und meine Oma antwortet:

„Noch neunundzwanzig Tütchen. Eins habe ich dem Fuhrmann gegeben.“

Die Frau geht aus der Küche.

„Was ist mit ihr los?“ sage ich.

„Nichts. Sie ist taubstumm. Aber ich verstehe sie prima.“

Die Bäuerin kommt mit einem kleinen Sack Kartoffeln in die Küche, und dazu legt sie zwei große Seiten geräucherten Schinkenspeck auf den Tisch. Was für eine Beute. Und alles nur, weil meine Oma dem Herrn Salomon verziehen hat.

„Es ist dunkel geworden“, sagt sie, „können wir irgendwo übernachten?“

Die Bäuerin gibt uns in der Scheune einen Schlafplatz. Wir liegen unter einer Pferdedecke auf Heu und reden noch ein bißchen.

„Wie hast du den Heinrich kennengelernt?"

„Ich habe dir erzählt", sagt sie, „daß ich zur Maria gebetet habe."

„Ja, aber wie hat sie es gemacht?"

„Es waren keine guten Zeiten, wie immer in meinem Leben. Das Mehl für die Tapentenreinigung hatte ich mir vom Munde abgespart. Schon drei Tage kriegte ich keinen Auftrag, drei Tage Klinkenputzen, und nichts im Magen. Da fand ich ihn, in seiner kleinen Wohnung, den alten Hagestolz, der mein Mann geworden ist. Ein Anstreicher, seine Wände waren frisch beklebt. Saubere Tapeten brauchte er nicht. Was er brauchte, war ein sauberes, christliches Denken, und das hat er bei mir gefunden."

„Stimmt es, was Onkel Julius erzählt hat? Daß deine Mutter auch taubstumm gewesen ist?"

„Ach, was der Bock erzählt. Aber warte, jetzt, wo du es sagst: Ja! Es ist die Wahrheit. Meine Mutter war taubstumm. Daran hätte ich gar nicht mehr gedacht. Es war nichts Besonderes für uns. Das normale Leben. Wir haben uns gut verstanden, obwohl sie in zwei Sprachen taubstumm war, auf Polnisch und auf Deutsch."

„Wie meinst du das?"

„Sie konnte beide Sprachen von den Lippen lesen. Bloß verstehen hat kein Mensch sie können, weder die Polen noch die Zigeuner noch die Juden noch die Deutschen. Aber wir Kinder verstanden jedes Wort."

„Wieviele Kinder hatte sie?"

„Vier. Albert, Grete, mich und Martha. Und später kamen noch meine beiden Jungs dazu."

„Und wo war euer Vater?"

„Sowas fragt man nicht." Und nach einer Weile sagt sie: „Einen Vater hatten wir nicht. Wir hatten vier Stück."

„War deine Mutter denn reich?"

„Ach was. Ich glaube, wir waren die ärmsten Luder in Kattowitz, jedenfalls in der Nottebohmstraße."

„Warum hat sie so viele Kinder bekommen?"

„Gott hat sie gegeben", sagt meine Oma. „Alle Kinder kommen von Gott. Es waren Kinder der Liebe." Sie dreht sich zum Schlafen um: „Meine Mutter war stumm. Sie konnte nicht nein sagen."

Der ganze Speck

Am Abend sind wir wieder in Duisburg. Wir gehen getrennt durch den Bahnhof, damit uns die Polizei nicht erwischt, denn Hamstern ist verboten. Meine Oma trägt die Kartoffeln und eine Speckseite, ich schiebe mir die andere unter das Hemd und knöpfe die englische Jacke zu. Ich sehe dick aus, und der Speckgeruch strömt mir aus dem Hemd. Kein Polizist ist zu sehen. Verboten ist manches, aber sie haben nicht genug Leute zum Kontrollieren. Vielleicht brauchen sie gerade jetzt alle Mann für eine Razzia auf dem Schwarzmarkt.

Zu Hause schnalzt der Heinrich mit der Zunge, als wollte er sagen: „Na, ihr macht Sachen!" Ich glaube, er will immer vorbildlich sein. Er will sein, wie es sich für einen deutschen Handwerker gehört. Er sagt gerne: „Ich habe, so lang ich denken kann, die Partei der Katholiken gewählt. Das sagt alles." Für seine Liesel setzt er eine Schüssel warmes Wasser auf, damit sie sich waschen kann. Ich versuche, unter dem Wasserhahn im Flur meinen Speckgeruch loszuwerden.

Die Oma hält Ausschau nach einem Platz, wo wir die Beute verstecken könnten. Endlich zeigt sie mit dem Finger auf die grauen Übergardinen: „Da kommt der Speck hin, der eine links, der andere rechts." Wir rücken den Tisch an das Fenster und hängen direkt unter dem Gardinenbrett die Speckseiten auf, so daß sie von den Schals verdeckt sind.

Die Kunden, für die meine Oma schneidert, bleiben oft in der Küche stehen und schnuppern.

„Ich weiß nicht, wo der Speckgeruch herkommt", sagt meine Oma, „Wohl von draußen. Warten Sie, ich mach das Fenster zu." Dabei sieht man schon, wie die Übergardinen oben dunkler werden, weil das Fett allmählich durchsickert. Als Herr Salomon in die Küche kommt, sagt meine Oma: „Ihnen kann ich ja sagen, wo der Schweinespeck hängt, Sie werden ihn mir nicht wegessen: Da oben hinter der Gardine."

Alle zwei Tage muß ich auf den Tisch und von dort auf einen darauf stehenden Stuhl klettern. Dann hält meine Oma den Turm fest, ich schneide unter der Schabracke einen frischen Streifen mitsamt der Schwarte ab, damit wir abwechselnd Erbsen oder Kartoffeln mit Speck kochen können. Manchmal gehe ich zu dem dünnen Helmut Albrecht über den Flur und bringe ihm einen Teller davon. Er sagt: „Stell ihn auf den Tisch, ich esse später." Aber ich glaube, er kann die Erbsen gar nicht essen. Beim Anblick seiner mageren Hände muß ich an Hänsel und die Hexe denken, die seine Finger fühlen will, ob er bald fett wird.

Es ist Sonntag, ich höre die Glocken bis in den Flur läuten. Den Teller halte ich in beiden Händen und rufe Frau Albrecht durch die Tür. Sie macht auf. Sie hat keinen Gesichtsausdruck.

„Leise", sagt sie, „er ist gestorben. Schau dir deinen Freund nochmal an. Unser einziges Kind."

Ich stehe mit den Speckerbsen an seinem Sofa. Es kommt mir dumm vor, jetzt den Teller wegzustellen. Das Ölgemälde mit den Rosen hängt über ihm. Die Fenster stehen offen, der Glockenklang ist laut. Die Adern stehen noch auf Helmuts Stirn. Er ist Haut und Knochen.

Eine Woche später wird er beerdigt. Der Heinrich sagt: „Ich geh nicht mit, Liesel. Sie hat dich zu oft beleidigt." Frau

Albrecht, meine Oma und ich gehen auf den Friedhof. Helmut ist so leicht, daß nur zwei Männer gebraucht werden, um den Sarg nach unten gleiten zu lassen. Herr Albrecht ist zu Hause geblieben, er kann nicht mehr laufen.

Als wir den nächsten Turm bauen, um Speck abzuschneiden, sehe ich, daß zwei lebendige Maden auf den Tisch fallen. Ich zeige sie meiner Oma. „Jesus, Maria und Joseph“, sagt sie. „Schneid die ganze Seite ab und reich sie mir runter!“

Sie nimmt die Tischdecke ab, wischt über die Platte und als sie die Speckseite hinlegt, fallen noch viele Maden heraus, die sie alle in das erste beste Gefäß wirft, das sie greifen kann. Es ist die Rasierschüssel vom Heinrich. Dann setzt sie die Brille auf und schneidet geduldig alle Madengänge heraus, die sie findet. Dabei zerlegt sie den Speck in verschieden große Stücke, die sie in Salzlake reinigt. „Es tut einem direkt leid“, sagt sie. „Man müßte die Maden sammeln für jemand, der ein Aquarium hat.“ Ich muß unwillkürlich lachen, nur der Heinrich zieht ein Gesicht. Die Reste mitsamt den Maden bringt er zur Toilette und zieht zweimal ab.

Wir untersuchen die andere Speckseite. Wie durch ein Wunder ist sie ohne Befall. Als der Heinrich angeekelt seine Rasierschüssel abseift, sagt sie: „Tu nicht so, mein Lieber. Was habe ich dich schon für lebendigen Harzer Käse essen sehen. Und du weigerst dich dein Lebtag, in die Himbeeren zu kucken, obwohl in jeder zweiten die Made wohnt.“

Eine Woche nach diesem Ereignis wird Herr Albrecht aus der Wohnung getragen. Er ist an der Zuckerkrankheit gestorben.

Wie stark ist Frau Albrecht früher gewesen, und wie frech konnte sie sein. In kurzer Zeit ist sie eine gebeugte, leise huschende Frau geworden, die mit niemandem spricht, weil sie Angst hat, beim ersten Wort in Tränen auszubrechen.

Es gibt eben traurige Erlebnisse, aber auch erfreuliche.

Zum Beispiel habe ich in diesem neuen Jahr 1948 zum ersten Mal eine Banane und eine Apfelsine gegessen. Die Banane schmeckt wie ein wunderbarer Pudding, die Apfelsine schmeckt so, wie ich mir das Paradies vorstelle. Ich reibe mir Arme und Hände mit den Schalen ab und nehme mir vor, später eine Fabrik zu eröffnen, in der Apfelsinen-Parfüm gemacht wird. Darauf ist noch keiner gekommen, und möglich geworden ist es, weil Herr Salomon die beiden Früchte, die man Südfrüchte nennt, aus Holland mitgebracht hat. Er hat sie mir beide geschenkt. Ich mußte ihm versprechen, daß ich sie selber esse, habe sie dann aber mit der Oma geteilt.

Ein Raddampfer

Im halb verschütteten Keller einer Villa sehe ich einen Rollschuh aus dem Schutt ragen. Wir alle in der Schweizerbande sind Spezialisten im Ruinenausgraben. Wir verstehen es zu lesen, in welcher Reihenfolge die Wände umgefallen sein müssen. So finden wir heraus, in welcher Schicht der unergiebige Schutt liegt, der von oben hereingestürzt ist. Dadurch kann man beim Graben Zeit sparen. Trotzdem muß ich lange suchen, bis ich den anderen Rollschuh gefunden habe. Aber sie gehören zusammen. Beide nehme ich auseinander, entroste und schmirgele sie, fette die Riemen, poliere die Kugeln. Ich schneide mir ein Wehrmachtskoppel zurecht, baue eine Patronentasche um, so daß ich die kleine Ölkanne und den Putzlappen beim Rollschuhlaufen immer am Gürtel tragen kann.

Zum ersten Mal werde ich beneidet, nicht weil ich die schönsten Rollschuhe in Duissern habe, aber die schnellsten. Und weil ich das Fahrgeld für die Straßenbahn spare, rolle ich öfter bis nach Speldorf. Dort ist das Kino.

Überraschend ist mein Vater aus der Russischen Zone angereist, wo er Arbeit gefunden hat. Ich hole ihn vom Bahnhof ab. Er sieht etwas grau aus, dafür nicht mehr so mager. In der Linie 2 unterhalten wir uns über die Wissenschaft. Ich habe eine völlig neue Erfindung gemacht und schlage den Bau eines Raddampfers ohne Dampf vor. Er als Ingenieur müßte ihn nach meinen Ideen zeichnen und bauen. Eine Skizze habe ich schon angefertigt: Der Dampfer setzt sich in Bewegung durch sogenanntes Starterwasser, das aus einem Behälter an Deck auf die Schaufelräder geleitet wird, die sich dadurch zu drehen beginnen. Sie treiben sowohl das Schiff als auch einen Dynamo, der dann den Elektromotor mit Strom versorgt. Der Motor, wenn er einmal in Fahrt ist, übernimmt den Antrieb der Schaufelräder, die das Schiff vorwärtsbewegen. Etwas Strom muß für die Pumpe übrig bleiben, die das Starterwasser für den Beginn der nächsten Reise aus dem Fluß und in den Behälter saugt.

„Eine gute Idee. Hast du das selbst erfunden?"

„Ja, ganz allein."

„Du solltest Ingenieur werden. Du kannst froh sein, daß du meine Erfindungsgabe geerbt hast. Jetzt mußt du nur noch lernen, welche Erfindung funktioniert, und welche nicht." Er sagt es halb ernst, halb belustigt.

„Das, was du erfunden hast, wollen die Menschen schon seit Jahrtausenden bauen, aber es geht nicht. Sie nennen es Perpetuum mobile, ‚Das dauernd Bewegliche', eine Maschine ohne Energie von außen."

Schade. Irgendwie wollte ich ihn beeindrucken.

„Ich habe noch was erfunden, das von vornherein nicht funktioniert", sage ich. „Man kann sagen, daß es Blödsinn ist. Nur Phantasie."

„Na?"

„Stell dir vor, die Welt wäre ganz anders, als sie ist."

„Und wie?" sagt er.

„Es gäbe … äh … keinen Himmel, sondern die ganze Erde

hätte eine Hülle aus Beton. Man klettert auf den Eiffelturm, und an der Spitze braucht man nur noch die Hand auszustrecken, und da könnte man schon die Betonkruste berühren, die sich um den ganzen Erdball zieht…"

Er schüttelt sich, als hätte er einen Löffel Essig getrunken.

„Dann kommen die Alpen", sagt er. „Was ist, wenn die Alpen kommen?"

„Es ist noch nicht erforscht. Man weiß es nicht. Die Alpen verschwinden im Beton, und wer rausfinden will, wo sie enden, der muß mit dem Dampfhammer so lange in den Beton schlagen, bis er die Spitze der Alpen erreicht."

„Und darüber?" sagt er. „Was ist über der Alpenspitze?"

„Immer Beton", sage ich, „das Weltall ist Beton."

Noch weiß ich nicht, wie die Sache enden soll. Mein Vater kuckt mich gar nicht an: „Und was haben wir davon, du Depp?"

„Es wäre interessant", sage ich. „Ärgere dich nicht darüber. Es wäre eine andere Welt, die schwer zu erforschen ist. Fernrohre würden nichts nützen, weil man ja nicht höher kucken müßte als 300 Meter."

„Ich glaube, du warst jetzt lange genug bei der Oma…", sagt er.

„Wie alt bist du?" frage ich ihn nach einer Weile.

„Vierzig", sagt er.

„Und ich werde im Jahr 2000 dreiundsechzig sein. Älter als die Oma."

In den nächsten Tagen rede ich öfter mit Greisen und frage, wie alt sie sind. Wenn jemand über sechzig ist, will ich wissen, was er sich noch zutraut. Ob er gut hören und sehen kann. Einer hat mir eine Backpfeife runtergehauen. Aber es gab auch lustige Sachen. Einer sagte nichts. Er hielt den Spazierstock zwischen seinen Fäusten fest und sprang drüber.

Grandios verarscht

Am Abend ist bei uns ist ein kleines Familientreffen.

Neben meinem Vater sitzt Tring Brakmann, die Bauerntochter mit den großen Brüsten. Er hat sie besucht und vom Bauernhof mitgebracht, weil er sie mal rumzeigen will. Sie hat noch keinen Mann, deshalb legt sie meinem Vater die Hand aufs Knie. Ich frage ihn, ob er mich in die Ostzone holen wird. „Noch nicht", sagt er, „aber bald." Ihm gegenüber sitzt Onkel Walter mit seiner blonden Marga. Die Männer haben jeder eine Flasche Schnaps und ein Päckchen Tabak vor sich, und jeder hat ein eigenes kleines Blechmaschinchen, mit dem man Zigaretten dreht.

Der Heinrich geht runter in die Kneipe, um ein angewärmtes Dünnbier zu trinken. „Entschuldigt, ihr wißt ja: So richtig gehöre ich nicht dazu ...", sagt er und verschwindet.

Nach einer Stunde kommt die Oma von der Arbeit.

„Ich fühle es: Heute habe ich zum letzten Mal Tapeten gereinigt", sagt sie. „Die Leute wollen es nicht mehr. Verständlich. Wenn das neue Geld da ist, wird es schöne Tapeten geben. Ich habe den Auftrag nur deshalb bekommen, weil die Kundin sich die Karten hat legen lassen. In einer Liebessache."

Die Männer sind angetrunken und reden über die Kriegszeit.

„Wir sind grandios verarscht worden", sagt mein Vater.

„Ach, Rudi, dir hat der Mumm zum Auswandern gefehlt. Nur geredet hast du davon. Könntest jetzt australischer Millionär sein", sagt Onkel Walter.

„Davon hat er schon als Kind in Kattowitz gefaselt", sagt meine Oma.

„Woher weißt du das, Mutter? Du warst doch nie da, in Kattowitz. Jahrelang habe ich gedacht, Oma Johanna wäre
meine Mutter, und Onkel Albert mein Vater. Als er sich zum 2
Sterben hingelegt hat, bin ich in sein Bett gekrochen und

habe ihn gewärmt. Und als er tot war, bist du endlich auf-
1 getaucht, mit Hut und weißem Spitzenkleid. Das Zeug hast
du nach einer Woche in der Pfandleihe versetzt."

„Ich habe für euch gearbeitet, genau so wie ich heute für den Manfred arbeite. Das habt ihr wohl nicht gewußt?"

Mein Vater beugt sich über den Tisch und küßt mich: „Ein Jahr brauche ich noch, Manfred, dann kann ich dich rüberholen", sagt er. „Vor den Russen brauchst du keine Angst zu haben. Sie behandeln mich anständig."

Ich kucke nur meine Oma an, und sie kuckt mich an. Habe ich meinen Vater lieb? Ich sehe ihm ähnlich, habe seine Nase, seine Augen, sonst eigentlich nichts. Er fängt an zu singen:

„Bin allein, allein,
mit meinem Herzen,
bin allein, allein,
mit meinem Sinn..."

Man kann die Melodie nicht erkennen, höchstens am Text. Dafür kann er rechnen. Das meiste habe ich von meiner Mutter, die großen Füße und den Gesang.

„Es war alles abgekartet, bis zum Schluß", sagt mein Vater. „Ich weiß, es wird einmal ein Wunder geschehn, da hat Goebbels dahintergesteckt. Das kann doch einen Seemann nicht erschüttern! Alles Goebbels."

Sie trinken einen Klaren und drehen sich eine Zigarette. Die Damen hören zu.

„Die Flieger waren die einzigen, die ich im Krieg beneidet habe", sagt mein Vater. „Das mögen gute Jungs gewesen sein. Wenn du Flieger bist – was weißt du denn, wen du umbringst so tief da unten? Flieger sind anonym. Und ihre Leichen sind anonym. Alles feine Kerle mit 'ner schicken Lederjacke. Kriegen kein Rheuma. Flieger konnte ich nicht werden, da haben sie mich rausgeschmissen, weil meine Ahnenreihe nicht klar war." Er kuckt zu seiner Mutter, die ein paar Kekse im Ofen anwärmt. „Wir waren arme Schweine dagegen. Landser mit viel Gepäck und nassen Schlaflöchern. Haltet aus, der Führer haut euch raus! Was habe ich für einen Haufen Pferdefleisch gefressen. Bah! In russische Gefangenschaft gehen? Ich bin wohl noch zu retten. Kämpfen bis zur letzten Patrone? Also auf die Füße vertrauen und seitwärts in die Büsche. Einen Krieg anfangen, ist leicht. Aber ihn gewinnen... Wieder nicht gesiegt. Die Großschnauzen."

„Landser ist ein starkes Wort", sagt Onkel Walter, „du warst bloß ein paar Monate dabei. Meine Truppe von Anfang an, das waren die wertvollsten Soldaten. Weißt du, was 'ne Haftmine ist? Das ist eine Ladung mit einem Magneten, die klebt man höchstpersönlich an den russischen Panzer. Und dann sieht man zu, daß man wegkommt. Ja, mein Lieber. Dafür war ich Spezialist. Der deutsche Soldat ist der härteste Gegner, den man sich vorstellen kann."

Die Oma sagt: „Du bist doch Italiener, du Arschloch."

Am nächsten Tag packt mein Vater einige Papiere zusammen und fährt wieder in die Ostzone, zum Stahlwerk Riesa, und von dort nach Leipzig, wo er eine Gießerei leiten soll.

Läusekämme und Sockenhalter

Eigentlich war es mein Vater, der mich zum Klauen ermuntert hat. „Es kommen schlechte Zeiten", hat er damals im Krieg gesagt, „wenn du was zu Essen findest, steck' es in den Mund. Das ist Mundraub, es kann nicht bestraft werden." Jetzt klaue ich, zusammen mit Reiner Vogels, alles, was ich kriegen kann, und das Wenigste davon kann man in den Mund stecken. Im Winter, wenn es in den Gärten nichts gibt, müssen wir in Übung bleiben. Wir brechen in Schuppen und Garagen ein und klauen Sachen, mit denen wir nichts anfangen können. Biegeeisen, Schabhobel, Schmiedegesenke, lauter wertvolle Sachen, bloß nicht für uns. Die ganze Gegend durchstöbern, herausfinden, wo es was gibt, den Einbruch vorbereiten, Fluchtwege ausspähen. Auch in den armseligen Läden klauen wir aus Vergnügen. Alles, was greifbar ist: Pomade, Flachnieten, Läusekämme, Sockenhalter. Das meiste ist nur Übungsbeute, draußen schmeißen wir es wieder weg oder legen es in irgendeinen Hausflur.

In unserem Keller steht nur die Kartoffelkiste und zwei angeschimmelte Schuhe vom Heinrich. Ich dachte, die würde er nicht mehr anziehen, deshalb habe ich zum Bau einer Fletsche die Zungen herausgeschnitten.

Eine Schleuder mit zwei Gummibändern und einer Astgabel heißt im Rheinland „Fletsche". Die richtige Astgabel für eine Fletsche sucht man sich im Wald, Gummistreifen werden aus alten Autoschläuchen geschnitten, nur der Lederfleck, in dem der Kieselstein liegt, ist schwer aufzutreiben. Das Leder muß dünn sein, damit man den Stein fühlen kann, und es muß zäh sein, damit es nicht abreißt.

Einen Tag später hat der Heinrich den Diebstahl entdeckt und mich zur Rede gestellt. Ich hätte wissen können, daß er es spitzkriegt, wenn man ihm was wegnimmt. Es gibt nur wenige Gegenstände, die ihm gehören, die kann er leicht im Auge behalten, obwohl er schlecht sehen kann. So schlecht, daß ich ihm die Nasenhaare und die Nägel an den Zehen schneiden muß. Wie kann er da in dem schummrigen Keller sehen, daß die Zungen fehlen? Dabei ist die Zunge das Unwichtigste am Schuh.

Der Heinrich wartet darauf, daß eines Tages die Polizei klingelt, oder die Fürsorge:

„Ihr Enkel kommt in die Erziehungsanstalt. Er hat drei Dosen Lederfett entwendet."

„Ja, bitte", würde er dann sagen, „nehmen Sie ihn gleich mit, am besten für immer."

In diesem Jahr werde ich mit der vierten Klasse fertig sein. Fräulein Agathe Frank hat meine Oma vorgeladen.

„Sie hat mich so seltsam angesehen, als wäre sie mit mir nicht zufrieden“, sagt meine Oma, „es kann aber auch sein, daß sie mich insgeheim bewundert, weil sie mir einen solchen Enkel nicht zugetraut hätte. Jedenfalls sagt sie, daß du faul und frech wärst, in Betragen hast du als einziger eine Vier, und du hättest alles mögliche im Kopf, bloß nicht die Schule. Trotzdem wärst du nicht blöd, und wenn ich das Gymnasium bezahlen könnte, dann würde sie gutsagen für dich, daß du dort eine Prüfung machen darfst. Was sagst du dazu?“

„Sie will mich loswerden. Das ist alles.“

„Quatsch. Sie kann froh sein, daß sie dich hat.“

„Haben wir denn das Geld?“

„Wir? Schon gar nicht. Wenn es einer hat, dann habe ich es. Jesus Maria, ich werde es irgendwie zusammenkratzen. Na?“

„Dort muß ich Lateinisch lernen. Wenn ich mal nach Amerika gehe, dann müßte ich aber Englisch können. Mein Vater ist deswegen nicht nach Australien gegangen, weil er kein Englisch konnte.“

„Deinen Vater brauchen die Australier nicht, der ist zu alt. Also, gehst du oder nicht?“

„Wenn Reiner Vogels geht, gehe ich auch.“

Also werde ich, zusammen mit meinem Blutsbruder, die Prüfung machen. Wir werden wie in der Volksschule nebeneinander in der Bank sitzen.

Das Gymnasium wird mir viel wegnehmen. Was werde ich nicht alles verlernen. Das Nähen, Basteln, Budenbauen, vielleicht sogar das Klauen. Und ich verlerne das Pitschen. Ich pitsche, du pitschest, er sie es pitscht – wir pitschen, ihr pitschet, sie pitschen. Das geht so: Jeder schmeißt seinen Groschen möglichst dicht an die Wand. Dann komme ich mit einem neuen Wurf und muß den am nächsten an der

Wand liegenden Groschen noch übertreffen. Darin bin ich Meister.

Und dann das Landabstechen: Man schmeißt ein Messer durch die Luft, so daß es in einem bestimmten abgesteckten Feld mit der Spitze im Sand landet. Dann zieht man mit dem Messer eine Linie und erobert das abgestochene Land. Wenn das Messer nicht mit der Spitze auftrifft, ist das Land verloren, der nächste ist dran. Wer als erster das gesamte Feld absticht, hat gewonnen und kriegt einen Groschen. Schöne Spiele. Die wird mir das Gymnasium wegnehmen. Wenn dagegen mein Vater aus seiner Kindheit erzählt, das muß schrecklich gewesen sein. Er war zehn Jahre alt, als der Erste Weltkrieg zu Ende war, so alt wie ich jetzt bin. Damals hat es nur Hunger und Runkelrüben gegeben, und obwohl in Kattowitz die Häuser stehengeblieben sind, war alles grau und elend. Uns geht es besser, wir haben die Ruinen zum Spielen, wir können Schätze ausgraben, zum Beispiel alte Briefe, von denen wir die Marken ablösen. Das wird alles vorbei sein.

Johanna 13. Stück

Bruno stellt sich ein Leben vor, das es in Kattowitz nicht ein zweites Mal gibt. Da sind die beiden fremden Kinder, die hören und sprechen können. Ihre Mutter kümmert sich um sie, so gut sie kann. Jetzt wird sein Kind dazukommen, aller guten Dinge sind drei. Manchmal hat er während der Schwangerschaft einen kurzen Schrecken verspürt. O Gott, was ist, wenn sich die Taubheit gerade auf sein Kind vererbt? Unsinn, sie kann sich nicht vererben, Bruno weiß, daß die Johanna durch Masern taub geworden ist. Es ist wahr, sie wirkt ein wenig tumb, für Fremde, nicht für ihn. Er weiß, daß sie im Grunde eine kluge Frau ist. Wenn sie sprechen könnte, würde sich zeigen, daß sie nicht dümmer ist als er selbst. Wahrscheinlich. Arbeiten und Leben, Meister sein und Vater von all diesen Kindern, zu denen auch Johanna gehört, die eigentlich nichts anderes ist als ein Kind, ein starkes, nützliches Kind.

Bruno hat nicht wieder über Heirat gesprochen, nachdem er gesehen hat, daß sein Kind auch nur eine Tochter ist. Und Johanna hat sich seine Antwort gemerkt. Sie wundert sich nicht, nie würde sie erwarten, daß jemand sie heiratet. Ja, der alte Gottselig, dem hätte sie vielleicht Dankbarkeit erweisen sollen, aber das kann sein Ernst nicht gewesen sein, damals. Was hätte sie von ihm gehabt?

Johanna weiß, daß die Tage in der Töpferei anders verlaufen, als der Meister es sich erträumt hat. Sie hat die Augen überall, sie ist noch immer fleißig, aber die größeren Kinder lärmen und bringen Unruhe. Johanna hört den Lärm nicht, sie sieht ihn, und sie sieht manchmal Brunos verstörte Blicke. Alles, was geschafft werden muß, kann sie nicht mehr schaffen. Um die Kunden kümmert sich Bruno selbst, die wollen lieber mit dem Meister reden, und sie wollen verstehen, was ihnen gesagt wird.

Manche Leute in der Nachbarschaft tuscheln über den Mann, der einer Halbverrückten mit zwei fremden Bälgern noch ein eigenes dazu gemacht hat. Seine Männer im Gesangverein zerreißen sich die Mäuler, die Damen in der katholischen Gemeinde tuscheln. Bruno fängt an, sein Leben als eine Bürde zu sehen, aus dem kleinen Handwerkerparadies ist nichts geworden, er geht abends nicht mehr zu Johanna, sondern in die Kneipe, und wenn er sich angetrunken zu ihrem Schlafsofa verirrt, dreht sie ihm den Rücken zu.

Das gelbe Auto

Noch habe ich lange Tage für mich, an denen alles, was ich mache, gut ausgeht. Heute zum Beispiel ist es umgekehrt. Bodo Bredes Vater ist der einbeinige Zahnarzt in der Ludendorffstraße. Die Familie ist reich, Bodo hat die schönsten Spielsachen, die ich je gesehen habe. Gleich hinter der Praxis ist die Wohnung, dort hat er ein Zimmer für sich allein, doppelt so groß, wie unser Kinderzimmer in Hennigsdorf war. Wenn die Tür vom Warteraum offensteht, gehe ich zum Abschreiben direkt nach hinten in die Wohnung. Bodo Brede sitzt meistens da und macht Schularbeiten, denn er will auch Zahnarzt werden. Sein Vater sagt, er soll sich sputen, sonst kommt er nicht auf die Universität. Ich kucke mir jedesmal die drei Blech-Autos aus der Friedenszeit an, die im Regal stehen wie Ausstellungsstücke. Ein gelbes, ein rotes, ein blaues. Alle zum Aufziehen, und im Dach haben sie ein Loch, da kann man einen Bowdenzug reinstecken, an dessen Ende ein Steuerrad ist, so daß man aufrecht hinter dem Auto hergehen und es lenken kann.

Heute ist Bodo nicht zu sehen. Ich höre aber, wie er sagt: „Das müssen wir richtig untersuchen. Sagen Sie mal Aaah." Er hat eine große Wolldecke über den Tisch gelegt, die nach allen Seiten herunterhängt. Ich schlage die Wolldecke hoch und sehe, wie Leonore von Altbüter, die von allen Nöre genannt wird, auf dem Rücken liegt, die Beine breit, keine Unterhosen an, und sagt: „Aaah!" Bodo hat einen Zahnarztspiegel in der Hand und kuckt damit zwischen Nöres Beine. Sie wohnt im selben Haus und ist eine Klasse höher als wir. Au Backe, Bodo ist Meßdiener. Das kann man wirklich unschamhaft nennen.

Er sieht mich und wird käsebleich. Er will mich nicht gehen lassen, erst soll ich ihm versprechen zu schweigen.

„Ist doch nicht schlimm, Bodo", sage ich. „Das habe ich auch schon mal gemacht."

„Ob du es gemacht hast, ist egal, du hast keinen Vater. Aber ich."

Ehe ich ihm erkläre, daß ich auch einen Vater habe, nimmt Bodo die drei Autos aus dem Regal und sagt: „Such dir eins aus." Nöre liegt noch unterm Tisch. Am liebsten würde ich auch gern mal mit dem kleinen Spiegel bei ihr reinkucken. Aber die Gefahr, daß er es sich anders überlegen könnte, ist groß. Ich halte es nicht aus. Ich grabsche mir das gelbe Auto und renne im Dauerlauf die „Wilhelmshöhe" hoch, wo ich im Knien ein Dankgebet spreche: „Lieber Gott, Bodo war unschamhaft, dann hat er sich geschämt, so daß ich jetzt sein Auto habe. Danke, Amen."

Gut, daß Bodo katholisch ist und daß er beichten kann. Er kommt mit Gott ins reine. Ich muß jede Unschamhaftigkeit durchs ganze Leben schleppen.

Allein gehe ich auf den Kaiserberg. Oben, bei der künstlichen Grotte, die wir Schinderhannes-Höhle nennen, betrachte ich das Auto. Es hat ein richtiges Leben, nämlich den Motor, die lenkbare Vorderachse und eine Gangschaltung. Es ist einmalig gelb, wie ein Briefkasten. Gerade ärgere ich mich, daß niemand da ist, dessen neidische Blicke ich beobachten könnte. Da kommen zwei Jungs, die sagen, sie seien aus der Duissernstraße und wollten das Auto mal ankucken. Ich halte es an der Motorhaube mit beiden Händen fest, so daß sie es nur von hinten sehen können. Dann stecke ich es wieder in die Hosentasche.

Bis jetzt ist dieser Tag der schönste in meinem Leben. Aber manchmal kehrt sich alles zum Bösen.

Die Jungs klettern nämlich beide nacheinander die ganze Außenwand der Grotte hoch und wieder herunter. Als wenn es nichts wäre. Sie klopfen sich lässig den Staub von den Hosen, der eine Junge sagt: „Du hast zwar ein gelbes Auto, aber wir können klettern."

„Kann ich auch." Ich spucke in die Hände, und ehe ich

mit Klettern anfange, werfe ich, wie Luis Trenker, einen Blick in die Höhe. Dann der Aufstieg. Plötzlich, nach drei Metern, geht es nicht weiter. Wie haben die das geschafft? Bestimmt haben sie geübt und deshalb die richtigen Steine zum Festhalten gefunden. Ich dagegen habe mich verklettert, vielleicht sind meine Knochen zu schwer, der Schularzt sagt, dafür, daß ich so mager sei, hätte ich viel Gewicht, das läge am Skelett. Was ist, wenn ich mit den schweren Knochen ohnmächtig werde? Es geht nicht vor und nicht zurück.

„Da wo du bist, kriegst du keinen Halt. Bleib bloß ruhig, du schaffst es. Wenn du fällst, paß auf, daß du das Auto nicht einbeulst. Wirf es lieber runter!"

Ich denke nicht dran. Sie warten noch ein bißchen, dann höre ich, wie sie lachend losziehen. Und ich hänge da oben, kucke starr vor mich hin auf meine Hände und auf den einzigen Stein, der gerade so weit vorspringt, daß ich mich dran halten kann. Mich umzudrehen oder nach unten zu schauen, wage ich nicht. Ich drücke mich so eng an den Stein, daß ich den Staub rieche. Um auf mich aufmerksam zu machen, fange ich mit Jammern an, aber niemand ist da. Es ist klar, daß ich bald abfallen werde, deshalb fange ich an zu schreien, schließlich schreie ich dieses weibische Wort heraus: „Hilfe!"

Als der Hausmeister vom Restaurant „Wilhelmshöhe" mit einer Leiter kommt, zittere ich am ganzen Körper. Er stellt mir die Leiter an, ich streichle dem Alten die Hand. Erst Ende Mai haben Reiner und ich im Garten der „Wilhelmshöhe" ein paar Fliedersträuße geklaut. Wir haben sie von den Sträuchern abgeschnitten, sind durch den Zaun nach vorn ins Restaurant gegangen und haben sie der Wirtin verkauft. Jetzt hat der Alte mir das Leben gerettet. So kann's kommen.

Über die Krallen

Das ist aber an dem Unglückstag noch nicht alles.

Heulend vor Wut und Scham suche ich nach einer großen Tat. Die Sache muß in Ordnung gebracht werden. Ich wandere über den Kaiserberg die Teufelsschlucht hinunter zur Autobahnbrücke. Da sind die beiden großen Bögen aus genietetem Eisen. Jeder ist vielleicht 30 Meter lang, einen Meter breit und an der höchsten Stelle 10 Meter hoch. Viele aus der Schweizerbande haben schon davon geträumt, den Bogen zu bezwingen. Ich werde es machen. Jetzt. Schön wär's, wenn die ganze Bande es miterleben und mich bewundern könnte. Andererseits sage ich mir: Wenn ich es einmal geschafft habe, schaffe ich es immer wieder. Ich stelle die Schuhe unten ab, da, wo der Bogen im Asphalt der Straße verschwindet. Das Schwerste ist, die eisernen Krallen zu umklettern, die zur Kinder-Abschreckung an den Bogen geschweißt sind. Wenn das gelingt, wird der Rest nicht der Rede wert sein. Ich komme wirklich über die Krallen rüber und will gleich losgehen, aber der Bogen ist hier noch zu steil, ich kann es nicht wagen aufzustehen. Ich bin derart mit meiner Angst vor dem Scheitern beschäftigt, daß ich nichts von dem aufziehenden Gewitter bemerke. Der Eisenträger ist rechts und links mit Nieten verstärkt, und er ist so breit, daß ich die Beine nicht weit genug spreizen kann. Sonst könnte ich nämlich wie der Reiter auf dem Pferd sitzen und mich halten. Also ziehe ich mich bäuchlings langsam nach oben und suche mit den Zehen an den Nieten Halt. Je höher ich komme, desto flacher wird die Wölbung des Trägers. Nur selten höre ich unter mir ein Auto über die Brücke fahren. Sehen kann ich es nicht, denn ich hefte meinen Blick auf das graue Eisen zwischen den Nieten. Auf halber Höhe, wo ich aufstehen wollte, fängt der Platzregen mit Blitz und Donner an. Es wird windig. Ich krieche im Regen weiter, der Wind wird so stark, daß man eigentlich von einem Sturm sprechen kann. Flach an das Eisen geschmiegt, erreiche ich die höchste Stelle des Bogens, ich habe Angst, meinen Bauch nur einen Zentimeter zu heben und bleibe liegen, bis der Wind schwächer wird, während der Regen herunterschüttet. Was mich am meisten lähmt, ist die Idee, der Blitz könnte einschlagen.

Eigentlich wollte ich den Bogen ganz überwinden. Immerhin bin ich an der höchsten Stelle. Von hier aus ist es leichter, nicht kopfüber vorwärts, sondern rückwärts wieder hinunterzukriechen. Ein halber Bogen plus ein halber Bogen ist ein ganzer. Ich rutsche also den selben Weg runter, und je tiefer ich komme, desto mehr Wasser schießt mir entgegen.

Als ich bei den Krallen ankomme, merke ich, daß ich mir in die Hosen geschissen habe. Das werde ich keinem Menschen erzählen. Ich nehme die Schuhe und laufe breitbeinig durch den Regen zu einer Wasserpfütze, an der ich mich ausziehe, um mit Sand und Lehm meinen Hintern zu scheuern und alles, was ich am Leib habe.

Naß wie ein Pudel gehe ich nach Hause. Mir klappern die Zähne. Erst am nächsten Morgen fällt mir mein gelbes Auto ein. Es ist nicht mehr in der Hosentasche. Ich renne zu der Pfütze, die inzwischen versickert ist. Da, wo sie war, ist von meinem Auto nichts zu sehen. Ich suche alles ab, grabe den schlammigen Sand mit den Händen um. Nichts.

Mit zwei Stunden Verspätung komme ich in die Schule. Agathe Frank sagt: „Krug, komm nach vorn." Sie nimmt ihr Lineal. „Woher kommst du?"

Reiner sitzt brav in der Bank.

„Ich bin über den Bogen der Autobahnbrücke geklettert", sage ich. Alle in der Klasse johlen, weil sie es nicht glauben.

Agathe Frank ist das egal. Sie sagt: „Hände vor!" und zieht mir mit dem Lineal drei Schläge auf jede Hand, oben drauf, wo die Knochen sind, wo es weh tut.

Am nächsten Tag gehe ich nicht in die Schule, sondern fahre auf Rollschuhen durch die Straßen, die von der Altstadt übriggeblieben sind. Dort sehe ich in einem halb mit Brettern zugenagelten Schaufenster etwas Unglaubliches: bemalte Zinnfiguren. Zwei Kamele mit Reitern, vier Palmen, zwei kniende und drei liegende Schützen, zwei Mann an einem wassergekühlten Maschinengewehr und fünf stürmende Soldaten. Es sind Wüstentruppen mit gelben Uniformen, roten Kragenspiegeln und grünen Gamaschen. Alle Figuren sind neu, das sieht man daran, daß sie auf feste Pappen genäht sind. Wie schön! Damit könnte ich den Verlust des gelben Autos verwinden. Jeden Hockeyschläger würde ich dafür stehen lassen; vielleicht sogar einen Tretroller.

Ich frage den Alten hinter der Theke, was die Figuren kosten sollen.

Er sagt: „Die kannst du nicht kaufen."

„Weil es Ausstellungsstücke sind?"

„Ja", sagt er.

„Was würden sie kosten, wenn sie verkäuflich wären?"

„Warte, bis die Währungsreform da ist, dann kosten sie bloß lumpige zehn Mark. Menschenskind, das sind die schönsten Spielsachen in ganz Duisburg, siehst du das nicht?"

Am Ende kommt raus, daß er sie doch hergeben würde. Nicht für Geld. Mindestens zehn Packungen Ami-Zigaretten müßten rausspringen.

Ich muß Wertsachen verkaufen. Zu Hause packe ich aus dem Köfferchen meine Briefmarken, die schon zwischen Hennigsdorf und Duisburg hin und her gefahren sind. Dazu kommen die neuen, die ich in den Ruinen ausgegraben, gewässert und gebügelt habe. Alles packe ich in einen Schuhkarton und gehe zum Briefmarkenhändler. Dem geht's gut. So einer stellt aus den Marken der Jungens schöne Sätze zusammen, so wird er immer reicher. Die haben Kataloge und fischen sich die besten Sachen raus. Wahrscheinlich läuft dem schon das Wasser im Mund zusammen, er läßt sich nur nichts anmerken. Ich frage ihn als erstes, wieviele Briefmarkenläden es in der Stadt gibt. Es sind drei Adressen, die ich mir als Warnung auf einen Zettel schreibe. Das soll heißen, wenn er meine Marken nicht kauft, gehe ich woanders hin. Dann öffne ich den Karton, und vorsichtig kippe ich alle Marken auf den Tisch. Der Händler ist gerade dabei, sich die Fingernägel zu feilen: „Pack sie wieder ein", sagt er.

„Wollen Sie nicht hinkucken?"

„Ich habe schon viele Briefmarken gesehen."

Er steht auf und wuchtet einen von drei Jutesäcken auf den Tresen.

„Aber nicht alle. Da hätte ich viel zu tun. Hier", sagt er und öffnet den Sack, „die wiege ich dir ab, du kannst sie pfundweise für ein paar Mark kaufen. Willst du?"

Eine Handvoll nimmt er raus und schmeißt sie in meinen leeren Schuhkarton.

„Die schenk ich dir."

Ich verlege mich auf einen bettelnden Ton:

„Alles gute Marken. Ein kompletter Satz ‚Hindenburg Trauer' ist dabei, den habe ich hier im Extratütchen..."

„Pack ein, mein Junge, versuch's woanders."

Ich trage den Karton noch in den nächsten Laden, dann gebe ich auf. Keiner will meine Marken sehen. Zu Hause angekommen, stelle ich mich auf den Balkon und lasse sie durch die Finger in den Wind rieseln. Briefmarken? Nie wieder.

Das Wertvollste, was man haben kann, sind gute Sachen zum Essen und Trinken. Zwar schluckt man sie runter, und weg sind sie. Je besser sie aber schmecken, desto länger bleiben sie in der Erinnerung lebendig. Leider trinke ich nur Leitungswasser, manchmal habe ich dazu ein Tütchen Brausepulver mit Waldmeistergeschmack. Im Sommer kommt eine kurze aber schöne Zeit. Meine Oma kocht dicken Himbeer-Sirup, der so wertvoll ist, daß sie ihn einschließen muß. Auch verdünnt schmeckt er wunderbar. Das ist für's Trinken die schönste Zeit.

Und wenn Herr Salomon eine neue Freundin mitbringt, steckt er meiner Oma eine Tafel Schokolade aus Holland zu. Das ist zum Essen die schönste Zeit. Eine Zeit, die sich hinzieht, denn meine Oma bricht nur sonntags für jeden zwei Riegel ab, für den Heinrich, für sich selbst und für mich.

Klar, ich habe Wertsachen: meine Tasse, die Landkarte, die neuen Rollschuhe, ein paar Briefe von meinen geschiedenen Eltern. Aber außer mir empfindet niemand, daß diese Dinge von Wert sind.

Eigentlich besitze ich keine Wertsache. Meine Oma auch nicht, außer daß sie die Brosche mit Goldrahmen hat, darin sieht man eine griechische Elfenbein-Göttin. Ich könnte in die größte Not kommen, die Brosche würde ich ihr nicht klauen. Darauf kann sie sich verlassen. Offenbar tut sie es aber nicht, ich habe diese Wertsache in der Wohnung nie gefunden, so gut ist sie versteckt.

Anders ist es mit dem Ring, der dem Heinrich gehört. Es ist sein echt goldener Ehering, der liegt in der Kramschublade zwischen Rasiermesser, Kragenknöpfen und Höllenstein. Ich habe meine Oma schon mit ihrer Brosche gesehen, wenn sie zur Weihnachtsmesse ging, aber der Heinrich hat den Ring noch nie am Finger gehabt. Den braucht er nicht, obwohl er ihn an die Hochzeit mit Elisabeth Krug erinnern würde. „Ostern 1932" ist eingraviert, und dahinter die Buchstaben E. K. – Elisabeth Koppmann. Ich öffne die Schublade. Wie er da in der Ecke liegt, der Ring, und wie egal es eigentlich wäre, ob er im Gerümpel liegenbleibt oder nicht. So ein kleines überflüssiges Ding. Dagegen die Kamele, die mir die ganze Kindheit versüßen könnten. Eine Wüstenlandschaft könnte ich für den Soldaten-Trupp erfinden, ich könnte der Liebe Gott für sie sein und ihnen eine Oase schöpfen, in der sie sich vor den Feinden verschanzen. Und der wirkliche Gott? Was, wenn es ihn gibt? Wenn es wahr ist, was wir in Religion lernen: „Denn Seine Augen sehen auf eines Jeglichen Wege, und Er schauet alle ihre Gänge. Es ist kein Finsternis, noch Dunkel, daß sich da möchten verbergen die Übeltäter."

Der Heinrich ist im Garten, die Oma arbeitet, ich schwänze die Schule, zur Strafe, weil Agathe Frank sich nicht mit mir verträgt. Ich habe viel Zeit zum Überlegen. Wenn ich den Ring klaue, so wird es das größte Verbrechen in meinem bisherigen Leben sein.

Blitzschnell, wie ein Zauberer es machen würde, lasse ich den Ring in der Hosentasche verschwinden, so daß selbst Gott es vielleicht nicht gesehen hat.

Zehn Päckchen Amis

Auf dem Schwarzen Markt gibt es Schieber und Ganoven. Mein Herz klopft. Ich habe schon Leute gesehen, die drei Päckchen Amizigaretten gegen eine Tüte Zucker eingetauscht haben, und dann war nur oben eine süße Schicht draufgekrümelt, alles andere war Salz oder Sand. Ich habe eine weinende Frau gesehen, die ein Tütchen Feuersteine aufgetrieben hatte, und dann waren es bloß kleine Stückchen von abgeknipsten Fahrradspeichen. Man legt sie einen Moment in Salzsäure, damit sie den metallischen Glanz verlieren, und schon sehen sie wie Feuersteine aus.

So vorsichtig wie möglich zeige ich den Ring, der mir viel zu groß ist. Ich trage ihn am Zeigefinger und mache dazu eine Faust, damit ihn mir niemand aus der Hand schlagen kann. Wer mich fragt: „Was hast du?", den winke ich zu mir runter, damit ich ihm ins Ohr flüstern kann: „14 Karat. Mit Stempel. Zehn Päckchen Amis."

Ein Schieber sagt: „Mein Junge, wir gehen ein bißchen um die Ecke, falls eine Razzia kommt…" Als ich die finsteren Ruinen in der Nebenstraße sehe, sage ich: „Nein, das können wir hier machen, nur keine Angst. Haben Sie Interesse?" In seiner Aktentasche hat er eine ganze Stange „Pall Mall". Ich mache eine Schachtel auf, um zu sehen, ob sie echt ist. Alles in Ordnung, die Zigarettenschachteln stopfe ich ins Hemd. Der Mann zückt eine Lupe, kuckt, und steckt den Ring ein. Wir verschwinden in verschiedenen Richtungen aus dem Getümmel.

„Tut mir leid, ich habe nur neun Packungen aufgetrieben", sage ich zu dem Ladenbesitzer. Ich werfe keinen Blick auf die drei Pappen, an die meine Soldaten noch gefesselt sind. Die geöffnete „Pall Mall"-Schachtel habe ich unterwegs in der Hosentasche verschwinden lassen, die neun restlichen krame ich aus meinem Hemd hervor. Er zählt sie und macht ein bedenkliches Gesicht. Dann ritzt auch er eine Schachtel auf: „Ich glaube dir nicht, Bürschchen, habe aber keine Lust, in deine Hosentasche zu greifen." Er kuckt mich lange an, und endlich schiebt er die drei Pappen über die Theke. Es ist gutgegangen. Ich hätte die zehnte Schachtel für ein paar Minuten draußen unter einem Mauerstein verstecken können. Seit der Krieg vorbei ist, sind die Leute noch schlauer geworden. Überall hat man Umgang mit Verbrechern, und ich selbst bin auch nur ein Verbrecher.

Meine afrikanischen Soldaten beerdige ich vorübergehend unter der halbvermoderten Matratze, die im Keller liegt, dann gehe ich hoch in die Wohnung.

Meine Oma und der Heinrich kucken mich an. Auf dem Tisch liegt die Schublade. Neben der Schublade, alles säuberlich aufgereiht, das Rasiermesser, eine Stange Siegellack, Bleistift, Radiergummi, Zigarrenspitze, Tintenfäßchen und noch mehr. Bloß das kleinste von allem ist nicht da.

Der Heinrich hält mir die Schublade entgegen: „Wo ist der Ring?“ sagt er. Ich sehe meine Oma an und sage: „Glaubt er, ich habe den Ring genommen?“ Und, es ist seltsam, von dem Augenblick an glaube ich selbst nicht, daß ich mit dem Verschwinden des Ringes etwas zu tun habe. Meine Oma wackelt mit dem Kopf: „Ich habe dir gesagt, Heinrich, der Junge war es nicht. Um Himmels Willen, was soll er damit?“

„Der ist reif für die Erziehungsanstalt. Das ist alles“, sagt der Heinrich.

Ich höre die Kamele schnaufen und die Wüstensoldaten schießen. An etwas anderes kann ich nicht denken, obwohl ich es versuche. Das hat mit dem Ring gar nichts zu tun. Über dem Ausguß im Flur lasse ich Wasser über mein Gehirn laufen. Frau Albrecht kommt aus ihrer Wohnung und sagt: „Wir haben drei Familien, aber nur eine Wasseruhr. Wenn du dich waschen willst, nimm eine Schüssel.“ Ich gehe mit kühlem Kopf in die Wohnung, und noch immer sehe ich den Soldatentrupp, der einen Oasensee verteidigt. Das könnte der Bombentrichter sein, und gleich in der Nähe könnte ich abends nach dem Spielen die ganze Bande über Nacht vergraben.

„Ich übergebe dich an die Fürsorge“, sagt der Heinrich.

Kurze Zeit später ist Geldumtausch, das nennt sich Währungsreform. Oma Lisa und der Heinrich haben ihre guten Sachen angezogen. Sie warten in der Stadt in einer Schlange von Menschen, um das alte Geld umzutauschen. Als sie nach Hause kommen, breitet meine Oma auf dem Tisch die neuen Scheine zur Besichtigung aus: „Es gibt kein altes Geld mehr, das neue heißt Deutsche Mark. Endlich. Der Reichsmark weine ich keine Träne nach. Neues Geld, neues Leben. Jetzt könnt ihr mal sehen, wie eure Oma in die Hände spuckt. Wenn man was kriegt fürs Geld, lohnt sich die

Arbeit. Eine Schande, daß sie nur vierzig Mark rausgerückt haben. Das ist nichts. Den anderen Leuten geht's nicht besser. Da wird es hart werden, an ihr bißchen Geld ranzukommen."

Mir ist es beinahe egal. So lange ich denken kann, habe ich kein Taschengeld bekommen. Ich habe es mir groschenweise aus Hosen- und Jackentaschen der Erwachsenen zusammengeklaut. Das wird jetzt schwerer werden, denn von dem neuen Geld gibt es nicht mal Pfennige. Nur Scheine, die werden abgezählt sein, so daß in den Taschen nichts mehr zu finden ist. Die kleinsten Scheinchen sind ein und zwei Groschen wert. Münzen gibt es nicht. Der 50-Pfennig-Schein heißt „Eine halbe Mark".

Nach ein paar Tagen sind die Schaufenster voll. Keine Haarpomade, kein Lederfett mehr. Überall gibt es Trinkhallen, ein echtes Sahnebonbon kostet einen Pfennig, ein Nappo-Block vier Pfennige. Will man einen Nappo kaufen und gibt das kleinste Geld, einen Groschenschein, dann kriegt man sechs Sahnebonbons heraus oder noch einen Nappo plus zwei Sahnebonbons.

Von unten wie Ratten

Jetzt spricht sich in der Schweizerbande herum, daß auf der Duissernstraße ein Schrotthandel eröffnet wurde. Dort wird das neue Geld für Schrott gezahlt, und nicht zu knapp, am meisten für Blei, Zink, Kupfer und Messing. Bei den Reichen ändert sich nichts an ihrem Leben, die Ärmeren werden zu Spezialisten für Buntmetalle. Jeder treibt einen alten Kinderwagen auf, und jeder hat Messer oder Feile zum Schaben bei sich. Wir streiten uns über die Farben der Metalle, denn der Schrotthändler betrügt beim Aussortieren, ehe er das Metall auf seine Dezimalwaage packt. Die Ruinenbesitzer kommen mit dem Zumauern der Fenster und Türen nicht nach. Aber wir streunen durch die miteinander verbundenen Luftschutzkeller. Wir kommen von unten wie Ratten. Wir reißen die Bleileitungen aus den Wänden, die Zinkbleche von den Gesimsen, schrauben Wasserhähne und Armaturen ab. Wir klauen nur noch ausgesuchtes Werkzeug, das wir für den nächsten Arbeitstag brauchen und im Schutt verstecken: Stemmeisen, Meißel, Rohrzangen. Die reichen Kinder der Schweizerbande gehen in die Schule, aber Kölles, Fastrich und Krug gehen in die Ruinen.

Manchmal ist es schwere Arbeit. Vor allem suchen wir Bleirohre und Zinkbleche zu bergen, das ist gefährlich, denn die Bomben sind durch alle Etagen gefallen. Deshalb ist es schwer, die Dachgesimse zu erreichen. Einmal sitze ich im dritten Stock rittlings auf der Außenmauer einer Villa, eingerahmt von einem Schmuckfester. Vor und hinter mir die beiden stehengebliebenen Säulen des Fensters, die einen schweren Giebel aus Stein tragen. Darüber nur der Himmel. Ich zerre an dem Zinkblech, schlage mit dem Hammer drauf, um es aus dem Mauerwerk zu lösen. Da neigt sich langsam die Säule zur Seite. Für einen Moment weiß ich nicht, was geschieht. Ich kucke hoch und sehe, daß die Säule mitsamt dem Giebel sich in Bewegung setzt. Schon im Sturz, trennen sich die Teile voneinander, und wie Bomben fallen sie lautlos in die Tiefe. Ich sitze oben auf dem Mauerrand und schlage das Kreuz. Die Zinkbleche lassen sich jetzt ganz leicht lösen.

Der Schrotthändler ist ein Säufer. Wenn wenig Betrieb ist, haut er sich aufs Sofa und schläft den Rausch aus. Wir haben uns mit seinem Schäferhund angefreundet. Manchmal gelingt es uns, gute Bleirohre, die wir schon gestern verkauft haben, vom Platz zu klauen und nochmal zu verkaufen.

Besonders suchen wir nach dem seltenen Kupfer, das einen hohen Kilopreis bringt.

Das Schrottwägelchen habe ich mir aus vier alten Kugellagern gebaut, die Onkel Erich für mich bei Mannesmann besorgt hat. Zwei Achsen, dazwischen ein Brett, ein Sitzkissen aus Sackleinwand drumgewickelt, sonst nichts. Die Lenkung ist ein Strick, der an beiden Enden der Vorderachse befestigt ist. Genau in der Mitte der Achse sitzt eine Schraube mit Kontermutter, die geht senkrecht durch alles durch, damit gelenkt werden kann. Eine Seifenkiste ohne Kiste. Ein Renn-Kabrio. Ich hänge ein paar Blechdosen dran und kachle auf dem Blaukopfpflaster von der „Wilhelmshöhe" runter, was einen schönen Lärm gibt.

Wenn es auf Schrottsuche geht, schraube ich einen Kasten drauf, und schon ist der Rennwagen ein Lieferwagen. Manchmal ist mein Schrottwägelchen so voll von guten Metallen, daß ich mit mehr als 5 Mark nach Hause komme. Zum ersten Mal in meinem Leben verdiene ich viel Geld. Das meiste davon wird gespart. Manche Leute reden schon davon, was sie sich alles auf Raten kaufen werden, andere haben schon gekauft: Plattenspieler, Fahrräder, Elektroheizer. Meine Oma hat eine neue Garnspule gekauft, die im Inneren der Nähmaschine gebraucht wird, die hat dreißig Pfennig gekostet. Wer weiß, was die Hirschlederhose von dem dicken Kaffeerösters-Sohn Hermann Knöpels gekostet hat. Seine Mutter hat sie extra aus Bayern schicken lassen. Und dann hat sie zum Hermann gesagt: „Du darfst die Hose nur anziehen, wenn du nach den Schularbeiten jeden Abend eine halbe Stunde Dauerlauf machst, damit das Fett von dir weggeht."

Abends haben wir den Hermann beobachtet, wie er sich in gemütlichem Dauerlauf über die Sedanswiese bewegt hat. Damit hängt das zweitgrößte Verbrechen zusammen, an dem ich beteiligt bin. Die drei Armen aus der Schweizerbande, Karl Kölles, Klaus Vonderstraße und ich hecken einen Plan aus. Dazu brauchen wir nur einen Würfel, und auf der Singernähmaschine nähe ich drei Kapuzen mit Löchern für die Augen. Die stülpen wir über den Kopf und lauern dem dicken Hermann auf.

Dann geht es ganz schnell: Zwei Mann halten fest, und ich lasse seine Lederhose runter. Er schreit nur einmal, dann wird er mit dem Gesicht auf die Wiese gepreßt. Keiner von uns sagt ein Wort. In Unterhosen haut Hermann ab über die Wiese, so schnell ist er noch nicht gelaufen.

Am Bombentrichter verbrennen wir die Kapuzen, und die Asche verstreuen wir im Wasser. Dann wird gewürfelt. Wer die erste Sechs hat, kriegt die Lederhose. Klaus Vonderstraße gewinnt.

Jugendfürsorge und Polizei kommen in die Schule und verhören die halbe Klasse, aber wir halten dicht. Da ist nichts zu machen. Das Dumme ist nur, Klaus Vonderstraße kann die Hose niemals anziehen. Er versteckt sie im Keller.

Der Raub hat nichts eingebracht, deshalb gehen wir wieder auf Schrottsuche. Einige Ruinen sind schon zugemauert, deshalb müssen wir uns beeilen und die Augen offenhalten. Schweizer- Ecke Ludendorffstraße steht die Kaufmann-Villa mit der hohen Mauer drum. Bei Nacht klettern wir in den Garten und sehen die an Stangen befestigten Tomatenpflanzen. Wir finden heraus, daß diese grünlich schimmernden Stangen voll und ganz aus Kupfer bestehen. Nicht eine einzige lassen wir in der Erde stecken. Was für ein trauriger Anblick, im Mondlicht die Pfanzen zusammensacken zu sehen.

Sonntags, wenn alle in die Kirche gehen, bin ich allein an unserem Bombentrichter auf dem Kaiserberg. Ich bin der General und mache einen Kampfplatz für meine Wüstensoldaten. Die Kamele stehen an der Oase und trinken, zwischen den Lehmhäusern gewinnen meine Truppen die Straßenkämpfe. Diese Welt kann ich niemandem zeigen, jeder würde fragen, woher ich die Soldaten habe. Dann kann ich nicht sagen: „Meine Oma hat sie mir zu Weihnachten geschenkt."

Wenn es dämmert, packe ich den ganzen Krieg in nassen Lehm und verscharre ihn unter der essbaren Kastanie.

Eines Sonntags ziehe ich mich wieder an den Bombentrichter zurück, um mit den Soldaten zu spielen, deren Uniformen vom vielen Ein- und Ausgraben schon die Farbe verlieren. Da ist es passiert: Der ganze Trupp samt Waffen und Kamelen ist verschwunden. Geklaut. Jemand muß mich beobachtet haben.

Ein einziger Gegenstand bleibt mir immer treu: die Blechtasse. Weil ich sie niemals mit nach draußen nehme.

Der dünne Opa

Der älteste noch lebende Mann, von dem ich abstamme, ist
4 der „Dünne Opa", Wilhelm Huppers, der Vater meiner
Mutter, der 1880 in Moers geboren wurde. Nachdem meine Oma Wilhelmine sich von ihm hat scheiden lassen, ist er auf die andere Rheinseite nach Duisburg gezogen. Dort wohnt er allein seit den zwanziger Jahren in der Musfeldstraße in einer Mansarde. Er hat nie wieder geheiratet. Er
16 hat eine Glatze, raucht Pfeife und ist wirklich dünn. Im
Krieg ist sein Dach ein bißchen angebrannt, er hatte den Mut, es selbst zu löschen, dann hat er die beiden Zimmer mit Blech und Pappe zugenagelt und alles mit Schlämmkreide überstrichen. So sehen sie wieder ganz gemütlich aus.

Einmal habe ich ihn gefragt, ob es ihm angenehm sei, mit mir verwandt zu sein. Direkt hat er nicht geantwortet, er hat gesagt: „Das Schlimmste am Alter ist, daß man sich von jungen Leuten den Schwachsinn anhören muß, den man in der eigenen Jugend für neu gehalten hat. Du redest nicht so viel, du fragst lieber."

Seitdem gehe ich ihn gern besuchen, wenn ich kein Geld habe. Er hat immer eine neue Mark übrig, damit ich am Dellplatz ins Kino gehen kann. Dafür muß ich ihm ein bißchen beim Geigen zuhören. Am besten ist es, wenn ich nichts vom Kino sage, sondern: „Opa, ich wollte nur fragen, ob du Zeit hast, für mich zu spielen." Dann holt er sofort die Geige, auf die er immer nur eine Saite aufgezogen hat. „Um mit den Fingern nicht durcheinanderzukommen", sagt er. Öfter wird gewechselt, mal hat er die dünne Saite aufgezogen und mal die dicke. Bei der dicken muß ich das Lied vom Leiermann singen, und er streicht die ganze Zeit nur denselben tiefen Ton. Hat er die hohe Saite drauf, dann geigt er zum Beispiel Duette: „Niemand liebt dich so wie ich..." und singt zur dünnen Saite die zweite Stimme. Oder: „Machen wirs den Schwalben nach, bau'n wir uns ein Nest..." Jetzt kann ich diese Lieder schon auswendig und singe die Frauenstimme. Er staunt über meinen Sopran, vielleicht ist er sogar ein bißchen stolz, daß sein Talent sich vererbt hat. „Musik ist die edelste der Künste", sagt er, „vor allem dann, wenn man sie selbst macht." Er macht auch Gemälde in Öl. Immer ist es das gleiche Bild in verschiedenen Größen. Die Leinwände spannt er nach den Kundenwünschen selber auf Rahmen. Es ist jedesmal ein Jesuskopf mit der Dornenkrone darauf, und etwas Blut vermischt sich mit den Tränen, die der Heiland weint.

„Glaubst du an Jesus?" frage ich.

„Solange ich ihn male, schon", sagt er, „aber viele glauben Tag und Nacht an ihn. Die meisten Leute hier sind katholisch, die glauben sowieso inniger als wir Evangelischen."

„Meinst du, Jesus hätte geweint?"

„Er war Gottes Sohn. Sein Vater hat ihm Menschengestalt gegeben. Also hat er auch geblutet und geweint, und er mußte aufs Klo."

„Als du von der Oma Wilhelmine weggegangen bist, was hast du dann gearbeitet?“

„Weggegangen bin ich nicht. Sie hat mich verjagt. Sie hat geglaubt, ich wäre nicht ganz richtig im Kopf. Arbeit mußte ich mir suchen. Jeden Tag habe ich für eine Zeitung ein neues Keuzworträtsel gemacht. Zwanzig Jahre lang. Hier, solche wunderbaren Sechs- oder Fünfecke oder sternförmige. Sowas gibt's heute gar nicht mehr.“

„Hast du gut davon gelebt?“

„Ich habe gelebt. Wie gut, das siehst du ja selbst.“

Er zieht ein paar vergilbte Zeitungsblätter mit seinen schönsten Kreuzworträtseln aus dem Regal und zeigt sie mir. Das ganze Zimmer ist voll von Regalen. Unter dem schrägen Fenster sind nur Bretter befestigt, auf denen Lexikonbände stehen, alle geraden Wände sind bis zur Decke voller Einweckgläser mit Schweinebraten, Gurken, Rinderrouladen, den größten Teil nehmen Früchte aller Art ein. Darunter sind seltene Sachen wie Stachelbeeren, Rhabarber und Quitten.

„Einige der Gläser sind noch aus Kriegzeiten“, sagt er „die hebe ich als Andenken auf. Jetzt ist es keine große Mühe mehr. Ich gehe auf den Markt am Dellplatz, und wenn man zur rechten Zeit kauft, kriegt man zum Einwecken die Früchte für den halben Preis.“

Dann schenkt er mir ein Glas Pflaumen und gibt mir eine neue Mark fürs Kino. Während ich die Treppe hinuntergehe, frage ich mich, welche Eigenschaften ich wohl von dem dünnen Opa geerbt habe. Manche jedenfalls nicht. Zum Beispiel bin ich überzeugt, daß der dünne Opa noch nie etwas geklaut hat.

Ich kucke mir im Kino einen neuen Film an: Ein echter Kahn mit dem Namen „Arche Noah“ steht auf dem Trockenen in einem Schrebergarten. Dort wohnen zwei Kiegsheimkehrer, Klaus und Peter, die lernen eine lebensmüde Frau namens Nora kennen. Klaus rettet sie vor dem Ertrinken. Sie wohnen dann alle drei zusammen auf dem Kahn. Klaus übermalt aus Liebe das Namensschild. Jetzt heißt er „Arche Nora". Beide sind in die eine Frau verliebt. Plötzlich soll sie ein Kind kriegen, und keiner weiß, von wem. Peter denkt, von Klaus. Klaus denkt, von Peter. Dann stellt sich heraus, sie ist verheiratet. Das Kind ist von ihrem Ehemann, zu dem sie zurückgeht. Dabei wollten alle Zuschauer in dem Kino nur das eine: daß sie den Klaus heiratet. Das ist der Grund, warum „Arche Nora" ein schlechter Film ist.

Ich mag ihn höchstens deshalb, weil darin eine streunende Leghorn-Henne vorkommt. Die beiden Männer wollen eine Suppe aus ihr kochen, aber in dem Moment, da sie sterben soll, legt sie ein Ei. So bleibt sie auf der Welt, denn die beiden wollen öfter mal ein Ei zum Frühstück. Und außerdem: Nora ist eine schöne blonde Frau. So eine würde ich mal heiraten.

Meine schönen Wimpern

Der Heinrich redet nicht mehr mit mir. Alles wird über meine Oma geregelt. Sie sagt: „Du hast so geschickte Hände, mach ihm das Rasiermesser scharf." Oder: „Du kannst so gut sehen, schneide dem Opa die Haare aus den Ohren."

Der Heinrich läßt es mit Ekel geschehen, daß ich ihm so nah komme, vermeidet aber, mich anzuschauen, weil er meinen unschuldigen Blick nicht ertragen kann. Er verachtet mich. Meine Oma kann mich nicht durchschauen, denn sie liebt mich. Der Heinrich ist in der Schweizerstraße 1 der einzige, der mich durchschauen kann. Weil er mich nicht liebt. Manchmal bewundere ich im Spiegel meine schönen Augen mit den weibisch gebogenen Wimpern und dann denke ich: „Lügner!"

Eines Tages ist es soweit. Ich kaufe in einem kleinen Schmuckladen in Hüttenheim einen vierzehnkarätigen Ehering für Herren.

„Wozu brauchst du den?" sagt der Juwelier. „Bestimmt nicht, weil ich heiraten will", sage ich. Ich bringe gutes neues Geld in den Laden, für das ich geschuftet habe, da muß ich mir keine Fragen stellen lassen.

Aus der Erinnerung suche ich die Größe des Rings aus, der Juwelier zeigt mir geschwungene Buchstaben: E. K., die den originalen ähnlich sind. Zum Gravieren benutzt er einen kleinen Motor.

Der Ring ist fertig, ich lege ihn nicht an die alte Stelle, sondern in das Geschirrfach darunter, als könnte er über die Reling der Schublade gesprungen sein und sich unten zwischen dem Geschirr versteckt haben. Jeden Tag kucke ich nach, ob er da noch liegt. Was soll ich machen? Ich muß die Ruhe bewahren. Als meine Oma den Ring nach Wochen findet, schreit sie auf: „Ich habe es gewußt, Heinrich, daß es nicht der Junge war." Sie zeigt ihrem Mann den Ring. Der Heinrich setzt die Brille auf, streift den Ring über den Finger und sagt: „Das ist ein anderer Ring." Er kuckt mich über den Brillenrand verächtlich an.

„Ist der neu?" sagt er.

„Ich weiß nicht, ob er neu ist", sage ich. „Ich habe ihn noch nie gesehen."

Der Heinrich will sich nicht freuen. Selbst jetzt nicht, da er sieht, daß ich bereue. Solange er lebt, will er mich überführen, sonst nichts. Und ich? Ich glaube, daß ich den Ring nie geklaut habe. Nichts als ein böser Traum. Und wenn ich ihn nicht geklaut habe, warum sollte ich dann einen neuen kaufen?

Ich habe das Gefühl, der Heinrich kennt den Lieben Gott und hat ihn schon gefragt, wann er in den Himmel kommen darf. Und der Liebe Gott hat ihm unter vier Augen gesagt: „Warte, du mußt noch bleiben, du machst alles richtig.

Wenn du dich noch so sehr nach dem Himmel sehnst, – Leute wie du sind auf der Erde selten, ich muß sie noch unten lassen, damit die Gottlosen nicht überhandnehmen."

Es ist ja eigentlich nicht der Ring. Der Heinrich haßt mich, weil ich die Liebe meiner Oma auf mich ziehe. Ich kann mir denken, warum sie so vernarrt in mich ist. Weil sie sich bei der Muttergottes einschmusen will. Sie glaubt nämlich an das Fegefeuer. Sie will an mir den Verrat gutmachen, den sie an ihren beiden Söhnen geübt hat. Buße will sie tun. Damals hat sie sich jahrelang in Kattowitz nicht sehen lassen. Mein Vater hat es selbst erzählt. Wo hat sie in der Zeit gesteckt? Immer nur den Bauern die Hosen und Hemden genäht? Das sagt sie so. Jetzt ist es ihr beinahe recht, daß sie viel Ärger mit mir hat, viel Arbeit und wenig Geld. Sie muß wieder als Hausiererin durch die Stadt ziehen. Das ist die Buße.

Johanna 14. Stück

Der kleine Albert ist nicht mehr klein, vormittags ist er in der Schule, nimmt sogar seine Schwester Grete mit. Er kann schon beim Krämer einkaufen, geht seiner Mutter zur Hand, und wenn Bruno Wodka trinkt, so daß es Streit gibt, darf er für seine Mutter den Kinderwagen schieben. Dann weichen sie über Nacht aus in die Nottebohmstraße, wo sie sich noch immer wohlfühlen. Die ersten Jahre hat Bruno sich mit der Jüngsten befaßt, mit seiner eigenen Tochter Elisabeth. Daß sie ebenso gut hören und sprechen kann wie ihre Geschwister, hat ihn zwar beruhigt, aber nachdem er sah, daß die kleine Lisa kaum Züge ihres Vaters zeigt, hat er allmählich sein Interesse verloren.

Abends ist er nur noch selten in der Töpferei, er zieht sich gute Sachen an und geht aus. Der alte Gottselig will gehört haben, daß Bruno eine englische Tänzerin aus dem Wandertheater kennengelernt habe. Er soll ihr nachlaufen, man habe sie beide schon gesehen. Manchmal kommt er nachts nicht nach Hause. Dann ist vielleicht die Theatertruppe in der Nähe, und er besucht sie, denkt Johanna.

Hin und wieder, wenn die Kinder schlafen, setzt sie sich neuerdings an die Töpferscheibe. Sie hat einen Sinn für Formen, ein paar Vasen hat Bruno schon im Ofen mitgebrannt und verkauft. Aber die Geschäfte gehen schlechter, so daß er nicht mehr die alte Freude an der Arbeit hat. Er meint, es liege daran, daß Kattowitz zu klein sei. Wo wachsen hier Gurken zum Einlegen? Welche Firma macht hier Senf? Und Küchengeschirr aus Ton wollen die Leute nicht mehr, lieber kaufen sie Porzellan. Er könnte lernen, Kunstfiguren zu machen, Engel, Löwen, Speerwerfer. Wer soll sowas anschaffen, hier in der schmutzigen Kohlenstadt. Er muß seine Krüge und Töpfe immer weiter wegbringen, um sie loszuschlagen, bis nach Oppeln.

Da sucht man nach Feierabend Zerstreuung im Gespräch, bei Bier und Wodka. Mit Johanna kann man das nicht haben. Schon lange ist Bruno nicht mehr dabei, wenn auf dem Hof die Kinder den Orgelspieler bestaunen oder den Mann mit dem Tanzbären. Und er ist auch nicht dabei, wenn Johanna die Buchstaben bewundert, die Albert und Grete mit dem Griffel auf ihre Schiefertafeln kratzen.

Sie lernt einzusehen, daß die Zeit, als Danuta noch lebte, in der Töpferei nicht die schlechteste war.

„Weißt du, was mir fehlt?" sagt Bruno eines Tages. „Ich müßte öfter mal allein sein, Johanna Krug, daß ich zur Besinnung komme. Du solltest wieder mehr auf dem Dach wohnen. Nimm die Kinder ruhig mit."

Johanna packt ihre Sachen und zieht los in die Nottebohmstraße. Sie überlegt, ob sie sich eine andere Stelle suchen soll. Wo aber könnte sie unterkommen, um Arbeit für jeden Tag zu finden. Sowas gibt es nicht, für eine Taubstumme schon gar nicht.

Eine Woche hält sie durch, sie hofft, daß Bruno klein beigibt, denn obwohl er sie gut bezahlt, wird er keinen Mann finden, der für ihren Lohn die Arbeit macht. Schließlich sagt Gottselig: „Du kannst es dir nicht leisten, die stolze Madam zu machen. Rede mit ihm. Er wird sich nach seinem Kind sehnen und euch reumütig empfangen." Albert und Grete zeigen ihrer Mutter, daß sie am liebsten zu Hause bleiben würden, aber der Alte schiebt sie alle vorwärts und macht sich mit ihnen auf den Weg.

Das Tor der Töpferei Bober ist zum ersten Mal verschlossen. Gottselig liest das Pappschild vor, das angeschlagen ist: „Große Werkstatt zu vermieten!"

„Was soll das heißen?" sagt Gottselig und haut den

eisernen Klopfer an das Brettertor. Niemand öffnet. Er läßt die Familie stehen und geht ins Nachbarhaus. Nach einer Weile kommt er zurück, nimmt Johanna bei der Hand und sagt: „Er ist verschwunden. Mit einer Dame. Weißt schon. Die Leute wissen nicht, wohin er ist. Sie glauben, nach Amerika."

Johanna hatte nie einen Schlüssel für das Tor, denn es stand immer offen. Aber den Schlüssel für den Eingang zur Töpferei hat sie. Der nützt ihr nichts. Sie nimmt ihn aus der Manteltasche, schaut ihn noch einmal an und wirft ihn weit über das Tor in den Hof. Die Kinder hören, wie er klirrend auftrifft.

TAILLE, HÜFTE, BUSEN

Meine Oma hat es geschafft, Vertreterin für die Korsettfirma „Thalysia“ zu werden. Wieder geht sie von Haus zu Haus, treppauf, treppab, und verkauft den dicken Frauen prima Korsetts mit Einlagen von Fischstäbchen. Das kann nicht jede. Da muß man was von der Schneiderei verstehen. Leider machen immer weniger Leute nach dem Klingeln die Tür auf, aber wenn es klappt, sagt meine Oma: „Gnädige Frau, ich kenne das. Kaum werden die Zeiten besser, da muß man wieder auf die Linie achten. Ich will nicht sagen, daß Sie dick sind, aber es wäre durchaus was zu machen, formmäßig. Sie können jederzeit nein sagen, was ein Fehler wäre. Denn ein Maßkorsett ist was anderes als diese neuartigen Gummi-Hüftgürtel.“ Sie nimmt das Maßband, das um ihren Hals hängt, redet freundlich auf die Damen ein, und ehe sie es sich versehen, hat meine Oma einen kompletten Satz Maße aufgeschrieben. Taille, Hüfte, Busen –, je nach dem Korsett-Typ, der in Frage kommt. Dann muß der Auftrag unterschrieben werden, was das Schwerste ist, denn wenn sie den Preis sehen, springen die meisten Damen ab. Vielleicht wird es mit dem Umsatz besser, wenn es mehr dicke Frauen gibt. Bis dahin ist wenig zu holen, an einem Tag gar nichts, und am anderen gerade mal ein Korsett. Immerhin schafft sie an manchen Tagen drei Aufträge. Das sind vielleicht dreitausend Treppenstufen. Dafür bekommt sie eine Provision von zwölf Prozent.

Glücklicherweise hat meine Oma die Prozentrechnung nicht gelernt, und der Heinrich, der Malergeselle bei der Hafenbahn war, hat sie mit der Zeit vergessen. Ich bin wichtig, weil ich der einzige in der Familie bin, der die Prozentrechnung beherrscht. Wem wird meine Oma schon erzählen, daß sie eine Geschäftsfrau ist, die auf dem Auftragszettel ihre Provision nicht auswerfen kann? Aber auch ohne diese Machtposition werde ich von ihr mit Liebe überschüttet. Ich fühle mich beschützt durch diese Liebe. Immer wieder sage ich mir: Mit der Frau bist du nun verwandt, denn sie ist die Mutter deines Vaters. Und sie ist um so viel zärtlicher als er. Vergleichend schaue ich auf ihre krummen Beine, ich habe ganz gerade Beine; auf ihre rauhe Kartoffelhaut, ich habe glatte Haut; in ihre wässrigen, oft verliebt blickenden Augen, ich habe klare Augen mit weißen Augäpfeln, blaugrauen Pupillen und gebogenen Wimpern. Sie läßt sich ganz aus der Nähe betrachten, als sei es ihr nur lieb, daß ich jede Pore ihres Gesichts in meine Erinnerung präge. Zum Beispiel ihre große Nase, die mein Vater auch hat und auf der kleine bläuliche Äderchen zu sehen sind. Werde ich im Alter so aussehen? Und dann kucke ich wieder in den Spiegel und finde, daß ich schön bin. Da ist es kein Wunder, daß meine Oma mich liebt und küßt und drückt. Sie ist stolz, sie freut sich über das makellose Kind, das von ihr abstammt. Und manchmal, wenn ich beobachte, wie sie morgens im Nachthemd Flöhe fängt, wie sie blitzschnell ihren angeleckten Finger auf den gefangenen Floh drückt, ihn dann zerrollt und im Pinkeleimer ersäuft, dann denke ich: Sie kann froh sein.

Ich habe nur ganz selten mal einen Floh. Die wollen mein Blut nicht, es ist ihnen zu sauber.

Über den Wolken

Alle wollen, daß ich ein richtiger Christ werde, vom Kindergarten an. Schon dort haben die Nonnen mir vom Himmel, aber auch von der Höllenglut erzählt. Wie das schöne Dasein droben sein soll, weiß ich nicht. Niemand kann es erklären. Als Kind habe ich mich, zusammen mit Udo Kuffel, über den Wolken halb wandeln, halb schweben gesehen und mich gefragt, was wir sonst noch machen werden.

Ich hätte Christ werden können, es gab immer Menschen, die mir dabei helfen wollten. Warum bin ich es noch nicht geworden?

Ich erwarte zu viel. Von allen frommen Menschen, die in einer Kutte gehen, erwarte ich etwas Besonderes. Sie sollen selbstlos sein, nicht ihr eigenes Bestes wollen, sondern meines. Sie sollen ein gutes Gemüt haben, das sich in ihrer Liebe zu mir zeigen muß. Ich beobachte sie genau. Immer finde ich etwas Unschönes an ihnen. Sie wollen zum Beispiel, daß ich katholisch werde. Warum? Weil sie glauben, daß Gott selber katholisch ist. Dafür wollen sie bei Gott gut angesehen sein. Ich meine, Gott ist zu stolz, um sich über jedes zugetriebene Schäfchen zu freuen. Sie wollen mich anders machen als ich bin. Ich soll mich entweder umtaufen lassen, oder mich ein Leben lang über die evangelische Taufe ärgern. Wenn ich Gott wäre, und eine Nonne oder ein Priester würden am Tag des Jüngsten Gerichts vor mir stehen, dann könnte ich ihre Gedanken lesen. Hätten sie sündige Gedanken, müßte ich sie in die Hölle schicken. Denn Gedanken kann man nicht unterdrücken, nur weil sie niederträchtig sind. Das könnte nicht mal Gott bei den Menschen schaffen. Wenn er das könnte, wäre es leichter für ihn gewesen, Gedanken von vornherein zu vermeiden, wie er es bei den Tieren getan hat. Dann hätte er den Menschen ohne Gedanken schöpfen können, und damit auch ohne böse Gedanken. Er hätte Zeit, sich um das übrige Weltall zu kümmern, zum Beispiel um die Milchstraße.

Ich habe viele böse Gedanken. Zum Beispiel will ich immer das haben, was andere schon haben. Und überlege, wie ich es ihnen klauen könnte.

Wäre ich katholisch, könnte ich Kaplan werden und in der Beichte die Sünden der Mädchen hören. Sie sind auch unschamhaft. Die meisten unschamhaften Lieder, die ich gehört habe, sind von Mädchen gesungen worden. Ich möchte so gern einen ganzen Tag lang die katholische Ingelore Höppes küssen. Für sie würde ich katholisch werden. Sonntags gehe ich in die Kirche, um sie mit gefalteten Händen dasitzen zu sehen. Sie kuckt auf die Meßdiener in den schönen Gewändern. Wenn ich Meßdiener wäre, würde sie andächtig auf mich kucken, und ich könnte ihr vom Altar aus zulächeln. Das müßte ihr wie ein Engelslächeln vorkommen. Und eines Tages wäre es vielleicht soweit, daß ich der Engel wäre, der sie unschamhaft berühren dürfte. Von mir aus könnte sie es ruhig beichten.

Nach der Kirche frage ich den Kaplan, ob ich Meßdiener werden könnte. Er hat nichts dagegen und schreibt sich meinen Namen auf. Ich träume von dem roten Gewand mit dem hellen Kragen, wie ich schräg zum Altar niederknien und im richtigen Moment die Klingel in Bewegung setzen würde. Klingelingeling. Sie sitzt neben ihren Eltern, blickt beseelt zu mir auf, und im Erröten schlägt sie die Augen nieder. Das kann keine so schön wie Ingelore Höppes.

„Bist du denn katholisch?" fragt der Kaplan.

„Äh ... Ja, katholisch."

„Jetzt fällt dir das ein?"

„Durch den Krieg habe ich es vergessen. Mein Vater ist katholisch, meine Oma ist katholisch und in den katholischen Kindergarten bin ich auch gegangen."

Nach ein paar Wochen hat er herausgefunden, daß ich evangelisch bin. Es gibt keine Kommunion, keine Oblate, kein Meßgewand. Ich muß in die karge evangelische Kirche, dort kann ich mir die langweiligen Beffchen auf der Soutane von Pastor Freund ankucken. Keine Prachtgewänder, kein Weihrauch und kein Klingeling. Ingelore wird mich niemals bewundern.

Wir sind in der Sexta 52 Kinder, 15 weniger als in der Volksschule, und es gibt leider keine Mädchen. Meine Oma muß für das Gymnasium zahlen. Dafür kriege ich von Lateinlehrer Menge die meiste Prügel in der Klasse. Der erste Satz, den wir in seinem Unterricht lernen, ist: „Rhenania provincia est“ – Rheinland ist eine Provinz. Und der zweite Satz: „Agricola arat“ – Der Bauer pflügt.

Das einzige Bild, auf dem ich zu sehen bin, ist unser Klas- 30
senfoto. Der Mops mit den Hosenträgern links neben mir ist Reiner, rechts steht Menge und ganz links Pflugstedt.

Das Beste an mir ist die glockenreine Sopranstimme. Manchmal sagt der Musiklehrer: „Moment, Krug! Sing diese Stelle nochmal!“ Und dann sehe ich, wie er die Augen schließt und in eine Art Verzückung fällt. Ich darf in der Kirche, zusammen mit einem Tenor aus Düsseldorf, „Nova Cantica“ singen, und zu Weihnachten jubiliere ich zum Krippenspiel von der Orgelempore herunter die Solostellen für Sopran, es klingt engelgleich, so daß ich manchmal selber glaube, vom Himmel herniedergeschwebt zu sein. Niemand sieht mich, alle Leute kehren mir den Rücken zu und kucken auf den holden Knaben und das traute, hochheilige Paar, allein meine Oma dreht sich nach hinten um, mit tränenglänzenden Wangen schaut sie schräg hoch zur Empore und lauscht nur mir. Ich kann gerade über die Brüstung kucken und sehe zwischen all den dunklen Mänteln nur ein Gesicht, das Pfirsichgesicht meiner Oma. Das sind die schönsten Augenblicke auf dem Gymnasium.

Die langweiligen Augenblicke sind in der Überzahl. Zum Beispiel im Lateinunterricht. Ich kann die unregelmäßigen Verben nicht auswendig lernen. Solche Verben scheinen die Römer nur deshalb erdacht zu haben, um noch lange nach ihrem Aussterben die Schulkinder zu quälen. Diese Verben sind unberechenbar, und da ich weder Apotheker noch Advokat werden will, lerne ich sie nicht. Studienrat Menge meint, das sei nur Faulheit, und wenn er in seinem Fach etwas nicht ausstehen könne, dann sei es eben die Faulheit. Sie scheint ihn zu beleidigen. Auch daß wir den Krieg verloren haben, beleidigt ihn. Er trägt jeden Tag die englische Militärjacke, die er aus der Gefangenschaft mitgebracht hat, und wie eine Klage leuchten auf seinem Rücken in weißer Farbe die Buchstaben „PW", das bedeutet „Kriegsgefangener".

Meine Oma hat für den kleinen Otto Wiwepütz und für mich je eine solche englische Militärjacke auseinandergetrennt, dann verkleinert und wieder zusammengenäht. Drei in der Klasse haben also eine englische Jacke: Studienrat Menge, Otto Wiwepütz und ich. Aber Menge hegt deswegen kein Gefühl von Zusammengehörigkeit mit uns. Gleich morgens in der ersten Stunde will er die Konjugationen von „SIEGEN", „ZIEHEN" und „VERSPOTTEN" hören.

„Krug, nach vorn zu mir", sagt Menge.

Ich weiß nichts. Statt zu lernen habe ich gestern Abend den „Derwisch" von Karl May gelesen.

Menge sagt in bedauerndem Ton: „Wieder nichts gelernt?" Als täte ihm das leid, was jetzt kommen wird.

Klatsch – die erste Ohrfeige ist nicht der Rede wert. Klatsch: „Was sagt deine Großmutter dazu, Krug?" Klatsch. Alles kann passieren, bloß nicht, daß ich nasse Augen kriege. Klatsch. „Sie hat einen Antrag gestellt", sagt Menge. Klatsch. „Sie kann die 18 Mark nicht zahlen." Klatsch. „Die Hälfte würde sie schaffen, meint sie."

Heulen tue ich sowieso nicht. Höchstens, daß die Augen von allein etwas tränen.

„Wer konjugiert SIEGEN?" fragt Menge in die Klasse, während er langsamer aber sorgfältig immer auf dieselbe Wange schlägt. Man kann nicht sagen, daß er die Schläge verstärkt. Sicher sind sie einander alle fast gleich, aber nach den ersten zehn, wenn die Wange anfängt zu schwellen, wird es widerwärtig.

Die ganze Klasse meldet sich, der Kaffeerösterssohn Herrmann Knöpels darf antworten: „Vincere – vinco – vici – victum!“

„Bravo!“ sagt Menge, „Jetzt das Werb: ZIEHEN.“

„Trahere – traho – traxi – tractum.“

Klatsch. Klatsch. Klatsch.

Nach fünfzehn Ohrfeigen habe ich das Gefühl, er würde nicht mehr mit der flachen Hand schlagen, sondern mit der Faust.

„Und jetzt das Verbum VERSPOTTEN!“ sagt Menge.

Der dicke Herrmann Knöpels ruft: „Illudere – illudo – illusi – illusum.“

Von den zwanzig Backpfeifen fühlen sich die letzten irgendwie unwirklich an, als wenn sie mit der flachen Seite eines Bügeleisens geschlagen würden. Ich möchte mir beim Rückweg zur Bank gern ins Gesicht fassen, um zu fühlen, ob die Amboß-Wange dicker ist als die andere. Das verkneife ich mir. Dann könnte er denken, er hätte etwas bewirkt. Eines Tages, wo immer er in der Welt sein wird, – kommt Manfred als Erwachsener zurück, und er wird den Herrn Lateinlehrer finden. Dann geht's rund, Menge. Gnade dir Gott.

Die Tinte an der Wand

Pastor Freund ist so alt, daß er nicht mal beim Volkssturm eingezogen war. Bei ihm werde ich Konfirmation haben. Ich bin der Jüngste im Unterricht, wo wir viel über Jesus lernen. Beispielsweise ist er mal in die Wüste gegangen und vom Teufel versucht worden. Der hat dem Jesus versprochen, ihn reich und berühmt zu machen, sobald er Gott abtrünnig werden würde. Aber kann jemand reicher und berühmter sein, als wenn er den lieben Gott zum Vater hat? Versuchen wird es der Teufel immer wieder, auch wenn es für ihn keine Chance gibt. Irgendwie scheinen die Menschen ihn deshalb sogar zu bewundern, sonst würden sie zum Beispiel nicht von einem Teufelskerl oder Teufelsbraten reden, wenn sie jemandes Tapferkeit loben wollen. Später, auf der Wartburg, hat der Teufel versucht, den Martin Luther rumzukriegen, und wieder ist er gescheitert. Der nämlich, nicht faul, schmeißt das Tintenfaß nach ihm. Klatsch – die Tinte an die Wand, mit der er gerade die Bibel übersetzt hat. Ich habe im Radio gehört: den Fleck kann man heute noch in der Ostzone besichtigen.

Zur Konfirmation bekommt jeder einen Spruch fürs Leben. Meiner lautet: „Ich bin der Weg und die Wahrheit und das Leben; niemand kommt zum Vater denn durch mich.“ Da hat Jesus zum Abschied allen klargemacht, daß er seinen Vater noch liebt, obwohl der gegen die Kreuzigung nichts unternommen hat.

Tante Hilde schenkt mir zehn Mark, Onkel Erich eine neue Kienzle-Uhr aus Edelstahl, von der Oma kriege ich
24 einen Nadelstreifenanzug, den sie Gott sei Dank nicht selbst gemacht hat, und von meiner Mutter ein gestreiftes Nachthemd, das ich bestimmt nicht anziehen werde. Ich habe so viele Sachen wie nie in meinem Leben.

Schade, daß es mit dem Schrotthandel vorbei ist. Die Ruinenbesitzer haben Fenster und Türen und sogar die Kellerdurchgänge zumauern lassen.

Ich besitze jetzt, gut versteckt, zweihundert Mark. Davon kaufe ich mir manchmal eine Fünferpackung „Golddollar“, die ich zusammen mit Jörg Eschenbach und Karl Kölles am Lagerfeuer auf Lunge rauche.

Und sonntags brauche ich fünfzig Pfennig für's Kino. Die Scheune in Speldorf ist das billigste Kino in ganz Duisburg. Dort gibt es neue und alte Filme zu sehen.

Gut, daß ich wegen Hans Moser schon im Hennigsdorfer Kino Österreichisch gelernt habe, dadurch kenne ich schwierige Wörter wie „Gfallts Eahnha?“ und „Grinzing“ und „Gemmagemma!“. Wahrscheinlich war ich der einzige in der Marwitzer Straße, der den Hans Moser verstanden hat. Wenn meine Mutter im Kino fragte: „Was hat er gesagt?“, dann konnte ich es sofort übersetzen. Er ist mein Liebling. Oft denke ich, der müßte mein Vater sein, oder wenigstens mein Opa. Wie wunderbar ist er in dem Film „Einmal der liebe Herrgott sein!“, wo er im Grand Hotel den Portier und ein bißchen Schicksal spielt.

Das Scheunenkino in Speldorf heißt „Monning“. Dort sehe ich den Buntfilm „Große Freiheit“ mit Hans Albers und seinem Akkordeon, und den englischen Film „Geheimnisvolle Erbschaft“ nach Charles Dickens. Der beste Film der Welt. Ich zahle für die Kindervorstellung am Nachmittag einen Fünfziger. Sobald der Film sich dem Ende nähert, was man an der Musik hören und an den Schrammen auf der Filmkopie sehen kann, renne ich noch im Dunkeln auf die Toilette und schließe mich ein. Schon während der Wochenschau, schleiche ich mich in die nächste Vorstellung. So sehe ich denselben Film an einem Sonntag dreimal hintereinander, und beim letzten Mal erlebe ich sogar den Original-Schluß. Alles für fünfzig Pfennig. Meine Oma wäre stolz auf mich, weil ich so sparsam bin und ihr beim Sparsamsein helfe. Das fällt mir leicht, denn ich denke daran, daß ich einmal reich sein werde. Jetzt natürlich, wo ich noch arm bin, sage ich es niemandem. Ich bin mitleidig, will aber kein Mitleid haben. Wenn ich beim Bäcker nach Altbrot frage oder nach Kuchenrändern, weiß die Verkäuferin sowieso, daß ich sparen will. Meine Oma schämt sich zum Beispiel, gegenüber beim Metzger nach Schinkeneckchen zu fragen. Das sind die letzten Zipfel am Ende des Schinkens. Die sind besonders billig. Sie werden immer kleiner, bis die Verkäuferin sich nicht mehr traut, sie an das rotierende Messer der Maschine zu halten. Dann wäre vielleicht ein Stück Finger futsch. Wenn ich dran bin, frage ich laut: „Haben sich vielleicht ein paar Schinkeneckchen angesammelt, die essen wir nämlich so gern." Dann wundern sich die Frauen, daß ich nicht flüstere, und die Verkäuferin freut sich, daß sie vor den Kunden ihr gutes Herz zeigen kann. Meine Oma sagt: „Die Eckchen müssen wir waschen und abtrocknen, denn sie hatten den ganzen Tag Kontakt mit den Fettpfoten der Fleischersfau." Man kann sich das Leben so einrichten, daß alles wieder appetitlich wird, sogar die angegrabschten Schinkeneckchen. „Heinrich braucht es nicht zu wissen", sagt meine Oma, „seine Schwester ist mit einem Adeligen verheiratet, und er selbst hat auch einen vornehmen Hang."

Staubiger Schlüpfer

Bei meiner Mutter und bei der Mamm bin ich nur selten. Sie sind beide verarmt. Der dicke Opa ist schon lange tot. Er war Besitzer eines vier Stockwerke hohen Mietshauses. Alle hatten ihn für reich gehalten, weil er auch in schlechten Zeiten dick war und goldene Manschettenknöpfe trug.

„Er ist beim Mittagsschläfchen eingeschlafen", sagte die Mamm. „Nun bin ich eine reiche Witwe." Sie meint es nicht ernst. Das Haus war nämlich die älteste Bruchbude in ganz Neumühl. Die Mamm hat es zwar geerbt, aber sie fand bald niemanden mehr, der darin wohnen wollte. Ein abenteuerliches Haus, mit Toiletten auf halber Treppe. Die Klo-Trichter waren aus schwarzem Eisen mit einem Holzdeckel drauf, den man beiseite legen mußte. Von dem Braunen im Trichter wußte ich nicht, ob es Rost war oder sonstwas. Wenn ich mit dem Geschäft fertig war und abzog, quirlte alles minutenlang rings um den Trichter herum, ehe es gurgelnd hinunterstürzte, und man konnte hören, was bei diesem Absturz alles im Wege war. Danach konnte man sich aus dem vierten Stock mit jemandem unterhalten, der gerade im

Parterre das Klo benutzte. Und es stank aus dem Rohr, es stank im ganzen Haus. Also hat die Mamm es verkauft. Die Käufer wollten, daß es abgerissen wird, um ihren Garten zu vergrößern. Da mußte Onkel Walter mit dem Abrißbagger kommen und es platt machen.

Jetzt wohnt die Mamm in der Biesenwiese, zusammen mit Roger und meiner Mutter, die noch immer Krug heißt. Den guten Namen würde sie glatt hergeben, sobald sie nur einen Mann finden würde. Es gibt keinen, so schön sie noch immer ist. Sie sagt: „Ich werde wieder bei einem Anwalt arbeiten. Was wird dann mit Roger? Er macht, was er will. Er braucht eine starke Hand."

Meine Mutter kramt lange im Portemonnaie, ehe sie etwas Straßenbahngeld für mich findet, und manchmal findet sie nichts, dann muß ich mein eigenes nehmen.

Wenn ich das Elend ein paar Minuten gesehen habe, zieht es mich raus an den Dorfrand. So stelle ich mir Holland vor: Wiesen, Bäche, und alles flach.

Dort wohnt ein blondes Mädchen, das Brigitte heißt. Sie erinnert mich an Petronella, ihr Gesicht ist aber noch hagerer und länger.

„Du bist der Bruder von Roger?" sagt sie, „Da könntest du ja mal mit allen deinen Geschwistern vorbeikommen. Zehn Kinder, das möchte ich gern mal sehen."

Zu meinem Bruder sage ich: „Wie kommst du denn auf zehn Geschwister?"

„Aus Spaß", sagt er, „es ist nicht weiter wichtig. Ich habe es gern, wenn die Leute über meine Geschichten staunen."

Beim nächsten Besuch sagt Brigitte: „Wir haben ein Hengstfohlen. Wenn du Lust hast, kann ich es dir zeigen." Dann vergißt sie es aber, sie zeigt mir in der Scheune eine Rutschbahn aus Heu. „Rutsch du immer als erster", sagt sie, „damit du mich eventuell auffangen kannst." Dann warte ich unten, und sie rutscht jedesmal so schnell bergab, daß der Fahrtwind ihren Rock hochschlägt. Außer den dünnen Beinen und ihrem staubigen Schlüpfer ist zwar nichts zu sehen, aber ich sage: „Schneller, schneller!"

In den nächsten Wochen komme ich öfter, und auch Brigitte scheint auf mich zu warten, damit ich sie eventuell auffangen kann.

Ihr Vater, der Bauer Verheyden, züchtet Traberpferde, er glaubt, daß die Leute bald wieder wetten wollen. Er hat ein Hengstfohlen namens Aurelius, dem ich die Flasche geben darf. Dieses Fohlen, sagt er, sei nicht bei Trost: „Pferde können auch blöd sein, genau wie Menschen. Mit dem ist nichts anzufangen, er hat keinen Ehrgeiz. Wenn sich nichts bessert, kommt er zum Roßschlächter. Aurelius braucht Zuspruch, da könntest du dich beliebt machen. Nicht mal die Mutterstute will mit dem was zu tun haben. Striegle ihn und und kratz' ihm die Hufe aus. Meine Tochter Brigitte ist zu dämlich dazu."

Ich habe versucht, Aurelius etwas ins Ohr zu flüstern oder auf der Koppel mit ihm zu schlafen, um mich beliebt zu machen. Ich habe mich ins Gras gelegt, er aber ist die ganze Nacht stehengeblieben. Später, im Stall, hat er sich einmal hingeräkelt, ich wollte mich an seinen Rücken schmiegen, da hat er sich umgedreht und mich getreten. Es ist nicht leicht, sich mit einem Pferd anzufreunden, wie es Old Shatterhand mit Hatatitla geschafft hat. Trotzdem muß ich sagen: Der einzige, für den Aurelius den Kopf hebt, wenn er in den Stall kommt, das bin ich. Der Bauer schirrt ihn an einen zweirädrigen Rennwagen, den man Dokart nennt, und ich darf überall herumfahren. Das Komische ist, an jeder Station, solange die Straßenbahn stehenbleibt, bleibt Aurelius ebenfalls stehen. Dann ist nichts zu machen. Er rührt sich nicht. Erst wenn die Bahn losfährt, trabt er wieder an, neben ihr her, mit ihr um die Wette. „Vielleicht wird doch noch ein Traber aus dem Vieh…" sagt Bauer Verheyden. „Du hast die Begabung, Manfred. Sowas ist angeboren. Kannst die Brigitte heiraten, die hat zwar 'n Pferdekopp, aber keinen Pferdeverstand."

Mit Brigitte habe ich mich etwas angefreundet, als ich ihr aber einen Kuß geben will, dreht sie sich weg. Sie will sowas nicht. Und den ganzen Tag Schlüpfer kucken, das will ich nicht.

Wie Willy Birgel

Viele Gymnasiasten haben ihre Väter im Krieg verloren oder die Eltern sind geschieden, wie es bei mir ist. Den Kindern der Kriegsheimkehrer merkt man an, daß es bei ihnen zu Hause wieder straff zugeht.

Der Vater von Reiner ist spät, aber doch noch aus der Gefangenschaft zurückgekommen. Jetzt wird alles anders. Wir sind keine Blutsbrüder mehr. Reiners Eltern nehmen ihn von der Straße, dafür kriegt er einen schicken Hockeyschläger mit drei Einlagen und wird im „Club Raffelberg" angemeldet, bloß als Verteidiger, denn er wird immer dicker und kann nichts dagegen machen. „Raffelberg" kostet Geld, da könnte ich nicht hin.

Eines Tages klingelt Studienrat Vogels an der Tür: „Reiner hat mir gesagt, du könntest Nachhilfe in Latein gebrauchen. Und da ich dir meinen Sohn als Spielkameraden quasi wegnehmen mußte, will ich an dir etwas gutmachen. Willst du?" Er sieht aus wie der Schauspieler Viktor de Kowa, trotzdem ist er unsympathisch. Gleich an der Tür sage ich: „Nein, Herr Vogels, ich möchte nicht."

Er hat einen schönen Hut auf und einen Trenchcoat an. Jetzt sehe ich, daß er eher herrenhaft wie Willy Birgel aussieht.

„Du möchtest nicht?" Er kuckt sich um wie jemand, der sicher sein will, nicht beobachtet zu werden. Blitzschnell holt er aus und feuert mir eine Backpfeife runter, die sich gewaschen hat, dreht auf dem Absatz um und verschwindet.

Was soll bloß aus Reiner werden? Ich würde am liebsten Verbrecher in Amerika werden.

Reiner dagegen wird immer braver. Einer der wenigen, die man noch Rädelsführer nennen kann, das bin ich. Trotzdem bilde ich mir ein, daß der Schüler Krug bei den Lehrern nicht verhaßt ist. Sie spüren, daß ich zwar weniger den Lernstoff beachte, dafür aber sie selbst bei jedem ihrer Auftritte. Wenn zum Beispiel Studienrat Pflugstedt, bei dem wir Bio und Mathe haben, die Klasse betritt und aus seiner Brieftasche einen Grashalm herauszieht, dann scheint er einen raschen Blick in meine Richtung zu senden, ob ich den Vorgang wahrnehme. Demnach scheint er sich seiner schrulligen Art bewußt zu sein, er scheint sie zu pflegen. Von ihm ist der Satz: „Die Zwergboa ist die kleinste Riesenschlange der Welt." Ich habe als einziger darüber gelacht. Das gefiel ihm. Heute eröffnet er mit den Worten: „Überall am Wegesrand ist Leben. Mitten in der Stadt und selbst im Winter. Wie hätte ich sonst auf dem Schulweg diesen grünen Grashalm finden können." Er reicht ihn in die erste Bank. „Bitte weitergeben und betrachten. Darüber werden wir reden." Während der Grashalm durch die Bänke wandert, liest er die Zeitung. Er prägt sich nur die Schlagzeilen ein. Heute ist die größte Überschrift „GRÜNDUNG DER BUNDESREPUBLIK DEUTSCHLAND". Noch blätternd beginnt er mit dem Unterricht:

„Wenn es im ‚Vaterunser' heißt: ‚Unser täglich Brot gib uns heute…', so könnten wir auch beten: ‚Unser täglich Gras gib uns heute!', denn alles Getreide, einschließlich des Reises und des Maises, stammt von den Gräsern ab. Sie heißen Gramineae. Aufschreiben! Es gibt über 3000 Arten davon. Ich nenne sie eine Menschheitspflanze."

Ich schreibe nichts auf, beobachte aber den Studienrat, als wäre er ein Komiker, der den Pauker spielt, und er scheint meinen Genuß an seinem kleinen Theater zu bemerken. Fünf Biostunden lernen wir alles über die Gramineae, und auch die emsigsten Mitschreiber ahnen schon, daß sie eines Tages im Lexikon nachschlagen müssen, sollten sie je wieder etwas über die Blütenstände der Gräser wissen wollen.

Mehr und mehr Schüler halten sich neuerdings aus Angst vor ihren Vätern bei den Bubenstücken zurück. Reiner Vogels' Vater ist an einem anderen Gymnasium wieder Studienrat. Er würde es sofort erfahren, wenn sein Sohn was ausfrißt. Die Klasse kann also in zwei Gruppen eingeteilt werden, die „vaterlosen Rabauken" und die „Anständigen aus Schiß".

Noch immer wird in zwei Schichten unterrichtet. Die Novembertage sind kurz, die Stromsperren selten geworden, umso sehnsüchtiger warten wir darauf, daß mal wieder das Licht ausgeht. Der alte Studienrat Becker, bei dem wir Deutsch haben, ist gütig und schwach. Gerade das macht uns mitleidlos. Wenn er abends unterrichtet und der Strom wegbleibt, greifen die Rabauken alles, was sie im Dunkeln auf den Tischen finden können, Federtaschen, Stifte, Gummis, und werfen es Richtung Becker, so daß er sich nur durch Flucht in den Flur retten kann.

Er hat uns gewarnt, eines Tages würde er sich zu wehren wissen. Heute ist dieser Tag gekommen. Zuerst läuft alles normal. Das Licht geht aus, die Rabauken schmeißen im Dunkeln ihre Geschosse nach vorn, Becker duckt sich und flüchtet. Kaum hat er die Klasse verlassen, da geht wie von Geisterhand das Licht wieder an. Die Tür öffnet sich, drei mit Stöcken bewaffnete Männer kommen herein, nämlich Studienrat Becker, der Hausmeister und Rektor Zängel, der mit scharfer Stimme brüllt: „Diesen Terror wollte ich doch mal persönlich gesehen haben. Jeder bleibt an seinem Platz! Wer sich bewegt, kriegt eins drübergezogen!"

Dann werden die Beweise auf den Tisch gelegt, vor allem die harten Wurfgeschosse.

Eine Stunde dauert die Verhandlung. Es werden fünfzehn Besitzer von Griffelkästen, Brotdosen und Linealen ermittelt. Zum Teil sind die Namen auf den Geschossen zu finden.

Strafen werden ausgesprochen, es gibt Eintragungen ins Klassenbuch, blaue Briefe werden angedroht, und ein paar Jungens werden an Ort und Stelle von Zängel persönlich über die Bank gelegt. Die Delinquenten verteidigen sich, sie hätten alle diese Dinge nicht angerührt, überhaupt hätte sich ihre Einstellung zur Schule zum Guten gewandelt. „Ja ja", sagt Zängel, „am Ende kommt heraus, daß andere all das Zeug geworfen haben. Bücken!"

Er ahnt nicht, wie richtig er mit dem Verdacht liegt. Ich bin stolz darauf, der Rädelsführer dieser grandiosen Verabredung zu sein, nämlich daß die Rabauken im Schutze der Dunkelheit nur Gegenstände der Anständigen nach vorn werfen sollten. Und das hat geklappt. Ich habe sogar in die Schultasche meines abtrünnigen Blutsbruders Reiner gegriffen und sein persönliches Tintenfaß nach vorn geschmissen.

Es war der einzige Sieg der Rabauken über die Anständigen, und es war meine letzte Heldentat als Gymnasiast.

Denke an die Zeit der Liebe

Ende November nimmt die Oma meine Hand und geht mit mir in die Küche. Sie sagt mit tränenlosen Augen: „Manfred, du mußt für immer zurück zu den Kommunisten in die russische Zone." Wie grausig klingen die Worte.

Sie setzt sich auf den Stuhl und schiebt mich zwischen ihre krummen Beine, so daß ich auf sie hinuntersehen kann.

„Ich wollte es so lange wie möglich für mich behalten, mein Lieber. Hab mich an dich gewöhnt. Der Heinrich wird ja mal sterben, und dann? Nie hätte ich dich weggegeben, aber dein Vater will es. Was soll ich machen gegen ein Gesetz? Stell dir vor, wie schwer mir das Herz ist."

Ich kann nichts denken. Es rauscht nur in meinem Kopf. Bilder laufen ab, wie es manchmal in Filmen ist, alles ist durcheinander. Ich sehe uns im Keller bei dem Bombenangriff; sehe Studienrat Menge auf mich einschlagen; ich sehe den Heinrich, wie er mir die Schublade hinhält und sagt: „Wo ist der Ring? Du Verbrecher"; Brigitte Verheyden rutscht den Heuhaufen herunter ... Und alles sehe ich wie im Nebel auf dem Gesicht meiner Oma, auf dem lieben Gesicht mit der Pfirsichhaut.

Mein letzter Tag im Westen. Dem Heinrich halte ich die Hand hin, und vor Glück, daß er mich los wird, nimmt er sie zum ersten Mal an.

„Na, dann ...", sagt er. Es könnte sein, daß er mir die Sache mit dem Ring verziehen hat. Wenn er mich jetzt fragen würde, ob ich damals der Dieb war, dann müßte ich ihn wieder anlügen: „Der Dieb? Von was? Ring? Welcher Ring?" müßte ich sagen. Aber er fragt nicht. Gott sei Dank. Ich bleibe der Dieb, bis zum Lebensende.

Meine Oma und ich fahren eng umschlungen mit der Linie 2 zum Bahnhof. Wir kucken auf die Baugerüste, überall in der Stadt reißen sie Ruinen ein oder bauen sie wieder zu Häusern auf. Das sehe ich ganz verschwommen. Meine Oma ist der einzige Mensch, in dessen Gegenwart ich weine. Am König-Heinrich-Platz entsteht ganz aus Stahl und Eisen ein neues Kaufhaus. Sollte ich später wiederkehren, werde ich die Stadt nicht erkennen. Die Leute auf dem Bahnhof wundern sich über die alte Frau und den Jungen, die beide schweigend mit nassen Gesichtern auf den Bahnsteig gehen.

Als der Zug abfährt, bleibt sie einfach mit mir im Abteil sitzen.

„Willst du mitfahren?" sage ich.

„Bis Dortmund", sagt sie und kann den Blick nicht von mir wenden.

Zum ersten Mal habe ich einen provisorischen Ausweis, der mir erlaubt, zu meinem Vater in die russische Zone zu fahren. Dazu einen Brief von der Jugendfürsorge, in dem steht, daß er die Erziehungsberechtigung für mich hat. Von einer englischen Zone spricht niemand mehr. Manche sagen, es gibt Westdeutschland und die Ostzone. Aus dem Zug nach Leipzig muß ich nicht aussteigen, mein Sitzplatz ist numeriert. Im Gepäcknetz liegt der Pappkoffer mit meiner ganzen Habe: Konfirmationsanzug, „Winnetou" I bis III, „Robinson", Landkarte, Armbanduhr, die Splitter von Onkel Walter und die Blechtasse.

Oma Lisa hat mir ein Abschiedsgedicht geschrieben, das ich in der Hemdtasche bei mir trage:

„Denke an die Zeit der Liebe
an die Jahre mit Uns zwein.
denke stetz an Deine Oma
die Dich so liebt und die jetzt ganz allein.

Eines Tages in der weiten Welt
ohne Brot und ohne Geld
wirst Du einsam dastehn,
und ich sag Dir, es wird weitergehn."

Und unten drunter steht: „Paß auf Dein Vater auf, er hat keine Ahnung von nichts!!"

Es ist Dezember.

IHREN HINTERN FESTHALTEN

Frühmorgens holt mein Vater mich in Leipzig auf dem Bahnhof ab. Nach der Umarmung setzt er den Hut wieder auf, nimmt seinen Koffer und sagt: „Ab sofort schmeißen wir beide den Laden allein. Die Ostzone gibt's nicht mehr. Vor zwei Monaten haben sie die Deutsche Demokratische Republik gegründet. Noch zwei Tage, und du hast wieder ein Zuhause. Vorher machen wir einen kleinen Abstecher. Wir warten jetzt auf den Zug, der uns in die Stadt Chemnitz bringt, gleich vom nächsten Bahnsteig. Dort holen wir 300 Kugellager, nagelneu, in Ölpapier verpackt, ein Schatz aus der Friedenszeit. Die Chance dürfen wir nicht verpassen."

Kugellager. Vielleicht kann ich mir in Leipzig wieder eine Seifenkiste bauen. Wir steigen ein, jeder mit seinem Koffer.

Die halbe Fahrt verbringe ich im Schlaf, mein Vater tröstet mich zwischendurch mit Wurstbroten und einer Flasche rosa Brause. Gegenüber sitzt eine Dame, die uns beobachtet. Sie hat einen Hut auf, von dem ein schwarz genoppter Schleier sich über ihr Gesicht spannt. Sie sagt lächelnd: „Der arme Junge – so hungrig und müde ..."

„Was meinen Sie, schöne Frau?" sagt mein Vater. „Ist hier jemand, dem er ähnlich sieht?"

„Oh ja ...", sagt die Dame.

„Kein Wunder", sage ich, „ich bin sein Enkel ..."

Um zu klären, daß es sich um einen Scherz handelt, fängt er laut zu lachen an, und dann lacht auch die Dame.

Als ich wieder einmal aufwache, sind nur fremde Leute im Abteil. Ich gehe den Waggon auf und ab und finde die Dame und meinen Vater im Gang bei der Toilette. Sie haben beide ihre Hüte auf, der Schleier der Dame ist bis über ihre Nase hochgestreift, mit geschlossenen Augen küssen sie sich. Es sind lange Küsse, wahrscheinlich atmen sie durch die Nase, sonst wäre es gar nicht möglich. Mein Vater hat die

Jacke von ihrem Kostüm hochgeklappt, so kann er mit beiden Händen ihren Hintern festhalten. Ich gehe wieder auf meinen Platz und stelle mich schlafend.

Mein Vater kommt als erster ins Abteil zurück, um mich zu wecken: „Wir sind gleich da“, sagt er.

Ich reibe mir die Augen. Dann kommt die Dame herein: „Jetzt weiß ich von deinem Vater, wie du heißt. Sag mal, Manfred, hättest du denn was dagegen, wenn wir heute alle bei mir übernachten?“

„Nein, es ist mir angenehm“, sage ich.

„Ich heiße Agnes, du kannst Frau Agnes zu mir sagen.“

Chemnitz sieht traurig aus, es scheint kleiner zu sein als Duisburg. Ein paar häßliche Häuser sind neu gebaut, junge Bäume gepflanzt, alles sieht provisorisch aus. Die Straßenbahn fährt, ich sehe ein großes Hotel und ein Theater. Trümmerfrauen sind dabei, Steine zu klopfen und Loren auf Schutthalden zu schieben.

Wir finden die Werkstatt, in der mein Vater die Kugellager abholen will, ein Polizist klärt uns auf, der Besitzer sei geflohen, das Gelände gesperrt, er zeigt uns am Eisentor das Siegel.

„Geflohen?“ sagt mein Vater.

„Nach'm Westen, nehm ich an“, sagt der Polizist. „Was wollten Sie denn von dem?“

„Von so einem will ich gar nichts“, sagt mein Vater und wuchtet seinen leeren Koffer auf die Schulter.

Als wir bei Frau Agnes ankommen, dämmert es. Mehr als die Hälfte von ihrem Haus ist stehengeblieben. Sie zeigt uns ihre gute Stube, die an der Außenseite mit Brettern verschlossen ist. „Dahinter war mal der Rest der Wohnung“, sagt sie, „das hat sich alles in Garten verwandelt. Kommen Sie, ich zeige Ihnen unsere stolze Fabrik.“

Wir gehen in einen Anbau, in dem ein paar staubige Maschinen stehen.

„Meine Eltern hatten eine Strumpfwirkerei, ich kann mir nicht vorstellen, daß hier wieder Leben einzieht. Aber heute ist ein besonderer Tag. Ich habe liebe Gäste, für die mir nichts zu schade ist."

Sie nimmt den Hut ab, zieht das Jäckchen aus, tischt Wein und Gläser auf, huscht hin und her, zieht draußen auf dem Flur ein Faltbett auseinander und bringt Kekse von einer Sorte, die ich aus Duisburgs Schaufenstern kenne.

Mein Vater entkorkt die Flasche.

„Darf Ihr Junge schon Wein trinken?" sagt Frau Agnes.

Mein Vater lacht und sagt: „Ja. Ein Gläschen zur Feier des Tages. Wir haben uns heute nach Jahren wiedergesehen."

Dann essen wir Kekse, trinken Wein, mein Vater packt ein Wurstbrot aus und erzählt von seiner Soldatenzeit, wie einsam er damals war, in den Wäldern, und wie einsam er im Grunde bis zum heutigen Tag geblieben ist.

Ich habe nicht ein Glas getrunken, sondern zwei. Frau Agnes zeigt mir das Faltbett im Flur und deckt mich zu. Nachdem sie mir die Wange gestreichelt und leise „Gute Nacht" gesagt hat, schließt sie die Tür zur guten Stube, ich höre, wie sich der Schlüssel dreht. Bald klingt Musik aus dem Radio, und Nachrichten, und wieder Musik, dann höre ich von beiden Worte, die aber nicht zu verstehen sind, oftmals gleichzeitig, vielleicht sind es auch keine Worte sondern nur Geräusche, die sie aber mit dem Mund machen. Ich glaube, sie lieben sich miteinander, und ich frage mich, wie und wo sie das tun, denn auf dem einzigen Bett in der Wohnung liege ich. Frau Agnes' Stimme hört sich fröhlich an, die meines Vaters ausdrucksvoll.

Am Morgen verabschiedet Frau Agnes sich von meinem Vater, als wenn sie seine Frau wäre und er in den Krieg zöge. Schon in der Straßenbahn ist sie in Tränen ausgebrochen, und auf dem Bahnsteig passiert es ihr wieder. Bis der Zug abfährt, küßt sie uns abwechselnd, mir aufs Ohr, so daß ich ihr Atmen höre, und meinem Vater auf den Mund. „Schreib mir, Rudolf, sobald du eine Wohnung hast. Versprich es mir. Und du auch, Manfred…“ Sie steckt jedem von uns eine Visitenkarte zu.

Der Zug fährt. Es geht nach Leipzig. Mein Vater schläft wortlos ein.

Irgendwo bei Grimma wacht er auf.

„Haben wir denn keine Wohnung?“ sage ich.

„Aber ja“, sagt er, „wir haben ein schönes Zimmer für uns beide. Keine Sorge.“

Und nach einer Weile sagt er: „Dort ist es gemütlich, fast eng. Da kann sie uns nicht besuchen.“

Und wieder eine Weile später: „Eine wunderbare Frau. Gefühlvoll. Aber ich habe schon eine Frau. Die heißt Elfriede.“

Er holt seinen großen Pappkoffer von der Ablage, den er für die Kugellager mitgenommen hat. Er legt ihn auf den Schoß und läßt die Schlösser aufschnappen.

„Kuck dir das an. Hat sie mir geschenkt.“

Der Koffer ist fast voll. Ich kann nicht erkennen, was es ist.

„Wenn mir jemand was zum Tausch anzubieten hat. – Reine Kunstseide“, sagt er, „Friedensware.“

Es sind lauter Damenstrümpfe, die in Zellophanpapier verpackt sind. Die Fahrgäste staunen, aber niemand hat was zum Tauschen.

„Wie hast du heute Nacht geschlafen?“ sage ich.

„Schlecht. Es war hart auf dem Fußboden. Aber sollte

ich dich aus dem Bett schmeißen? Mein eigen Fleisch und Blut?“

Er macht den Koffer zu.

Leipzig hat den größten halbkaputten Sackbahnhof Europas. Er ist das erste, was ich von der Stadt sehe. Sackbahn- 24
höfe heißen so, weil jeder eingefahrene Zug rückwärts wieder rausfahren muß, wie aus einem Sack. Vor dem Bahnhof warten wir auf die Straßenbahn, die uns in den Stadtteil Lindenau fahren wird, wo wir wohnen. Ein paar Dutzend Leute der „Freien Deutschen Jugend“, alle in blauen Hemden, halten revolutionäre Streitgespräche mit den Leipzigern. Sie reden über Adenauer, der im Westen die Wahl gewonnen hat, über Wilhelm Pieck, den neuen Präsidenten der DDR, über Bezugscheine, Lebensmittelkarten und über das Gerücht, die Russen hätten jetzt auch die Atombombe.

In der Rietschelstraße 35 steigen wir die Treppen rauf. Die Besitzerin der Wohnung, Frau Zschoche, begrüßt uns mit Kaffee und Kuchen und sagt in dem herzlichen Dialekt: „Das hättste wohl nisch gedacht, daß de aus’n Westen gimmst und gleisch ä Lindenauer Rääbschen werscht?“ Sie erklärt mir, Lindenauer Kinder werden als besonders frech angesehen, frech wie kleine Raben. Mein Vater schenkt ihr ein Paar Seidenstrümpfe und wird heftig umarmt. Dann sehe ich unser Zimmer, das wirklich klein ist, gemütlich kann man nicht sagen. Ein Bett, ein alter Kleiderschrank, ein Tisch, zwei Stühle. Das beste ist das Klavier, das der Mann von Frau Zschoche gespielt hat, ehe er im Krieg gefallen ist.

Ich packe meine Blechtasse aus und stelle sie auf die Fensterbank.

Johanna 15. Stück

Der Altgeselle Gottselig kommt nicht mehr die Treppe herauf, um Johanna und die Kinder zu besuchen. Er verläßt die Wohnung nur noch bei schönem Wetter, dann sitzt er auf der Hofbank und schaut den Kindern beim Spielen zu. Albert ist schon zwölf Jahre alt. Wenn er und Grete für Gottselig einkaufen, dürfen sie sich eine Süßigkeit mitbringen. Der Alte sieht sich ihre Hausaufgaben an, und Johanna kommt einmal die Woche zu ihm herunter, um aufzuräumen, sie wäscht auch sein Bettzeug und legt es zum Bleichen aus. Er muß das, was Johanna ihm sagt, nicht mehr erraten. Die Kinder verstehen ihre Mutter aufs Wort. Sie könnten gar nicht sagen, warum das so ist. So lange sie sich erinnern, haben sie ihre Mutter verstanden, sie denken darüber nicht nach. Eher wundern sie sich, daß manche Menschen Johanna gegenüber hilflos oder ungehalten sind, und mit der größten Selbstverständlichkeit übersetzen sie Johannas Worte in die Sprache der Hörenden, wenn nötig auch ins Polnische.

Von den drei Vätern hat Johanna nie etwas gehört, keiner von ihnen hat je an sein Kind eine Zeile geschrieben. Auch der verschollene Bruno nicht, dessen Tochter Elisabeth gerade das ABC lernt. Johanna hat sich oft gefragt, wo in der Welt, weit von Kattowitz, die drei Väter wohl sein werden. Ob Bruno wieder an der Scheibe sitzt und Töpfe dreht? „Ach wo", sagt Gottselig. „Dort machen sie keine Töpfe mit der Hand, sie haben Maschinen. Bruno wird geworden sein, was er immer werden wollte, Künstler. Eine schwere Arbeit. Er wird mit seiner Püppi nächtelang durch Amerika tanzen, bis ihm die Füße weh tun."

Einmal ist Johanna nach der Sonntagsmesse mit den Kindern zur Töpferei gegangen. Die Hausbesitzer haben dort eine Schmiede eingerichtet, wie es vor Brunos Zeit schon gewesen war. Der Brennofen ist abgerissen, neben dem Amboß, unter dem blechernen Abzug, glüht das Schmiedefeuer. Die Küche ist verschwunden. Da, wo das Schlafzimmer war, stehen jetzt die Pferde zum Beschlagen. Die Kinder erkennen ihre alte Heimat nicht wieder.

Seit vier Wochen hütet Gottselig das Bett. Einmal war der Arzt da, er hat ihm Pillen gegen das Reißen in der Schulter verkauft und Rizinus-Öl gegen die Darmsperre. Beim Abschied hat er gesagt: „Nicht mehr lange, dann ist alles gut."

Johanna hält Wache an seinem Bett. Der Alte ist schmal geworden, so daß es ihr leichtfällt, ihn herauszuheben und auf den Eimer zu setzen. Sie hat ein Polster aus Roßhaar gestopft, das sie auf den Rand legt. Dann hockt sie sich nieder und hält ihn fest. Er legt seinen Kopf an ihre Schulter: „Eine starke Frau bist du", sagt er. „Hättest du gedacht, daß ein Leben so kurz ist?" Er tut noch zwei tiefe Atmer, dann ist es für ihn zu Ende.

Die Beerdigung sollte von seinem Ersparten bezahlt werden, aber Johanna muß ein Viertel dazulegen. Sie kauft den Sarg und läßt einen Stein polieren, auf dem steht „Kasimir Gottselig 1825–1894". Der Bildhauer möchte „Ruhe Sanft!" darunter setzen, aber Johanna will weniger Buchstaben, dafür in einer schöneren, schnörkeligen Schrift.

Die Nachbarn aus dem dritten Stock werden ins Parterre ziehen, Johanna könnte nachrücken, aber auf dem Dachjuchhe gefällt es ihr besser, schon wegen der geringen Miete.

Unter Gottseligs Blumenvase wird das Testament gefunden. In feiner Handschrift steht dort zu lesen: „Alle meine Habe soll Johanna Krug erben. Und dazu den schönen Karren, der auf dem Hof steht. Hochachtungsvoll – Kasimir Gottselig." Albert liest ihr das Testament vor, stockend, denn er sieht Tränen in ihren Augen.

Die Habe, das ist ein Werkzeugkasten, der Kleiderschrank mit etwas Wäsche, ein Gehrock aus feinem Tuch, das Bett, ein paar Stühle, zwei Tische, ein Büffet, ein großer Eisenofen. Und eine Mappe mit Papieren, darunter die Taufurkunde nebst dem Gesellenbrief des Stellmachers. Dazu vier Flaschen Wodka.

Johanna zerlegt den Eisenofen und trägt ihn nach oben in ihre Wohnung, wo sie ihn wieder zusammensetzt. Dann bringt sie, gemeinsam mit Albert, den Tisch und das Bett die Treppen hinauf. Und jedesmal ist es ihr eine Freude zu sehen, wie auch die beiden Mädchen hinter ihnen getreulich die Treppen auf- und niedersteigen. Unter der Plane aus Segeltuch steht wie eh und je der Karren auf dem Hof angekettet. In der Vase eine Tüte mit der Aufschrift JOHANNA, darin der Schlüssel für das Kettenschloß. Alles übrige aus Gottseligs Nachlaß wird verkauft. So bleibt nach seiner Beerdigung noch etwas Geld übrig.

Alle, die auf dem Dachjuchhe wohnen, müssen enger zusammenrücken. Albert hat einen Teil der Kohlenekke mit geschmirgelten Brettern abgetrennt, dahinter steht jetzt sein eigenes Bett. Johanna freut sich über den größeren Ofen. Nur muß sie öfter in den Wald und auf die Abraumhalde gehen, um Brennmaterial zu sammeln. Aber sie hat mehr Möglichkeiten, sich eine Heimarbeit zu verschaffen.

Als sie ein junges Mädchen war, hat sie in der Färberei Kledzik gearbeitet, die später nach Gleiwitz verlegt wurde. Jetzt wird sie kleine Mengen Wolle für den Tischdeckenladen färben. Aus Farnkraut entsteht ein zartes Grün, und sie weiß auch, wie man das seltene

Magentarot aus Löwenzahn gewinnt. Albert und Grete sammeln die Pflanzen, Johanna zerquetscht sie, weicht sie über Nacht kalt ein, um das Ganze danach aufzukochen. Später gießt sie einen Eimer Regenwasser dazu und sobald die Brühe wieder aufwallt, stukt sie die Wolle unter, die später getrocknet wird. Eine langwierige Arbeit. Der Ladenbesitzer ist beim Anblick der Wolle nicht begeistert, er zeigt ihr die neuen Industriefarben, die seien bunter und saftiger als ihre Kräuterfarben. Also wird sie von der Färberei nicht leben können.

Sie kauft sich Blechformen, um Kerzen zu gießen. Vom Lande holt sie Rinder- und Schafstalg, den sie ausschmelzt. Nach dem Einklemmen der Dochte gießt sie mit dem heißen Talg die Formen aus. Feine Leute nehmen nur solche Ware, die aus Bienenwachs hergestellt ist. Johannas Kerzen sind billig, aber sie rußen und riechen nach Hammel. Außerdem machen immer mehr arme Leute sich ihre Kerzen selbst. Johanna sieht ein, daß sie auch diese Geschäftsidee aufgeben muß.

Während sie mit den Kindern durch die Straßen von Kattowitz wandert, kommen ihr Gedanken, die sie als wehleidig empfindet, an denen sie sich dennoch stärkt. Gewiß, sie würde sich nicht scheuen, wieder schwere Arbeit anzunehmen, sie würde mit dem Karren losziehen, oder Ton schlagen, wenn es in Kattowitz noch eine Töpferei gäbe. Wo aber sollte sie die Kinder lassen? Es gibt keinen Gottselig mehr, der ihr ein hilfreicher und tröstlicher Mensch war.

Vor dem holzgeschnitzten Schaufenster der Wäscherei Nowak bleibt sie mit den Kindern stehen. Sie alle sehen dem Bügler und den Wäscherinnen bei der Arbeit zu. Albert tippt seine Mutter an: „Könntest du nicht zu Hause bügeln?“

„Das schon…", sagt Johanna.

Albert verschwindet im Laden und spricht mit dem Bügler. Johanna kann nicht sehen, was er sagt. Als er wieder auf die Straße kommt, macht sie ihr fragendes Gesicht:

„Was hast du gesagt?"

„Meine Mutter ist stark und fleißig. Sie ist taubstumm, aber sie hat beim Töpfer Bober gearbeitet. Sie ist so stark, daß sie einen Mann aus dem Bett heben kann. Das habe ich gesagt."

„Und er?" fragt Johanna.

„Du sollst kommen und plissieren lernen."

„Was soll ich lernen?"

Albert drückt zwei Falten in sein Hemd und zeigt sie ihr: „Hier, das nennt man Plissieren", sagt er. Und er zeigt ihr auch die gefältelten Kleider im Schaufenster.

Nicht länger als vier Wochen steht Johanna vormittags in der Wäscherei Nowak und lernt das Plissieren und das Rüschenmachen. Meister Nowak ist zufrieden. Er will sehen, an welchem Platz sie künftig für die Wäscherei arbeiten wird. Deshalb kommt er sie auf dem Dachjuchhe besuchen. Er bringt gleich den Schlosser mit, der Johannas Ofen umbauen soll. Sie machen ihr eine Zeichnung, wie das Dach des Ofens werden soll. Es wird wie eine Pyramide aussehen, der die obere Hälfte mit der Spitze fehlt. Auf den vier schrägen Seiten werden die flachen Plätteisen stehen, so daß sie immer ein frisch erwärmtes Eisen zur Verfügung hat. Außerdem überreicht ihr der Meister Nowak eine amerikanische Plissierzange und sagt: „Das wäre das Nötigste. Die Kosten ziehe ich Ihnen nach und nach vom Lohn ab. Wenn Sie alles verstanden haben, unterschreiben Sie."

Sie unterschreibt in lateinischen Druckbuchstaben „JOHANNA KRUG" und macht einen Knicks.

Auf den Kopf gefallen

Mein Vater hat mich in der Schule angemeldet. Der Lehrer stellt mich vor und sagt, daß ich aus Duisburg angekommen sei. „Diese Übersiedlung geht auf einen fortschrittlichen Entschluß seines Vaters zurück, der sich schon früher für die richtige Seite entschieden hat." Ich glaube, die Ansprache war nicht gut für mich. Ein paar Wochen sitze ich allein in meiner Bank und stehe abseits auf dem Schulhof. Ich bin der Westjunge, der anders spricht als die anderen, der vielleicht nicht ganz klar im Kopf ist, denn wer hat schon einen gesehen, der aus dem Westen in den Osten kommt? Als ob ich freiwillig gekommen wäre. Ich unterscheide mich nicht von den anderen, habe die gleiche Schultasche aus Preßpappe und die gleichen abgetragenen Sachen an. Obendrein hat mein Vater mir als erstes ein Paar von den glitschigen grünen Igelitschuhen gekauft, die es nur im Osten gibt. Die habe ich an den Füßen, wie die meisten Kinder in der Klasse. Im Krieg trugen wir Sandalen aus Autoreifen, und manche Frauen hatten sogar welche aus Holz. Die geteilten Holzsohlen hatten Lederscharniere, damit sie beweglich waren. Jetzt gibt es nur Igelit-Schuhe aus buntem Gummi. Der ganze Schuh samt Sohle ist aus einem Stück gegossen. Man kriegt Schweißfüße davon. Wenn ich die Igelitschuhe ausziehe, habe ich riffelige Haut an den Füßen. Mir ist eklig vor dem eigenen Gestank. Jeden Abend muß ich das Fenster öffnen, egal bei welchem Wetter, danach ist Füße- und Sockenwaschen dran. Über jede Hand ziehe ich eine Socke und wasche sie mit Seife. Wenn Seife knapp ist, lasse ich lieber den Hals dreckig, aber nicht die Füße. Das Seifenwasser fülle ich in die Schuhe und lasse es bis morgens darin stehen.

Das Schöne an der Schule ist, daß dort auch Mädchen sind. Mit Mädchen kann man sich besser anfreunden.

Außerdem gibt es täglich warmes Essen, wie in Duisburg, nur daß es nicht Schwedenspeise heißt. Es kommt auch weder aus Schweden, noch schmeckt es irgendwie schwedisch. Wenn Lungenhaschee oder Sagosuppe ausgeschenkt wird, halte ich meinen Topf einfach nicht hin. Aber sie haben auch gute Sachen wie Erbsensuppe und ein Getränk, das sie Kakao nennen.

Die Schulhefte sind häßlich, überall sind Bilder von russischen Gelehrten drauf, zum Beispiel von Iwan Wladimirowitsch Mitschurin, der die ersten sibirischen Äpfel gezüchtet hat. In der Klasse geht ein Witz um, über den ich nicht lachen kann. Mitschurin sei den Unfalltod gestorben: Eine von ihm gezüchtete Erdbeere sei ihm auf den Kopf gefallen. Oder ein Bild von Konstantin Eduardowitsch Ziolkowski, der die erste Rakete gebaut hat. Oder von Jossif Wissarionowitsch Stalin, der den Vaterländischen Krieg gewonnen hat. Rußland ist der große rote Fleck auf der Landkarte. Vielleicht 40 mal größer als Deutschland früher war. Dort in den entlegenen Dörfern wird manches Wunderkind zur Welt gekommen sein. Jetzt werden sie nach und nach entdeckt und kleben auf den Schulheften.

Vom Russischunterricht bin ich befreit, bis meine Lücken in Chemie und Rechnen aufgeholt sind.

Mein Vater schläft meistens in Gohlis bei seiner Elfriede, nur manchmal, wenn er sich mit ihr gestritten hat, kommt er nach Hause. Dann legt er sich in das schmale Bett, wo ich schon schlafe, und umschlingt mich. Er legt sein angewinkeltes Bein und den Arm über mich, bis ich vor Hitze aufwache. Inzwischen ist er eingeschlafen, ich kriege keine Luft. Mir bricht Schweiß aus. Schließlich ist er mein Vater, ich kann ihn nicht einfach wegschubsen. Vorsichtig wuchte ich erst das Bein, dann den Arm von mir runter, bis er sich murrend umdreht. Heute ist es passiert, daß er aus dem Bett gefallen ist. Im Aufstehen sagt er: „Verdammt! Wir brauchen eine Wohnung. Ich gratuliere dir zu deinem dreizehnten Geburtstag." Und gibt mir einen Kuß.

Abends, während ich schon schlief, muß er den Tisch gedeckt haben: da steht Buttercremetorte, Schinken, Käse. Er steckt den Tauchsieder ins Wasser: „Heute mache ich für uns beide zum Frühstück einen Tee."

„Du kannst meinen Geburtstag auswendig?"

„Den werde ich nicht vergessen", sagt er. „Du warst drei Monate alt, da ist der größte Zeppelin explodiert, der je gebaut wurde. Er war ein viertel Kilometer lang und stürzte sechzig Meter tief, mit allen Leuten, die in der Kabine waren. Mehr als dreißig sind verbrannt. Das war in der Nähe von Neu York."

„Ich kann deinen Geburtstag auch auswendig", sage ich, „5. April 1908. Obwohl da nichts explodiert ist."

„Ich hab ein Geschenk für dich", sagt er, „Lauter schöne Lieder, die du lernen kannst, dann brauchst du nicht so sinnlos aufs Klavier zu hämmern."

Es ist ein altes Schlagerbuch mit Text und Noten.

„Ich möcht' so gerne wissen,
ob sich die Fische küssen",
„Benjamin,
ich hab nichts anzuziehn",
„Du, Du, Dudl, Du, Du" und solche Sachen.

Statt Schularbeiten zu machen, spiele ich nachmittags Klavier. Ein selbstkomponiertes Stück kann ich schon auswendig. Ich nenne es „Großstadtrhapsodie". Die Wirtin kommt manchmal rein und sagt: „Schön, daß dir das Klavier gefällt, kannst du nicht mal ein richtiges Lied mit Melodie einstudieren?" Das ist konzertante Musik, davon versteht sie nichts.

Sonntags kommen mein Vater und Elfriede, um mich abzuholen. Sie ist jünger als meine Mutter, aber meine Mutter ist schöner. Wir fahren manchmal in die Stadt zum Essen, danach werde ich wieder bei Frau Zschoche abgegeben. Sie besitzt mehrere Bände von Karl May, die ihr Mann als Junge gelesen hat. Ich lese sie im Bett, und je spannender es zugeht, desto später schlafe ich ein, so daß Frau Zschoche mich morgens wecken muß. Meistens drehe ich mich nochmal um, dann zieht sie mir die Bettdecke weg, was mir peinlich ist. Denn wenn ich aufwache, muß ich immer zuerst auf die Toilette, und wenn es dringend ist, dann kann man das sehen. Ich klammere mich am Plumeau fest, Frau Zschoche sagt: „Sei nicht so albern, denkst du, ich hab noch keinen Mann gesehen?“ Sie lacht, während ich mir alles zuhalte und ins Bad renne.

Überhaupt ist Frau Zschoche sehr nett zu mir. Manchmal glaube ich aber, es gefällt ihr nicht, daß mein Vater so selten in dem Zimmer schläft. Da ist es ihr sympathisch, daß sie wenigstens mich zur Unterhaltung hat.

Hier ist öfter Stromsperre. Wenn abends das Licht ausgeht, kommt sie mit einer Kerze rein und setzt sich zu mir aufs Bett. Sie hat mir sogar schon aus Karl May vorgelesen. Alles in zartem Sächsisch, das würde zu ihm gut passen, sagt sie. Manchmal gibt sie mir ein Küßchen und deckt mich liebevoll zu. Wahrscheinlich muß ich hier bleiben, bis ich volljährig bin, deshalb lerne ich Sächsisch, am liebsten von ihr, an die ich mich gewöhne, wie sie sich an mich gewöhnt.

Bigamie ist verboten

Gerade bin ich dreizehn, da kommt mein Vater in die Rietschelstraße und hat Roger an der Hand: „Wir müssen Abschied nehmen, Frau Zschoche. Das ist mein zweiter Sohn Roger, den ich eben vom Bahnhof geholt habe. Auch er ist in das bessere Deutschland ausgewandert. Seine Mutter hat mir geschrieben, daß sie mit ihm nicht fertig wird.

Was soll ich machen? Es scheint, ich bin der Einzige, der mit meinen Söhnen fertig wird. Aber leider, zu dritt können wir hier nicht wohnen."

Frau Zschoche kriegt nasse Augen und sagt: „Das liegt an Ihnen, Herr Krug, wegen mir könnten Sie die ganze Wohnung haben, und ich würde in das kleine Zimmer ziehen."

„Bigamie ist verboten", sagt mein Vater lachend, „ich hab schon eine Frau, die Elfriede, die kennen Sie ja."

Noch nie habe ich mich so sehr über meinen Bruder gefreut wie in diesem Augenblick. Wir umarmen uns, ich würde glatt vor Freude weinen, aber das kommt nicht in Frage. Sein Haar ist dunkelblond geworden, kein Gold mehr zu sehen.

„Zeig deine Finger, ob du die Grübchen noch hast", sage ich.

Er sagt: „An den Fingern sind sie weg, aber Mutti sagt, wenn ich lache, hätte ich welche im Gesicht."

Roger erzählt, daß unsere Mutter einen neuen Freund hat, der Heering heißt und den sie schrecklich findet. Ohne Mann kann sie nicht leben. Aber es besteht keine Gefahr, der Heering will unsere Mutter nicht heiraten.

„Dann lach mal", sage ich.

„Vielleicht später", sagt er.

Nicht weit von hier, in der Friesenstraße 1, ist die neue Wohnung, die mein Vater gefunden hat. Ich glaube, die Russen, für die er arbeitet, haben ihm dabei geholfen. Zwei leergefegte Zimmer mit Kachelöfen im ersten Stock, eine Küche mit Gasherd, ein Bad und ein Flur. In der Küche ein Wassereimer, ein Putzlappen und ein Schrubber. Nackte Glühbirnen hängen von der Decke, in dem einen Zimmer stehen zwei Betten hintereinander an der Wand, und sonst nichts.

Das Beste an der Wohnung ist, daß ich nicht mehr mit meinem Vater in einem Bett schlafen muß. Das wird mein Bruder Roger ertragen müssen, der braucht weniger Platz.

Das Klavier wird mir fehlen, ich hatte noch zwei Rhapsodien mit den Titeln „Alpenglühen“ und „Einsamkeit“ komponiert. Als einzige Möbel liegen unsere beiden Koffer auf dem Fußboden. Aus meinem packe ich die Blechtasse aus. Ich stelle sie auf die Fensterbank und freue mich, daß es eine Gewohnheit in meinem Leben gibt. Auf den verblaßten Tapeten sind kleine Chinesen zu erkennen, die im Nebel Boot fahren. Nirgendwo hängt ein Bild. Ich falte meine Deutschlandkarte auseinander und klebe sie an die Wand.

„Wie gefällt euch die Wohnung?“ sagt mein Vater.

„Gut“, sage ich. „Schrank und Stühle könnten wir gebrauchen.“

„Und noch ein Bett“, sagt Roger.

„Nach und nach werden wir alles anschaffen“, sagt mein Vater, „Das erste ist ein Tisch und ein Radio.“

Er verabschiedet sich von uns: „Heute bleibt ihr alleine, damit ihr Platz zum Schlafen habt.“

Die erste Nacht ist die schlimmste.

Es ist Stromsperre, niemand hat an eine Kerze gedacht. Die Batterie in meiner Taschenlampe ist leer. Plötzlich sind knarrende Geräusche zu hören. „Jemand ist in unserer Wohnung“, flüstert Roger. Nach einer Weile flüstere ich zurück: „Dann müßte er ja einen Schlüssel haben.“ Wenn man erstmal anfängt zu flüstern, bringt man sich schon in eine ängstliche Stimmung. Und doch, es könnte der frühere Mieter sein, der von den Russen verjagt worden ist, vielleicht weil er Nazi gewesen war. Er könnte einen Schlüssel behalten haben und will jetzt Rache nehmen. Mein Bruder kommt zu mir ins Bett: „Es kann ein Einbrecher sein...“ flüstert er. Jetzt hören wir es deutlich, es sind zwei Personen, die ungeniert hin und her laufen, aber sie kennen sich nicht aus, denn unser Zimmer haben sie noch immer nicht gefunden. Ich sage ganz laut: „Onkel Hasso, geh du außen rum, wir erwischen ihn im Flur!“

Mein Bruder ist tollkühn. Er schreit: „Wenn du ihn hast, halt ihn fest, bis ich komme!“ Keine Wirkung. Die Einbrecher gehen auf und ab. Wir starren ins Dunkel, die Bettdecke bis zum Kinn. Ich fange schon an, mich vor meinem Bruder zu schämen, allmählich werde ich aber stutzig. Kann es wahr sein, daß die das einzige Zimmer nicht finden, aus dem sie wenigstens unsere Koffer klauen könnten? Ich stehe als erster auf. Vorsichtshalber rufe ich nochmal: „Onkel Hasso?“ Und dann wird allmählich klar, daß zwar mehrere Leute knarrend und schurrend hin und her laufen, aber nicht in unserer Wohnung, sondern in der Wohnung über uns.

Das nächste, was mein Vater anschafft, sind fünf Bierkisten, deren Böden als Tisch und Hocker dienen. Etwas Geschirr steht auf dem Herd, so daß wir uns Malzkaffee und Erbsbrei oder Brühe mit Nudeln aus der Tüte kochen können. So ähnlich, wie es die Cowboys in den Wild-West-Filmen machen. Abends bringt mein Vater meistens was Besonderes mit. Wir haben jeder eine Lebensmittelkarte, und manchmal spendiert er in dem neuen HO-Laden Buttercremetorte, zehn Ostmark für ein Stück. Es gibt besondere Tage, da packt er Schinken oder Cervelatwurst aus und sagt: „Das hat kein Geld gekostet, sondern? ...“ „... Ein Paar Damenstrümpfe“, sage ich, und er sagt: „Sei dankbar und schreib der Frau Agnes eine Postkarte nach Chemnitz.“ Sie antwortet nicht mehr darauf. Sicher hat sie einen neuen Freund.

Alle vierzehn Tage wischen Roger und ich das Treppenhaus, die Nachbarn meinen aber, der Dreck würde nur breitgeschmiert. Deshalb kommt neuerdings aus Gohlis die Elfriede zum Wischen vorbei.

Das zweite, was mein Vater anschafft, ist ein Vorkriegsradio, fast so schön wie unser Blaupunkt. Dazu sind ein paar Geräte nötig, die auf ein Holzbrett geschraubt sind: Vorn ein Regler, dann ein Motor, von dem zwei Drähte zu einem Trafo führen. In Lindenau gibt es nur 110 Volt Gleichstrom, das

Radio braucht aber 220 Volt Wechselstrom. Der Strom schwankt ein bißchen, deshalb muß er zuerst durch den Regler fließen, das macht ihn gleichmäßig und er hat genau 110 Volt. Jetzt der Motor. Er dient als Zerhacker, der den Strom umwandelt. Nach der Umwandlung heißt er Wechselstrom und muß nur noch durch den Trafo, damit er 220 Volt hat. Eigentlich einfach, aber der alte Motor sprüht Funken und brummt wie ein Bär, so daß wir die Nachrichten nicht verstehen können, und die Musik klingt schlechter als aus dem Volksempfänger meiner Oma. Die Sender pfeifen und verschwinden, man muß sie dauernd suchen. Der Westsender RIAS wird durch einen jaulenden Dauerton gestört, genauso wie der AFN, der „American Forces Network" heißt. Manche nennen ihn höhnisch „Ämerikän Forz ins Netzhemd". So daß ich die Jazzsendungen nicht hören kann. Wir geben schließlich auf. Wir lassen die Radio-Maschinerie allmählich auf dem Fußboden verstauben und schalten sie nur noch ein, um den Wischlappen zu trocknen.

Alle sind gleich

Wieder eine neue Schule, die voll ist von Lindenauer Rääbschen. Manchmal machen sie meinen Bruder fertig: „Roger? Soll das ein Name sein? Buchstabier mal. Vielleicht weißt du selbst nicht, wie du heißt. Etwa Robert? ..." Nach solchen Sprüchen wird Roger böse und schlägt um sich, vor allem dann, wenn ich auf dem Schulhof stehe. Hin und wieder müssen wir uns Rücken an Rücken wehren, obwohl meine etwas vorstehende Nase für Prügeleien ungeeignet ist.

Immerhin, Arm und Reich gibt es nicht mehr. Alle sind gleich. Jedenfalls gleicher als im Westen. Mein Vater verdient sicher mehr als andere Väter. Er gehört der technischen Intelligenz an, die keine Klasse ist, sondern eine Schicht. Diese Schicht ist willkommen, solange sie der Arbeiterklasse dient. Das lerne ich jetzt.

Das dritte, was mein Vater anschafft, ist ein neues Koffergrammophon zum Aufziehen und mehrere Schallplatten vom Orchester Kurt Henkels. „The Mess Is Here“ und „When The Angels Sing“ mit dem Trompeter Horst Fischer. Es hört sich an, als wäre es in Amerika aufgenommen worden. Diese Stücke höre ich so oft, daß die Platten bald nur noch rauschen. Ich kann jeden Trompeten- und Saxophoneinsatz mitsingen, was meinem Bruder auf die Nerven geht. Komisch: Roger stammt von denselben Eltern, wenn er aber mal singen will, kommt nichts raus. Der Liebe Gott hat es ihm nicht gegeben. Ich habe einen Freund an der Schule, der auch Platten von Henkels und Kudritzki hat. Er ist „Junger Pionier“, aber dort, bei den Pionierabenden, wollen sie nicht, daß er die Jazzplatten vorspielt, und seine Eltern wollen es auch nicht. Er hat mir ins Ohr gefüstert:

„Der Boy und das Girl,
die lieben den Hot
und meiden die Deppen
von der FDJ.“

Man kann sicher sein, daß Menschen, die den Jazz grundsätzlich ablehnen, doof sind.

Roger und ich wollen nicht in die „Jungen Pioniere“ eintreten. Wir finden die Halstücher und Käppis blöd, am blödesten finden wir ihren sozialistischen Gruß. Man muß die rechte Hand über den Kopf halten und laut sagen: „Seid bereit!“ Das ist Imperativ Plural, es lohnt sich nicht, einen einzelnen Jungen Pionier zu grüßen. Die anderen müssen antworten: „Immer bereit!“ Manche halten die Hand mit gepreizten Fingern über ihren Kopf, so daß sie aussehen wie Hühner. Immer mehr Kinder treten bei den Jungen Pionieren ein. Sie geben sich hin an die Masse, als wollten sie keine einzelnen Menschen mehr sein. Deshalb nennen sie sich Massenorganisation. Ich will gern ein einzelner Mensch sein.

Der schönste Tag ist der Sonntag, Elfriede und mein Vater
25 holen uns zu Ausflügen ab. Im Sommer gehen wir alle ins Freibad oder in den Zoo. Dort mieten wir einen jungen Löwen, den man für ein Foto auf den Schoß nehmen darf.

Im Winter gehe ich ins Hallenbad. Gegenüber steht der größte gemauerte Schornstein Europas. Auf seiner Grundfläche hätte eine Schnellzuglokomotive mit Tender Platz. Der Architekt soll damals nach einem Sturm Risse entdeckt haben. Darauf hat er sich oben am Kaminrand aufgehängt. Wenn ich aus dem Hallenbad komme, kucke ich mir die Risse an und sehe im Geiste den Architekten da oben baumeln. Es war eine vorschnelle Entscheidung von ihm, denn daß der Kamin den ganzen Krieg überdauert hat, zeigt seine Standfestigkeit. Aber da war der Architekt längst tot.

Ich gehe ins Hallenbad, weil es angenehm ist, mich nach dem Schwimmen unter den Duschen aufzuwärmen. Dazu ziehe ich die Turnhose über die Badehose, denn oft lauert dort irgend einer, der an mir herumfummeln will. Sie warten, bis es voller wird und stellen sich dann mit unter. Am liebsten stehen sie hinter mir und machen sich auffällig. Oder sie fragen, ob sie mir den Rücken einseifen sollen. Ich sage dann ziemlich laut: „Nein, Sie brauchen mich nicht einzuseifen. Nebenan ist eine Dusche frei geworden, ganz für Sie allein."

Ich weiß, was die an mir finden, die finden mich schön, ich
19 finde mich selber schön. Schon in Duisburg waren schwule Männer hinter mir her. Wenn ich von der Schule kam, stand meistens einer in derselben Straßenbahn. Er schaffte es, sich durch den ganzen Wagen zu schlängeln. Ich war gerade groß genug, eine der Schlaufen zu erreichen, die zum Festhalten dawaren. Und dann hielt der Kerl sich in derselben Schlaufe fest, legte zärtlich seine Hand über meine, um mich zu streicheln, als wenn er ein Verwandter wäre. Darauf konnte ich warten. Einmal brachte es ein Schwuler fertig, sich mitten unter Menschen an mich ranzupirschen. Vor dem

Kaufladen Schmitz in Duisburg stand ich mit vielen Leuten in einer Schlange nach Brot und Butter an. Es nieselte. Der Mann im Trenchcoat stand drängelnd hinter mir, und als ich mich trotz der Enge zu ihm umdrehte, machte er so gut es ging den Mantel auf. Ich konnte es nicht glauben, und sagen konnte ich auch nichts. Jetzt stellt sich heraus, daß es im Sozialismus genau so viele Schwule gibt.

Als ich meinen Vater einmal fragte, was er über solche Männer denkt, sagte er: „Das sind verlebte Gestalten. Man nennt sie ‚Warme Brüder'. Nimm dich vor denen in acht, wenn man nicht aufpasst, kann man selber schwul werden. Es sind übersättigte Kerle, die zu viele Frauen gehabt haben. Nun wollen sie was Neues, sie machen sich an junge Männer und Kinder ran. Pfui Teufel. Sollte es einer bei dir versuchen, mußt du ihm laut und deutlich sagen, daß er sich verziehen soll."

Das vierte, was mein Vater anschafft, ist in der Pappkiste verborgen, die er mit in die Friesenstraße bringt: „Es muß noch mehr tollkühne Ingenieure wie mich geben, die in der DDR leben. Hier ist etwas Großartiges drin: ein Magnetophon. Weißt du, was das ist?"

„Nein."

„Das ist ein Tonbandgerät, es heißt ‚Sachsenring', man muß es selber zusammensetzen. Das werde ich machen. Damit können wir Musik und Sprache selbst auf ein Tonband aufnehmen und alles beliebig wieder löschen."

Wir packen Mikrophon, Tonbandspule, Bauanleitung mit Schaltplan und viele geheimnisvolle Teile aus. Roger kuckt mich spöttisch an. Nachdem mein Vater die Abende einer Woche mit Grübeln zugebracht hat, legt er den Lötkolben weg und sagt einen Satz, den ich von ihm noch nie gehört habe: „Das kann ich nicht." Ein Elektriker kommt und nimmt die Kiste mit zu sich nach Hause. Später bringt er den fertig montierten ‚Sachsenring' zurück, das erste Tonbandgerät der DDR. Es muß noch an unsere Maschinerie angeschlossen werden, denn es arbeitet nur mit 220 Volt Wechselstrom. Endlich, das magische Auge schimmert, aber außer Brummen ist nichts zu hören. Wir machen mit dem Mikrofon eine Sprachaufnahme. Am Flackern des Magischen Auges können wir erkennen, daß im Inneren des Magnetofons etwas geschieht. Aber niemals werden wir davon etwas hören. Der ‚Sachsenring' hat keinen eingebauten Lautsprecher.

Zwei Paar Seidenstrümpfe kriegt der Elektriker für seine Frau, dann landet das Magnetophon auf dem Fußboden und staubt ein.

Du bist der Älteste

Nicht nur daß mein Vater viel Arbeit hat, er hat außerdem Elfriede, um die er sich kümmern muß, und in der Zeit, die übrig bleibt, muß er uns erziehen. Besonders meinen Bruder Roger, den er „auf Vordermann" bringen will. Unsere Schulleistungen gefallen ihm nicht. Er verhängt öfter Hausarrest, der weder kontrolliert noch befolgt wird. Wir teilen uns die Tage ein, wie wir wollen, Roger schafft sich ein paar Schlüsselkinder seines Alters zu Freunden an, die sich ebenfalls wenig um die Schule scheren. Nur das Fach Erdkunde scheint meinem Bruder Spaß zu machen, besonders die von Deutschland. Deutschland, das ist in der Schule nur die Deutsche Demokratische Republik. Die hängt an der Tafel. Ringsum ist alles weiß, die Straßen hören auf, sogar die Gebirge. Deshalb kuckt er sich öfter meine große Landkarte an, auf der noch das ganze Land zu sehen ist, wie es früher war.

Und eines Tages ist Roger mitsamt meiner Landkarte verschwunden.

Nach einer Woche wird er von der Jugendfürsorge in der Stadt Mühlhausen aufgegriffen und zurücktransportiert.

„Wo wolltest du denn hin?" frage ich ihn, während ich die Landkarte wieder an die Wand klebe.

„Zu meiner Mutter." Zu meiner Mutter, sagt er, als wenn es nur seine Mutter wäre.

„Was glaubst du, warum sie dich weggeschickt hat? Weil es ihr nicht gut geht, weil sie zu wenig Geld hat, weil sie Angst hat, daß du ein Verbrecher wirst." Roger kuckt mich an: „Na und?" sagt er.

Mein Vater nimmt mich zur Seite: „Du bist der Ältere. Du bist für deinen Bruder mitverantwortlich. Wenn es nochmal passiert, daß er abhaut, rufst du mich im Betrieb an." Er gibt mir die Nummer und sagt: „An der Merseburger Straße ist die Telefonzelle."

Ich nehme mir vor, meinen Bruder zu lieben und zu achten, mit ihm zu spielen, mit ihm zu frühstücken und Abendbrot für ihn zu machen. Aber ich glaube, er will es gar nicht. Denn manchmal achte ich ihn eben doch nicht, sondern haue ihm eine runter oder lasse ihn allein und kucke mir im Kino einen Film an, den er nicht sehen will, oder spiele Kurt-Henkels-Platten, die er nicht hören will. Er ist nicht eine kleine Ausgabe von mir, er ist ein anderer Mensch.

Das alles erkläre ich meinem Vater, als wir allein sind. Er macht ein ernstes Gesicht und sagt: „Dann müssen wir etwas ändern. Tausende würden sich die Finger lecken nach unserer Wohnung. Aber was nützt sie uns, wenn ihr hier ohne Aufsicht seid? Zwar bist du ein großer Junge mit einer großen Klappe, aber du bist ein Kind. Deshalb werden wir nach Gohlis umziehen. Dort wohnt Elfriede Gernoth bei ihrer Mutter, die Wohnung wird umgeräumt, so daß ihr ein Zimmer für euch habt, so können Frau Gernoth und Elfriede abwechselnd auf euch aufpassen. Ihr dürft mich nicht blamieren. Ohne Parteigenosse zu sein, genieße ich das Vertrauen der Russen, das darf ich nicht verspielen. Ich habe hier wieder die ersten Schiffsschrauben für 10.000-Tonnen-Dampfer gemacht. Mein Ministerium wird mich in ein Werk nach Gröditz schicken. Warum? Weil ich immer da sein muß, wo es nicht vorwärts geht. Dort muß ich in einem halben Jahr die Monatsproduktion von 5.700 auf 11.000 Tonnen steigern, und die Qualität muß ich auf den Vorkriegsstand bringen. Da bleibt keine Zeit für die Familie. Verstehst du?"

Wie sollte ich das nicht verstehen?

Unsere Sachen in der Friesenstraße sind schnell gepackt. Außer den beiden Koffern nehme ich nur die Blechtasse, die Landkarte und das Grammophon mit, alles andere lassen wir in der Wohnung. Vielleicht freuen sich die nächsten Mieter darüber, daß sie so viel elektrisches Zeug zum Basteln haben.

Wir ziehen in die Blumenstraße 15 nach Gohlis. Dort steht jetzt auf der Fensterbank meine Blechtasse, und an der Wand hängt Deutschland. Roger und ich haben jeder ein Sofa im Wohnzimmer von Frau Gernoth, die wir Tante Else nennen. Die Betten in der Friesenstraße waren bequemer, aber hier ist es wohnlicher. Tante Else weckt uns, wäscht unsere Sachen, fegt den Teppich, heizt einmal pro Woche den Badeofen an. Sie spricht perfekt Sächsisch, nicht schlechter als Frau Zschoche. So gut hatten wir es schon lange nicht.

Mein Vater meldet uns in der 33. Grundschule in der Theresienstraße an. Ein prachtvolles Gebäude, das im Krieg keinen Schaden genommen hat. Ich könnte schon als Sachse durchgehen, hingegen fällt mein Bruder noch als Fremder auf, er ist nicht in der Lage, eine neue Sprache zu lernen. Er versteht die Schönheit des Sächsischen nicht. Er versteht auch die Schönheit nicht, die in den Ideen des Sozialismus liegt. Meine Oma hat sie auch nicht verstanden. Trotzdem muß ich oft an sie denken, denn sie schreibt mir jede Woche. Soviel hat sie im ganzen Leben nicht geschrieben wie allein im letzten halben Jahr. Die reinen Liebesbriefe. „... Wann kommst Du mich besuchen? ... Ich sitz vor dem Heinrich und muß ihn anschrein. ... Du sollst mir was ins Ohr singen, mein Kleiner.“ Jeder braucht wenigstens einen Menschen, von dem er geliebt wird.

Mein Vater hat seine Söhne auch lieb, davon bin ich überzeugt. Nur ist er manchmal hart und manchmal weich. Wenn er hart ist, träumt er von den Zeiten, als ich die Hände an die Hosennaht legen mußte. Dann kommt ihm wieder der Satz des Führers in den Sinn, von den Jungens, die schnell wie Windhunde, zäh wie Leder und hart wie Kruppstahl sind. Wenn er weich ist, wird ihm klar, daß er die Familie zerteilt hat. Daß er uns verschleppt hat, in das kleinere, graue Deutschland. Zwar fühle ich mich dort ganz wohl, aber das verschweige ich ihm. Dann kuckt er mitleidig auf Roger und mich, und ich bilde mir ein, seine Gedanken zu lesen. Er denkt: Ich muß Bezugscheine kriegen und den Jungens Fahrräder kaufen.

Der Trick

Im Frühling haben wir jeder ein neues Fahrrad von VEB MIFA. Sie sind so schwer, daß ich denke, sie seien aus vollen Eisenstangen gemacht.

Die Ferien sind da, ich schreibe meinem Vater einen Brief:

„Lieber Papa,
ich fahre mit dem Rad die Oma besuchen.
Mach Dir keine Sorgen. Verlaß Dich drauf:
Ich komme zurück. Dein Sohn Manfred.
PS Brauchst die Jungendfürsorge nicht
anzurufen!“

Ich sage niemandem Bescheid, nichtmal Tante Else, der ich am meisten vertraue.

Ein ganzes Brot, zwei Harzer Käse und ein paar gekochte Eier habe ich in meinem Rucksack. Die Pudelmütze und zwei Pullover sind in eine Decke gerollt und auf dem Gepäckträger zusammengeschnürt. Das ist alles.

Ich fahre nur ein paar Kilometer Landstraße bis Schkeuditz. Personenwagen interessieren mich nicht, es müssen Lastwagen sein, mit offener Ladefläche für mein Fahrrad. Die Strecke nach Süden über Hermsdorf, Eisenach, Kassel wäre kürzer. Die nach Norden über Belitz, Brandenburg, Marienborn ist zwar länger, aber dort kenne ich mich aus, wenn es über die Grenze geht.

Früh um neun komme ich in Schkeuditz an und gehe gleich auf die Reichsautobahn, die mich bis Duisburg bringen soll, wenn alles gut geht.

Ich lege das Fahrrad ins Gras und winke mit den Armen. Eine Stunde lang fahren die Lastwagen an mir vorbei. Da kommt mir ein genialer Gedanke. Ich stelle das Rad gut sichtbar verkehrt rum auf Sattel und Lenker und öffne mit dem Schraubenzieher das Kettenschloß. Dann nehme ich die offene Kette in die Hände und zeige sie den sich nähernden Lastwagenfahrern. Dazu mache ich große verzweifelte Gesten. Keine drei Wagen später hält einer an.

„Fahrrad kaputt?“ sagt er.

„Ich danke Ihnen. Vielen Dank. Ja, die Kette ist gerissen.“

Er hilft mir sogar, das Rad auf die Pritsche zu legen und gibt mir etwas Putzwolle, damit ich die Schmiere von den Händen wischen kann.

„Wohin?“

„Marienborn.“

„Ich fahr nur bis Genthin. Dann mußt du weitersehen. Du kannst vorn bei mir einsteigen.“

Der Trick ist wunderbar. Im Osten brauche ich ihn nur noch ein Mal, dann bin ich am Abend des ersten Tages in Marienborn.

Im Dunkeln fahre ich ein paar Kilometer Feldwege, dann schiebe ich das Rad über die Grenze. Erst im Westen lege ich mich am Waldrand ein paar Stunden schlafen, ehe ich zur Autobahn zurückfahre. Dort finde ich, wieder mit offenem Kettenschloß, den dritten mitleidigen Menschen.

Er ist ein jüngerer Lastwagenfahrer, und, wie sich herausstellt, ein Kapitalist. Als Soldat ist er heil durch den Krieg gekommen. Jetzt will er zusammen mit seinem Vater eine Spedition eröffnen.

Ich muß laut brüllen, sonst würde er bei dem Gedröhn seines Motors nichts verstehen. Ich erzähle ihm mein ganzes Leben, und das ist auch nötig, denn er fährt mich in dem alten „Büssing" bis kurz vor Minden.

Dort rolle ich meine Decke aus, ziehe die beiden Pullover an und schlafe im Wald unter dem Denkmal Porta Westfalica.

Am nächsten Tag derselbe Trick. Es dauert etwas, bis mich einer mitnimmt, der leider seine ganze Familie im Führerhaus sitzen hat, so daß ich mich hinten auf der Ladefläche in die Decke hüllen muß, aber schon fünf Stunden später steige ich am Kaiserberg in Duisburg aus.

Die Trümmer sind verschwunden, sonst sieht die Schweizerstraße aus wie immer. Das Fahrrad kann ich nicht die krummen Treppen zu meiner Oma rauftragen, deshalb schließe ich es an die Kette.

Maria, die Tochter vom Kneipwirt, schicke ich zum Klingeln hoch, damit meine Oma nicht in Ohnmacht fällt. Ich höre sie: „Jesus, nein, das ist nicht möglich!" Ihre Beine sind noch krummer geworden, sie kommt die Treppe herunter, mir entgegen. Umschlungen setzen wir uns ein paar Minuten auf die Stufen, dann gehe ich mit meinem Bündel hinauf, um den Heinrich zu begrüßen. Er kann noch schlechter sehen: „Bist du der Manfred? Kommst du für immer?" Ich beruhige ihn.

Eine Woche lang rede ich mit der Oma. Wenn sie ergriffen ist, wackelt sie stärker als damals mit dem Kopf. Sie ist nicht mehr so heiter. Lieber will sie ernste Sachen sagen, die ich in das Leben mitnehmen kann. Zum Beispiel: „Auf Jüngere bin ich immer neidisch gewesen. Ach, war ich reizvoll in jungen Jahren…“

Sie nimmt von der Wand das ovale Foto mit Goldrähmchen, auf dem sie zu sehen ist.

„Sieh dir das an. Die Kerle waren verrückt auf mich. Aber Dir gönne ich die Jugend, mein Kleiner. Die Weiber werden nach dir kucken. So viele Vorteile hast du, wenn du jung bist. Du bist gesund, hast schöne Haare, kuck dir deine olivgrüne Zigeunerhaut an. Du bist schlank. Das wenige, was du weißt, kannst du flüssig hersagen. Später wirst du Ausdauer in der Liebe haben. Solltest du eine Ältere bevorzugen, so wird sich auch die finden. Und? Was weißt du über alle diese Vergünstigungen? Nichts. Du lebst in den Tag hinein, als würde es für immer so bleiben. Und ich sage dir: Das ist gut so. Denn würdest du jetzt schon ahnen, was dir bevorsteht, im Alter, meine ich, – du würdest vor Angst deine Jugend nicht genießen.“

Beim Abschied gibt sie mir Zwanzig Westmark, und ich weiß, daß es viel für sie ist. „Nimm das Geld“, sagt sie, „du hast noch eine weite Reise. Und das Bild von mir tu in den Rucksack, zum ewigen Andenken. Wenn ich der Papst wäre, würde ich Dich segnen. Auch wenn du zu den Kommunisten zurückfährst.“

„Ach Oma, die Kommunisten sind so ähnlich wie du. Bloß daß sie nicht an Gott glauben. Am liebsten würden sie alle so sein wie Jesus.“

Der Heinrich gibt mir die Hand: „Schade, ich habe fast nichts gehört…“ „Macht nichts“, sagt die Oma. „ich werde dir alles ins Ohr schreien.“

Nebenan ist die Nummer 5, da wohnt mein Blutsbruder Reiner Vogels. Ich klingle, das Fenster im ersten Stock geht auf, seine Mutter erkennt mich: „Reiner ist mit dem Hockey-Club auf Reisen. Tut mir leid.“ Und zack, ist das Fenster wieder zu. Frau Vogels glaubt wohl, ich sei für immer zurückgekommen. Meine Oma steht auf dem Balkon, gegen den Himmel, wie ein Scherenschnitt.

Bei der Nummer 17 rolle ich die schräge Auffahrt runter in den Hof, wo wir uns als Kinder immer getroffen haben. Kein Mensch ist zu sehen. Die Schweizerbande gibt es nicht mehr.

Dann fahre ich nach Hamborn, wo jetzt meine Mutter in einem Zimmer mit Kochecke wohnt. Sie ist etwas voller geworden, aber immer noch hübsch. Ich sehe kein einziges graues Haar auf ihrem Lockenkopf. Als sie meinen
Vater noch nicht kannte, sah sie süß aus. Da wäre ich 3
gern ein junger Mann gewesen und ihr zufällig begegnet. Sie ist wieder Sekretärin bei einem Notar. Ihren Freund, den Herrn Heering, sehe ich nicht. Meine Mutter zeigt mir nur sein Auto, das vor der Tür steht, es ist ein „Gutbrod“, ein winziges Pappauto, in das meine Mutter kaum reinpaßt.

Sie kauft mir ein Paar lederne Westschuhe, die ich eine Nummer größer nehme, damit ich sie lange tragen kann, so lange, wie der Sozialismus braucht, die Igelitschuhe abzuschaffen. Für Roger kauft sie einen Kugelschreiber aus Amerika, den ich mitnehmen soll.

Ich bin fast so groß wie meine Mutter. Sie tut mir leid. Außer zwei Kriegen hat sie nicht viel vom Leben gehabt. Sie ist im selben Jahr geboren wie mein Vater, neunzehnhundertacht, und sie ist genau so groß wie er, einsachtundsiebzig. Nur ihre Hände sind größer und weicher. Sie streichelt mich auf offener Straße, dabei ermahnt sie mich: „Ich habe euch beiden schon drei Päckchen in die Ostzone geschickt, und ihr habt nicht geschrieben. Mal eine Postkarte würde genügen. Nur ein paar Tatsachen. Kommt Roger mit dieser Stiefmutter zurecht?"

„Mit Elfriede kommt jeder zurecht. Ich glaube, er wäre lieber bei dir geblieben."

„Er hat eine wilde Phase. Da braucht er den Vater. Ich kann nicht zur Arbeit gehen, wenn er hier ist. Er schwänzt die Schule, stiehlt, lügt, jeden Tag habe ich erwartet, daß die Polizei klingelt."

„Heul nicht, Mutti", sage ich, „sei froh, daß du wieder in deiner Heimat bist, bei der Mamm und deinen Schwestern. Papa hat zu Roger gesagt: Nichts bleibt, wie es ist. Du auch nicht."

„Der soll nicht den Philosphen spielen", sagt sie, „der hat mein Leben zerstört."

Wir umarmen uns. Es ist wunderbar, ihre Hände auf dem Rücken zu spüren. Ich versuche, meine Hände ebenso mit der ganzen Fläche auf ihren Rücken zu legen. Ich glaube aber, sie sind zu knochig.

Ein paar Tage bleibe ich bei Onkel Erich und Tante Hilde. Onkel Erich sieht meiner Oma unglaublich ähnlich. Er arbeitet als Erster Schmelzer bei Mannesmann am Elektro-Ofen.

Noch wohnen sie mit den fünf Kindern in der Behelfshütte, aber Mannesmann hat Grundstücke für den Bau von Eigenheimen gekauft. Onkel Erich spart auf ein Haus für Werksangehörige in der Goslarer Straße, in das sie bald einziehen werden. Er redet wenig, weil er von der Arbeit und vom Bier müde ist. Er überlegt immer, wie er eine humorvolle Spitze abschießen kann.

„Wie geht's denn so in der Ostzone?" sagt er.

„Es geht."

„Hier im Westen gibt's gute Arbeit für gutes Geld. Ich könnte mir glatt ein Auto kaufen, aber ich fahr mit dem Rad. Ich bin bloß Schmelzer, das ist freilich kein Job für einen Ingenieur wie deinen Papa. Ich könnte mal den Herrn Mannesmann fragen, ob er was Besseres für den Rudi hat. Der alte Mannesmann kommt jeden Morgen an meinen Ofen und fragt, ob ich mich wohlfühle."

Ich lache, aber nur, weil er mein Patenonkel ist und mir die „Kienzle"-Uhr geschenkt hat, die ich noch immer trage.

Er ist 1922 nach der Flucht aus Kattowitz schlechter weggekommen als mein Vater. Das wurmt ihn. Wieviele Tapeten mag meine Oma damals gereinigt haben, damit sie für ihren Rudek das Studium in Mittweida bezahlen konnte. Da wird für den Erich nichts übriggeblieben sein. Er ist Arbeiter geworden.

Am Abend vor meiner Rückreise steht Tante Hilde in der Küche und schmiert Berge von Wurst- und Käsebroten. Auch sie steckt mir zwanzig Westmark zu, das sind zusammen zweihundert Ostmark.

Vor dem Abschied hebt Onkel Erich mein Fahrrad an und sagt: „Verstehe, das bringt einen günstigen Schwerpunkt..."

„Was?" sage ich.

„Daß sie den Rahmen mit Blei ausgegossen haben..."

Alle stehen draußen und winken mir zu, als ich losfahre: Helmut, Dieter, Horst und Günter, Ilonka, Tante Hilde und Onkel Erich. Sie sehen erleichtert aus.

Der Rückweg nach Leipzig dauert einen Tag länger. Vor der Grenze ziehe ich Schuhe und Strümpfe aus und klebe mir mit einem Pflaster die vierzig Westmark unter die Fußsohlen.

In Leipzig umarmen mich Elfriede und Tante Else, die für mich den Badeofen anheizt.

Roger will die welligen Käseschnitten nicht essen, von denen ich noch genug aus dem Rucksack hole.

„Ich soll dich von Mutti grüßen. Du hättest eine wilde Phase, hat sie gesagt."

„Gott sei Dank", sagt Roger. „Wer möchte schon 'ne zahme Phase haben?"

„Ein Kugelschreiber für dich, das ist was Neues aus Amerika. Damit sollst du ihr Briefe schreiben."

„Schreiben tue ich nicht", sagt er grinsend. „Das persönliche Gespräch ist mir lieber."

Abends kommt mein Vater und fragt: „Na? Warst du in Duisburg?"

„Ja."

„Wie war's?"

Ich erzähle ihm meinen Trick mit der Fahrradkette.

„Gab's Ärger?"

„Ich habe keinen einzigen Polizisten gesehen."

„Bravo!" Er schüttelt mir die Hand. Man weiß es nie bei ihm.

Johanna 16. Stück

Johanna ist 33 Jahre alt. Sie erweist sich als geschickt Büglerin. Albert und Grete fahren mit dem Karren jeden dritten Tag um Holz in den Wald. Darin liegt für Nowak die Kostenersparnis, wenn er die Wäsche aus dem Haus gibt. Jeder Tag ist Bügeltag, nur Sonntagmorgen geht sie mit den Kindern zur Messe. Wenn es auch nicht leicht ist, an den Winterabenden unter der Petroleumlampe zu arbeiten, so ist es doch angenehm warm auf dem Dachjuchhe. Im Sommer ist es vor Hitze kaum auszuhalten.

Bald wachsen die Wäschehaufen so sehr, daß Johanna sie nicht mehr selbst im Laden holen kann, sie würde zu viel Zeit verlieren. Deshalb kommt alle zwei Tage Viktor, der schüchterne Gehilfe aus der Firma Nowak, um neue Wäsche und Zeitungspapier zum Einpacken zu bringen und die fertigen Stapel abzuholen. Johannas Arbeitstage sind wieder länger als zehn Stunden, sie bügelt Hemden und plissierte Blusen, Beffchen und Kleider mit raffinierten Abnähern.

Meistens kommt der junge Viktor am Nachmittag. Die erste Zeit ist er nur kurz geblieben, weil ihm Johanna nicht geheuer war. Mehr und mehr gewöhnt er sich an die merkwürdige Frau, deren verstümmelte Sprache ihn noch immer verwirrt, doch ihr Gesicht gibt Antworten, er sieht, daß sie jedes seiner Worte versteht. Und er sieht auch, daß es ihr peinlich ist, ihm die Mühe eines Gesprächs zu machen. Viktor scheint auf die ältere Frau neugierig zu werden, er lenkt sie gern von der Arbeit ab, um zu ihr zu sprechen. Wenn Albert und Grete da sind, ruft sie Hilfe herbei, damit Viktor sie besser versteht. Er setzt sich zu ihr ans Bügelbrett und dreht sich zwischen Daumen und Zeigefinger eine Zigarette.

„Ich kann mir vorstellen", sagt er, „daß es ein freudloses Leben ist, so allein?"

Johanna antwortet, und Albert, den sie herbeigewinkt hat, spricht für sie: „Meine Mutter sagt: Wenn sie allein wäre, dann vielleicht. Aber sie hat uns. Manchmal stellt sie sich vor, was das für ein Leben wäre, ohne uns."

„Und der Vater? Läßt der sich blicken?"

„Meine Mutter sagt: Es sind drei Väter, und die lassen sich alle nicht blicken. Und überhaupt, zum Blickenlassen braucht sie niemanden nicht, sagt sie."

Viktor packt eine Hefeschnecke für Albert aus: „Danke, daß du es mir so gut erklärt hast. Meister Novak hält große Stücke auf deine Mutter, sag's ihr."

„Das können Sie ihr selber sagen."

„Meister Novak hält große Stücke auf Sie, Fräulein Krug...", sagt Viktor, und lächelt über Johannas Abwiegeln. Er steckt seine Zigarette zwischen die Zähne, packt den Wäschestapel und geht paffend die Treppe hinunter.

In der folgenden Zeit kommt der Wäschereibote selten am Nachmittag, wenn die Kinder da sind. Er richtet sich die Arbeit so ein, daß er früh kommen kann. Dann setzt er sich ein Viertelstündchen zu Johanna ans Bügelbrett und dreht sich eine Zigarette.

Sie hat also eine Sprache, die von Eingeweihten offenbar verstanden wird. Daß sie ohne die Kinder nur selten spricht, scheint ihn nicht zu stören. Sie versteht ihn, das hat er gelernt, und das fasziniert ihn. Er beobachtet ihre Gesten, ihren Mund, hört ihr Lallen, und er liebt es inzwischen, sie anzusprechen. Johanna betrachtet ihn dann wie ein aufmerksamer Hund. Es rührt ihn, daß sie an seinen Lippen hängt. Er beobachtet die Wirkung seiner Worte, und allmählich wagt er sich näher an ein bestimmtes Thema. Johanna wendet sich manchmal kichernd ab wie ein junges Mädchen.

„Kinder kommen ja nicht von allein", sagt er. „Wieviele Männer haben Sie in Ihrem Leben schon gehabt? Darf man das fragen?"

Zögernd zeigt sie drei Finger.

„Nur drei?" sagt Viktor.

„Die meisten Frauen haben in ihrem Leben nur einen Mann", sagt Johanna und streckt den Zeigefinger in die Höhe. „So wäre es auch bei mir. Wenn sie nicht alle fortgelaufen wären..." Das sind Momente, in denen sie über ihre Sprachlosigkeit unglücklich ist. An seinem Lachen sieht sie, daß er diesen Satz irgendwie verstanden hat. Sie ist entzückt, wenn jemand über das lacht, was sie sagt. Sie teilt die Welt in blöde und in wache Menschen ein. Oder besser in die Verstörten und die Vergnügten. Die einen werden aus Bequemlichkeit nicht erfahren, daß Johanna denken kann, die anderen, die sich Zeit nehmen, werden Überraschungen erleben.

Johanna hat den Bügeltisch so gestellt, daß Tageslicht durch die Luke fällt. Die Wohnungstür steht meistens offen, denn die fertig verpackte Wäsche legt sie für Viktor ins Treppenhaus.

Der Frühling ist da. Johanna arbeitet barfuß am Bügelbrett. Die Eisen stehen auf der Schräge des Ofens. Es ist heiß auf dem Dachjuchhe, deshalb hat sie nur Unterwäsche am Leib, Hemd und leinene Hosen. Um den Nacken trägt sie ein Handtuch, mit dem sie von Zeit zu Zeit den Schweiß abwischt. Sie kann sich die leichte Kleidung erlauben, denn sie ist allein. Der Gehilfe Viktor wird erst morgen kommen, um die Wäsche zu holen.

Da steht er unversehens in der Tür, jetzt, in diesem Augenblick. Johanna hat es schon in ihrer Kindheit aufgegeben, sich zu erschrecken. Sie zuckt auch jetzt nicht zusammen. Grüßend lächelt sie ihm zu, es scheint sie nicht zu kümmern, daß Viktor um sie herum geht und sich auf das Eisenbett setzt. Sie weiß, daß er sie von hinten betrachtet.

Wie lange will er dort sitzen bleiben? Sie stellt sich vor, wie seine Augen über ihren Rücken tasten, wie sie da und dort haften bleiben und sich nicht lösen können. Sie beugt sich zum Bügelbrett herunter, um einen Wäschefussel zu entfernen, als hätte sie Lust daran, ihm ihren Hintern darzubieten. Beinahe könnte sie die Mutter von dem Jungen sein, und doch ist sie gespannt, und doch erwartet sie etwas. Je länger sie mit den Kindern lebt, desto gelassener ist sie geworden. Doch in diesem Augenblick kann sie es vor Sehnsucht kaum aushalten. Ein leichter Schwindel kommt in ihren Kopf, als würden ihr die Sinne versagen. Johanna muß ein Ende machen, sie stellt das Eisen auf die Ofenschräge und geht auf die andere Seite des Bügelbretts. Viktor sitzt nach vorn gebeugt auf dem Bett. Er hat sich in der Hitze die Jacke ausgezogen. Sie blicken einander an. Johanna erwartet, daß er etwas sagt. Er sagt nichts, schaut nur, läßt sich auf den Boden nieder, kriecht auf sie zu, unter dem Bügeltisch hindurch zu ihr, sie weicht bis zur Wand aus, sieht, wie er sie kriechend erreicht, wie er vor ihr kniet und mit den Händen ihre Beine berührt. Er wühlt sich in das Leinen und küßt ihren schweißfeuchten Körper.

Ich lerne in der Schule, daß Nationalsozialisten eigentlich Faschisten heißen und Verbrecher waren. Obwohl ich als Junge gern in die Hitlerjugend gegangen wäre und Fanfare geblasen hätte, fällt es mir jetzt nicht schwer, die Faschisten zu verachten.

In der Schulklasse wird ein Film über die Befreiung eines Konzentrationslagers vorgeführt. Wir sehen die Brennöfen. Die Skelette, die doch wirkliche Leichen sind, nackt, mit Haut bespannt. Von einem Anhänger fallen die Körper in Sandgruben. Sie gleiten, leblos und doch seltsam beweglich, über den Rand der Ausschachtung. Schröder und ich sind die beiden, die in den Flur rausrennen und sich übergeben müssen. Wir holen einen Eimer Wasser, um das Erbrochene wegzuwischen. Ein KZ ist eine Mordfabrik. Ich weiß es jetzt. Ich brauche mir nie wieder einen solchen Film anzukucken. Und ich brauche auch nicht zu den „Jungen Pionieren" zu gehen, um mir die Nazizeit erklären zu lassen. Fahnenappelle, Strammstehen und Fanfarenzüge finde ich nicht mehr aufregend.

Auch als Nichtpionier bin ich zufrieden mit der Lehre von Marx, mit der wissenschaftlichen Erkenntnis, daß alles Übel von der Ausbeutung des Menschen durch den Menschen kommt. Auch der Krieg. Endlich wird der Weg sichtbar, der mich durchs Leben führt, jetzt kann ich würdig vorwärts gehen, hier ist die Leitschnur. Weg mit der Ausbeutung, nie wieder Faschismus, nie wieder Krieg.

Die Neulehrer können nicht viel wissen, dazu sind sie zu jung. Aber sie selbst sind begeistert vom Frieden, und sie begeistern uns alle. Aus dieser Schule werde ich etwas mitnehmen, das mich besser macht.

Freilich war es nicht schlecht, was in Duisburg der alte Pflugstedt über Schmetterlingsblütler erzählt hat, aber brauche ich das? Und über Kaiser Barbarossa. Schon habe ich vergessen, ob es ihn vor tausend Jahren wirklich gab, oder ob er nur eine Sagenfigur ist, die im Kyffhäuser liegt und träumt? Und wenn es ihn gab, was muß ich mich um einen feudalen Machthaber scheren, der nicht schwimmen konnte, denn ist er nicht beim Baden ertrunken?

Aber die Wissenschaft von den Klassen braucht man alle Tage. Jetzt kann ich mir erklären, warum die Ausbeuterklasse, die Fabrikanten, Limonadenabfüller, Pillendreher ihre Produktionsmittel stehen und liegen lassen und nach dem Westen gehen. Dort, im Kapitalismus, schaffen sie sich die Maschinen mühsam wieder an, um die Arbeiterklasse aufs Neue ausbeuten zu können. Eigentlich ganz einfach. Es mußte nur einer kommen, der die Dinge so einfach beschreibt, wie sie sind.

Andererseits, es hat mich schon an der Kirche gestört, daß sie die gläubigen Menschen alle unter ihren Fittichen haben will. Hier ist es auch so. Wer fortschrittlich denkt, soll zu den Jungen Pionieren und später in die FDJ und dann in die Partei.

Der Pionierleiter fragt mich, warum ich nicht beitrete. Er sagt, daß wir alle Menschen lieben und den Frieden wahren, daß wir eine sozialistische Ehre haben und vorbildlich leben wollen.

Ich glaube, davor habe ich am meisten Angst, vorbildlich zu leben. Jederzeit möchte ich was ausfressen können. Gar nicht aus böser Absicht, man kann mich bestrafen, aber ich will die freie Auswahl haben. Ein wandelndes Vorbild kann nie etwas ausfressen. Wie sollte das möglich sein mit der Pioniermütze auf dem Kopf? Dann sagen die: „Du als Junger Pionier solltest dich was schämen!“ Das ist genau so, wie ein Priester in der Soutane ein Vorbild sein muß. Ich schäme mich sowieso zu oft. Ganz automatisch. Ich denke gar nicht drüber nach, und schon schäme ich mich.

Die Pioniere haben Trommmeln und Fanfaren; Schulterriemen werden sie auch noch kriegen. Sie haben ein gutes

Gebot: „Thälmann-Pioniere lieben den Frieden und hassen die Kriegstreiber." Das geht. Manfred liebt auch den Frieden und haßt die Kriegstreiber.

Aber das ist nicht alles. Sie lieben auch die Deutsche Demokratische Republik und die Genossen Pieck, Grotewohl und Ulbricht. Sie lieben Personen und Sachen, die sie gar nicht kennen. Sie lernen alles auswendig, was sie lieben sollen. Anstrengend.

Auf einem meiner Schulhefte steht „Pioniere sind fleißig". Auch das ist mir zu viel. In so ein Heft möchte ich gar nichts reinschreiben.

Wer liebt mich?

Noch arbeitet mein Vater in einer Gießerei, die früher Schumann und Co. hieß, jetzt ist sie ein SAG-Betrieb, das bedeutet „Sowjetische Aktiengesellschaft". Wie kann es sowas in einem sozialistischen Land geben? Gibt es dort Aktien? Natürlich nicht. Das ist bloß eine Spitzfindigkeit, es hat was mit Handel zu tun. Lenin soll gesagt haben: „Die Kapitalisten wollen Gewinn machen, sonst nichts. Wenn sie ein Geschäft wittern, kaufen sie uns den Strick ab, an dem wir sie aufhängen …" Die Gießerei „Schumann & Co." ist von der Sowjetunion nach dem Sieg beschlagnahmt worden, also ist der Chef meines Vaters ein russischer Offizier, der von Metallen nichts versteht. Alles, was sie dort herstellen, geht in die Sowjetunion, wo man schon auf die schönen Bronze-Vergaser wartet, die mein Vater für das Militärauto SIL herstellt. Wer einen Krieg angezettelt und verloren hat, muß die Schäden bezahlen. Das nennt man Reparationen, es kann Jahre dauern. Tonnenweise ungültig gewordene Münzen und alles, was aus Kupfer oder Messing besteht, wird eingeschmolzen. Mein

Vater verwandelt es dann in Autovergaser und Schiffsschrauben.

Wir haben uns gerade in der Blumenstraße eingelebt, da ist mein Bruder Roger wieder verschwunden, aber diesmal hat er meine Landkarte an der Wand kleben lassen. Elfriede geht wegen der Vermißtenanzeige auf die Polizei. Ich suche eine Telefonzelle, um meinen Vater anzurufen. Tante Else weint. Ich tröste sie: „Beim letzten Mal haben sie ihn in Mühlhausen erwischt. Mein Bruder ist hart im Nehmen. Du wirst sehen, er ist bald wieder da …"

Diesmal dauert es länger, denn er ist tatsächlich in Duisburg angekommen. Ein paar gehässige Briefe gehen zwischen meinem Vater und meiner Mutter hin und her, und dann ist Roger wieder in Leipzig. Er fühlt sich in die DDR eingesperrt. Er hat nicht nur diese große Erfindungsgabe, sondern auch einen Freiheitsdrang und einen starken Willen. Auf die Dauer kann er nur dort bleiben, wo er bleiben will.

„Wie bist du hergekommen?" frage ich.

„Mit der Eisenbahn", sagt er. „Einer von der Westfürsorge hat mich bis zur Grenze gebracht, und einer von der Ostfürsorge hat mich dort abgeholt."

„Und Mutti?"

„Bei ihr wäre ich schon geblieben, aber nicht bei dem Heering. Mit seinem Amischlitten."

„Amischlitten?"

„Ja, ein riesiges Auto, ein verchromter ‚Cadillac' mit Radio. Sein ganzes Glück. Da würde eine Schulklasse reinpassen. Aber schlafen tut er in Muttis kleiner Wohnung: ein Zimmer mit Koch-Ecke. Da ist für mich kein Platz."

„Wenn du Münchhausen sein willst, mußt du aufpassen", sage ich. „Das Auto habe ich selbst gesehen. Es sieht aus wie ein kleines Kommißbrot aus Pappe."

„Ach so, ja. Na und? Das wirst du nie verstehen", sagt er. „Das mit dem Amischlitten erzählt sich einfach schöner."

„Hast du Oma Lisa gesehen?“

„Ja, ich soll dich grüßen und drücken. Sie sagt, Tag und Nacht muß sie an dich denken. Meine Mutter liebt den Heering, deine Oma liebt dich. Und wer liebt mich?“

„Ich liebe dich, weil du mein einziger Bruder bist. Zur Heimkehr habe ich eine Überraschung für dich.“

Als Tante Else mir den Schlüssel für den Dachboden gibt, sagt sie: „Ich weiß gar nicht, wie es da oben aussieht. Die Dachkammer war das Reich von Hilmar gewesen. Alle sind bei Fliegeralarm in den Keller gegangen, er saß auf dem Dachboden.“

Der Vater von Elfriede Gernoth ist jung gestorben, niemand redet über den Grund. Es muß mit dem Gehirn etwas nicht in Ordnung gewesen sein.

Man sieht nicht viel in der Dachkammer, alles ist mit weißen Tüchern zugedeckt. Roger und ich packen aus den Regalen Kartons und Kisten. Alles ist beschriftet: „Buntstifte“, „Schreibfedern“, „Hefte“, „Radiergummis“ und viele andere Raritäten. Wir finden Schaukästen mit Glasscheiben und der Aufschrift „Gütermanns Nähseide“, und auf dem Tisch liegt ein Zettel: „Einer paßt auf Leipzig auf – Hilmar Gernoth.“ Ich stelle mir vor, wie er nachts durch die Dachluke gekuckt und die Stadt in Flammen gesehen hat.

Roger und ich staunen.

„Das braucht man im ganzen Leben nicht“, sagt Roger.

„Alles Friedensware. Wir könnten es verkaufen“, sage ich.

„Und dann?“

„Dann eröffnen wir auf dem Trümmerhaufen Ecke Kanalstraße einen Kinder-Zoo.“

„Was soll ich da machen?“

„Den Chef. Du sitzt an der Kasse.“

Allen gefällt der Plan, Tante Else hat nichts gegen den Verkauf einzuwenden. Mein Vater sagt: „Das kann nicht schaden, wenn die Jungs sich mit Viechern befassen.“

Jeden Tag tragen wir den Erlös aus unseren Schreibwaren zum Tierhändler. Wir fangen mit zwei Mäusen an, dann kommen Zwergkaninchen und Goldhamster. Aus den Glaskästen machen wir Terrarien, wir schrauben sie aneinander und schaffen Verbindungslöcher, damit Blindschleiche, Kröten und Molche sich gegenseitig besuchen können. Als wir alles auf dem Trümmerhaufen Ecke Kanalstraße aufgebaut haben, wird die Eröffnung des Zoos gefeiert. Ich fühle mich nicht ganz wohl, denn: Ist ein solcher Zoo nicht ein privates Unternehmen? Und sind die Tiere nicht sozusagen Produktionsmittel? Und ist er nicht unser Ziel, Profit rauszuschlagen?

„Quatsch“, sagt mein Bruder, „die Einnahmen stecken wir doch in das Futter. Und wenn Geld übrigbleibt, kaufen wir neue Tiere. Zum Beispiel fehlt uns eine Chinchilla.“

Ein Volkspolizist kommt mit seiner Tochter zum Trümmerhaufen und spielt zur Eröffnung auf dem Akkordeon. Der Eintritt macht 5 Pfennig pro Kind. Wenig ist es nicht, wenn man bedenkt, daß der Leipziger Zoo nur 50 Pfennig Eintritt kostet und der hat tausendmal so viele Tiere wie wir. Die Löwen essen jeden Tag Fleisch, und Elefanten essen zehn ganze Brote auf einmal.

Bei der Eröffnung geht es ganz gut. Zwölf Kinder bestaunen die Tiere, die man auch anfassen darf. Wir hoffen, daß die Sache sich herumspricht, aber schon am nächsten Tag kommen nur noch drei Besucher und dann niemand mehr.

Ich könnte wieder mit dem Schrott anfangen. Den jungen Pionieren wird das Sammeln von Altmaterial als gesellschaftliche Arbeit angerechnet. Auf Urkunden oder Abzeichen bin ich weniger erpicht. Ich brauche Geld. Und es gibt einen Unterschied zum Westen. In der DDR kriegt man für das Geld weniger zu kaufen. Roger hat in drei Tagen 75 Pfennig eingenommen.

Wir sind pleite. Alle Tiere, die wir gekauft haben, tragen wir nach und nach für ein Viertel des Preises zurück in die Zoohandlung.

Klassengegner

In unserem Haus wohnt der blonde Simon Betsel, der gern mal auf seinem Boxerhund die Treppen herunterreitet. Die Eltern haben eine kleine Abfüllerei für Limonaden. Besonders reich können sie nicht sein, sonst würden sie woanders als in der Blumenstraße 15 wohnen. Trotzdem gehört Simon zur Ausbeuterklasse, deshalb ist er nicht bei den Jungen Pionieren. Ich auch nicht, obwohl ich dichter an die Arbeiterklasse angeschlossen bin. Mein Vater drängt mich nicht, in die FDJ einzutreten, wo es spannende Sachen gibt: Reiten und Geländespiele. Simon Betsel hat von meiner Duisburgreise gehört und fragt, ob wir nicht beide eine Fahrt nach Bad Kösen machen wollen. Da wäre eine schöne Burg, jetzt, um Ostern rum, sei es schon warm, da könnten wir in jedem Heuschober auf freiem Feld übernachten.

Mein Vater fragt, wann wir wieder hier sein wollen und wieviel Geld Simon von seinen Eltern bekommt.

„Wenn der Wind günstig steht“, sage ich, „sind wir in einer Woche wieder hier. Simon kriegt dreißig Mark.“

„In Ordnung, das wird euch abhärten“, sagt er und gibt mir dreißig Mark: „Du willst doch nicht mehr haben als der andere?“ Mehr will ich nicht haben, warum soll es mir besser gehen als Simon.

Wir fahren Landstraße, und der Wind steht gar nicht günstig, er bläst uns entgegen, es regnet, abends geht der Regen in Schnee über, und nachts ist Frost. Simon Betsel ist ausdauernder als ich, und das zeigt er mir, indem er manchmal vorausfährt, um auf mich zu warten. Leider kommt der Trick mit der Fahrradkette nicht in Frage. Schon mittags fangen wir an, auf den Feldern nach Strohballen und Heuschobern Ausschau zu halten, und wenn wir endlich irgendeinen Unterschlupf gefunden haben, wird es derart kalt, daß wir nicht einschlafen können. Dann kuschelt sich

Betsel, den ich eigentlich als Klassengegner betrachten könnte, an mich, und wenn es im Stroh endlich wärmer wird, rieche ich den Hundemief, der in seinen Kleidern steckt.

Merseburg und Bad Kösen sind ganz nett, aber eine solche Strapaze mit meinem Bleirad über die Berge würde ich dafür nicht wieder auf mich nehmen. Den steilsten Berg, auf dem die Rudelsburg steht, erreichen wir nach drei Tagen.

„Hast du was dagegen, wenn ich mir die Ruine von unten ankucke?“ sage ich.

„Ach, komm, wir schieben die Räder hoch“, sagt Betsel.

Am liebsten würde ich mit dem Zug zurückfahren. Dazu fehlt das Geld, und mich vor ihm blamieren, das will ich auch nicht.

Erschöpft treten wir die Heimreise an. Wir hungern und frieren. Vierzig Kilometer vor Leipzig geraten wir in einen Schneeregen. Jetzt bin ich es, der noch bis nach Hause durchhalten würde. Betsel gibt auf: „Ich glaube, mir frieren die Finger am Lenker fest“, sagt er.

In einem Dorf, wo wir einen Gasthof mit Fremdenzimmer finden, steigen wir ab.

„Was kostet das für uns beide?“ fragt Betsel.

Der Wirt überlegt, ob er uns überhaupt aufnehmen will: „Also gut“, sagt er, „aus rein menschlichen Gründen: Ihr könnt das Zweibettzimmer nehmen. 4 Mark die Nacht.“

Wir stellen im Stall die Fahrräder ab und schleppen uns hoch in das Zimmer, in dem es genau so kalt ist wie draußen. Auf dem Tisch stehen zwei Waschschüsseln. Die Zudecken sind schlaff gefüllt mit einem klumpigen Pulver, das könnten einmal Bettfedern gewesen sein. Der einzige Luxus ist ein verblichener Teppich. In den Nachttischen steht je ein Pißpott. Wir essen die trockenen Brötchen, die wir mitgebracht haben, und versuchen zu schlafen. In den Betten entsteht einfach keine Wärme. Es bleibt uns nichts anderes übrig, als die beiden staubigen Zudecken übereinander zu legen und in einem Bett zu schlafen.

Am nächsten Morgen sagt der Wirt: „Das macht zusammen acht Mark."

„Wie bitte? Ich denke vier", sage ich.

„Ihr wollt euch einen Spaß mit mir machen", sagt der Wirt. „Vier Mark pro Bett, natürlich."

„So viel haben wir gar nicht mehr", sage ich und fange an zu zählen.

„Dann laßt ihr eins von den Fahrrädern hier stehen", sagt der Wirt.

Mit allen Groschen und Pfennigen kommen wie durch ein Wunder acht Mark und zehn zusammen.

Simon legt das Geld auf den Tisch: „Stimmt so", sagt er mit schmalem Mund. Dann klopft er suchend auf seine Jackentasche: „Oh, Moment, ich habe die Landkarte im Zimmer liegen lassen..." Und rennt nochmal die Treppe hoch.

Wir sind die ganze Tour nach meiner Landkarte gefahren. Ich wundere mich, daß er eine eigene bei sich hat.

Als wir wieder auf den Rädern sitzen, sagt er: „Ich habe Hunger. Das beste, wir beeilen uns."

„Mit leerem Magen kann ich nicht so schnell fahren", sage ich.

„Das mußt du aber", sagt er. „Weil ich nämlich sehr wütend war, bin ich nochmal ins Zimmer gerannt und habe unter den Teppich geschissen."

Das Gesicht von Jesus

Für die FDJ würde ich schon in Frage kommen, wenn nur die Uniform nicht so ordinär wäre. Außerdem sind mir Ober-FDJler wie Gruppenratsvorsitzende und Wandzeitungsredakteure unangenehm. Die machen sich wichtig und rufen sich untereinander ihren Gruß zu: „Freundschaft!". Ich will mir nicht von Wichtigtuern erklären lassen, daß eine neue Zeit angebrochen ist. Dazu ist der Marxismus-Leninismus viel zu plausibel. Mein Vater sagt: „Überlege es dir. Wer nach der Schule Erfolg haben will, kommt an der FDJ nicht vorbei." Dann sage ich: „Und warum trittst du nicht in die Partei ein?" „Ich trete in meinem Leben in keine Partei ein. Parteien sind Sekten. Aber mich brauchen sie", sagt er dann.

Das wollen wir noch sehen, mich werden sie auch brauchen.

Von Junglehrern, die interessant erzählen können, lerne ich mit Vergnügen. Bei ihnen habe ich das Gefühl, sie freuen sich über meinen Eifer. Die schönsten Sätze von Stalin werden an die Tafel geschrieben. „Die Hitler kommen und gehen, das deutsche Volk bleibt." Diesen Satz kennt ja jeder. Es gibt auch hübsche junge Lehrerinnen, die manchmal einen Stalin-Satz vergessen haben. Dann ist für mich der Moment gekommen, denn ich merke mir sogar solche Sätze, die nie an der Tafel gestanden haben, zum Beispiel aus seiner Jugendzeit gibt es Raritäten von Stalin: „Was brauchen wir, um wirklich zu siegen? Dazu sind drei Dinge nötig: erstens – Bewaffnung, zweitens – Bewaffnung, drittens – Bewaffnung und noch einmal Bewaffnung." Das hat er in einer Rede in Tiflis gesagt, als die Revolution noch weit entfernt war. Er braucht drei Dinge, die er viermal aufzählt. Stalin muß, auch in Kampfzeiten, von frühester Jugend an Humor gehabt haben. Lenin ist ernster. Er sagt: „Lernen, lernen und nochmals lernen!" Aller guten Dinge sind drei. Fertig. Stalin setzt noch eins drauf. Die Junglehrerin Irene Stubnik lächelt, wenn ich sowas aufsage, und strubbelt mir schon mal durch die Haare. Sie unterrichtet mein Lieblingsfach: Gesellschaftskunde. Wir nehmen die Geschichte der KPdSU(B) durch. Unversehens kommt mir das Latein, das ich in Duisburg verschmäht habe, zugute. Auf keiner Schule in Leipzig gibt es Latein, da haben es meine Mitschüler nicht leicht, einen etwas komplizierteren Satz des Genossen Stalin ohne weiteres zu verstehen, wo er fordert, die Partei vom Unrat zu befreien und gewisse Elemente zu verjagen: „Der Weg zur Entwicklung der proletarischen Parteien führt über ihre Säuberung von den Opportunisten und Reformisten, den Sozialimperialisten und Sozialchauvinisten, den Sozialpatrioten und Sozialpazifisten." Solche Aufzählungen sind vielleicht nicht interressant, immerhin verstehe ich sie, und Irene Stubnik versteht sie wahrscheinlich nicht. Non omnia possumus omnes – Wir können nicht alle alles.

Was ich lerne, ist, daß „Bolschewismus" und „Bolschewiken" keine Schimpfworte sind. Im Gegenteil. Die Bolschewiki waren es, die sich zu einer großartigen Partei formierten, nämlich zur Kommunistischen Partei der Sowjetunion. Was Genosse Stalin sagen will, ist unter anderem: Wo gehobelt wird, da fallen Späne.

Viel wichtiger ist, daß die Bolschwiki zwei Arten von Kriegen kennen: einen gerechten Krieg, der nicht erobern will, sondern befreien; und einen ungerechten, der fremde Länder bezwingen und ihre Völker versklaven will. Da ein solcher Krieg für sie nicht in Frage kommt, wird die Sowjetunion niemals Krieg anzetteln. Was allerdings die Revolution betrifft, sagt Genosse Stalin, so habe sich gezeigt, daß eine friedliche Revolution unmöglich sei. Da bleibe nur eines: die Macht mit Gewalt zu ergreifen. Das aber kann nicht irgendwer machen, wie es ihm gerade paßt, sondern nur das gesamte Proletariat im Bunde mit der Bauernschaft. Und so ist es gekommen. Die Oktoberrevolution hat den Kapitalismus hinweggefegt, den Ausbeutern die Maschinen, das Ackerland, die Eisenbahnen und Banken weggenommen und alles in Volkseigentum verwandelt. Es gibt keine Klassengegensätze mehr, nur noch eine große herrschende Klasse der Arbeiter und Bauern, die zugleich den Reichtum schafft, den alle sich brüderlich teilen. Das versteht wirklich jeder. Das Ergebnis ist: Wohlstand und Frieden.

Ich selbst habe einen Nutzen von der Friedlichkeit in der DDR, nämlich daß kein Lehrer prügeln darf. Und alle freuen sich, daß wir den Krieg verloren haben. Verloren. Denn hätten wir ihn gewonnen, dann könnten wir jetzt als Flakhelfer an der australischen Küste stehen. Oder Hitler hätte die Wunderwaffe fertiggekriegt und, mit Ausnahme der meisten Deutschen, die Menschheit ausgerottet.

Für mich ist nur eine Sache enttäuschend. Zwar gibt es kein Latein mehr, dafür aber Russisch. Um es zu lernen, muß ich nachsitzen. Die erste Lektion fängt an mit dem Zweizeiler:

„Nina, Nina, tam kartina,
eto traktor i motor."

„Nina, Nina, das ist eine Landkarte,
das ist ein Traktor mit Motor."

Der Unterricht ist fein abgestimmt, das ist schon in diesen wenigen Worten zu spüren. Frauen sind gleichberechtigt, die Traktoristin Nina macht keine Ausnahme. Jeder muß arbeiten, die sozialistische Losung lautet: „Wer nicht arbeitet, soll auch nicht essen." Dem Proletariat fällt das Recht nicht in den Schoß, seine Diktatur auszuüben. Dieses Recht muß durch Fleiß stetig neu errungen werden. Vor seinem Tod hatte Lenin das Gebot erlassen, die Diktatur des Proletariats zu schützen, deshalb schwor Genosse Stalin an seinem Grab, das Proletariat werde seine Kräfte nicht schonen, um Lenins Wunsch zu erfüllen. Es nützt kein Unglaube und kein Flennen. Es muß weitergehen, weg mit den einzelnen Bäuerlein, die sich hinter dem Pferdepopo am Pflug schinden. Hin zu gemeinsamer Bodenbestellung mit moderner Technik. Eto traktor i motor. Die kapitalistische Konkurrenz brauchen wir nicht, statt dessen haben wir den sozialistischen Wettbewerb. Genosse Stalin beschreibt, wie die Sowjetmenschen sich gegenseitig überbieten. Und damit überbieten sie auch die Arbeitspläne der Partei. Die Arbeit sei nicht mehr Zwang und Fron, wie unter dem Kapitalismus, sie sei jetzt eine Sache der Ehre und Würde, ja des Heldentums. Genosse Stalin liebt sein Volk, deshalb findet er manchmal große Worte, vielleicht zu große. Aber auch das ist nicht wichtig. Wichtig ist, das Wirtschaftssystem der Sowjetunion erlaubt während der Phase des Sozialismus den Grundsatz: „Jeder nach seinen Fähigkeiten, jedem nach seiner Leistung“. Und nach Erreichen der kommunistischen Gesellschaft, wird der Grundsatz lauten: „Jeder nach seinen Fähigkeiten, jedem nach seinen Bedürfnissen“. Es wird kein Geld mehr geben. Wir werden in den nächsten Laden gehen und Brot, Butter, Wurst und Käse nehmen, soviel wir brauchen. Wie das mit Radios und Plattenspielern geregelt wird, werden wir sehen.

Genosse Stalin ist ein Vater nicht nur für die Sowjetbürger, sondern für alle Menschen. Er hat ein gütiges Gesicht mit braunen Augen. So stelle ich mir das Gesicht von Jesus vor, wenn er nicht in so jungen Jahren ans Kreuz genagelt worden wäre. Und damals hat es noch keine Schnurrbärte und keine Tabakspfeifen gegeben.

Aber daß der Kapitalismus unaufhaltsam dem Untergang entgegengehen muß, war mir instinktiv schon früher klar. Die reichen Jungs in Duisburg hat der Liebe Gott einfach in die Wiegen reicher Familien gelegt. Selbst haben sie nichts dazu getan.

Kleine Dachschindel

In der Blumenstraße haben wir einen Badeofen, den Tante Else jeden Samstag anheizt. Einmal bade ich als zweiter in der Dreckbrühe meines Bruders, das nächste Mal er in meiner. Manchmal mache ich auch zwischendurch den Badeofen an. Das Holz dazu sammle ich auf den Trümmerhaufen in der

Nähe. Das Schönste an der Nachkriegszeit ist, daß man überall Holz findet. Aber jetzt wird es allmählich weniger.

Ich laufe mit einem Armvoll Holz die Georg-Schumann-Straße entlang, da traue ich meinen Augen nicht: Ich sehe Petronella Fabisch. Sie läuft an mir vorbei, ohne mich zu erkennen, das kann sie auch nicht, denn sie hält den Blick gesenkt. Ich laufe hinter ihr her, und obwohl ich genau weiß, daß sie es ist, frage ich: „Petronella?"

Sie bleibt stehen, offenbar ohne mich zu erkennen, das sehe ich an ihrem verlegenen Lächeln. Aber wer sollte schon ihren Namen wissen: Petronella? Und da sehe ich diesen süßen einen Schneidezahn, der sich über den anderen schiebt, wie eine kleine Dachschindel, und im selben Augenblick liebe ich Petronella. Genau so stark wie damals in Hennigsdorf.

„Mensch, ich bin Manfred!"

„Ah, ja, du bist groß geworden." Ich will nicht glauben, daß sie mich nicht erkannt hat, mich, einen Jungen von großer Schönheit. Alle warmen Brüder sind hinter mir her, weil sie es sofort mitkriegen. Ich begleite sie, kann ihr aber nicht die Hand geben, weil ich das Holz festhalte. Sie wohnt in der Georg-Schumann-Straße, in einem herrschaftlichen Haus, das zwischen zwei Trümmerhaufen stehengeblieben ist. Als wir dort ankommen, sagt sie: „Meine Mutter will nicht, daß ich Freunde mitbringe. Denn wir ziehen bald um."

Von früh bis spät muß ich wieder an Petronella denken. Nach der Schule klingle ich bei ihr. Dann kommt sie eine halbe Treppe herunter, wir sagen wenig, eigentlich nichts. Ich kucke sie nur an und stelle mir vor, daß sie wunderbare Dinge sagen würde, wenn sie etwas sagen würde.

Sie ist dünn und geniert sich für ihre winzigen Brüste, die erst noch wachsen, die aber gut zu sehen sind, denn Petronella hat selbstgestrickte Pullover aus aufgeräufelter Wolle an. Alles an ihr ist schmal, und ihre Dünnheit steht ihr.

Einen Monat lang habe ich vor ihrem Haus gestanden. Heute muß sie mich durchs Fenster gesehen haben, denn sie kommt auf die Straße, noch ehe ich geklingelt habe. Sie hat einen Faltenrock aus Friedenszeiten an. Süß. Sie ist entschlossen, mit mir Schluß zu machen, das fühle ich.

„Ich heiße nicht mehr Petronella", sagt sie. „Ich heiße jetzt Petra."

Es ist gerade so, als wären ihr die beiden Zähne gezogen worden. Sie kommt mir fremd und streng vor.

„Ist es soweit?" sage ich.

„Ja", sagt sie. „Wir ziehen um. Ich schreibe dir in die Blumenstraße 15."

Sie zieht etwas Kleines, Schmales aus der Rocktasche: „Für dich. Pack es erst aus, wenn du zu Hause bist", sagt sie.

Es ist der Rechenschieber von meinem Vater, den ich ihr vor fünf Jahren zum Abschied geschenkt habe.

Nach langer Zeit schreibt sie mir aus Frankfurt am Main eine Postkarte ohne Absender: „Lieber Manfred! Mir geht es gut. Wie geht es Dir? Wenn wir eine Wohnung haben, schreibe ich wieder. Deine Petra."

Ich warte nicht darauf, daß sie mir schreibt. Sie hat mich nie geliebt. Nach dem Westen abhauen und keine Wohnung haben. Geschieht ihr recht.

Mein Bruder und ich sind uns einig, daß wir es mit der Familie nicht gut getroffen haben. Unser Vater hat seine neue Elfriede, und wir haben Tante Else, sonst nichts. Manchmal malen wir uns vor dem Einschlafen aus, was wohl wäre, wenn wir nach dem Westen abhauen würden.

„Keine Chance", sagt Roger, „Immer dasselbe: sie bringen uns zurück, und fertig."

„Wir könnten uns tagsüber verstecken und nachts auf die Flucht gehen. Nach Spanien oder Amerika, wo es keine Jugendfürsorge gibt."

„Nach Amerika? Mit dem Schiff?“

„Wenn man will, dann schafft man es.“

„Du spinnst ja noch schlimmer als ich“, sagt mein Bruder.

„Spinnen strengt nicht an und ist umsonst.“

„Und denkst du, aus Amerika schicken sie dich nicht zurück?“ sagt er.

„Wenn sie uns fangen, sagen wir kein Wort. Was wollen sie machen? Sie können uns fragen, was sie wollen, wir sagen kein Wort.“

Roger kuckt mich an, als sollten wir darüber nachdenken.

„Das ist gut“, sagt er. „Nichts können sie machen. Sie würden uns in irgendein Heim stecken, würden uns jeden Tag einen Professor reinschicken, der uns untersucht, und rausfinden würde er nichts. Man könnte zum Beispiel auf's Ohr zeigen, daß sie denken, wir sind taub.“

„Geht nicht“, sage ich, „dann würden sie uns Zettel schreiben.“

„Woher wollen die wissen, daß wir lesen können?“ sagt Roger. „Wir kucken sie einfach an, dann denken sie, wir haben das Gedächtnis verloren. Was hältst du davon: Sobald ich angesprochen werde, klopfe ich leise an die Wand. Und du, wenn der Professor dich was fragt, bückst dich und bindest ihm die Schnürsenkel auf. Dann wird ihm klar, daß wir blöd sind. Damit gewinnen wir Zeit, nachts könnten wir heimlich Amerikanisch lernen.“

Einige Male versuche ich, meinen alten Freunden aus der Schweizerbande Briefe zu schreiben, aber außer Hännes Mentz antwortet keiner, nicht mal mein Blutsbruder. Die
23 Älteren haben sich Mopeds gekauft, damit wollen sie über die Alpen nach Italien fahren. Die erste Silbe „Mo“ bedeutet Motor. Und „ped“ heißt, daß sie Pedale zum Treten haben. Auf einem Foto ist Ingelore Höppes zu sehen. Sie hat einen West-Trenchcoat an, und man sieht ganz deutlich ihre Brüste.

Meine Oma schreibt mir in ihren kratzigen Buchstaben manchmal einen Brief. Auf dem Kuvert steht „Mannfred Krug Leipzig Blumenstr. 15, OSTZONE".

„Lieber Mannfred! Wenn ihr nach Brandenburg umgezogen seid, will ich Eure Villa sehen. Das versteht sich. Da raff ich mich nochmal auf. Warte auf das Telegramm…"

Meine Mutter schreibt mit leichten Veränderungen immer die gleiche Postkarte: „Mein lieber Manfred! Warum höre ich nichts von Euch? Du hast mir versprochen, mich von allem, was Roger und Dich betrifft, zu unterrichten. Ich weiß nicht mal, ob das Päckchen angekommen ist. Wenn du nicht schreibst, bekommst du kein Neues zum Geb.-Tag. Mit vielen Grüßen und Küssen deine Mutter."

Ich kann nicht nach Italien fahren. Ich gehe manchmal zur Leipziger Messe. Dort klaue ich ein paar Hochglanzprospekte aus dem Westen, auf denen langweiliges Zeug zu sehen ist, zum Beispiel Drehbänke und Bagger. Die klebe ich mir an die Wand.

Alle in meiner Klasse können besser Russisch als ich. Zum Beispiel übersetzen sie aus der Prawda: „Überbevölkerung ist ein westliches Schlagwort. In den Weiten der Sowjetunion hätten noch Milliarden Menschen Platz."

In allen anderen Fächern bin ich ein mittelmäßiger, also guter Schüler. Eigentlich kann ich stolz sein, denn in Mathe und Physik habe ich aufgeholt, mein sonstiges in Duisburg erworbenes Wissen schlägt sich auf dem Abschlußzeugnis nicht nieder. Kein Mensch fragt mich nach dem Heerwesen der Germanen oder den Zehn Geboten oder nach den letzten hundert römischen Päpsten, von denen ich zwanzig auswendig kann, obwohl ich nicht katholisch bin, sondern evangelisch, und das bin ich auch nicht mehr.

Mein Vater, der selbst kein Abitur hat und dennoch der „Technischen Intelligenz" angehört, stellt sich für mich einen sogenannten Werdegang vor. Ich soll vormittags Lehre und Berufsschule machen und abends das Abitur. Tante Else schüttelt nur den Kopf. „Dein Vater denkt wohl, alle Menschen wären so stark wie er?“ sagt sie.

Menschlich und vornehm

Mein Vater hat ein Auto gekauft, von außen ein schönes Stück. Es heißt „Aero“ und ist ein tschechisches Vorkriegs-Modell, das immer kaputt ist.

Die meiste Zeit staubt der „Aero“ in irgendeiner Werkstatt ein, weil es so lange dauert, die Ersatzteile herzustellen. Es ist ein stinkender Zweitakter, der sich anhört, als wären Hühner unter der Motorhaube, auf jeder kleinen Fahrt bleibt er stehen, mal wegen der Zündung, mal wegen des Tellerrads, und immer regnet es rein. Das einzig Gute an dem Auto ist, daß es so schön nach altem Polster riecht. Bevor mein Vater aus der Stadt hinausfährt, schreibt er sich alle Bahnhöfe auf, die an der Strecke liegen, denn oft fährt er mit dem „Aero“ los, und mit der Eisenbahn kommt er zurück. Die alte Kiste könnte uns nach Brandenburg bringen, aber das wäre ein Wagnis. Mein Vater sagt, dort wird ein neues Stahlwerk gebaut, und er wird der Chef sein:

„Das ist nicht so eine Klitsche wie ‚Schumann & Co.‘
27 in Leipzig. Das wird ein Werk mit zwölf großen Öfen sein, jeder davon kann 150 Tonnen abstechen. Zwölf Schornsteine werden in den Himmel ragen. Man hat mir eine Villa besorgt, die ich kaufen kann, und ein Telefon, und einen Dienstwagen mit Chauffeur. Die einzigen Leute, die mir was zu sagen haben, sind zwei hohe Parteigenossen und der Minister. Die können alles. Menschen führen, Trümmer beseitigen, den Sozialismus aufbauen. Aber Stahl können sie nicht kochen. Dazu brauchen sie mich. Da siehst du, was ein armes Schwein schaffen kann. Du wirst es besser haben.

Du hast einen Vater, der was vorzuweisen hat, den du dir zum Vorbild nehmen kannst. Dich werde ich zu einem Ingenieur machen. Die Krugs – eine Dynastie von Stahlkochern."

Sein Lachen klingt wie Schadenfreude, als solle es heißen: „Wir werden ja sehen, was daraus wird."

Mein Vater kriegt ohne Fehler keinen Brief zustande, Gott sei Dank hat er eine Sekretärin. Was macht er, wenn er einen Liebesbrief schreiben will. Noch immer betört er die Damen mit seinen magischen Rudolf-Valentino-Blicken, da kann er sich Liebesbriefe ersparen. Meine Mutter ist Sekretärin, seine Elfriede war Sekretärin, auch in dem neuen Werk wird er im Vorzimmer eine Sekretärin haben. Die können alle schreiben, aber keine Liebesbriefe für ihn.

„Das nützt mir nichts", sage ich, „daß du gut in Chemie bist. Ich bin schlecht in Chemie."

„Ich war auch schlecht in Chemie, das liegt an den Lehrern. Die können nicht begeistern. Wir alle ziehen nach Brandenburg. Dort gehst du in die Abend-Oberschule und gleichzeitig in die Schmelzerlehre."

„Ich bin schlecht in Mathematik und Physik", sage ich.

„Ist mir bekannt. Gut bist du nur in Deutsch und Singen. Damit ist kein Blumentopf zu gewinnen. Von wem hast du das bloß?"

„Von Mutti", sage ich.

„Du siehst, wie weit sie damit kommt", sagt er. „Nicht mal deinen Bruder kann sie ernähren. Wir ziehen nach Brandenburg. Da sprechen die Leute wieder Berlinisch, wie damals in Hennigsdorf."

„Das hört sich ordinär an", sage ich. „Ich höre es lieber, wenn die Sachsen sprechen. Es klingt menschlich und vornehm."

„Menschlich?" sagt mein Vater. „Hör dir den Ulbricht im Radio an!"

„Vor dem habe ich keine Angst, weil er so ein nettes Sächsisch spricht."

Roger und ich sind mit Tante Else allein. Wenn ich sie sächseln höre, kommt Ruhe in meine Seele. Welch ein schöner, unverlogener Klang. Sollte ich einmal heiraten, muß es ein Mädchen aus Sachsen sein. Zwar bin ich auf alle Mädchen neugierig, überhaupt bin ich auf nichts so neugierig wie auf Mädchen, aber nach den sächsischen habe ich eine besondere Sehnsucht. Schnell habe ich ihre zärtliche Sprache gelernt, sie sollen mit mir reden, ohne mich als Fremden zu empfinden. Jetzt kann ich drei Sprachen: Berlinisch, Duisburgerisch und Sächsisch. Dort überall könnte ich leben, ohne aufzufallen. In Leipzig ist mir am wohlsten, deshalb könnte ich es so ähnlich wie Goethe sagen: Mein Leipzig lob ich mir, es ist mein graues, trostloses, zertrümmertes Klein-Paris. Leipzig tut mir mehr leid als Duisburg, weil ich das Gefühl habe, der Krieg hat hier noch mehr Schönes verwüstet. Schönes in den Gemütern der Sachsen, nicht nur in den Gebäuden der Stadt.

Ich bin mit der achten Klasse der Grundschule fertig. Zum ersten Mal bin ich mit etwas fertig, und schon soll es in Brandenburg weitergehen.

Mein Vater hat jetzt einen Wagen mit Chauffeur, der eine Dienstmütze mit SWB-Abzeichen trägt. Das bedeutet „Stahl und Walzwerk Brandenburg". Er holt uns in Leipzig ab. Roger und ich packen unsere Habseligkeiten. Der Dienstfahrer wärmt sich in der Küche von Tante Else auf, während mein Vater mit einer fauchenden Lötlampe auf dem Balkon vier Ziegelsteine anwärmt. Die wickelt er dann in eine alte Decke: „...Denn die Heizung in dem Auto", sagt er, „ist miserabel, da könnt ihr euch den Tod holen."

Wir umarmen Tante Else, die uns unter Tränen verabschiedet. Eingeklemmt zwischen Kartons und Koffern, rumpeln wir los in unsere neue Heimat.

Während der Fahrt stellen wir unsere Füße auf die heißen Steine. Mein Vater sagt: „Solange sie euch wärmen, dürfen sie mitfahren. Wenn sie erkalten, schmeißen wir sie raus."

Der Dienstwagen hat Pistolenschaltung, gebaut ist er aus Sperrholz, das mit schwarzem Wachstuch überzogen ist. Er riecht und qualmt wie der „Aero". Früher hieß er DKW, jetzt VEB „IFA". Aus irgendeinem Loch soll Wärme herauskommen, aber es ist so wenig, daß der Dienstfahrer alle paar Kilometer den Eishauch von der Scheibe abschaben muß. Das Auto könnte fünfundsechzig fahren, aber wir fahren fünfzig. Der Fahrer sagt, er nimmt am „Wettbewerb Fünfhunderttausend" teil. Wenn er soviele Kilometer mit dem ersten Motor schafft, kriegt er eine Prämie und darf sich eine Plakette ans Auto schrauben. Manche schaffen sogar die Million.

Bei der Abfahrt Dessau sind die Ziegelsteine kalt, wir legen sie nahe der Elbe-Behelfsbrücke am Straßenrand in den Schnee. Ich decke meinen Bruder Roger zu und drücke ihn an mich. Irgendwie ist er ein armer Junge, und indem er mir leidtut, tue ich mir selber leid. Wir müssen durchs Leben kommen.

Johanna 17. Stück

Viktor kommt jeden Werktag zu ihr, ein Vierteljahr lang. Johanna muß die Stunde, die sie morgens in den Armen des jungen Geliebten verbringt, nachts an ihren Arbeitstag anhängen, damit sie das Pensum schafft. Sonntags geht sie mit den Kindern zur Messe, danach dürfen sich die Mädchen auf den leeren Karren setzen, mit dem Johanna und Albert in den Wald oder zur Halde ziehen, um Wintervorräte zum Heizen zu sammeln. Das ist der Familientag, an dem sie alle zusammen sind.

Es kommt, wie es mit Johanna jedesmal gekommen ist, sie wird schwanger. Und Viktor, der Liebeskünstler, den sie für einen scheuen Jungen gehalten hat, der in Wahrheit ein zärtlicher Verführer war, der ihr manchmal wie das vierte ihrer Kinder vorgekommen ist, ihr dabei das vierte Kind gemacht hat, verschwindet in der Weltgeschichte, wie sie alle verschwunden sind. Er muß irgendwann ihren Bauch bemerkt haben, und ist von einem Tag auf den anderen weggeblieben, ohne ein Wort zu verlieren. Sie hat ihn nicht wieder gesehen.

Johanna hat vom Kinderkriegen genug. Sie wußte immer, woher die Kinder kommen, aber sie weiß auch: Sie alle kommen von Gott. Für eine Frau, die den Kindern nie einen Vater bieten konnte, ist es eine Bürde, so fruchtbar zu sein. Viktor hatte ihr hoch und heilig versprochen, daß er sie nicht noch einmal zur Mutter machen würde: „Verlaß dich auf mich. Du hast genug Kinder, das sehe ich ein." Und er hat sie mit seinem Lächeln betört, als er sagte: „Ich halt mich an die Bibel. Da steht: ‚Du sollst dem Tauben nicht fluchen und dem Blinden kein Hindernis legen ...'"

Im Februar soll sie niederkommen. Nach Neujahr watschelt sie mit dem dicken Bauch, begleitet von Albert, der schon vierzehn ist, zu der alten Hebamme.

„Umsonst komme ich nicht all die Treppen zu euch rauf, es muß sich lohnen", sagt sie. „Als du geboren wurdest, kam ich zu spät, weil's mir damals schon schwerfiel. Sag deiner Mutter, sie soll dich erst dann zu mir schicken, wenn die Wehen da sind."

„Sie haben's ihr ja selbst gesagt", sagt Albert und lacht seine Mutter an. Als sie schon im Gehen sind, wird Johanna von der Hebamme angetippt: „Warum sind Sie nicht früher gekommen. Ich hätte jemanden gehabt, der Ihnen geholfen hätte." Johanna stößt etwas Hastiges hervor. Albert übersetzt: „Das hätte meine Mutter nicht gewollt. Das wäre Sünde. Sie sagt, sie weiß schon, wie sie das Kinderkriegen vermeiden kann. Sie will keinen Mann mehr haben."

„Gute Idee", sagt die Hebamme. „Selbst ich mache es so. Und ich bin vom Fach."

„Sie sind aus dem Gröbsten raus..." sagt Johanna. Aber die Alte versteht es nicht, und Albert weiß nicht, was es bedeutet.

An dem Tag, als Viktor verschwunden ist, wurde der Schüler Albert Krug mit einem mäßigen Zeugnis entlassen. Stolz auf ihn ist die Schule nicht gewesen. Er hat oft gefehlt und seiner Mutter geholfen. Nicht mal in Turnen und Faustball hat er sich hervorgetan. In eine Lehre kann er jetzt nicht gehen, er muß dazuverdienen für seine Schwestern. Wenn Geld übrigbleibt, legt Johanna den Mädchen jetzt schon eine kleine Aussteuer an. „Ihr sollt es besser haben als ich", sagt sie.

Sofort hat Albert sich bei Novak vorgestellt und gefragt, ob er die Arbeit von Viktor übernehmen darf, drei Nachmittage in der Woche die Wäsche auszufahren.

Der Meister hat ihn angenommen: „Wenn du so fleißig bist wie deine Mutter, ist mir das Zeugnis egal."

Seitdem packt er die Wäsche auf den Karren und beliefert nicht nur die Bügelstube der Mutter, sondern auch andere Kundschaft.

Als die Wehen schon da sind, schickt Johanna ihren Sohn Albert zur Hebamme, die in der Nähe wohnt.

Er kommt ohne sie zurück. „Die Hebamme ist krank, sie kommt nicht", sagt er. „Aber sie würde es schaffen, wenn du zu ihr nach Hause kommst."

Johanna fühlt sich zu alt zum Gebären, sie hat Angst, ohne Hilfe zu sein. Also packt sie die Windeln in eine Decke und schleppt sich, von Albert untergehakt, zur Hebamme. Die beiden Mädchen laufen hinterher. Auf dem Weg bleibt sie manchmal stehen und lacht die Kinder an, damit sie sich nicht ängstigen.

Die Hebamme macht im Nachthemd und mit wallendem Haar die Tür auf. Dann legt sie sich wieder in eins der Ehebetten und sagt: „Willkommen, alle zusammen. Fräulein Krug, legen Sie sich hier daneben. Da lag mein Mann, als ich noch einen hatte. Ich wäre bei Euch nicht die Treppe hochgekommen. Mir tut alles weh. Junge, sei so nett, mach den Herd an, setz Wasser auf. Dann geh mit den Schwestern nach Hause. Abends kommst du wieder, die Mama abzuholen."

So geschieht es. Die Alte wartet, bis sie das Wasser sieden hört. Neben Johannas Bett stehen zwei Stühle, auf dem einen die Schüssel, auf dem anderen Tücher und etwas Werkzeug. Es sieht aus, als wäre sie dort schon öfter ihrer Arbeit nachgegangen, was auf Johanna beruhigend wirkt.

Die Alte schlufft in die Küche, sieht nach dem Herd, kommt zurück, um Johanna zu streicheln, redet ihr freundlich zu, trifft ihre Vorkehrungen.

„Wenn ich richtig zähle, ist es das vierte Kind. Es wird leicht gehen."

Nach der Geburt fragt sie Johanna, wie das Mädchen heißen soll. Johanna antwortet: „Mein Sohn wird einen Namen sagen." Die Hebamme versteht nichts. Trotzdem sagt sie: „Aha."

Albert kommt abends mit dem Kinderwagen. Seine Schwestern hat er zu Hause gelassen. Die Hebamme sagt: „Frag deine Mutter, wie das Kind heißen soll." Johanna sagt: „Gib ihr einen Namen, der dir gefällt, der schön klingt." Albert sagt: „Martha klingt schön." Die Hebamme fragt sich, wie die beiden zu einer Einigung gekommen sind. Sie schreibt unterstrichen „Martha" in ihr Buch, und dahinter schreibt sie als zweiten Namen Isolde.

„Warum Isolde?" sagt Albert.

„Ein zweiter Name muß sein. Und diesen finde ich schön", sagt die Hebamme. Die kleine Martha wird eingepackt, Johanna steht aus dem Bett auf. An der Seite ihres Sohnes, auf den Kinderwagen gestützt, geht sie langsam nach Hause.

Soll ich sie heiraten?

Nachts kommen wir in der Brucknerstraße 22 in Brandenburg an. Die Gegend heißt Görden, ein Arbeiter- und Laubenpiepervorort. Hier in der Nähe sind auch die Irrenanstalt und der Knast.

Unter einer Villa stelle ich mir was anderes vor. Es ist ein kleines Einfamilienhaus mit Garten an einer sandigen Straße. Elfriede hat seit Wochen aufgeräumt und geputzt. Deshalb trägt sie einen häßlichen Kittel, aber ihr Lächeln und ihre dunklen Augen, vor allem die Schnittchen mit Harzer Käse, die auf dem Tisch stehen, machen den Aufzug wett.

Alle Möbel, die mein Vater zusammengekauft hat, sind gebraucht, sie sehen ärmlich und prunkvoll zugleich aus.

„Das ist Chippendale“, sagt er. „Kuck dir den schönen Bücherschrank an.“ Es ist der erste Bücherschrank, den wir besitzen. Chippendale muß eine Möbelart mit krummen Beinen sein. Tisch und Stühle sehen wie Dackel aus. Nur der Bücherschrank steht auf zwei geschnitzten Kugeln, so groß wie Kürbisse. Er ist voll mit Vorkriegsbüchern, meist Liebesromanen, die im Innern alle das Namensschild „Elli Dittrich“ tragen.

„Kennst du die Frau?“ sage ich.

„Nein, sie muß gestorben sein. Ich habe vier Meter von ihren Büchern gekauft, mit dem Schrank zusammen.“

Roger kuckt sich im Haus um, Elfriede macht in der Küche den Pfefferminztee, ich bin mit meinem Vater allein.
17 Da sagt er leise: „Soll ich Elfriede heiraten?“

Ich weiß sofort, daß es eine gefährliche Frage ist, daß er mir die Antwort jahrelang vorhalten wird, wie immer sie ausfallen mag. In der Schneenacht damals, im Niemandsland, hatte ich Glück, da hatte ich den Weg entlang den Telegraphenstangen vorgeschlagen. Aber jetzt?

„Was meinst du?“ sagt mein Vater.

Ich könnte sagen, das müsse er selbst wissen, in Erwachsenensachen könne ich nicht entscheiden. Aber in dem Augenblick beschließe ich, jedes Taktieren zu vermeiden und einfach zu sagen, was ich denke.

„Es wäre nur anständig, wenn du sie heiratest. Nach allem, was sie und Tante Else für uns getan haben."

Mir ist nicht aufgefallen, daß Elfriede eine besondere Begabung hätte. Nur eine hübsche Figur, dann die Samtaugen und ein gutes Herz. Der Verlobte, den sie im Krieg gehabt hatte, war als Flieger mit seinem Flugzeug abgeschossen worden. Soldaten sterben nicht, sie fallen. Er ist wirklich gefallen, vom Himmel, kann man sagen. Mein Vater ist der zweite Mann in Elfriedes Leben. Sie kocht und wäscht und ist fleißig, und sicher tut sie das alles, um geheiratet zu werden. Sie wird ihm in die Arme fliegen, obwohl sie weiß, daß er sie nicht liebt. Er hat schon in Leipzig mal mit einer Ärztin, mal mit einer Kellnerin angebandelt, die beide verheiratet waren. Welche Frau wird schon von meinem Vater geliebt? Er hat mal gesagt: „Liebe? Was mag das sein? Ich habe es im Leben nicht gefunden." Und wenn er keine liebt, dann ist es egal, welche er heiratet. Als sie mit dem Tee hereinkommt, sagt er: „Manfred meint, wir sollen heiraten. Also heiraten wir." Elfriede setzt sich auf den Chippendalesessel und kuckt schweigend meinen Vater an.

Frauenschicksale

Im Sozialismus ist Stahlwerker ein Facharbeiterberuf. Wir haben zweimal in der Woche Berufsschule, sonst täglich sieben Stunden Grundausbildung. Da lernen wir die Kaltverformung des Stahls, Feilen, Bohren, Fräsen. Alles, was auch Schlosser lernen. Im Sozialismus wird die Gleichberechtigung der Frau durchgesetzt, also können in diesem Jahr erstmalig auch Frauen den Stahlwerkerberuf erlernen. Die werden sich wundern, wenn die richtige Arbeit am Ofen losgeht. Der Architekt, der die Lehrwerkstatt gebaut hat, konnte das nicht wissen, deshalb gibt es nur Herrentoiletten, eine unten und eine im ersten Stock. Die obere ist provisorisch in eine Mädchentoilette umbenannt worden, die Urinale sind aber noch nicht abmontiert. Als ich nichtsahnend dort reingehe, sehe ich drei Mädchen breitbeinig vor den Pinkelbecken stehen. Sie haben die Schlosserhosen auf Kniehöhe runtergestreift und versuchen, im hohen Bogen reinzuzielen. Unglaublich, sie schaffen es, irgendwie können sie es steuern. Das hätte ich nie gedacht. Ungläubig kucke ich die drei an, sie kreischen los, als ob es um Leben und Tod ginge, und als ich mit Herzklopfen die Toilettentür hinter mir zuknalle, sehe ich, daß „Männer“ durchgestrichen ist und „Frauen“ daneben geschrieben.

27 Aus dem Fenster der Lehrwerkstatt kann man das ganze Werk sehen, die Halle, die Schornsteine, deren rote Neon-Lampen nachts über Brandenburg leuchten. Den Arbeitslärm der großen Fabrik hört man als einziges Rauschen. Quietschende Bahnräder, den scheppernden Schrott, der an die Elektromagnete springt, das Heulen der Kräne. Oft gehe ich auf die Ofenbühne, um die Angst zu verlieren und mich an den Anblick der verwegenen Menschen zu gewöhnen, die meine Kollegen sein werden.

Künstler von der DEFA sind zu Besuch, um den Film „Frauenschicksale“ zu drehen. Das muß ich sehen. Der Regisseur mit der Baskenmütze soll ein berühmter Mann sein. Ich stehe stundenlang am Ofen Zwei und sehe zu, wie dieselbe Szene immer wieder gedreht wird. Zehnmal, zwanzigmal fährt die kleine Dampfbahn vor den Öfen hin und her. Die Schauspielerin, die aus dem Westen kommt, hat extra Lokfahren gelernt. Zwei Tage wird in unserem Werk gedreht, die Schmelzer grinsen, weil ein Friseur immer wieder auf die Lok springt, um die Haare der Schauspielerin zu ondulieren. Große Scheinwerfer, die von zwei Mann getragen werden müssen, stehen auf Holzpodesten. Die Helligkeit wird durch einen Lichtbogen erzeugt, in jeder Lampe führt ein Motor die beiden Kohlestäbe zusammen, zwischen denen unter einem kreischenden Geräusch der nicht abreißende Blitz entsteht. Ich kann es durch meine blaue Brille beobachten. Es sind Hochintensiv-Lampen, jede verbraucht zehn Kilowatt. Der Kameramann macht unter seinem schwarzen Tuch ein Nickerchen, weil das Einleuchten kein Ende nehmen will. Aber er wird von seinem jungen Assistenten rechtzeitig geweckt. Und dann geht das Auf und Ab der Lokomotive weiter. Obwohl alle es langweilig finden, bleibt jeder stehen, so oft er kann. Schauspieler wäre ein Beruf für mich. Vielleicht ist er wirklich langweilig, aber angenehmer als die Schinderei am Ofen ist er sicher. Auch im Stahlwerk muß man immer dieselben Arbeiten machen, aber jeder Film geht einmal zu Ende, das Stahlwerk ist ewig.

Im Sozialismus ist alles gut geregelt, und es wird mit jedem Tag besser. Keine Knechtschaft, die Ausbeutung ist vorbei, denn die Arbeiterklasse kann sich nicht selbst ausbeuten. Streik gibt es nicht, wir sind die Besitzer, wir wären schön dumm. Das Land gehört nicht länger den Junkern, sondern den Knechten. Das alles habe ich schon in Leipzig verstanden. In der Berufsschule nehmen wir es nochmal durch, und in der Abendoberschule in Brandenburg nehmen wir es nochmal durch. Deshalb schlafe ich oft ein.

Wenn ich von Filmschauspielern und Jazzmusikern absehe, sind mir die Amerikaner nicht sympathisch, aber die schönsten Tage in Brandenburg verdanke ich ihnen. Es sind die Tage ohne Schule und ohne Arbeit, wir dürfen raus auf die Felder, um die gelb-schwarz-gestreiften Käfer von den Pflanzen abzusuchen. Es sind Kartoffelkäfer, die angeblich aus amerikanischen Flugzeugen abgeworfen werden.

Ein West-Bruder

Ein Telegramm wird abgegeben: „ankomme Montag 18.30 stop kuß oma lisa."

Roger ist offenbar in der Nacht abgehauen. Als Elfriede ihn wecken will, ist sein Zimmer leer. Ich kann mich darum nicht kümmern. Ich schwänze die Abendschule und hole meine Oma am Bahnhof ab. Wir umarmen uns, sie hat den typischen West-Geruch aus Duisburg mitgebracht. Ich nehme ihren Koffer, wir warten auf die Straßenbahn. Sie setzt die Brille auf und sagt: „Du hast ja schon Flaum im Gesicht, den mußt du rasieren, damit der Bart stärker wird. Frauen mögen das. Mit dem Heinrich kann man nicht mehr reisen, das strengt ihn an. Für zwei Fahrkarten hätte es sowieso nicht gereicht."

„Das ist gut so", sage ich, „dann haben wir die Abende für uns allein."

„Was machst du am Tage? Gehst du auf die Singschule?"

„Nein, in die Schmelzerlehre."

„Sag bloß, du hast Lust dazu. Ich habe mein Lebtag Arbeiten gemacht, zu denen ich keine Lust hatte."

Die Straßenbahn ist ziemlich voll. Als wir aus der Stadt raus sind und am Stahlwerk vorbeifahren, drängt meine Oma sich tiefer in den Wagen, zeigt zum Fenster raus und sagt laut: „Manfred! Ist das die Fabrik von meinem Sohn? Wo mein Sohn der Direktor ist?"

Die Leute kucken erst die Oma, dann mich an. Einen Moment denke ich an aussteigen, aber ich habe mir vorgenommen, mich für meine Oma nie zu schämen. Das machen schon genug andere Verwandte.

„Sie gehört ihm nicht", sage ich ebenso laut. Ein paar Leute lachen. „Er ist auch nicht Direktor, sondern paßt auf die Öfen auf."

Meine Oma weiß, daß sie eine kleine Angeberin ist. Ich habe es von ihr geerbt, nur mache ich es schlauer. Hoffentlich.

Elfriede ist dem Weinen nahe. Sie ist allein zu Haus: „Willkommen, Frau Koppmann! Der Rudolf kann Sie leider nicht empfangen", sagt Elfriede, „weil er im Stahlwerk bleiben muß. Dort ist ein Ofen ausgefallen." Die Oma wird in meinem Bett und in meinem Zimmer schlafen.

Elfriede nimmt mich an die Seite und flüstert mir Neuigkeiten über Roger ins Ohr. Die Volkspolizei aus der Stadt Belzig habe im Stahlwerk angerufen, daß er aufgegriffen worden sei, man habe ihn aus dem Zug geholt und in polizeilichen Gewahrsam gebracht. Dort dürfe er über Nacht nicht bleiben.

„Die Polizisten haben vorgeschlagen, daß er von einer Person seines Vertrauens abgeholt wird. Es könne nicht schaden, wenn diese Person über ausreichend Körperkraft verfügen würde, denn Roger zeige ein störrisches Verhalten. Ich habe keine Körperkraft", sagt Elfriede und weigert sich, ihn zu holen.

Nachts um zwölf komme ich in Belzig auf der Stadtwache an und zeige den Ausweis vor. Sie übergeben mir meinen Bruder. Wir laufen zum Bahnhof zurück. Ich sage: „Wo wolltest du hin?"

„Na, rate mal."

„Hast du denn eine Person deines Vertrauens genannt?"

„Nein. Sowas habe ich nicht in dieser Familie."

„Was willst du bei unserer Mutter?"

„Weiß ich nicht. Ich will hier weg, das ist alles."

Mein Bruder ist ein warmherziger, hübscher Junge. Eigentlich sollte ich stolz auf ihn sein. Die wenigen Fehler, die er hat, sind meine eigenen Fehler, nur daß ich sie an ihm besser erkenne. Er ist stolz, faul, abenteuerlustig, und schon jetzt hat er den ganzen Tag Mädchen im Kopf. Er will bewundert werden und verlangt was vom Leben. In Deutsch ist er schlechter als ich, in Rechnen besser. Er spielt Schach, ich spiele Gitarre. Er hat mehr Eigenschaften vom Vater, ich mehr von der Mutter.

„Laß meinen Arm los“, sagt er. „Ich laufe nicht weg.“

Am frühen Morgen kommen wir in Brandenburg an.

„Hast du Angst vor Papa? Soll ich mit in deinem Bett schlafen?“ sage ich.

„Ich habe keine Angst.“

Mein Vater kommt in Unterhosen ein paar Stufen die Treppe runter: „Wo wolltest du hin?“ sagt er.

„Wo ich hingehöre“, sagt Roger.

„Hast du dir das überlegt?“

„Ja.“

„Endgültig?“

„Ja.“

„Dann bis morgen“, sagt mein Vater.

Er hat etwas Ähnliches wie einen Vertrag aufgesetzt. Da steht drin, daß der Sohn alles hatte, was er brauchte, um ein gebildeter Mensch zu werden. Daß der Vater alles versucht habe, Rogers Sitzenbleiben in der Schule abzuwenden. Dabei sei nach dem Gesetz nicht ihm die Erziehungspflicht auferlegt worden, sondern der leiblichen Mutter. Dann werden alle Übeltaten aufgezählt, die Roger begangen hat, und schließlich alle Gegenstände und Kleidungsstücke, die ihm mitgegeben werden. „... Desweiteren bestätige ich, den Haushalt des Vaters gegen dessen Willen aus eigenem Entschluß zu verlassen. Das Motiv dafür ist in nichts anderem als meiner eigenen Faulheit zu suchen. Ich versichere, keinerlei Ansprüche an meinen Vater zu stellen.“

Alle kucken Roger an, ob der laut verlesene Text Eindruck gemacht haben würde. Vielleicht zuckt er doch zurück. Oder ob er widersprechen würde, dann käme immerhin ein Streit zustande.

Roger schweigt.

Mein Vater legt, feierlich und bedrohlich zugleich, seinen Füller auf den Tisch. Roger unterschreibt.

Er ist noch keine dreizehn Jahre alt. Alles, was er besitzt, paßt in zwei mittlere Pappkoffer, die einzige Sorte, die es in der DDR zu kaufen gibt.

Jetzt werde ich wieder einen Westbruder haben. Mein Vater und ich werden aus unserer Verwandtschaft die letzten sein, die in der DDR leben.

Roger geht hinaus und bringt die fertig gepackten Koffer in die Stube.

Elfriede sagt: „Willst du nicht wenigstens warten, bis die Oma zurückfährt? Ihr könntet zusammen fahren."

„Nein", sagt Roger, „es reicht. Wer gibt mir Geld?"

„Morgen gehen wir auf die Polizei", sagt mein Vater. „Du brauchst einen Interzonenpaß und die Abmeldung. Und deine Mutter kriegt ein Telegramm."

Zwei Tage später gibt er ihm Fahrgeld. Sie küssen sich nicht, sie geben sich nicht die Hand. So geht es manchmal zu in unserer Familie. Oma und ich bringen meinen Bruder zum Bahnhof Brandenburg. Sie gibt ihm beim Abschied zehn Westmark.

Auf der Rückfahrt in der Straßenbahn erzählt sie:

„Dein Papa nimmt alles zu schwer. Gott gibt jedem Menschen einen Charakter, so wie er jedem seinen Fingerabdruck gibt. Was glaubst du, wie es mir ergangen ist mit deinem Vater und dem Erich, als ich den kleinen Gemüseladen in Duisburg gemietet hatte. Erbärmlich. Ich hatte so wenig
Erdnüsse, daß ich sie auf Fäden gezogen und als Ketten ins 6
Schaufenster gehängt habe. Der Albert hatte mir schon in Kattowitz gesagt: ‚An Arbeit kann man sterben. Ein Geschäft ist besser.' Lieber ein so kleines Geschäft...", sie zeigt mit zwei Fingern, wie klein. So klein, daß es in eine Zündholzschachtel passen würde. „...als eine so große Arbeit..." Sie zeigt eine Arbeit, die so groß ist wie ein Haus.

„Rudi und Erich haben sich damals ein Auto besorgt. Sie wollten Geld damit verdienen, sind aber gleich an den nächsten Baum gefahren. Und wer hat gerade gestanden? Wer hat für die beiden im Gefängnis gesessen? Ich, deine Oma."

„Aber du warst unschuldig."

„Trotzdem."

„Sowas war möglich?" sage ich.

„Wenn es nicht möglich gewesen wäre, hätte ich es nicht gemacht."

Ich bin erst sechzehn

Es ist Sonntag. Ich glaube, mein Vater leidet wie ein Hund. Er denkt an seinen kleinen Sohn mit den goldenen Haaren. Er weiß, daß er Roger lange nicht wiedersehen wird. Vielleicht nie.

„Ich bin froh", sagt er zur Oma, „daß ich den faulen Strick los bin." Mein Vater kann sich nicht verstellen. Um so munterer sagt er: „Mutter, wir beide fahren jetzt mit dem Auto durch die Mark Brandenburg. Hast du sowas schon mal gemacht? Nein. Na, siehst du, eine Überraschung."

Es ist Sommer. Ich bin allein. In Badehosen gehe ich das Stück durch den Wald zum Gördensee. Plötzlich höre ich Hundegebell, Schlagen auf Blech, das Splittern von Glas. Zwei Männer beschimpfen sich. Sofort bin ich im Gebüsch und beobachte die Lage. Ich erkenne Herrn Korff, den Besitzer des „Waldcafés", mit seinem Schäferhund. Auf dem Weg steht ein großer Mercedes von vor dem Krieg. Der Besitzer ist ein alter Mann, vielleicht fünfzig. Herr Korff hat eine wippende Stahlrute, wie man sie im Gangsterfilm sieht. Damit schlägt er die Lampen von dem Auto kaputt, schlägt auf das Dach, zertrümmert die Seitenscheiben. Die ganze Zeit brüllt er den anderen an, der durch den Hund in Schach gehalten wird: „Was haben Sie bei meiner Frau zu suchen? He? Was machen Sie am hellichten Tag in meinem Schlafzimmer? Haben Sie nicht selbst eine Frau?“ Er läßt den Hund los. Der ältere Mann hebt die Hände über seinen Kopf, der Hund verbeißt sich in den Unterarm. Es wird blutig, noch ehe Herr Korff mit der Rute den Hund trifft, der sich jaulend wieder an die Leine nehmen läßt und mit seinem Herrn waldeinwärts verschwindet. Es ist wie im Krieg. Das Auto demoliert, der alte Mann kuckt auf seinen Arm, aus dem das Blut spritzt. Ich renne zu ihm hin: „Kann ich irgendwas machen?“

Unter Stöhnen sagt er: „Ja, nimm mir den Schlips ab und binde ihn so fest du kannst um meinen Arm. Dann hört es auf zu bluten. Fester. Mach einen doppelten Knoten.“

Als ich damit fertig bin, kuckt er sich nach dem Auto um und sagt: „Das Schwein.“

„Was ist passiert?“

„Der denkt, ich hätte was mit seiner Frau gehabt.“

Der Mann zittert ein bißchen, ist aber hellwach. Er schiebt sich ein Stöckchen unter die abgebundene Stelle.

„Kannst du schon Auto fahren?“

„Und?“ sage ich, „Haben Sie was mit seiner Frau gehabt?“

Er kuckt mich an, ob ich alt genug bin, seine Antwort zu verstehen.

Dann sagt er: „Ja. Sie hat es so gewollt.“

„Ich bin erst sechzehn“, sage ich.

„Du mußt trotzdem fahren. Du mußt mich in die Poliklinik bringen, sonst kratze ich ab. Ich sage dir, wie es gemacht wird.“

Das Blut ist weniger geworden, aber ganz aufgehört hat es nicht.

„Ich habe nichts an“, sage ich.

„Du hast genug an. Reichst du an Gas und Kupplung?“

Ich setze mich mit nackten Schenkeln in die tausend kleinen Glassplitter. Er setzt sich daneben. Was kann schon passieren? Ich rette dem Mann das Leben.

„Zündung“, sagt er. „Und ersten Gang.“ Wir fahren. „Der zweite liegt darunter.“

Wir fahren mit kaputten Scheiben durch Görden, über die Brücke, durch die Stadt Brandenburg. Dabei lerne ich das Auto soweit kennen, daß ich mit dem Verwundeten reden kann.

„Wie heißen Sie?“ frage ich.

„Brandt“, sagt er. „Mir gehört die Tankstelle in der Stadt.“

„Falls Sie mich als Zeugen brauchen ...“, sage ich.

„Nein nein. Das kriege ich alles hin. Ich will dich da nicht reinziehen.“

Wir müssen einige Male halten, die Leute kucken sich die Augen aus. So sollte mein Vater mich sehen, der jetzt seine Mutter spazieren fährt, auch in einem Vorkriegs-Auto.

Nach einer Viertelstunde sind wir da. Die Klinik hat eine richtige Auffahrt. Mit elegantem Schwung fahre ich direkt vor den Eingang und lasse den Zündschlüssel in Brandts Hosentasche fallen.

„Hinten sind 20 Mark drin“, sagt er. „Nimm sie dir raus.“

„Wenn man Sie fragt, warum Sie mit einem zertrümmerten Auto rumfahren?“

„Dann sage ich, die Halbstarken hätten es nachts ramponiert, deshalb wollte ich nach Plaue zum Glaser fahren.“

„Und wenn man nach der Verletzung fragt?“

„Dann sage ich die Wahrheit, ein Hund hat mich gebissen. Danke, mein Junge.“

19 Da stehe ich, in Badehosen, vom Blut eines Fremden bespritzt, aber auch mit eigenen Schrammen in den Oberschenkeln. Zwanzig Mark. Der Straßenbahnschaffner kann sie wechseln. „In welchem Aufzug fährst du hier durch die Gegend?“ So genau will ich’s ihm nicht sagen.

„Kann sein, daß ich einem alten Mann das Leben gerettet habe. Er war von einem Hund gebissen worden."

Zu Hause erzähle ich meine Geschichte. Elfriede kann sie beinah nicht glauben. Sie pinselt mir etwas Jod auf die Beine.

Abends kommen mein Vater und die Oma von der Autofahrt zurück. Er trägt ein Akkordeon der Marke „Weltmeister". Auf meine Frage, wie es gewesen sei, sagt die Oma: „Willst du es erzählen, Rudek?"

„Nein", sagt er und gibt mir das Akkordeon.

„Dann erzähl' ich. Wir sind zwei Stunden gefahren, da gab's einen Knall, und das Auto blieb stehen. Dein Vater ist tobsüchtig geworden und hat gegen den Kühler getreten. Die ganze Prügel, die er hätte dem Roger geben wollen, hat das Auto gekriegt. ‚Ich will tot umfallen', hat er geschrien, ‚wenn ich mich noch ein einziges Mal in diese Kiste setze.' Und dorten, auf der Landstraße steht sie immer noch, die Kiste. Wir sind stundenlang gelaufen, bis zum Bahnhof von Burg. In der Eisenbahn hat dein Vater einem Herrn das Akkordeon abgekauft. Ich habe ihm zugeraten, damit wenigstens einer was hat von diesem beschissenen Tag, nämlich du."

Der Abschied von meiner Oma fällt mir schwer. Wer weiß, ob sie nochmal kommt. Es wäre schön, wenn sie zwanzig Jahre jünger wäre. Und wenn sie zufällig meine Mutter wäre. In der Straßenbahn zum Bahnhof sagt sie: „Ich wollte nur sehen, was aus dir geworden ist. Denn als Kind warst du eine einzige Katastrophe, jetzt kann ich es dir sagen. Wenn ich in Duisburg auf die Polizei mußte, weil du wieder irgendwas geklaut hattest, dann habe ich zu denen gesagt: ‚Nehmen Sie sich mit Beschuldigungen in acht, solange nichts bewiesen ist. Er hat es nicht nötig zu klauen. Denn in dem Jungen steckt ein Künstler, also steckt auch ein guter Mensch in ihm.'"

Jetzt sehe ich, daß meine Oma mir sehr ähnlich sieht. Ich wünsche ihr ein langes Leben.

Der Dienstfahrer vom Stahlwerk heißt Genosse Braunschweiger. Er interessiert sich für alles, was in unserer Familie geschieht, deshalb macht er für uns gern mal eine Privatfahrt. Diesmal geht es über die Dörfer. Mein Vater sagt, er will einen Hund haben, der zu ihm hält. Ich glaube aber, er will für Elfriede einen Hund haben, damit er ihr kein Kind machen muß. Elfriede sagt, der Hund wäre was für mich, da hätte ich einen Spielgefährten, weil mein Bruder nicht mehr da ist. Sie sucht sich einen braun-weiß gefleckten Terrier aus, den wir Struppi nennen. Terrier mögen nicht schön sein, aber eigenwillig und sportlich. Abends renne ich mit ihm durch die Landschaft, und bald kann er ein paar Kunststücke, er fängt Hühner im Wald, taucht nach Kieselsteinen, klettert auf einen schrägen Baum am Ufer des Gördensees. Neuerdings bleibt er schon mal drei Nächte weg, kommt aber immer wieder. Er hat sich schon die Nase an einem zusammengerollten Igel blutig gestochen. Lange hat er versucht, ihn irgendwie aufzunehmen, bis der den Dreh herausfand. Er hat die Lippen gespreizt und ein paar Stachel des Igels vorsichtig zwischen die Zähne genommen, so konnte er ihn nach Hause tragen. Dann hat er den Igel im Komposthaufen eingegraben und ihn für immer in unserem Garten angesiedelt. Ein Glücksfall. So einen Terrier findet man nicht alle Tage. Abends kommt er zu meinem Vater auf den Schoß und läßt sich die braunen und weißen Haare streicheln.

Jetzt ist ein Unglück passiert. Nachdem es die Nacht schwer geregnet hat, steht alles unter Wasser. Der Nachbar besitzt eine alte Öltonne, die er ins Erdreich eingegraben hat und aus der er seine Beete gießt. Vor dem Regen muß Struppi in die leere Tonne gesprungen sein. Wer weiß, warum, vielleicht war eine Ratte drin. Zu spät muß ihm aufgefallen sein, daß er ohne Anlauf nicht hoch genug springen konnte, um wieder rauszukommen. Dann wird die Tonne allmählich vom Regen vollgelaufen sein, und Struppi wird zu schwimmen angefangen haben. Niemand hat ihn jaulen gehört. Er wird im Kreis die Tonnenwand entlang geschwommen sein, denn die Tonne ist innen fast poliert und die Krallen an seinen Vorderpfoten sind abgeschliffen.

Mein Vater hat den toten Struppi gefunden und ihn geborgen. Jetzt sitzt er neben dem Kadaver am Rand der Tonne und weint. Ich habe ihn noch nie weinen sehen.

Da mein Vater hintereinander zwei Verluste erlitten hat, glaube ich, daß die Zeit reif ist, ihm noch eine Enttäuschung zu bereiten: Ich verlasse die Abendschule, von der niemand weiß, ob sie überlebt. Wir sind nur noch dreizehn Schüler von ehemals zwanzig. Der Gewi-Lehrer nimmt ein neues Gedicht von Stephan Hermlin durch, eine Litanei, die kein Schüler in unserer Klasse versteht. Er fragt, ob jemand das Werk auswendig lernen möchte. Keiner meldet sich.

„Krug“, sagt der Lehrer, „du bist gut in Gestaltung. Hier ist die Chance, Pluspunkte zu machen. Wie wär's, du trägst es im Herbst zum Tag der Republik vor.“

Das Gedicht handelt von Stalin, von dem ich wirklich was verstehe. Aber das hier ist undurchdringlich, als habe der Dichter die Verse mit Bedacht eingenebelt, damit man nicht merkt, wie stark er in Stalin verliebt ist.

Die letzte Strophe geht so:

„... Aus dem unendlichen Raunen von Inseln und Ländern
Hebt das Entzücken sich mit seiner Botschaft dahin,
Wo die Verheißungen leben und die Epochen verändern,
Namenlos sich die Zeit endlich selbst nennt: STALIN.“

Wie verzweifelt muß er gewesen sein, „dahin“ auf „Stalin“ zu reimen.

„Vielen Dank, ich möchte nicht ...“, sage ich.

„Warum nicht?“

„Es ist mir zu schwer. Schon bald werde ich in drei Schichten am Ofen arbeiten. Das schaffe ich nicht."

„Doch."

„Nein."

„Doch."

„Ich gehe von der Schule ab."

Nun ist es ausgesprochen.

Als ich es abends meinem Vater sage, schaut er angeekelt zur Seite. Er gibt auf.

26 Dafür ist er stolz, wenn ich auf den Ingenieursfesten in unserem Haus Banjo spiele und die „Caprifischer" oder „Macky war ein Seemann" singe. Dann kuckt er gerührt zu mir herüber, wie damals meine Oma auf die Orgelempore.

Als ich ein kleiner Junge war, fiel es mir leichter, meinen Vater zu lieben. Jetzt kommt es vor, als müßte ich die Wesenszüge, die ich an ihm bewundere, mühsam zusammensuchen. Aber bei ihm muß man mit Überraschungen rechnen. Zum Beispiel finde ich zufällig in seiner Schreibmappe den Brief eines Mannes, der offenbar im Werk arbeitet:

„An die Personalabteilung Stahl und Walzwerk Brandenburg.

Wir stellen die Frage. Warum der Ingenieur Rud. Krug, noch immer unter seiner Würde es hält, der Partei beizutreten, auch unter seiner Würde es hält, seine Söhne in eine Jugendorganisation beitreten zu lassen, und an allen Veranstaltungen unserer Jugend nicht teilnehmen läßt. Ist das Stahl und Walzwerk Brandenburg, so feig, solche Außenseiter, die sich nicht zu uns bekennen wollen, vor die Initiative zu stellen: Entweder, Oder? R. Lehmann"

Daß mein Vater uns diesen Brief nicht gezeigt hat, rechne ich ihm hoch an. Die Arbeiterklasse flößt manchmal Angst ein. Da braucht sie sich nicht zu wundern, daß viele nach dem Westen abhauen. Ich glaube, das ist ein ganz schön deutscher Brief, sowas hätte es auch in der Nazizeit geben können.

Das Rennrad

Die Lehre liegt hinter mir, im Herbst werde ich als Schmelzer anfangen. Aber jetzt ist Urlaub und Sommer, ich fahre zur Ostsee. Allein. Immer die Landstraße lang über Prenzlau, Anklam nach Heringsdorf, wo man im Garten der Jugendherberge zelten darf, und im Schuppen der Strandvilla darf man das Rad unterstellen. Ich habe noch immer mein VEB-Fahrrad, von dem Onkel Erich sagte, es sei mit Blei ausgegossen. Jetzt macht es mir nichts mehr aus, meine Muskeln sind stark geworden.

Herrlich ist der Geruch des Meeres, breit die Strandpromenade mit den alten Villen, blütenweiß die neue Hose, die ich mir vom eigenen Geld gekauft habe. Das Fahrrad steht, zusammen mit anderen Rädern, im Schuppen, der nachts verschlossen ist. Unter dem dreieckigen Soldatenzelt ist genug Platz, wenn ich mich etwas krumm hinlege.

Nach zwei Tagen will ich eine kleine Tour machen, gehe in den Schuppen und sehe, daß mein Fahrrad verschwunden ist.

Gestern Abend ist eine Gruppe von Radrennfahrern angekommen. Ich zähle ihre federleichten „Diamant"-Räder durch, es sind sechs Stück. Warum das häßlichste und schwerste und schwärzeste Fahrrad als einziges abhanden gekommen ist, weiß ich nicht, und es interessiert mich auch nicht. Keine Sekunde denke ich darüber nach, sondern schwinge mich, in meinem Entsetzen ohne jede Vorsicht, auf das erste der Rennräder, ein schönes rotes, und fahre aus der Ortschaft über die Hügel weit genug weg. Gleich neben der Straße finde ich Haufen von Buchenlaub im Wald liegen.

Ohne das Fahrrad lange zu betrachten, versenke ich es tief im Laub, merke mir die Stelle und wandere ruhig die Straße zurück nach Heringsdorf.

Als ich in die Herberge komme, ist dort große Aufregung. Es seien zwei Fahrräder gestohlen worden, ob mir eins davon gehöre.

„Unwahrscheinlich“, sage ich mit einem Blick über die Rennräder. „Mir gehört ein Rad, das bei dieser Auswahl niemand klauen wird. Ein schwarzes von MIFA …“

Mein Vater ist schlecht gelaunt, als ich ihm auf die Frage, woher das rote Rennrad stammt, eine komische Geschichte erzähle, aber was Besseres ist mir auf der ganzen Rückfahrt nicht eingefallen: Ich hätte es gegen mein MIFA-Rad getauscht und zweihundert Mark zugezahlt.

„Wo hattest du das Geld her?“

„Ich kriege jeden Monat Lohn.“

„Warum soll der Mensch sowas Dämliches gemacht haben?“ sagt mein Vater.

„Vielleicht brauchte er nicht nur ein Fahrrad, sondern auch Geld. Er hatte das Bein gebrochen, alles in Gips.“

„Das kannst du einem Trottel erzählen. Denn erstens kann er mit dem Gipsbein weder auf dem einen, noch auf dem anderen Rad fahren, und zweitens sind solche wertvollen Räder Eigentum des Radsportvereins.“

Er unterdrückt einen Jähzornanfall. Ich sehe in seinen Augen die Lust, mir eins in die verlogene Visage zu hauen. Das holt er drei Tage später nach.

Ich habe Frühschicht und überhöre den Wecker, er kommt in mein Zimmer, schmeißt das Deckbett aus dem Fenster und knallt mir eine. Ich gehe runter in den Garten, um das Deckbett zu holen und mache die Tür zum Bad auf, wo er vor dem Spiegel steht und sich rasiert.

„Du hast zwar recht“, sage ich, „und trotzdem: Das war die letzte Backpfeife.“

Er steht da wie ein Weihnachtsmann, das Gesicht voller Rasierschaum: „Ich haue dir so oft eine runter, wie das nötig ist."

„Aber beim nächsten Mal gibt's eine zurück", sage ich.

Am nächsten Tag kommt er mit einem Paket von der Arbeit nach Hause. Er packt zwei Paar Boxhandschuhe von zwölf Unzen aus.

„Zieh an", sagt er, „und komm mit in den Garten."

Wir boxen nicht lange, vielleicht ein, zwei Minuten, da treffe ich ihn am Kinn, und er fällt um. Er liegt besinnungslos auf dem Rücken. Ich habe meinen eigenen Vater niedergestreckt. Dabei war es ein leichter, gut gepolsterter Schlag.

Ich knie mich zu ihm nieder und sage: „Hallo? Papa?"

Nach dem Aufwachen sagt er: „Ich werde alt…"

Johanna 18. Stück

Johanna trägt beim Bügeln eine Brille. Sie ist vierzig Jahre alt. Ihr Sohn Albert ist fast zwanzig, die Kinder werden erwachsen, nur die kleine Martha, um die sich alle kümmern, ist erst jetzt in die Schule gekommen. Johanna betrachtet wieder die zerkratzte Schiefertafel, auf der schon die Geschwister das Schreiben gelernt haben. Am liebsten würde sie all die schönen Buchstaben und Ziffern aufbewahren. Schade, daß sie weggewischt werden.

Die ganze Familie wohnt noch immer auf dem Dachjuchhe in der Nottebohmstraße. Es ist enger geworden. Albert hat in seinem Verschlag für die großen Mädchen zwei Betten übereinander gebaut, die kleine Martha schläft mit der Mutter in dem Eisenbett, das noch an der Wand gegenüber dem Bügeltisch steht. Wasser muß nicht mehr vom Hof hinaufgetragen werden, seit diesem Jahr gibt es auf dem Dachjuchhe einen Ausguß mit Wasserhahn, und auf der halben Treppe ist jetzt ein Klosett.

Margarethe ist eine schöne junge Frau. Für sich und Lisa näht sie die Kleider selbst. Sie verkauft Kurzwaren an einem Marktstand. Zweimal pro Woche holt sie die Kartons mit Knöpfen, Garn und Gummibändern unter ihrem Bett hervor und belädt den alten Karren, der noch immer seine Dienste tut. Oft nimmt sie ihre Schwester Elisabeth mit auf den Markt. Im Sommer tragen sie helle Baumwolle. Junge Herren scharwenzeln schon um sie herum und fragen sie manchmal, wer die feinen Fältchen in ihre Blusen gebügelt hat.

Schon lange fährt Albert keine Wäsche mehr aus.
2 Trotz seines schmächtigen Körpers geht er als Hilfsarbeiter ins Walzwerk. Die Wohnung ist teurer geworden,

und von seinen drei Schwestern verdient nur Margarethe ein wenig Geld.

Jetzt ist Winter. In den Schaufenstern der Stadt wird Platz gemacht für das große Plakat mit der goldgeschmückten Zahl 1900. Mit bunten Papierschlangen sind Schankstuben und Festsäle herausgeputzt, denn endlich ist die Jahrhundertwende da.

Schon vor Weihnachten hat Johanna einen einspännigen Schlitten samt Pelzjacken und Decken gemietet und gleich bezahlt. Es ist die erste Reise, die sie mit allen ihren Kindern macht, und sie ahnt wohl, daß die Gelegenheit nicht wiederkommen wird. Noch vor der Morgendämmerung geht es los, und erst im Dunkeln werden sie zurückkehren.

Der Mann auf dem Bock gleitet mit ihnen Richtung Königshütte über die Felder, durch eingeschneite Waldungen. Die Sonne geht auf, es glitzert die Landschaft. Sie machen Rast für eine Schneeballschlacht, sie beobachten Hirsche und Wildschweine, es ist wie ein Märchen. Die ganze warm verhüllte Familie lächelt, alle atmen die Luft, die so anders ist als der Dunst auf dem Dachjuchhe und der Schwaden, der über Kattowitz liegt.

Auf der Rückfahrt halten sie bei dem Wald-Gasthof „Brussow“. Dem Pferd wird der Hafersack vor das Maul gehängt, die Krugs kehren ein. Jeder bestellt einen Teller Erbsen mit Speck und Wurststücken.

Da passiert es, daß Robert, der Juniorwirt des Hauses, als er dem Fräulein Margarethe den Teller hinstellt, in der Bewegung innehält. Es sieht aus, als könne er sich von ihrem Gesicht nicht lösen.

Margarethe lacht ihn an und sagt: „Stimmt etwas nicht mit mir?“

„Nein … Doch … Pardon“, sagt der junge Mann. Er

verschwindet hinter dem Tresen, von wo aus er seiner Mutter unauffällig die Jungfrau zeigt, die ihm soeben erschienen ist. Die Wirtin schaut beinahe gleichgültig herüber, als habe sie schon oft junge Damen begutachten müssen. Als es aber ans Bezahlen geht, springt Robert auf: „Bitte erlauben Sie: Ich möchte Sie alle einladen.“ Er hilft Margarethe in den Mantel, und mit vielsagendem Blick gibt ihr einen Brief in die Hand.

Johanna ist Zeugin: so fängt die erste Liebesgeschichte eines ihrer Kinder an. Sie schaut zu dem stillen Albert an ihrer Seite. Eigentlich hätte sie gedacht, daß er der erste sein würde.

Anton Glade ist mein Freund, ein Junge aus einer Arbeiterfamilie, der trotzdem gern westliche Schundromane liest, in denen Grafen und Barone vorkommen. Ein aufgeweckter, aber sehr seltsamer Kerl. Wenn er gegen Erwachsene einen Kampf zu bestehen hat, wenn ihn jemand festhält oder schlägt, kann er das, was er als letztes gegessen hat, willkürlich hervorwürgen, und dann kann er kotzen wie ein Lama. Die meisten Leute glauben, daß Lamas bloß ein bißchen spucken können. Aber ich habe selbst im Leipziger Zoo gesehen, wie ein Fotograf ein Lama in seinem Gatter hin und her getrieben hat, bloß um ein besonders schönes Foto zu machen. Bis das Tier genug hatte. Es hat, ich würde sagen, einen Viertelliter Spinatsuppe gespuckt, die Kamera grün, der Fotograf grün, so daß er nichts mehr gesehen hat. Alles grün.

Einmal hatte Anton Glade einen Genossen vom Jugendschutz zu Besuch, der wollte seine Schundromane beschlagnahmen. Da hat Anton ihm mitten in der Küche den schönen Anzug vollgekotzt. Seine Mutter fing an zu zetern, aber Anton machte bloß ein blasses Gesicht und sagte: „Entschuldigen Sie, tut mir leid." Dann fing er bitterlich an zu heulen: „Sie hätten nicht zu meiner Mama kommen dürfen. Wenn sie etwas Schlimmes über mich erfährt, dreht sich mir der Magen um. Ich kann nichts dafür." Dann mußte der Genosse ihn noch trösten, während Frau Glade mit einem nassen Handtuch die Kotze auf seiner Jacke breitschmierte. Anton ist ein ganz raffinierter Junge.

Oder die Sache mit dem „Sowjetskoje Schampanskoje". Anton und ich waren zum Baden am Gördensee. Ein Lieferwagen kam an, der Fahrer zog seinen schmuddeligen Kellnerfrack aus und legte sich in Unterhosen direkt vor dem Auto in die Sonne. Er schnarchte ein bißchen. Von Zeit zu Zeit wachte er auf und ging kucken, ob die Plane von dem

Lieferwagen noch geschlossen war. Er schien was Gutes geladen zu haben.

Anton und ich haben die Sache genau beobachtet. Wir mußten den Mann von seinem Auto wegkriegen. Also fingen wir einen Streit an, ein Wort gab das andere, und schon schlugen wir uns wie die Kesselflicker. Der Kellner stand auf: „Halt! Halt!“, und wollte gerade dazwischen gehen, als Anton einen Schrei ausstieß und sich krümmte. Dann fiel er zu Boden, blieb wie tot liegen. Ich flüchtete in den Wald, schlug aber gleich einen Haken und schlich mich von hinten an den Lieferwagen, um die Plane aufzuschnüren. Aus der Deckung sah ich, daß der Kellner dem Anton die Wangen tätschelte, um ihn zu Bewußtsein zu bringen. Inzwischen hatte ich die Ladung vor Augen. Es waren einige Kartons mit der kyrillischen Aufschrift „Sowjetskoje Schampanskoje“. Ich griff mir eine Kiste und schlug mich ein ganzes Stück in die Büsche, wo ich sie mit Laub tarnte. Anton hat mir dann erzählt: „Der Kerl muß gedacht haben, ich komme nie wieder zu mir. Ob du's glaubst oder nicht, der ging ins Wasser, zog sich die Unterhosen aus und hat sie dann über meinem Gesicht ausgewrungen. Da habe ich auf die Wiese gekotzt, aber diesmal echt.“ Die neun Flaschen Sekt, haben wir abends aus dem Wald geholt, sie hatten schwarze Etiketten mit Goldschrift. Ganz vornehm. Eine Flasche haben wir getrunken, sie hat nicht besonders geschmeckt. Schampanskoje ist sowieso kein Getränk für die Arbeiterklasse. Die anderen acht haben wir uns geteilt. Schöne Geschenke für die Eltern.

Eines Tages sagt Anton Glade: „Hast du schon mal?“

Ich sage: „Was meinst du?“, obwohl ich sofort weiß, was er meint.

„Ich hab auch noch nicht“, sagt Anton, „aber ich möchte mal. Mein Bruder hat schon. Der weiß, wie es geht. Der holt sich keinen mehr runter. Ich hab ihn gefragt, wie er das angestellt hat. Er sagt, es gibt ein Mädchen namens Dora, die hätte es ihm gezeigt. Also, die hat ihn einfach rangelassen, sonst nichts, er sagt, weil sie Spaß dran hat. Mit der hab ich geredet. Sie kommt mir ein bißchen komisch vor, aber so sehr nun auch wieder nicht."

Noch immer geistert mir durch den Kopf: „Du sollst nicht unschamhaft sein." Wie lange noch? Wahrscheinlich fürs ganze Leben.

„Wenn ich später mal Kinder haben will, müßte ich ja wissen, wie es geht", sage ich listig.

„Klar", sagt Anton. „Jeder Vater hat irgendwann mal rausgekriegt, wie es geht. Da ist nichts Schlimmes dran. Kommt bei dir schon was?"

Ich zögere, weil ich jetzt zugeben müßte, daß ich ein Wichser bin. Anton sagt: „Bei mir ja."

Ich will nicht nachstehen und sage wahrheitsgemäß: „Bei mir auch."

„Na, siehst du", sagt Anton.

Es ist Juni, wir gehen zu dritt Richtung Gördensee, Anton, Dora und ich. Ich traue mich nicht, Dora ins Gesicht zu sehen. Sie weiß ja, was wir mit ihr machen wollen. Sie ist vielleicht zwei Jahre älter als wir. Auf dem Waldweg bleibt sie manchmal stehen und scheint sich die Sache zu überlegen. Mit rundem Gesicht und roten Wangen steht sie da und kuckt von Anton auf mich und wieder zurück, vielleicht findet sie die Sache, auf die sie sich eingelassen hat, doch bedenklich. Wir reden nicht miteinander, als könnten wir uns alle nicht leiden. Dora trägt Anfang Juni einen wollenen, genoppten Mantel, in dem sie besonders armselig aussieht, als hätte sie nichts anzuziehen. Anton entscheidet sich für eine schattige, mit Moos gepolsterte Stelle. Er faßt Dora am Ellbogen und schiebt sie sanft durch den feuchten Farn, aus dem ganze Schwärme von Mücken aufsteigen. „Du bleibst auf dem Waldweg stehen, und wenn jemand kommt, kuckst du in die andere Richtung", sagt Anton.

Es kommt niemand. Die Vögel zwitschern. Ich sehe, wie er sich Hemd und Hosen auszieht und nach wenigen Vorkehrungen damit beginnt, seinen weißen Hintern auf und ab zu bewegen. Es kommt mir vor, als wenn er es schon gemacht hätte. Er scheint eingeübt und hemmungslos zu sein. Erst macht er einen krummen Rücken, dann ein Hohlkreuz, in dieser Phase scheint er sich zu sammeln, und dann macht er wieder den krummen Rücken. Zwischendurch sieht es aus, als würde er Liegestütze üben. Er gibt ihr keinen einzigen Kuß. Ich nehme mir vor, sie auf den Mund zu küssen, sobald ich dran bin. Es wäre das erste Mal, daß ich einer fremden Frau auf den Mund küsse. Sowas Intimes, es muß interessant sein.

In Vorfreude ziehe ich mich aus und knuddle meine Sachen zu einer Rolle zusammen. Die werde ich dann unter ihren Kopf legen, damit ich sie küssen kann. Der bloße Anblick von Antons wippendem Hintern schafft Enge in meiner Turnhose. Dora kann ich nicht sehen, es wäre schön zu beobachten, ob sie Freude an der Sache hat.

Plötzlich brüllt Anton los, daß die Vögel für einen Moment verstummen: „Komm her! Komm sofort her!“ Ich denke, vielleicht hat sie einen Scheidenkrampf. Stahlwerk-Erich hat mir erzählt, ein Kranführer und eine Kranführerin hätten beim Schichtwechsel im Kranführerhäuschen eine Nummer gemacht, sie hätte einen Scheidenkrampf gekriegt, der Mann wäre nicht mehr rausgekommen aus ihr, und das Ende vom Lied wäre gewesen, daß die Feuerwehr die beiden abgeseilt und ins Krankenhaus gefahren hätte.

Als ich bei ihm bin, schreit Anton: „Die Mücken! Schlag sie tot! Bist du blind? Auf dem Rücken, im Nacken, überall!“

Ich schlage die Mücken tot und merke nicht, daß ich selbst zerstochen werde. Hastig rolle ich mein Hemd wieder auf, bin dem Freund zu Diensten, schlage auf ihn ein.

Im schneller werdenden Rhythmus knalle ich ihm das Hemd auf den Rücken. Endlich kommt er zur Ruhe und läßt ein „Aaahh!“ hören. Dann ist Stille. Nichts als Vogelsang.

Anton steht auf, um seine Sachen wieder anzuziehen. Dann nimmt er mein Hemd und sagt: „Der nächste Herr, dieselbe Dame.“

Dora liegt im Farn und schaut zur Seite, als wenn sie keine Freude gehabt hätte und auch von mir keine erwarten würde. Sie hat den geöffneten Wintermantel an, ihr Rock ist über dem Bauch zu einer Wurst gekrempelt, der Schlüpfer an einem Bein hängengeblieben, die Bluse ist so weit geöffnet, daß eine Brust herauskucken kann. Während ich zwischen ihren Beinen auf die Knie gehe, beginnt Anton, mit meinem Hemd die Mücken zu klatschen.

Dann geht alles ganz leicht. Ich will dem Freund zeigen, daß ich von ihm gelernt habe, will meinen Hintern auf dieselbe elegante Art in Bewegung bringen, aber kaum habe ich Dora berührt, an der glitschigen Stelle, da ist es schon zu Ende. Ein kurzes Rauschen im Kopf, und sofort setzt das Jucken wieder ein, das von den Mücken kommt.

Um ehrlich zu sein: Es war so kurz, daß ich überhaupt nicht weiß, ob es schön war. Ich will ihr was Nettes sagen, aber nichts fällt mir ein. Wenigstens dieses langgezogene „Aaahh“ ahme ich nach, weil ich beiden, Dora und Anton, ein bißchen Dank zeigen will. Ihr einen Kuß zu geben, dazu bin ich nicht gekommen, und, es ist kaum zu erklären, jetzt, da alles vorbei ist, habe ich keine Lust mehr, ihr einen Kuß zu geben. Sie hat auch etwas von dem gelblichen Belag auf den Zähnen, den mein Vater manchmal mit einem Streichholz von meinen eigenen Zähnen abgekratzt hat. Dann hat er mir das Streichholz vor die Augen gehalten: „Kuck dir das an, du Ferkel. Putz die Zähne.“

Insgesamt handelt es sich bei Dora um eine Enttäuschung.

Auf dem Rückweg nehmen wir sie in die Mitte, wir haken sie beide unter, nach einer Weile kann sie wieder lachen. „War doch nicht schlimm“, sagt sie. Die ersten Worte, die ich von ihr höre.

Zwei Mäntel

Mein Vater hat sich einen langen Ledermantel machen lassen, für den er mindestens ein Monatsgehalt hinlegen mußte. Er kommt mit dem Mantel vom Schneider, betrachtet sich vor dem Dielenspiegel und sagt: „Wenn ich wüßte, wer mein Vater war, und wenn ich dann wüßte, ob er noch lebt, und wo er lebt, dann würde ich in diesem Mantel dorthin fahren und klingeln."

„Ja", sagt Elfriede, die ihn immer richtig versteht, „dann könntest du sagen:'Sieh her, ich hab's geschafft!'"

Der Mantel ist aus grauem Leder mit ausgestopften Schultern, er sieht panzerartig aus.

Mein Vater glaubt, daß ich ihm gehöre und gehorche, daß ich nichts tun kann ohne ihn, daß er jeden Einfluß auf mich hat, ich aber keinen auf ihn. Ganz so wird es nicht sein, denn während er noch vor dem Spiegel steht, sage ich: „ Du siehst in dem Mantel unmenschlich aus. Wenn du neben Elfriede hergehst, werden die Leute glauben, du seiest nicht ihr Mann, sondern ihr Vater. Solche Mäntel tragen Gestapoleute im Film."

Diese wenigen Worte haben ihm die Freude vermiest. Der Lederpanzer wird in den Schrank gehängt und nur an stürmischen Tagen herausgeholt.

Zum Trost läßt mein Vater sich einen Wintermantel aus chinesischem Wolltuch schneidern. Er nimmt mich in seinem Dienstwagen mit nach Berlin, wo es „Unter den Linden" ein Maßatelier gibt. Ein unsozialistischer Laden, in dem der Verkäufer „Jawohl, der Herr!" sagt. Der Schneider zeigt ihm ein Pelzfutter, das er aus einem Vorkriegsmantel herausgetrennt hat. Es besteht aus aneinandergenähten Hamsterfellen. „Schade. Das Schönste an dem Mantel wird man nicht sehen", sagt mein Vater. „Trotzdem, machen Sie ihn fertig, er darf ruhig was kosten."

Schon im Maßatlier stelle ich mir vor, was ich mit dem

Mantel machen werde. Ich werde ihn heimlich anziehen, wenn mein Vater nicht zu Hause ist.

An solchen Abenden mache ich mich fertig zum Tanz im Waldcafé. Das Leben muß beginnen. Ich setze seinen Filzhut, einen Vorkriegs-Borsalino, auf und ziehe den Mantel an. Damit spiele ich im „Waldcafé" den Erwachsenen, denn mit sechzehn hätte ich nach dem Jugendschutzgesetz keinen Zutritt. Die Zigarette im Mundwinkel, wie im französischen Film, werfe ich den Hut auf den Garderobentresen, den Mantel hinterher und achte darauf, daß wie von ungefähr das Futter sichtbar wird, so daß die jungen Damen in meiner Nähe die Hamsterfelle bestaunen können. Dabei drehe ich mich unauffällig zur Seite, um die Wirkung zu sehen. Eine Frau sagt: „Darf ich mal?" Sie beugt sich zu dem Mantel runter und fährt mit ihrer Nase an den Fellen entlang.

Manchmal schießt mir durch den Kopf, was für ein eitler Hahn ich bin. Und mitten in der erwachenden Lebensneugier nehme ich mir vor, nach meinen inneren Werten zu suchen, statt mir Großtuereien anzugewöhnen. Aber solche Werte kann ich nicht entdecken. Oma Lisa hat sie entdeckt, ich nicht.

Die Mädchen im „Waldcafé" spüren, daß ich nicht erwachsen bin. Schon hier im Tanzsaal sind sie auf der Suche nach einem verläßlichen Mann, der sie aus dem Elternhaus entführt und sie in die Welt mitnimmt. Ich bin diesen Mädchen dankbar, wenn sie mir keinen Korb geben. So zart ich kann, sage ich: „Darf ich bitten?" und mische der Frage einen Schuß Unsicherheit bei. Damit räume ich sofort ihre Macht ein, „Nein danke!" zu sagen. Sie sollen wissen, daß ich mit einem Korb rechne, und gerade das rührt sie. Selbst wenn sie längst ein Auge auf einen bestimmten Herrn geworfen haben, mit dem sie eine Familie gründen könnten. Ein scheuer Jüngling ist den Frauen immer was Besonderes, vor allem den älteren.

Die Mädchen scheinen einheitliche Tanzkleidung verabredet zu haben: dunkle Taftröcke aus Kunstseide, heruntergerollte weiße Kniestrümpfe, flache Schuhe. Die Perlonblusen haben sie sich aus dem Westen besorgt. Man kann sie leicht waschen, und sie verschleißen nie. Nach wenigen Tanzrunden fangen die Frauen an, unter dem künstlichen Stoff zu schwitzen und sich die Haare aus der Stirn zu pusten. Ich atme ihren frischen Schweißgeruch ein, kann nicht genug davon kriegen, jede duftet anders, ich bilde mir ein, am Duft der Frauen ihre Charaktereigenschaften zu erkennen, die Draufgängerin herausriechen zu können, die Scheue, die Vornehme, die Rätselhafte. Deshalb meide ich Damen, die sich tarnen, indem sie Kölnisch Wasser benutzen.

Das hat die blasse Friseuse mit der ich schon eine Runde getanzt habe, nicht nötig. Sie heißt Carmen Krüger und duftet, als würde sie aus einem herrschaftlichen Haus stammen, als wäre sie adelig. Den zartesten Wohlgeruch verströmt ihr rotes Haar, aber da sind noch kleine Extra-Gebiete, zum Beispiel hinter den Ohren. Das zu erforschen ist eine intime Angelegenheit, denn zu nah will ich ihr nicht kommen, sie könnte mich für aufdringlich halten. Auch Carmen will keinen jungen Hüpfer wie mich, sie will einen Mann, der sich einmal als Vater ihrer Kinder bewähren soll. Meistens tanzt sie mit einem reiferen Herrn um die fünfundzwanzig. Wenn ich sofort nach dem Musikeinsatz loslaufe, kann ich ihm zuvorkommen und eine Runde mit ihr tanzen. Dann singe ich leise mit: „Du hast ja Tränen in den Augen, die will ich niemals wieder seh'n…“ Das singt Wolfgang Sauer im Radio, und jedesmal denke ich, die Tränen muß er Gott sei Dank nicht sehen, denn er ist blind.

Carmen wird wohl wissen, daß sie eine Schönheit ist, trotzdem fragt sie mich beim Tanzen, was ich bloß Besonderes an ihr fände.

„Zum Beispiel, daß Sie Krüger heißen.“

Sie kuckt mich fragend an.

„Was mich betrifft, ich heiße nämlich Krug, und Krüger ist davon der Komparativ."

Sie lacht laut und künstlich, wie jemand, der einen Witz nicht verstanden hat.

Dabei finde ich an ihr ganz andere Sachen besonders. Einerseits ist sie schon älter, nämlich einundzwanzig, und trotzdem hat sie übersichtliche Körperformen, die mir keine Angst einflößen.

Als Kind wollte ich alle hübschen Mädchen heiraten. Damit ist es vorbei. Ich will überhaupt nicht heiraten. Mein Vater hat es zum zweiten Mal getan und ist zum zweiten Mal unglücklich. Bei jeder Gelegenheit sagt er: „Elfriede geht mir auf die Nerven. Und wer ist Schuld daran? Du, Manfred. Du hast mir zur Heirat geraten." Trotzdem lasse ich die kleine Carmen den ganzen Abend nicht aus den Augen. Damenwahl wird ausgerufen, und wen holt sie sich? Den künftigen Vater ihrer Kinder, mit dem sie sehr eng tanzt und der viel mit ihr redet. Plötzlich läßt sie ihn mitten im Tango stehen und geht zurück an ihren Tisch. Jetzt ist es Zeit, mich in ihre Nähe zu setzen, so daß ich immer der erste bin.

Ich frage sie, was vorhin passiert ist, sie sagt, der Mann habe sie beleidigt.

„Wie hat er das gemacht?" sage ich.

„Wir kamen auf rote Haare und Sommersprossen zu sprechen. Er sagte, die hätte er noch nie leiden mögen."

„Da sehen Sie es", sage ich, „wie soll ein Mann ohne Geschmack eine Familie gründen?" Ich glaube, daß dieser Satz die Entscheidung gebracht hat.

Auf dem Nach-Hause-Weg schmiegt sie sich unter meinen Hamstermantel, ich erzähle ihr von der sturmfreien Bude und daß ich einen Fernsehapparat und einen Zehnplattenspieler hätte, ob sie die mal sehen wolle. Ja, sie will.

Zu Hause setzen wir uns nicht auf die Couch, sondern auf getrennte Sessel, ich mache eine Flasche süßen Tokaier auf:

„Prost, Carmen. Wir könnten eigentlich auch Du zueinander sagen."

„Wie alt sind Sie denn?" sagt sie.

„Achtzehn", sage ich, dabei bin ich noch nicht siebzehn.

Mit einem Lächeln sagt sie: „Gut gehalten. Dann wollen wir es aber richtig machen." Sie verhakelt unsere Arme. In den Händen haben wir die Gläser. Wir stoßen an, trinken, und dann küßt sie mich.

Das werde ich nicht vergessen, und ich werde keiner Menschenseele je erzählen, daß ich um ein Haar das Bewußtsein verliere. Ja, mir wird dunkel vor den Augen. Genau in dem Moment, als sie mit ihrer Zunge in meinen Mund fährt. Mir wird plötzlich klar: Ich habe mir nie etwas anderes gewünscht, als daß eine appetitliche Frau mit ihrer Zunge in meinen Mund fährt. Bloß nicht vergehen, wonniger Moment. O je, was einem durch den Kopf schießt.

„Wo ist das Klo?" sagt sie und beobachtet meine Verwirrtheit, sie scheint sogar amüsiert zu sein.

Ich zeige ihr die Tür, die sie verriegelt, dann lege ich mit nervösen Händen zehn Platten auf. Draußen, hinter der Klotür, passiert es. Wie wird sie es machen? Ihren Glockenrock aus Taft muß sie hochnehmen, sie klemmt ihn vielleicht unters Kinn, denn die Unterhose kann sie mit einer Hand nicht runterziehen. Mein Gott!

Ich renne in den Keller und schmeiße etliche Schaufeln Koks in den Ofen. Diese Tat zeugt von großer Geistesgegenwart, es wird nämlich wärmer und wärmer, ich spiele ihr meine wertvollsten Platten vor, Mulligan, Woody Herman, Shearing, und als ich mit Wurstschnittchen aus der Küche komme, hat sie den Rock und die Schuhe ausgezogen und sitzt mit den heruntergerollten Kniestrümpfen da.

„Die Kunstseide knittert so ...", sagt sie. Und dann setzen wir uns doch auf die Couch, und dann liegen wir auf der Couch, und dann hebt sie ihren weißen Po, damit ich den Schlüpfer ausziehen kann, und dann streift sie die Träger von ihrem Büstenhalter runter, ich löse auf ihrem Rücken die drei Stahlösen, was ich noch nie geübt habe, und dann darf ich mit ihr machen, was ich will. Ich glaube, am liebsten will ich sie ganz und gar aufessen und erstaunlicherweise fange ich mit ihrer unteren Körperhälfte an.

Das letzte, was ich vor dem Einschlafen denke, ist: Ach, das Leben wird wunderbar sein.

Als ich aufwache, ist sie verschwunden.

Im Waldcafé tanzt sie nicht mehr mit mir. Sie tanzt wieder mit dem älteren Herrn, und einmal flüstert sie mir im Vorbeigehen zu: „Schön war's. Alles ist gut gegangen."

Halb Cowboys, halb Bettler

Im Stahlwerk gibt es wenig Schutzkleidung. Manche Schmelzer tragen alte Privatsachen auf, um die neuen blauen Arbeitsanzüge für zu Hause zu schonen. Es gibt Schuhe mit Stahlkappen, einen alten Filzhut muß sich jeder selbst besorgen. An seiner Krempe befestigt man die blaue Brille, die durch einen Korken von der verschwitzten Stirn ferngehalten wird. Wir sehen abenteuerlich aus, halb Cowboys, halb Bettler, ein wüster Haufen. Das einzige was hilft, sind Handsäcke und Schürzen aus Asbest für heiße Arbeiten, zum Beispiel wenn das Ofengewölbe ausgeschmiert werden muß. Dabei legen sich die Schmelzer in eine leere Schrottmulde und werden vom Kran in den Ofen gefahren. In den Ritzen sieht man die Glut, so stelle ich mir das Innere eines Vulkans vor. Jeder hat einen nassen Schwamm vor dem Mund, so hält man es fast zwei Minuten aus. Oft denke ich: Wenn jetzt der Strom für den Kran ausfällt. Wie komme ich aus dem Ofen wieder raus? Dann wäre ich in einer halben Stunde gar.

Die Schmelzer tragen keine Hemden. Schon nach wenigen Tagen zeichnet sich die Anordnung der Schweißdrüsen in einem Salzmuster auf den Jacken ab, diese skelettartigen Bilder sind verschieden wie Fingerabdrücke; jeder trägt sein eigenes Salz-Muster auf Brust und Rücken. Wie mögen Schmelzer erst vor hundert Jahren ausgesehen haben, als es keine elektrischen Kräne gab und sie die ganze Arbeit mit der Hand machen mußten.

Im Kulturhaus wird endlich der Farbfilm „Frauenschicksale“ gezeigt, an dem sie im Werk zwei Tage gedreht haben. Die Szene ist im Film vielleicht eine Minute lang, was mich schwer enttäuscht. Das Thema ist der faulende Kapitalismus, die Hauptfigur ist ein mieser West-Kerl, der durch den Berliner Ostsektor wieselt und Frauen verführt. Aber unsere Frauen sind nicht mehr wie früher, sie sind jetzt selbstbewußt, sie lassen nicht mehr alles mit sich machen. Das weiß schon jeder. Unsere Gegenwartsfilme sind voll von Dingen, die schon jeder weiß. Wenn der Film nicht im Stahlwerk gedreht worden wäre, hätte ich ihn mir nicht angekuckt. Der Saal ist fast leer. Mag ein Film in Farbe oder in Schwarz-Weiß gedreht sein, ob er gut oder schlecht ist, darin werde ich mit den Jahren mäkliger. Bald bin ich volljährig.

Von den Gegenständen, die ich in der Kindheit mit mir herumgetragen habe, sind nur zwei übriggeblieben: die Armbanduhr und die Blechtasse, die ich bis zum Tod aufbewahren muß, denn ich möchte sie gern als Grabbeigabe mit unter die Erde nehmen.

Jetzt habe ich die Armbanduhr verloren, das einzige Stück, das mich daran erinnert, ein Westjunge und beinahe ein Christ gewesen zu sein. Wahrscheinlich habe ich während des Duschens den Spind offengelassen. Dann wäre die Uhr geklaut. Trotzdem gehe ich ins werkseigene Fundbüro und gebe eine Schilderung ab: „Marke Kienzle, Edelstahlgehäuse, nur der Boden ist Messing verchromt. Durch den Schweiß ist die Chromschicht angefressen, so daß man das Messing sehen kann …" Gerade will ich dem Mann noch sagen, daß die Uhr ein weißes Zifferblatt hat, da unterbricht er mich und sagt: „Danke, präzise Beschreibung. So eine Uhr gibt's nicht alle Tage. Hier ist sie."

Ich nehme die Uhr. Ihr Zifferblatt ist nicht weiß, sondern schwarz, und sie heißt nicht „Kienzle", sondern „Laco". „Unterschreiben Sie hier …", sagt er. Ich kucke ihn kurz an, um zu sehen, ob eine Gefahr von ihm ausgeht. „Ich bin Ihnen sehr dankbar", sage ich und unterschreibe. Die Sache ist erledigt. Ich konnte beinahe nicht nein sagen. Der Mann war so stolz, daß seine Arbeit Erfolg hatte. Und dann denke ich: Einmal Verbrecher – immer Verbrecher. Zehn Minuten später bin ich im Fundbüro und lege die Uhr auf den Tresen: „Tut mir leid. Sie ist täuschend ähnlich, aber es ist die falsche Marke." Mal muß man einen Anfang machen.

Weil ich nach dem Gesetz ein Jugendlicher bin, mußte der Werkarzt mich untersuchen. Mein Vater hat von ihm eine Sondergenehmigung verlangt. Da steht drin, daß ich für mein Alter ungewöhnlich robust sei, den Dreischichtbetrieb könne er medizinisch verantworten.

Das habe ich mir leichter vorgestellt. Die Nachtschicht ist trostlos, Arbeit ist das einzige Erlebnis. Tagsüber können wir Schmelzer uns schon mal in Szene setzen, weil berühmte Künstler sich mit uns fotografieren lassen. Sie kommen als Besucher ins Stahlwerk, um zu begreifen, wie schwer die Arbeit ist, die unseren Wohlstand erschafft. Gern kommen Maler und Schriftsteller. Neulich war die berühmte Schauspielerin Karla Runkehl hier. Sie hält sich ein Blauglas vor die Augen, dann macht der 1. Schmelzer eine Ofentür halb auf, der Werkfotograf springt vor ihr herum, der Schichtmeister paßt auf, daß ihr keine Funken in die blonden Haare fliegen, aber sie geht auf zehn Meter an den Ofen ran.

Dann wandert der Pulk mit ihr weiter, zum nächsten Ofen. Sie stolpern die ganze Halle entlang. Am Ende kommt ein großes Händeschütteln, sie klopfen sich den Dreck von den Kostümen, und weg sind sie.

Die Besucher müssen einen seltsamen Eindruck von so einem Werk haben. Dieses Chaos. Auf der Ofenbühne fahren Dampflokomotiven auf und ab. Sie schleppen flache Wägelchen, auf denen die Schrottmulden stehen. Das sind zwei Meter lange Schweinetröge aus Eisen, in denen vom Platz am Ende der Halle alle Arten Schrott herbeigeschafft werden. Dazwischen schwebt der 360° rotierende Chargierkran, greift sich mit seinem drehbaren Stahlrüssel eine Mulde, die Ofentür wird maschinell aufgezogen, der Kran fährt mit dem Rüssel in die Flamme, dreht die Mulde um, der Schrott fällt in den Herdschlund. Und das ein paar hundertmal, bis der Ofen voll ist. Gleichzeitig wird nebenan abgestochen. Der zweite Schmelzer steht in großer Asbestmontur wie ein russisches Heldendenkmal am Abstichloch und schiebt und stochert mit einer Hohlstange herum, durch die Sauerstoff geblasen wird, immer auf der Hut, nicht von dem plötzlich losschießenden flüssigen Stahl überrascht zu werden. Dann geht das Knallen und der Funkenflug los, die Schmelzer springen zur Seite, der Stahl rauscht eine Lehmrinne entlang in einen ausgemauerten haushohen Eimer, den man Pfanne nennt, und der an einem Kran hängt. Zwei Pfannen kommen aus einem Ofen. Jede faßt 70 t kochenden Stahl, der knallt und zischt und manchmal überschwappt, was zu einem Platzregen aus glühenden Tropfen führt. Diese Tropfen fallen gern in die Schuhe der Schmelzer, dann kann man seltsame Tänze sehen, und die Tänzer schreien, daß ihnen die Adern aus dem Hals treten. Es ist die Hölle. Der Betrieb ist neu, und doch sieht er aus, als würde er schon seit hundert Jahren an dieser Stelle vor sich hinrotten.

Stahl muß schmecken

Stahl kochen ist wie Suppe kochen, jede Suppe schmeckt anders und jede hat andere Zutaten. Stahl für den Schiffbau muß andere Eigenschaften haben, als der zum Schienenwalzen oder für den Brückenbau. Wir müssen alle Zutaten per Schubkarre heranschaffen. Der 1.Schmelzer muß sich an die Qualitäten halten. Der Stahl wird beim Kochen abge-
schmeckt. Alle paar Minuten wird mit der Kelle eine Probe 20
entnommen, die abgekühlt und im Laufschritt ins Labor 22
geschafft wird. Dort wird sie angebohrt, und die Bohrspäne werden in Minutenschnelle auf ihren Gehalt an Kohlenstoff, Phosphor, Mangan, Schwefel, Kupfer und was weiß ich noch alles untersucht. Im richtigen Augenblick muß dann abgestochen werden. Wird dieser Moment verschlafen, so ist die ganze Charge Ausschuß. Der nutzlose Stahl wird in Formen gegossen, auf den Schrottplatz gefahren und zerlegt. Dann ist er wieder Schrott. Die Kraft, die Zeit, die Energie – alles verplempert.

Ein Schmelzer in einem Martin-Werk hat immer mit Dolomit zu tun. Das Zeug sieht bräunlich-grau aus wie Kalkspat, liegt zu kandisgroßen Stücken gemahlen überall auf der Ofenbühne herum. Es muß in Devisen bezahlt und rangeschafft werden, das macht es teuer. Wenn Dolomit heißer als 1500° wird, sintert es zusammen und härtet wie Beton. Zwar sind alle Martin-Öfen aus Schamottesteinen gemauert, aber das Innerste dieser Gewölbe, die letzte isolierende Schicht, die mit dem kochenden Stahl direkt in Berührung kommt, formt sich selbst aus zusammengebackenem Dolomit.

Sobald der Stahl kocht, schwimmt die flüssige Schlacke obendrauf, sie ist wie das Fett auf einer Suppe. Die Schlacke frißt sich allmählich in die Dolomitschicht ein, und in Abständen muß die entstehende Furche in der Haut des Ofens immer wieder geschlossen werden, damit es keinen

Durchbruch gibt. Das wäre die größte Katastrophe in einem Stahlwerk. Diese Furche bei voller Hitze frisch auszukleiden, das gehört zu den härtesten Arbeiten für jeden Schmelzer. Dabei rotten sich die zähesten Männer zusammen. Jeder bringt seine eigene Schaufel mit. Die Tore der Öfen werden halb aufgezogen. Es ist so hell, daß du ohne blaue Brille nichts sehen kannst. Und es ist so heiß, daß du es vorn an der halboffenen Tür nur einen Augenblick lang aushalten kannst. Bleibst du zu lange stehen, fängt deine Jacke an zu qualmen.

Die Schmelzer bilden einen Kreis, einer nach dem anderen marschiert auf die Ofentür zu, senkt im richtigen Moment den Kopf, entscheidet im Bruchteil einer Sekunde, wo die Dolomitpackung landen muß, und schleudert sie quer durch den Herd, fünf, sechs Meter weit, genau in die Fuge. Es gibt wahre Meister dieser Kunst, angesehene Leute, die vom Schichtleiter per Handschlag gegrüßt werden. Der Nachteil bei der Sache ist: Je besser einer im Herdflicken ist, desto dringender wird er gebraucht und desto öfter muß er ran. Anfänger schmeißen den wertvollen Dolomit sonstwohin. Hauptsache, sie können nach dem Wurf den Arm schnell hochreißen, um ihr Gesicht zu schützen. Wer sich auf die Dauer als Feigling erweist, hat im Stahlwerk keine Chance. Ich arbeite nicht gern, weiß Gott nicht, aber feige will ich nicht sein. Das würden sie sofort meinem Vater erzählen.

Den Nimbus des Romantischen am Stahlkocher macht nicht nur der Filzhut mit der blauen Brille, nicht nur die Schweißkristalle, nicht nur das Fauchen des Feuers und die großartigen Posen bei der Arbeit. Nein, vor allem ist es Kühnheit, man kann sagen Heldenmut. Und oft bin ich stolz, dazuzugehören. Das ist ein gutes Gefühl, wenn du das Monster von Ofen in Schach gehalten hast und zusammen mit den anderen Wahnsinnstypen nach dem letzten Kampf deinen Liter lauen Tee runterschluckst. So was gibt's nur in der Kohlengrube, im Krieg und im Stahlwerk.

Aber die meiste Zeit bin ich nicht stolz, sondern einfach fertig. Ich frage mich, ob das mein Leben sein wird.

Mein Vater glaubt selbst nicht mehr daran, daß sich eines Tages sein Traum erfüllt, wenigstens einen der Söhne zum Stahlkocher zu machen. Und doch gibt es Momente, da bin ich bei meinem Vater angesehen. Plötzlich zieht er mich in einer Ingenieursangelegenheit ins Vertrauen. Er zeigt mir eine Zeichnung, die er gemacht hat. Man sieht einen großen Trichter, und darunter einen Motor, der ein Förderband antreibt.

„Wenn das Ding funktioniert", sagt er, „könnte bald eine neue Zeit anbrechen. Dann müssen sich nicht mehr zehn Mann schinden. Dann steht ein einziger Schmelzer hinter diesem Gerät, das am Kran hängt, und schießt den Dolomit haargenau in die ausgewaschenen Stellen. Das wird ein Kinderspiel sein. Und die anderen Schmelzer können sich um ihre Arbeit an den eigenen Öfen kümmern. Das Ding werde ich die ‚Krugsche Dolomitspritze' nennen."

„Kriegst du Geld dafür?" frage ich.

„Wenn es funktioniert, ja."

„Laß doch einen Prototyp bauen."

„Den haben wir schon", sagt er. „Aber der funktioniert nicht richtig, das Laufband aus Gummi bringt die Dolomitkörner nicht auf Tempo. Sie kullern zu lange darauf herum, bis sie endlich losfliegen.

„Das ist nix", sage ich. „Wir haben hunderte Preßluftanschlüsse im Werk. Mach einen Druck-Schlauch an den Trichter und schieß das Zeug mit Luft durch den Ofen."

Mein Vater schluckt. Er ist einfach nicht drauf gekommen, weil er sich auf die umständlichere Idee versteift hat. Er kuckt mich so neutral wie möglich an, damit ich nicht lesen kann, was er denkt. Ich weiß, was er denkt. „Dieser Bursche hat die simpelste Idee, die es gibt. Verdammt!" Sowas wird ihm durch den Kopf gehen. Und dabei hätte er draufkommen müssen. Dem Ingschinör ist nix zu schwör.

„Nicht schlecht… Aber ich will nicht mit der Luft die Temperatur aus dem Ofen blasen…"

„Das bißchen Luft macht nichts", sage ich.

Er staunt. Ich genieße es.

Wir sprechen nicht mehr drüber. Er probiert mehrere Rohrgrößen aus, eine davon soll als Düse dienen, und vier Wochen später hängt die „Krugsche Dolomitspritze" am Kran, ein Mann übt sich ein, das Zeug quer durch den Herd in die Rille zu blasen. Mein Vater kriegt vom Büro für Neuererwesen eine Sofortprämie und meldet das Patent auf die Namen Rudolf und Manfred Krug an.

Mein Vater erfindet viele Sachen für das Stahlwerk, das meiste ist unbrauchbar. Für „technische Vervollkommnungen" gibt es Prämien von 30,- bis 30.000,- Mark. Für „technisch organisatorischen Fortschritt" gibt es weniger, nämlich 20,- bis 15.000,- Mark. Für alles, was gewerblich nicht nutzbar ist, wird die Patentanmeldung zurückgewiesen. Manchmal kriegt mein Vater Geld für merkwürdige Sachen, zum Beispiel hat er eine Schließmaschine erfunden, mit der soll das Abstichloch von innen durch einen Stopfen verschlossen werden. Pro Jahr wurde dafür ein Nutzen von 100.000 Mark geschätzt. Er hat das Ding gezeichnet, aber gebaut wurde es nie. Ich glaube, die mechanische Werkstatt hat es nicht fertiggebracht. Wenigstens hat er eine kleine Vergütung bekommen, eine Art Schweigegeld, und irgendwann kriegte er den Orden „Verdienter Erfinder".

„Das ist der seltenste Orden der DDR", sagt er, „und wer hat ihn? Dein Vater! Du solltest stolz auf mich sein."

„Und was ist mit der Dolomitspritze? Die funktioniert immerhin", sage ich.

„Das kann sich noch lange hinziehen, ehe wir dafür Geld kriegen", sagt er.

Da ich offenbar ein Genie bin, leiste ich mir manchmal auch das Gehabe eines Genies. Wenn der Stahl einmal im

Kochen ist, gibt es eine ruhige Zeit. Nach dem Fegen der Bühne mache ich ein Schläfchen, wo es schön warm ist, nicht weit vom Ofen. Das machen viele so, ganz offen, auch wenn sie keine Genies sind. Ich aber muß mich in einer Schrottmulde verstecken. Wer mich beim Schlafen erwischt, wird sofort sagen: „Der Sohn vom Chef pennt bei der Arbeit!" Es ist das schlimmste, was es gibt, der Sohn von einem Chef zu sein, erst recht, wenn dieser Chef nach altmodischen kapitalistischen Methoden vorgeht und Arbeit verlangt. So einer macht sich unbeliebt, und wenn er gewisse selbstherrliche Züge trägt, muß er auf der Hut sein. Nur ein Beispiel: Mein Vater hat grundsätzlich etwas gegen Bartträger. Er muß sie alle für Hochstapler halten. Wenn er die Wahl hat, einen Rasierten oder einen Bärtigen einzustellen, wird er immer den Rasierten nehmen. „Bärtige wollen sich wichtig machen. Wenn man den Ulbricht hört, weiß man, warum er den Bart trägt: Um von seiner Weiberstimme abzulenken. Bärte sollen Männlichkeit vortäuschen." Dabei hat er selbst sich immer nach einem Bärtchen gesehnt, nach einem zarten Menjou, wie ihn Errol Flynn trägt oder Clark Gable, was Elegantes, das den Blick der Damen auf seine sinnlichen Lippen lenken würde. Aber getraut hat er sich nie.

Nur Materie

Wenn ich bedenke, mit wieviel Naturpsychologie ich alle diese Dinge durchleuchte, dann muß ich sagen: Ich bin zu schade für das Stahlwerk. Und zu jung. Mir fehlt Gutmütigkeit. Und Kraft. Zwar gehöre ich mit einsneunzig zu den Großen, die oft für die Stärksten gehalten werden. Aber die Stärksten und Zähesten, das sind die kleinen Kerle, die nicht so viel Glück bei den Frauen haben. Zum Beispiel der Franz Estling, der auch einen Spitzbart hat und den sie deswegen

Jesus nennen. Den haben sie in der großen Dusche ein paarmal veralbert, er hätte angeblich so einen kleinen Pimmel. Eines Tages wurde es ihm zuviel: „Ihr habt keine Ahnung!“ sagte er. „Einen Moment!“ Er ging eingeseift aus der Dusche. Alle haben gelacht, weil sie dachten, er wäre beleidigt. Plötzlich kam Jesus wieder rein, mit stehendem Schwanz, in der Hand hatte er einen Eimer, halb voll mit Wasser. Er hängte den Eimer an seine leicht nach oben gebogene Rübe, ganz dicht bei der Wurzel, und ging breitbeinig, den Oberkörper nach hinten gebogen, durch die Dusche, an mindestens dreißig Leuten vorbei. Wir haben nicht schlecht gekuckt. Da war die Sache klar. Ich habe es später zu Hause probiert. Keine Chance. Weil meiner zwar länger war, aber nicht so kegelförmig gebaut wie der von Jesus.

Ich wundere mich, was für unterschiedliche Pimmel unter der Dusche zu sehen sind. Zum Beispiel: Jeder fünfte hat eine nackte Eichel, das heißt, die Vorhaut klemmt dahinter und rutscht nicht von selbst nach vorn. Ich frage mich, ob der Liebe Gott hier gepfuscht hat, oder ob er die Sache als unwichtig ansieht. Ich selbst habe eine Zipfelmütze, welche die Eichel bedeckt und sie schützt. Bei meinem Vater und Bruder ist es ebenso. Aber jeder fünfte im Stahlwerk hat von Natur aus eine ausgeleierte Vorhaut, die ihre Funktion nicht erfüllt. Was sollen die Beschneider der Araber und der Juden in solchen Fällen wegschneiden? Die können ihr Messer stecken lassen, solche Kinder kriegen nie eine Phimose. Ich nehme mir vor, beim ersten Araber oder Juden, den ich unter der Dusche sehe, die Sache zu erforschen. Aber wir haben keinen Juden im Stahlwerk, und keinen Araber.

Der Schmelzer Jesus ist einer von den zähen alten Burschen, im Stadtcafé berühmt und, obwohl er klein ist, bei den Frauen begehrt. Seine Qualitäten haben sich herumgesprochen. Er schläft niemals während der Schicht. Ich bin zu jung für den Dreischichtbetrieb. Man sagt, daß junge Menschen mehr Schlaf brauchen.

Was mir heute mit dem Schlafen passiert ist, sagt alles: Ich habe am Tag vor Silvester Frühschicht und morgen, am ersten Januar, wird langer Wechsel in die Nachtschicht sein. So ein Glück kommt selten vor. Endlich mal in der Silvesternacht saufen und tanzen. Um mir Kraft anzuschlafen, lege ich mich am Nachmittag ins Bett. Um sechs Uhr wache ich erfrischt auf, rasiere mich, ziehe die Zellulose-Hose an, den Mantel drüber, die rote Pappnase ins Gesicht, und mache mich auf den Weg ins Kulturhaus, das auf dem Stahlwerksgelände steht.

Als ich dort ankomme, ist alles vorbei.

Drei Putzfrauen fegen aus. Es ist zwar sieben Uhr, aber nicht abends, sondern morgens. Ich habe Silvester verschlafen, den ganzen Tag und die Nacht durchgepennt. Das nenne ich müde. Mir fallen die großen Worte ein, die Genosse Stalin über die sozialistische Arbeit geschrieben hat, sie verwandele sich aus Zwang und Fron „in eine Sache der Ehre und Würde, des Ruhmes und Heldentums."

Ich habe alles über die Arbeiterklasse gelernt, deshalb versuche ich sie zu lieben. Einige aus der Arbeiterklasse liebe ich wirklich. Mit denen kann ich reden, zum Beispiel mit dem blonden Opa Erich, der zwölf Jahre älter ist als ich. Er begreift als einziger, wie schwer es ist, der Sohn vom Chef zu sein. Die noch älteren wollen mich klein kriegen: „Du denkst wohl, weil du der Sohn vom Alten bist." Mit denen habe ich Probleme. Sie nennen mich Klugscheißer. Mehrmals habe ich von den alten Kollegen gehört: „Du mußt erst mal da hinriechen, wo ich schon hingeschissen habe!"

Wenn die DDR nur nicht so grau und langweilig wäre. Besonders in Brandenburg, wo es wenig Abwechslung gibt. Ich freue mich immer, wenn das alte Pärchen von den Bibelforschern klingelt. An den beiden kann ich mein philosphisches Denken ausprobieren und die Argumente prüfen, die für den Materialismus von Marx sprechen. Der Höhepunkt ist, wenn sie mir von dem gottgewollten Weltuntergang erzählen, den sie „Armaggedon“ nennen. Ich biete ihnen Wetten an, daß daraus nichts werden wird. Freilich habe ich gut reden mit meinem überlegenen Wissen: „Hören Sie mal“, sage ich, „alles, was existiert, ist Materie. Und auch das menschliche Gehirn, in dem sich Charakter und Selbstbewußtsein bilden, ist nur Materie, und zwar höchstentwickelte. Selbst Gott ist ein Produkt des menschlichen Gehirns. Und die Bibel. Und die Forschung. Damit auch die Bibelforschung.“

Sogar das Gehirn des großen Stalin wird jetzt aus aus seinem Kopf herausoperiert, er soll neben Lenin ins Moskauer Mausoleum kommen. Zwei Schneewittchensärge. Stalins höchstentwickelte Hirnmaterie muß gerettet werden, weil sie sonst verfault. Man will sie auf Eis legen, für spätere Zeiten, wenn es bessere Mikroskope gibt.

Manche Leute laufen tagelang mit verheulten Augen herum. Zwar weiß ich auch, daß er ein Mensch war, ein Schustersohn, der eines Tages sterben würde. Trotzdem, ich dürfte unter uns der einzige sein, der an ihn zurückdenkt.

Noch immer kann ich alle vier Strophen auswendig, die Erich Weinert über den Vater der Völker gedichtet hat, ohne den Namen Stalin zu erwähnen:

„Spät lege ich meine Feder aus der Hand,
Als schon die Dämmrung aus den Wolken bricht.
Ich schau zum Kreml. Ruhig schäft das Land.
Sein Herz blieb wach. Im Kreml ist noch Licht.“

Ich sehe noch sein Foto auf meinem ersten DDR-Schulheft. Er hat die Pfeife im Mund und lächelt listig. Mein Vater hat damals gesagt: „Was macht denn der Verbrecher auf dem Schulheft?“

„Der soll ein Verbrecher sein?“

„Und alle, die um ihn rum sind, ebenfalls. Wenn du mich loswerden willst, brauchst du das bloß herumzuerzählen.“

Jetzt, nachdem Stalin gestorben ist, sieht man wieder die Bilder von ihm. Die besten Künstler haben ihn gemalt. Stalin in der grauen Jacke, Stalin in der weißen Jacke, Stalin im Mantel und im Russenhemd. Neue Filme mit ihm kann es nicht geben, und das ist schade für die Wochenschau. Manches Mal, wenn ich ihn im Kino sah, dachte ich: Er müßte alles wissen, dann wäre vieles besser. Aber dann dachte ich wieder: Vielleicht würde es ihm ergehen wie Gott, der alles weiß, und nichts ist besser. Ich habe ihn gern gesehen, mit seinen ruhigen Gesten.

Johanna, 19. Stück

Viel Zeit ist vergangen, es ist das Jahr 1908, Johanna ist fast fünfzig.

Albert ist dünn geworden. Ihn schwächt ein Leiden, das sich lange angekündigt hat. Obwohl er noch nicht dreißig Jahre alt ist, krümmt sich sein Rückgrat unweigerlich nach vorn. Es ist die Bechterewsche Krankheit, die ihn beugt und die ihn zwingt, auf das gute Geld zu verzichten, das er im Walzwerk verdient hat.

Mit einer Freundin hat man ihn nie gesehen. Er lebt ganz für seine Familie.

Nach der Entlassung aus dem Werk hat Albert als Helfer für alle möglichen Gelegenheiten gearbeitet. Eine Zeitlang war er Bote, diente auch als Fuhrmann und hat sich in der Gegend als zuverlässiger Mensch beliebt gemacht.

Endlich findet er in dem Gefängnis, das nicht weit von der Nottebohmstraße entfernt ist, eine leichte Arbeit. Man hängt ihm einen Karabiner über den krummen Rücken und fragt ihn, ob er sich zutraue, Häftlinge zu beaufsichtigen. Albert sagt: ja, das traue er sich zu, worauf man ihm nach der Vereidigung eine Uniform aushändigt. Seither wandert er mit einem Trupp von Gefangenen jeden Tag auf den höchsten Berg von Kattowitz, das ist die Abraumhalde der Beldorn-Zeche. Dort oben müssen immerfort Schienen umgesetzt werden, damit die Loren an den äußersten Rand der Kippe fahren können. Diese Arbeit macht der Verbrechertrupp, der von Albert Krug bewacht wird. Er ist stolz darauf, daß es noch nie einen Zwischenfall gegeben hat.

Margarethe ist die erste, die das Dachjuchhe verlassen hat. Der junge Schankwirt Robert Brussow, der sich bei

der Schlittenfahrt zur Jahrhundertwende in sie verliebt hatte, schrieb ihr zwei Jahre lang zärtliche Briefe und besuchte sie oft in der Nottebohmstraße.
Endlich stimmte Johanna der Heirat zu. Brussow nahm Margarethe mit in die Waldschänke, wo er sie zur Wirtin machte und wo sie im Sommer die Kellnerinnen einwies, die den Ausflüglern Speisen und Getränke ins Freie zu bringen hatten.

Nach zwei Jahren fiel dem Jungwirt auf, daß Margarethes Jugendfrische unter der Arbeit schwand. Die Gebete um Kindersegen, die sie beide zum Himmel sandten, wurden nicht erhört.

Nachdem Robert sich mit einer jungen Kellnerin eingelassen und sie geschwängert hatte, ließ Margarethe sich scheiden.

Jetzt kommt sie zum letzten Mal auf's Dachjuchhe und verabschiedet sich von allen. Sie nimmt Johannas Gesicht in beide Hände und sagt: „Sei nicht traurig, Mama, ich gehe fort. Ich liebe dich."

Dann umarmt sie die hübsche Elisabeth. Die fragt ihre Schwester: „Was machst du mit deinen Kurzwaren?"

„Wenn du sie haben willst, nimm sie", sagt Grete. Lisa packt alles auf den Karren, und so verlassen die beiden jungen Frauen am selben Tag ihre Mutter, ihren Bruder und ihre kleine Schwester. Grete dampft mit der Eisenbahn nach Westen in's Reich, ohne zu wissen wohin. Und Elisabeth fährt mit dem Wagen über die Dörfer Oberschlesiens.

Drei Jahre später kommt Elisabeth nach Kattowitz zurück. Es fällt ihr nicht leicht, ihre Mutter nach Herzenslust zu umarmen. Nicht nur der Bauch ist ihr dabei im Wege, sie schämt sich auch ein wenig, ehe sie Johanna fragt: „Kann ich das Kind bei dir kriegen?"

Am 5. April 1908 kommt ihr Sohn Rudolf Jean auf die Welt, mein Vater, und wieder nach einem Jahr sagt sie: „Mama, ich könnte in Leschnitz eine gute Stelle als Hausschneiderin antreten. Kann ich nicht den Kleinen eine Zeitlang bei dir lassen?"

Johanna sagt: „Hast du Schneidern gelernt?"

„Ich habe alles gelernt. Alles ein bißchen. Sogar Tapetenreinigen."

„Hast du keinen Vater für das Kind?"

„Und wenn ich einen hätte... Ich hab in dem Moment nicht dran gedacht", sagt Elisabeth mit dem Ausdruck von Reue. Sie weiß sehr wohl, daß ihre Mutter auch Momente erlebt hat, in denen sie nicht viel gedacht hat.

„Laß dein Kind hier" sagt Johanna. „Albert und ich werden schon zurechtkommen."

Elisabeth geht in das kleine Städtchen, ob als Hausschneiderin oder als was sonst, das ist unbekannt. Von Zeit zu Zeit schickt sie ihrer Mutter etwas Geld. Als sie zurückkehrt auf's Dachjuche, kommt sie nicht aus Leschnitz, sondern aus Lomnitz, und sie hat einen dikken Bauch. Am 17. 4. 1910 bringt sie ihren zweiten Sohn zur Welt, der auf den Namen Erich getauft wird.

Sie bleibt ein Jahr. Rudolf ist mit drei Jahren zu klein, um seine Mutter kennenzulernen. Wieder zieht sie mit Kurzwaren und gebrauchten Kleidern über Land. Sie findet eine Stelle in Tarnowitz und später in Oppeln, in Schulenburg, und wer weiß wo noch in Oberschlesien.

Rudolf und Erich wachsen bei Johanna auf, die sie als ihre Mutter ansehen. Albert wird wohl ihr Vater sein, daran gewöhnen sie sich über die Zeit. Der Krieg bricht aus, Martha, die jüngste, lernt als Zwanzigjährige den Kalligraphen Herrn Kotzerke kennen, der sie auf der

Stelle nach Breslau entführt und heiratet. In dem Jahr kommt Rudolf in dieselbe Schule, in die früher seine Mutter Elisabeth gegangen ist.

Margarethe meldet sich aus Berlin und Paris, wo sie den Maurer Julius Stolarek kennenlernt, den sie zur zweiten Heirat bewegen kann und der während der Ehe zum Rammeister aufsteigt.

Alle drei Töchter schicken unregelmäßg Geld an Johanna, die sich gerade jetzt, da langsam ihre Kräfte schwinden, um den schwächlichen Albert und die Enkel kümmert.

Der 17. Juni ist ein Tag voller Nervosität. Alles, was man sonst in den Gesichtern nur ahnen, nicht erkennen kann, das erkennt man heute. Die bedrückten Genossen sehen sorgenvoller aus als sonst, die kampflustigen jungen Kerle sehen kämpferischer aus. Den Umstürzlern, die sich sonst gleichgültig geben, damit man ihnen nichts anmerkt, steht heute die Lust zum Umsturz ins Gesicht geschrieben. Mein Vater sagt: „Von mir aus geh in die Stadt, kuck dir an, was passiert. Da kannst du nur lernen. Aber laß die Hände in den Taschen, geh nicht zu nah ran. Viele Leute wissen, wer dein Vater ist. Wenn du was falsch machst, bleibt uns nur die Flucht. Und dann? Wer braucht mich irgendwo in der Welt? Die DDR gehört den Russen. Wir alle gehören den Russen. Und es werden auch die Russen sein, die dich verschwinden lassen, wenn du nicht auf der Hut bist."

Am hinteren Werktor stehen zwei russische Panzer.

Ich fahre mit dem Rad in die Stadt, damit ich schnell weg bin, wenn was passiert. Ganz gehe ich vom Sattel nicht runter, stelle nur ein Bein auf den Bordstein. Nicht weit vom Roland plündern sie ein Parteihaus, schmeißen Akten und Transparente aus den Fenstern und machen ein Feuer draus. An den Ohren zerren sie Leute aus den Hausfluren. Es sind Genossen mit Parteiabzeichen, die auf offener Straße verprügelt werden. An der nächsten Ecke werden Dutzende von Gewehren abgeladen, automatische Kalaschnikows. Ein paar Männer stehen am Straßenrand, schieben die Gewehrläufe in die Gullyschlitze und biegen sie um.

Mir reichts, ich haue ab nach Hause.

Mein Vater sagt: „Na?"

Ich erzähle ihm, was ich gesehen habe.

„Hast du jemanden angegriffen?"

„Nein."

„Hast du jemanden erkannt?"

„Nein. Mich hat auch niemand erkannt. Reg dich nicht auf, alles ist gut."

Später wird er mir erzählen, daß er sich wie ein Held der Arbeit benommen habe. Er habe drei Notschichten ausgerufen und gesagt: „Wollt Ihr Euren Arbeitsplatz verlassen?"

Da hätten einige gemault und witzige Sachen gerufen wie: „Nee, soll bloß 'n unbezahlter Urlaub sein! Mach bloß nicht den strammen Maxen, Chef!"

Da hat mein Vater gesagt: „Vielleicht gibt's hier Leute mit falschen Vorstellungen. Ein Stahlwerk läßt man nicht einfach stehen, bloß weil man Lust auf ein bißchen Revolution hat! Wer die Öfen ausgehen läßt, der soll mir erklären, wie er die hundertfünfzig Tonnen kalten Stahl aus dem Herd jemals wieder rauskratzen will. Die Öfen verlöschen lassen? Nur über meine Leiche. Freiwillige und Genossen, vortreten!"

Er sagt, das sei das einzige Mal in seinem Leben gewesen, wo er sich an die Partei der Arbeiterklasse gewendet habe. Er sagt, nach seinem Appell hätten sich genug Leute gemeldet, auch Nichtgenossen, die den kochenden Stahl noch abgestochen hätten, und dann hätten sie die Öfen runtergefahren und leer unter Feuer gehalten.

Ich sehe meine Zukunft vor mir: das Leben meines Vaters. Er hat es immerhin zum Chef eines Volkseigenen Betriebes gebracht. Was hat er davon? Ein bescheidenes Haus, für das er das Geld zusammenhalten muß, denn bezahlt ist es noch nicht. Und wenn es bezahlt ist, will er sich ein modernes Blechauto kaufen, in das es nicht reinregnet.

Was muß er dafür machen? Jeden Tag zehn Stunden aufpassen, daß in der Knochenmühle nichts passiert. Ostern, Weihnachten, Silvester, – er muß da sein. Dafür wird er von all denen beneidet, die seine Arbeit besser machen könnten als er. Der Genosse Werkleiter stellt ihm schlichte Fragen wie: „Warum geht es nicht schneller vorwärts mit der Stahlproduktion?" Es sind vor allem Genossen, die ihn verdächtigen. Sie tuscheln, er könnte vielleicht Sabotage treiben. Er kam aus der englischen Zone, hat heute noch Freunde im Westen, mit denen er sich schreibt. Wer weiß, was das für ein Mensch ist? Der hat sich über die Gründung des ersten Arbeiter- und Bauernstaates auf deutschem Boden nie so recht gefreut. Was ist mit dem los?

Nicht mal ich weiß, was mit ihm los ist. Niemand weiß es. Obwohl ich geheimnisvolle Menschen, wie mein Vater einer ist, interessant finde, will ich so nicht sein.

Vor allem will ich mein Leben nicht in Angst verbringen, wie er es tun muß. Immer Stahl kochen, sonst nichts. Einen Bunker und einen Hühnerstall hat er gebaut, das ist wahr. Aber kommt man damit durch die Welt? Überhaupt, wie groß die Welt ist da draußen. Wann ist er am Ende mit seinen Kräften? So soll mein Leben sein, bis ich eines Tages in Hitze und Dreck zwischen Stahlkochöfen abkratze, zehn Jahre vor der Rente?

Obendrein jagt Mathematik mir angst ein. Quälen will ich mich von ihr nicht lassen. Mathematik hat dem Menschen zuzufliegen, sonst kann sie ihm gestohlen bleiben. Wie sie dem Albert Einstein zugeflogen ist. Der konnte sich sogar leisten, ein schlechter Schüler zu sein. Sein Mathelehrer soll sich über ihn geärgert haben, weil er aus dem Fenster in den Himmel gekuckt hat, von wo ihm die Mathematik zugeflogen ist. Was fliegt mir zu? Das ist die Frage. Mein Bruder ist nicht weniger dämlich als ich. Was wir machen könnten: unser Leben einsetzen und Autorennfahrer werden, er im Westen, ich im Osten. Da würde er immer gewinnen, weil er die besseren Autos hätte.

Geschäft mit dem Tod

An einem freien Tag sitze ich in der antiken Brandenburger Straßenbahn und fahre von Görden in die Stadt, ins Kino. Dort läuft ein sowjetischer Film, der in Amerika spielt, „Geschäft mit dem Tod". Zwei amerikanische Atomforscher, Vater und Sohn, sperren Neger in eine Strahlen-Versuchskammer ein, um herauszufinden, ob ihre Gesundheit leidet.

Eines Tages geschieht das Entsetzliche: Der Versuch läuft, die roten Lampen brennen, der Warnton schnarrt. Da – durch das Bullauge in der Tür, die wie ein Banktresor verriegelt ist, entdeckt der Vater, daß er mit den Negern seinen Sohn eingesperrt hat. Ein gräßliches Versehen. Er muß die Strahlenkanone ausschalten, seine Hände zittern, dann dreht er wie rasend das Kreuzrad in der Tür, um sie zu öffnen.

Er sieht das Grauenvolle.

Der junge Mann trägt in der oberen Tasche seines Kittels einen Geigerzähler, der blinkt und blinkt. Dem Vater wird klar, was das bedeutet. Noch lebt sein Junge, der mit verebbenden Kräften sich selbst und den Vater anklagt.

Er liegt zu den Füßen des Alten, bäumt sich auf, krümmt sich wieder, redet auf den Vater ein, in dessen Armen er endlich stirbt. Der Vater weint. Doch seine Reue kommt zu spät.

Ich sitze im Kino und glaube kein Wort. Dem Vater nicht und nicht dem Sohn. Ich weiß doch längst, daß die Menschen schlecht sind. Und die Kapitalistenschweine sind die schlechtesten. Das ist kein Problem für mich. Aber diesen Schaupielern glaube ich es nicht. Warum können die beiden, die in der Sowjetunion sicher berühmte Leute sind, die viel Geld kriegen, die vielleicht den Titel „Verdienter Schauspieler des Volkes" tragen, warum können die mich von der einfachsten Sache nicht überzeugen, von der ich ohnehin überzeugt bin? Warum weine ich nicht? Daran sind nur die beiden schuld, diese beiden Künstler, die einfach schlecht sind.

Ich fahre zurück nach Hause. Niemand ist da. Am Ende des Flurs ist unser großer Wandspiegel. Ich ziehe die Jacke aus und fange mit der Menschendarstellung an. Der Spiegel, in den ich zwischendurch kucke, ist sozusagen der Vater. Ich liege zu seinen Füßen und halte die Sterberede. Beeindruckend, erschütternd, erhaben. Ich muß zwischendurch aus Selbstergriffenheit abbrechen. Meine Rede ist unvergleichlich schöner als die von dem Russen…

Anschließend spiele ich noch den Vater, der nicht weiß, wie er sich verteidigen soll, der sich schämt, weil er von den Kapitalisten abhängig ist. Und ich bin konsequent, ich gehe weiter als der Vater im Film: Ich erschieße mich selbst.

Mit der letzten Träne, die ich wegwische, ist beschlossen: Ich werde Schauspieler. Da kann ich einen Mathematikprofessor spielen und einen Stahlwerkchef, einen Mörder und eine Leiche. Alles. Alles kann ich spielen. Und von nichts muß ich eine Ahnung haben.

Im Grunde spielt jeder Mensch sein Leben lang. Alles ist Schauspielerei. Jede Situation wird vorausgedacht, die Szenen, die da kommen, sehe ich vor mir, ehe sie sich ereignen. Wenn sie dann anders laufen als erwartet, so bin ich ohnehin gezwungen zu improvisieren, den Augenblick zu ergreifen. Alles Theater. Das Berufsleben, die Schule, die Prüfungen, alles ist Einwirken auf Menschen, vor allem auf solche, von denen du abhängig bist. Es lohnt sich, sie zu täuschen. Du tust so, als könnten umgekehrt sie auf dich einwirken, als wärest du formbar. Aber du heuchelst nur. Aus Taktik schenkst du ihnen den Glauben, sie könnten ihre Lehren an dich loswerden. Darin liegt deine Schläue, du kannst zur rechten Zeit den Mund halten und ihnen im nächsten Moment nach dem Munde reden. So schaffst du es eines Tages. Du bist oben. Dann sind andere die kleinen Lichter, du kannst Rache nehmen, wenn es dich gelüstet. Du bist jetzt der Vorgesetzte, der Lehrer, der Chef, der Erste Sekretär der Sozialistischen Einheitspartei Deutschlands.

Das ist es: Schauspieler.

O Gott, Zweifel steigen in mir auf. Darfst du das? Darfst du dein Glück so schamlos versuchen? Schauspieler werden aus niederen Beweggründen? Aus heiterem Himmel? Ohne Schauspielermutter, ohne Schauspielervater? Ohne Bildung? Nur deshalb, weil es dir als das Bequemste erscheint? Zuerst das Härteste, was es gibt, die Knochenmühle, und jetzt, nachdem du der wahren Arbeit überdrüssig bist, willst du ein leichtes Leben, in dem das einzig Hinderliche vielleicht der Regisseur oder die Filmkamera oder ein paar grelle Lampen sind?

Warum denn nicht? So ist das Leben. Du sprichst, wie du immer sprichst, du ißt, schläfst, küßt, gehst und stehst – genau so, wie im wirklichen Leben. Durch dich vergessen die Leute, daß sie alles durch eine Filmkamera sehen. Darin muß der Zauber liegen. Dafür sollen sie dir Geld zahlen. Denn es ist Kunst, sonst könnte es ja jeder. Und ich sage laut in den Spiegel: „Kunst ist, was die Wenigsten schaffen."

Wenn diesen unvollkommenen Satz ein Dichter geschrieben hätte, müßte er da nicht froh sein, daß ein Komödiant ihn so lässig und doch überzeugend aus dem Mund perlen lassen könnte wie ich in diesem Moment? Er sollte froh sein, er sollte sich die Hände reiben, wenn er einen wie mich findet.

Alle meine Söhne

Noch am selben Abend gehe ich zum Stadttheater Brandenburg. Zum ersten Mal hege ich, wie man sagt, eine feste Absicht. Noch heute Abend leite ich die ersten Schritte ein. Ich muß einen richtigen Schauspieler suchen, der mir sagt, wie das Unumstößliche zu machen ist.

Es wird das Stück „Alle meine Söhne" von Arthur Miller

gegeben. Im Schaukasten sehe ich Fotos von älteren Leuten, die mitspielen. Wo sind die Söhne? Einer könnte ein Sohn sein, aber der ist doppelt so alt wie ich. Ein anderer könnte sein Vater sein, zu ihm fasse ich Vertrauen. Ich präge mir sein Gesicht ein und warte am Bühnenausgang, bis das Stück zu Ende ist. Der Pförtner sagt, daß der Schauspieler Roland Schwarzkopf heißt und daß er meistens pünktlich nach Feierabend das Haus verläßt.

Zwei Stunden warte ich draußen, aber es ist mir nicht langweilig. Ich übe jedes Wort ein, das ich dem Künstler sagen werde, ich werde mein kulturarmes Leben schildern. Sein Herz werde ich erweichen und behaupten, daß mein Vater mich hindert, den Lebenstraum wahr zu machen. Da geht die Tür auf und der hagere Herr, dessen Gesicht man ansieht, daß es über mimische Muskulatur verfügt, tritt heraus: Roland Schwarzkopf. Er hat etwas Unnahbares. Obwohl er kleiner ist als ich, scheint er auf mich herabzublicken. Wahrlich, ein Schauspieler. Er bleibt einen Moment stehen und sagt: „Möchten Sie mich ansprechen?"

„Ja, bitte", sage ich. „Das wäre freundlich von Ihnen, wenn Sie es ..." Ich könnte den Satz vollenden: „... erlauben würden", könnte ich sagen. Ich disponiere um und zeige Befangenheit. Statt der zurechtgelegten Worte kommt der Satz: „Ich möchte Schauspieler werden und weiß nicht, wie ich es anfangen soll."

Sein Kragen ist hochgestellt, was dem Kopf eine vornehme Haltung verleiht. Sein Lächeln ist so unmerklich, daß ich nicht weiß, ob ich es mir nur einbilde.

„Ich gebe Ihnen das Stück, das ich soeben gespielt habe: ‚Alle meine Söhne'. Holen Sie es sich morgen, es wird beim Pförtner liegen. Suchen Sie sich etwas aus der Rolle des Chris zusammen, das sich zum Vorsprechen an einer Schauspielschule eignet."

„Vielen Dank. Wissen Sie, wo eine ist?"

„Nein. Ich habe den Beruf vor dem Kriege erlernt. In Berlin wird es so etwas geben. Auf Wiedersehen."

Am nächsten Tag hole ich das Theaterstück „Alle meine Söhne". Es kommt mir langweilig vor. Am Ende des 1. Aktes finde ich eine längere Passage, die lerne ich auswendig.

Ich frage mich, wie sie das machen wollen, dort an der Schauspielschule. Hoffentlich ist ihnen das Stück bekannt, nur dann wüßten sie, was die Mitspielerin zu sagen hat. Es wird aber keine Mitspielerin geben. Also lerne ich auch ihren Text auswendig. Im Brandenburger Theater kucke ich mir das Stück widerwillig an. Ich habe nicht übel Lust, in der Pause zu verschwinden, halte aber durch. Herr Schwarzkopf wirkt unpassend, ich meine, er sollte lieber einen Grafen spielen.

An diesem Abend wird mir klar: Theater ist nichts für mich, es sei denn, ich würde am Hungertuch nagen, dann müßte ich es versuchen. Im Theater wird viel geredet. Was mir vorschwebt, wenn ich an den Beruf denke, das sind Szenen, in denen man mehr erleben kann als Gerede. Ich denke an Hans Albers mit dem Akkordeon; an Jean Gabin, der immer die Fauen ohrfeigen darf; an Gary Cooper, der immer irgendwie einsam auf dem Pferd sitzt; lauter Männer, die mich schon sehr aufgewühlt haben. Natürliche Menschen, denen man nur ins Gesicht sieht, und schon weiß man, was sie fühlen und denken. Die den Zuschauer vergessen lassen, daß er etwas Künstliches, Gespieltes erlebt. Das Theater ist eine andere Kunst. Sie ist etwas Höheres, das ich nicht erreichen werde.

Ich könnte mich nach einem Theaterzirkel, einer Laientruppe umsehen. Aber wozu? Vor dem Spiegel habe ich gefühlt, wie ergreifend ich bin, wenn ich nur will. Bloß nichts einüben, nicht das Publikum durch eingelernte Fertigkeiten täuschen. Lieber wahrhaftig sein, auch in den Schwächen. Klasse setzt sich durch, und sollte mir Klasse fehlen, dann kann ich sowieso einpacken. Dann wird ausgewandert. Kanada, Alaska, Australien. Härter als im Stahlwerk Brandenburg kann es nirgendwo sein.

Du errötest

Ich schreibe einen Brief „An die Schauspielschule Berlin", obwohl ich nicht weiß, ob dort eine existiert, und es geschieht ein Wunder. Ein Mensch bei der Post muß ein Herz gehabt haben. Die schicken sonst alles zurück, was keine komplette Adresse hat.

Ich kriege einen Brief von der Staatlichen Schauspielschule Berlin, Schnellerstraße: „... teilen wir Ihnen mit, daß Sie drei Rollen vorzusprechen haben, zwei klassische und eine moderne ... Darüber hinaus sollten Sie Fabeln und Gedichte parat haben ... am soundsovielten September 1954 ..."

Wo soll ich zwei klassische Rollen hernehmen? Es sind noch vierzehn Tage bis zum Vorsprechen. Das Ganze um ein Jahr zu verschieben, kommt nicht in Frage. In zwei Wochen muß ich alles bereit haben, alles, außer den beiden klassischen Rollen.

Momentan gibt es in der Buchhandlung keine Fabeln, ich finde aber in einem Schulbuch die Fabel „Der Schwan, der Hecht und der Krebs" von Iwan Adrejewitsch Krylow. Und im Antiquariat finde ich eine Anthologie „Deutsche Liebesgedichte". Außerdem frage ich, ob sie ein Buch über die Schauspielkunst hätten. Das haben sie nicht, aber ein altes Bändchen mit „Aphorismen für Schauspieler und Freunde der dramatischen Kunst". Gleich auf Seite 1 lese ich: „Dem Künstler, der es ist und der es werden will, gebührt Achtung." Da fängt die Bevorzugung schon an. Oder sollte es mich mißtrauisch machen? Denn dem Stahlwerker gebührt auch Achtung, das kann man überall lesen. Und was heißt das schon. Das heißt Schuften bis zum Umfallen. Auf der nächsten Seite lese ich: „Der dramatische Dichter arbeitet zwar für den Schauspieler, aber er muß sich darum nicht alles versagen, was diesem weniger tunlich und bequem ist. Kein Schauspieler kann rot werden, wenn er will, aber gleichwohl darf es ihm der Dichter vorschreiben; gleichwohl darf er es den einen sagen lassen, daß er es den andern werden sieht."

Was meint der? Er meint: Ein Stückeschreiber darf einen Schaupieler zum anderen sagen lassen: „Du errötest!", obwohl der nicht errötet, weil er es gar nicht kann.

Das soll dem Schauspieler unbequem sein? Zum Lachen.

Schon die gedrechselte Sprache, die wuchtig und dicht klingen soll. Ich glaube vielmehr, daß derartige Aphorismen den Schauspieler klein machen wollen. Diese überheblichen Dichter. Lassen ihre Kaschperln rot werden, wenn es ihnen beliebt. Ich kann aus eigenem Entschluß rot werden. In unserem Flurspiegel habe ich es gesehen: Ich wurde rot und blaß und wieder rot. Zum Teil mag es die Anstrengung gewesen sein.

Unter den Gedichten finde ich eines von dem klassischen Dichter Schiller. Die drei Strophen auswendig zu lernen, werde ich noch schaffen.

Obwohl ich es im bewachten Unterstand doppelt angeschlossen hatte, ist mein rotes „Diamant"-Rad im Stahlwerk geklaut worden. Seitdem laufe ich wieder.

Ich gehe also von der Nachtschicht um sieben Uhr früh nach Hause, und plötzlich falle ich hin. Ist mein Fuß umgeknickt? Bin ich gestolpert? Nein, ich bin im Gehen eingeschlafen. Ich liege da und muß mich erst mal sammeln. Ich würde es nicht glauben, wenn mir jemand sowas erzählen würde, aber doch ist es die Wahrheit. Ich rapple mich auf und gehe nach Hause, Elfriede und mein Vater liegen noch im Bett. Elfriede hat mir, wie immer, wenn ich Nachtschicht habe, ein paar Schnitten hingestellt. Ich fange an zu kauen und was passiert? Nach einer Stunde werde ich wach – und habe den Mund voll von dem Gekauten. Mein Vater kommt runter zum Frühstück und sagt: „Du siehst müde aus. Putz dir die Zähne und geh schlafen."

Was will ich damit sagen? Wenn ich nicht kaputtgehen will, muß ich mich auf die Seite der Kunst schlagen. „Dem Künstler, der es ist und der es werden will, gebührt Achtung." Ich will es werden. Ich muß es werden.

Also fange ich an, meine Rolle auswendig zu lernen, und die Regieanweisungen, die Arthur Miller ins Rollenbuch geschrieben hat, lerne ich noch dazu. Ich werde sie an den richtigen Stellen vortragen, denn sie helfen dem Zuschauer, die Situation zu verstehen, und das ist die Hauptsache.

Johanna 20. Stück

Der Krieg ist zu Ende, Johanna ist bald sechzig. Die ersten Bauern wandern aus dem Osten ab, die Zeiten werden rauh. Auch Elisabeth findet keine Arbeit mehr. Niemand wünscht sich gereinigte Tapeten, Altkleider finden sich genug in den verlassenen Häusern. Pünktlich am 20. März 1921 kommt Elisabeth nach Kattowitz zurück. An diesem Tag gehen nach den Weisungen des Versailler Vertrags mehr als eine Million Menschen zur Abstimmung darüber, ob Oberschlesien deutsch bleiben oder polnisch werden soll. 60% sind für den Verbleib bei Deutschland. Zu ihnen gehören auch Albert, Lisa und Johanna, die zum letzen Mal ein behördliches Dokument mit ihrem Namen unterschreibt. Für den Anschluß an Polen entscheidet sich zwar der kleinere Teil der Oberschlesier, nur eine halbe Million Menschen. Aber der Völkerbund, vor allem Frankreich, akzeptiert das Ergebnis nicht. Das Industriegebiet um Kattowitz und Königshütte wird den Polen zugeschlagen, die es gern in Besitz nehmen. Es wird Teil der Wojewodschaft Silesia sein.

Eine schwere Zeit bricht an, auch für die Krugs in der Nottebohmstraße. Alles scheint sich in Unruhen und Krawallen aufzulösen. Die Deutschsprachigen sehen sich um ihre Hoffnungen gebracht. Häuser brennen, Haß breitet sich aus.

Als erste verschwinden die Reichen. Für Johanna gibt es keine Arbeit mehr.

Die Krankheit hat Albert weiter niedergedrückt. Seit er für das Gefängnis keinen Dienst mehr tun darf, verfällt er zusehens. Rudolf sieht seinen geliebten Onkel Albert leiden, der so lange wie ein Vater für ihn war. Im Februar 1922 legt der Junge sich zu dem Kranken ins Bett um ihn zu wärmen, aber den Tod kann er nicht aufhalten. An einem Vorfrühlingstag im März stirbt Albert.

Rudolf ist mit der Schule fertig und findet eine Stelle als Schlosserlehrling.

Seine Mutter Elisabeth lernt einen jüdischen Musiklehrer kennen, der sich in sie verliebt und sie mitsamt den halbwüchsigen Söhnen zum Umzug in seine vornehme Wohnung bewegt. Über die Pläne läßt er sie nicht im Unklaren: „Ich habe dich lieb, aber eine Familie kann ich nicht brauchen. Eines Tages werde ich verschwunden sein."

Und eines Tages ist er verschwunden. Alle Möbel und den Stutzflügel hat er stehenlassen. Niemand will das Instrument kaufen. Elisabeth verschenkt es, um Platz zu gewinnen. Sie leben jetzt zu dritt in einem Zimmer, die anderen vermietet sie an polnische Offiziere.

Reihum steigen Lisa, Rudolf und Erich auf's Dachjuchhe, wo sie Johanna versorgen, so gut es geht.

Die Miete von den Polen bringt nicht genug ein, um davon zu leben. Einer nach dem anderen verlassen die Offiziere die Wohnung des Musiklehrers.

Elisabeth wartet das Ende von Rudolfs Lehrzeit ab, dann packt sie die Koffer. „Viel habt ihr nicht gehabt von eurer Mutter, trotzdem habe ich euch immer geliebt. Tag und Nacht mußte ich an euch denken. Und ich habe mich geschämt, nicht nur für mich selbst, auch für eure verdammten Väter. Mit euch zusammen konnte ich nicht leben, die Zeiten waren nicht danach. Wir werden nach Deutschland fahren, ins Reich, in die Stadt Duisburg, dort soll es so ähnlich aussehen wie in Kattowitz. Wir fangen von vorn an."

Johanna geht nicht mit: „Ich bin zu alt, die Heimat zu verlassen. Dass müßt ihr verstehen, meine lieben Kinder. Bevor es euch gab, war ich in meinem Kopf mit mir allein. Ich bin es gewohnt."

Elisabeth hat in Duisburg-Beek einen kleinen Laden 6
eröffnet, „Obst= u. Gemüsehalle". Sie kann kaum Ware einkaufen. Die Erdnüsse fädelt sie zu Ketten auf, die sie als Glanzstücke ins Schaufenster hängt.

Als die Nachricht kommt, daß Johanna krank ist, brechen Rudolf und Erich nach Kattowitz auf. Geld darf die Reise nicht kosten, deshalb dauert sie lange.

Die beiden kommen zu spät.

Als sie den Sarg die Treppe hinuntertragen, spüren sie von der großen starken Johanna kaum ein Gewicht. Unter der Plane auf dem Hof steht noch immer ihr Karren. Johanna tritt die letzte Fahrt an.

Junge Pummel

Berlin-Niederschöneweide, ein Sommertag 1954. Ein paar Dutzend junge Damen und Herren versammeln sich auf dem von Bäumen überschatteten Grundstück, das am Ufer der Spree liegt. Es gibt sogar eine hölzerne Schiffsanlegestelle. An der Straße steht das ehemalige Bootshaus, das zur Schauspielschule umgebaut ist, daneben eine aus Trümmersteinen gemauerte Baracke. Dies ist der heilige Ort, hier ist die Probebühne, da will ich hin. Wenn sie mich nicht nehmen, haben sie einen Fehler gemacht. Dann taugt die Schule nichts. Dann gehe ich in die Welt hinaus, denn in ein paar Monaten bin ich volljährig. Wer weiß, was sie sich damit aufs Gewissen laden.

Man munkelt, fünfhundert Bewerbungen habe es für diesen Jahrgang gegeben. Das heißt, die Konkurrenz ist groß; denn die Schule will für das nächste Jahr nicht mehr als dreißig Neulinge aufnehmen.

Die Mitbwerber flößen mir keine Furcht ein, sie sehen teils spillrig, teils langweilig aus. In sich selbst vertieft, lungern sie auf dem Hof herum, wandern zwischen Spreeufer und Eingangstor auf und ab, wiederholen ihre Texte, wischen sich die schweißnassen Gesichter. Ich sehe sie mit den Armen rudern und wunderliche Posen einüben.

26 Was wollen die gegen mich machen? Ich bin groß, aber nicht zu groß; muskulös, aber nicht athletisch; markant, ohne ein Typ zu sein, den man bloß als Mörder oder Komiker einsetzen würde. Die meisten Aspiranten haben schon in Laiengruppen gespielt oder ihr Vater ist Beleuchter im Theater oder die Mutter Tänzerin.

Und erst die Frauen. Junge Pummel mit fleischigen Armen sind in der Überzahl. Es ist klar, daß in den neuen sozialistischen Filmen vor allem Bäuerinnen und Kranführerinnen vorkommen, eben die Töchter der herrschenden Klasse. Aber wo sind die Frauen, in die man sich verlieben kann? Es muß doch, wenigstens für die klassischen Theaterstücke, auch aufreizende Frauen mit formschönen Brüsten geben, überzüchtete Damen, die zum Beispiel von einem Fürsten begehrt werden, oder mit denen er Lust hätte, schöne Kinder zu zeugen.

Die einzige Frau, in die ich mich verlieben könnte, spreche ich sofort an. Sie trägt ein Sommerkleid aus dem Westen. Ich sehe ihre Brüste, ihre Beine, ihre roten Lippen. Sie scheint überdreht zu sein, naiv und rein. Ja, so eine Frau kann Schauspielerin werden.

„Woher kommst du, mein Lieber?" sagt sie.

Mein Lieber. Das habe ich vielleicht mal von meiner Oma gehört.

„Meine Liebe", sage ich, „direkt aus der Produktion. Ich bin Stahlwerker."

„Für mich", sagt sie, „bedeutet es die Welt, daß ich hier aufgenommen werde. Ich muß hierher, anders werde ich nicht glücklich. Und du?"

„Jedenfalls will ich nicht dorthin zurück, wo ich bis jetzt war. Wenn sie mich nicht nehmen, dann haue ich ab. Vielleicht in den Westen. Wer dort Verbrecher wird, kriegt nicht so harte Strafen. Man sitzt nicht zu lange für einen Bankeinbruch, das erbeutete Geld ist qualitativ besser, und, was das Wichtigste ist: die ganze Welt steht einem zur Flucht offen."

Sie kuckt mich staunend an. Ich sehe, daß sie an meinem Verstand zweifelt. Deshalb sage ich was Beruhigendes: „Aber das Schönste wäre, wenn wir beide hier aufgenommen würden. Findest du nicht? Dann könnten wir uns anfreunden. Ich könnte von dir lernen. Ich weiß nämlich nichts."

„Gern. Wunderbar!" sagt sie. „Dann wirst du beim Aufbau des Sozialismus fehlen, aber glaub mir: Am Theater würdest du noch mehr fehlen. Das sehe ich mit einem Blick. Ich muß gehen, meine Aufregung zu genießen.“ Sie lacht mich an, haut mir einen Klaps auf die Brust und verschwindet.

Auch die Männer sind aufgeregt. Jeder fragt den anderen, was er vorsprechen werde. Keiner von ihnen hat „Alle meine Söhne“ im Programm, und keiner glaubt, daß ich ohne einen einzigen Klassiker eine Chance habe.

Allmählich dünnt sich das Treiben aus. Alle, die vom Vorsprechen aus der Baracke kommen, werden gefragt: „Na? Wie war's?“ Und jeder schneidet bedenkliche Mienen: „Ich weiß es nicht. Man wird uns schriftlich Bescheid geben.“

Nur die Schöne in dem Sommerkleid ist fröhlich. Sie kommt aus der Baracke und sagt: „Bis bald, Stahlwerker.“

Ich rufe ihr hinterher: „Dem Künstler, der es ist und der es werden will, gebührt Achtung!“

Mit viertausend Mann

Endlich werde ich aufgerufen: „Krug, Manfred Rudolf!“

Ich komme aus der Sonne in den abgedunkelten Raum. Rechts die kleine Bühne.

Eine Frauenstimme sagt: „Bitte gehen Sie gleich hinauf, damit wir Sie sehen können. Was haben Sie uns mitgebracht?“

Meine Augen gewöhnen sich an die Dunkelheit. Etwa zwanzig Stühle sind zu erkennen, von denen einige besetzt sind. Da sitzen die Männer und Frauen, die mein Schicksal bestimmen werden. Die mit dem Parteiabzeichen, die größte und älteste unter den Damen, ist die Wortführerin.

„Ich habe was aus dem Stück ‚Alle meine Söhne‘ von Miller mitgebracht. Entschuldigen Sie, daß ich die Anforderung nicht ganz erfülle. Die Zeit war knapp, und bei uns zu Hause gibt es momentan keine Klassiker."

Unten beugt man sich einander zu, aus Angst, daß ich von vornherein abgelehnt werde, sage ich: „Aber bitte, erlauben Sie mir, das Wenige vorzutragen, denn damit habe ich mir Mühe gegeben. Ich arbeite nämlich im Dreischichtbetrieb."

„Allein?" fragt die große Frau.

„Nein", sage ich. „Zusammen mit viertausend Mann."

„Ob Sie das Stück allein einstudiert haben", sagt sie gütig lächelnd.

„Ja, allein."

Es wird getuschelt. Das kann nicht schaden, denke ich, wahrscheinlich ist es ungewöhnlich, daß jemand seinen Text ohne Hilfe einübt.

„Ich bin die Leiterin dieser Schule, hier sitzen die Genossen und Kollegen Dozenten, nun wollen wir sehen, was Sie uns vortragen."

Ich stelle einen Stuhl auf die Bühne und setze mich zu Füßen des Stuhls auf den Boden.

„Ich bin der Chris in dem Stück", sage ich, „der liebt ein Mädchen namens Ann. Beide Amerikaner. Sie sitzt hier vor ihm auf dem Stuhl und hört zu. Die Regieanweisungen von Arthur Miller spreche ich zum besseren Verständnis mit. Wenn Sie das nicht wünschen, kann ich sie weglassen."

Es kommt kein Einwand, also fange ich an.

Ich schaue auf Ann, die nicht auf dem Stuhl sitzt, und rede geduldig mit ihr, als hätte ich es schon tausendmal gesagt:

„Ann, ich liebe dich. (Pause. Sie wartet ab.) Ich habe nicht viel Phantasie, weißt du. Das ist alles, was ich dir sagen kann. (Ann wartet, ist bereit.) Ich weiß, daß ich dich damit verlegen mache. Es war nicht meine Absicht, es dir hier zu sagen, sondern irgendwo an einem Ort, wo wir nie vorher gewesen sind – wo wir neue Menschen füreinander wären … Nicht wahr, du hast das Gefühl, daß hier nicht der richtige Ort ist

– dieser Garten! Dieser Stuhl da. Ich will dich keinem wegnehmen. Ich will nur, daß du für mich da bist – daß du von dir aus bereit bist. (Ann legt die Arme um ihn)."

Ich springe vom Fußboden auf, setze mich rasch auf den Stuhl und lege den Arm um Chris, der jetzt nicht mehr da ist, weil ich mich in die Ann verwandelt habe. Das heißt, mein Arm hängt irgendwie in der Luft, ungefähr da, wo man sich die Schulter von Chris vorstellen muß. Und als Ann auf dem Stuhl sage ich:

„***Chris, ich bin seit langem bereit.***"

Ich wieder runter vom Stuhl, denn jetzt bin ich wieder Chris:

„**Er ist also für immer von uns gegangen. Du bist dessen sicher.**"

Ich wieder hoch auf den Stuhl und sage als Ann:

„***Ich hätte vor zwei Jahren beinahe geheiratet.***"

Runter vom Stuhl:

„**Warum hast du es nicht getan?**"

Aus dem Zuschauerraum höre ich ein leises Glucksen.

Wieder rauf auf den Stuhl, als Ann:

„***Du hast begonnen, mir zu schreiben. (Kurze Pause.)***"

Runter vom Stuhl, als Chris:

„**Schon damals hast du es verstanden?**"

Rauf auf den Stuhl:

„***Jeden Tag, seit damals.***"

Runter:

„**Ann, warum hast du es mich nicht wissen lassen?**"

Rauf:

„***Ich habe auf dich gewartet, Chris. Bis dahin hattest du mir nie geschrieben. Und als du dann schriebst, was hast du in deinen Briefen gesagt? Du hast ein Talent, dich sehr unbestimmt auszudrücken, weißt du?***"

Runter:

„**(Chris blickt zum Haus, dann zu ihr, zitternd): Gib mir einen Kuß, Ann, gib mir einen … (Sie küssen sich).**

Herrgott, ich habe dich geküßt, Ann! Ich habe Ann geküßt! Wie lange habe ich darauf gewartet, sie zu küssen!" ...,

bis ich dann aufgestanden und mit ihr, den Arm über ihrer Schulter, durch den Garten gegangen bin, die ganze Passage lang bis zu der Stelle: „**Jetzt will ich dich einfach haben, Ann.**"

Das muß anrührend gewesen sein, wie ich die ganze Zeit mit dem abgespreizten Arm herumgelaufen bin und dadurch imstande war, mit geringsten Mitteln die geliebte, nicht anwesende Person darzustellen.

Eine erschütternde Szene.

Allerdings habe ich den Eindruck, daß die Dozenten sowohl ergriffen als auch belustigt sind. Zusätzlich sozusagen. Sie lassen es sich nicht anmerken. Sicher erleben sie bei einem solchen tagelangen Vorsprechen auch komische Situationen. Unfreiwillig komische. Dazu hat meine Szene sicher nicht gehört.

Es vergehen bange Minuten, die Dozenten überlegen, was sie mit mir machen. Ich wische mir kurz über die Augen, denn in der langen Passage hat Chris über seine Kriegserlebnisse und über den Tod der Kameraden gesprochen, und daß er an die Toten denken muß, gerade jetzt, da er selbst ein neues Auto und wieder ein Bankkonto hat. Diese Gedanken haben auch mich, den Darsteller des Chris, durchaus bewegt. Ist das eigentlich erlaubt, daß man bewegt ist, nur weil die Figur, die man spielt, bewegt ist? Ist das kunstgerecht? Kann ich die Übersicht behalten, wenn ich selbst bewegt bin? Eigentlich brauche ich meine Kraft, um zu zeigen, daß Chris bewegt ist, ich sollte sie nicht verplempern mit dem eigenen Bewegtsein.

Und ganz sicher bin ich rot geworden. Ich frage mich, ob man ein Erröten später, im Arbeitsleben, wenn das Gesicht geschminkt ist, überhaupt wird sehen können. Vielleicht liegt der Sinn von Theaterschminke vor allem darin, das private Erröten des Schauspielers unsichtbar zu machen. Dann wäre es verständlich, daß der Dichter den einen Mimen zum anderen sagen läßt: „Ich sehe dich erröten!“ Damit würde er das Unsichtbare wenigstens hörbar machen.

„Danke“, sagt die Leiterin, „das war ja eher eine sportliche Veranstaltung. Was haben Sie noch?“

„‚Der Schwan, der Hecht und der Krebs‘ von Krylow. Soll ich es vortragen?“

„Bitte.“

Es ist eine gereimte Fabel, in der drei verschiedene Tiere an einem Strang ziehen, und zwar will der Schwan in die Luft, der Hecht ins Wasser und der Krebs will rückwärts gehen. Obwohl ich einige Parteiabzeichen an den Revers der Dozenten schimmern sehe, könnte ich mir vorstellen, daß sie die Fabel richtig verstehen, sogar heimliche Freude daran haben. Der Text sollte unverfänglich sein, denn Krylow ist sozusagen ein russischer Klassiker, der vom Sozialismus noch nichts wußte.

Die Leiterin sagt: „Haben Sie noch etwas?“

Als drittes trage ich das Gedicht von Friedrich Schiller vor. Es heißt „An Emma“. Die letzte der drei Strophen geht so:

„Kann der Liebe süß Verlangen,
Emma, kann's vergänglich sein?
Was dahin ist und vergangen,
Emma, kann's die Liebe sein?
Ihrer Flamme Himmelsglut,
Stirbt sie wie ein irdisch Gut?“

Daß der große Schiller das Wort „sein“ auf das Wort „sein“ reimt, wundert mich. Beim Auswendiglernen habe ich andere Versionen versucht, zum Beispiel:

„Schon dahin und schon vergangen?
Emma, du bist so gemein.“

Wahrscheinlich hat Schiller eine Emma geliebt, die ihm den Laufpaß gegeben hat, wegen seiner langen Nase.

Nach dem Vortrag sagt die Leiterin: „Wir möchten etwas versuchen. Stellen Sie sich vor, Sie kommen nach Hause, und auf dem Tisch liegt ein Brief der Eltern mit dem Inhalt, Ihre Schwester sei ins Krankenhaus eingeliefert worden. Wie verhalten Sie sich?"

Mir schießt durch den Kopf: Das Originellste wäre zu lachen. Ich könnte den Brief ansehen und sagen: „Meine Eltern wissen ganz genau, daß ich keine Schwester habe. Haha, welch ein Scherz." Aber das werde ich nicht machen, obwohl ich glaube, daß Effekte erlaubt sein sollten, um sich ins Gedächtnis der Zuschauer einzugraben. Wie auch immer, der Einfall muß blitzschnell verworfen werden: Das hier sind keine Zuschauer, das sind Machthaber. Wie Kaiser Nero können sie den Daumen nach oben oder nach unten drehen.

Also schiebe ich den Tisch in die Mitte der Bühne, stelle den Stuhl dazu und komme fröhlich pfeifend herein.

„Haben Sie keine Wohnungstür?" sagt die Leiterin.

„Ah! Ich dachte, das brauchen wir nicht", sage ich.

„Das brauchen wir", sagt sie.

Also nochmal. Ich schließe mit keinem Schlüssel keine Tür auf, komme rein, hänge keinen Mantel an keinen Haken, mach die Tür wieder zu, fülle mir kein Wasser ins Glas, trinke es aus, entdecke auf dem Tisch keinen Brief, überfliege ihn ungläubig, erschrecke und renne Hals über Kopf ohne Mantel zur Tür, Tür auf, Tür wieder zu, und weg bin ich.

„Prima. Ganz überzeugend", sagt die Leiterin. „Haben Sie mal geangelt?"

„Jawohl", sage ich.

„Setzen Sie sich an die Bühnenrampe und angeln Sie."

Ich komme mit dem Rucksack, dem Käscher und der Angel, klemme sie zwischen zwei große Steine, packe die Wurmbüchse aus, suche den dicksten Wurm, ziehe ihn auf den Haken, lege den Finger an die Schnarre, schmeiß den

Wurm mitten in die Dozenten und warte. Das alles ist mir lieber, als das Stahlwerk. Ich fange an, die mitgebrachten Stullen zu kauen, da taucht die Pose unter Wasser. Mit vollem Mund murmele ich: „Das kann doch nicht wahr sein!“ Dann kämpfe ich gegen den Fisch, schöpfe ihn schließlich mit dem Käscher an Land, wo er mir aus der Hand flutscht. Ich schmeiße mich auf den Boden, um ihn zu greifen. Er zappelt, meine Hände zappeln mit, und endlich kann ich ihn mit einem gezielten Biß in den Nacken von seinem Leid erlösen.

Donnerwetter. Das war wirklich gut, wenn man bedenkt, daß ich in Wirklichkeit weder Fisch noch Angel in der Hand hatte.

Zum ersten Mal habe ich das Gefühl, daß die Dozenten beeindruckt sind. Ich bin es selbst. Denn es ist mir etwas gelungen, das ich noch nie geübt habe. Der Beruf fängt mit einer Albernheit an. Das ist mir immer noch lieber als das Stahlwerk.

„Ich sehe aus Ihren Unterlagen“, sagt die Leiterin, „daß Sie aus Duisburg stammen. Ist das richtig?“.

„Jawohl.“

„Können Sie etwas mit dem Namen Espey anfangen?“ sagt sie. Und alle Dozenten kucken mich gespannt an.

Ich antworte wie aus der Pistole geschossen: „Jawohl! ERNST ESPEY, MÖBELSPDEDITION, DUISBURG. Das war die Aufschrift an jedem zweiten Lastwagen. Aber den Espey werden Sie nicht meinen.“

Die Dozenten lachen auf das Herzlichste, und die Leiterin sagt: „Doch, den meine ich. Er war mein Vater.“

Unglaublich. Ich fühle, daß ich bestanden habe. Wie mag die Unternehmerstochter aus Duisburg in die DDR und in diese Partei und auf den Direktorposten der Schauspielschule gekommen sein?

Was würde ich jetzt denken, wenn ich heute morgen, sozusagen sicherheitshalber, zu Gott gebetet hätte: „Lieber

Gott, laß ein Wunder geschehen, daß ich auf diese Schule komme!"

Die grabschende Menge

In der Oranienburger Straße sehe ich ein staubiges Schaufenster mit der Aufschrift „Portraitphotographie". „Sie wünschen?" sagt der alte Herr.

„Ein Portrait bitte."

„Paßbilder mache ich nicht."

„Ich will was Besseres", sage ich.

„Zu welchem Zweck?"

„Ich werde Schauspieler."

„Wollen Sie den Romeo spielen?"

Bestimmt nicht."

„Wen sonst?"

„Mich."

„Aha. Wenn das jemand sehen will... Mir soll's recht sein."

Inzwischen baut er etliche Lampen auf, wirft sich das schwarze Tuch über den Kopf und kuckt auf die Mattscheibe seiner Holzkamera.

„Gut" sagt er. „Nehmen Sie diese Papierrolle, damit ich
wenigstens eine Hand sehe. Und jetzt denken Sie an etwas 28
Anstrengendes. Stop!"

Er macht nur ein einziges Foto.

„Das genügt. Bitte zahlen Sie im voraus und geben Sie mir die Adresse."

Er hat eine halbe Stunde gebraucht und dafür fünfzig Ostmark eingesackt. „Drei Abzüge und Porto inklusive. Dafür sehen Sie aus wie Hamlet. Leider habe ich keinen Totenkopf."

Den Witz verstehe ich nicht.

Ich fahre zum Bahnhof Zoo, wo der Film „Zwölf Uhr Mittags“ läuft. Als DDR-Bürger zeigt man seinen Ausweis, dann darf man die Kinokarte eins zu eins in Ost bezahlen. Diesmal geht es nicht, die Premiere ist ausverkauft. Ein Schwuler sieht mein Bedauern und sagt: „Ich habe eine Karte übrig. Die schenk ich Ihnen.“

Es gibt Tage, die vom Erwachen bis zum Einschlafen glücklich sind.

Den Marshall spielt Gary Cooper, den ich schon in „Mr. Deeds Goes To Town“ und in anderen Filmen gesehen habe. Ein Schauspieler, wie ich einer sein möchte. Cooper hat nie etwas anderes gespielt als sich selbt, und das ist die Hohe Schule. Ihm genügt seine Anwesenheit. Und mir auch. Er macht nichts. Und er braucht nichts zu machen. Wir kennen ihn ja, wir wissen etwas mit ihm anzufangen. Es ist Wurscht, ob er einen Fabrikbesitzer oder einen Sheriff spielt. Bei ihm weiß man, woran man ist. Man fühlt sich in seinem Gesicht zu Hause.

Als ich aus dem Kino komme, stelle ich mir seine schlaksige Gestalt vor. Ich habe kurze Beine und eine breite Gestalt. Trotzdem sehe ich mich hager und einsam über den Kudamm gehen, der Colt hängt tief an meinem Schenkel. Ich bin Marshal Kane, und Grace Kelly ist die Frau, mit der ich Kinder haben will. Doch dazu ist keine Zeit. Draußen wartet eine Heldenangelegenheit.

Und während ich mit langen, dünnen Cooper-Beinen über den Kurfürstendamm gehe, stoße ich auf eine Menschentraube, die vor dem Hotel Kempinski steht und wie aus einem Mund ruft: „Gary, Gary, Gary …“ Ein Sprechchor sozusagen, wie ich ihn sonst nur von FDJlern kenne. Und wer erscheint oben in einem Fenster des vierten Stocks vom Kempinski?

Gary Cooper.

Er winkt, die Leute jubeln, er bindet den Schlips ab und wirft ihn in die grabschende Menge.

Wieder zu Hause, erzähle ich meinem Vater vorerst nichts, obwohl ich kaum an mich halten kann. Er hat ein gebrauchtes Auto gekauft, einen roten IFA F9. Alle anderen Interessenten hat er überboten und fast doppelt soviel bezahlt, wie die staatliche Taxe gewesen wäre. Es sieht fast aus wie ein Westauto, nicht aus Sperrholz, sondern aus richtigem Stahlblech, mit großen Scheiben und Pistolenschaltung. Mein Vater ist im Werk. Ich finde im Haus den Zündschlüssel und fahre vor Glück eine Stunde lang die Grundstücksauffahrt vor und zurück.

HUNGERTUCH?

„... Können wir Ihnen die erfreuliche Mitteilung machen, daß Sie probeweise aufgenommen sind ...“ steht in dem Brief, den ich am letzten Septembertag bekomme. Das Wort „probeweise“ kucke ich gar nicht an. Ich bin als Schauspieler auf die Welt gekommen, die Schule ist Beiwerk. Ich brauche nur das Abschlußzeugnis, denn in der DDR braucht man für jeden Fliegenschiß ein Abschlußzeugnis.

Sofort stelle ich meinen Vater vor die Tatsache, daß die Ahnenreihe von Stahlkochern abreißt. Endgültig.

„Schauspieler?“ Er verzieht das Gesicht. „Du lieber Gott! Willst du am Hungertuch nagen? Sowas gibt es weder in meiner Familie, noch in der deiner Mutter. Sieh dich um: Das Haus, der Garten, die Bäume, das neue Auto. Das habe ich nach dem Krieg in kurzer Zeit durch meiner Hände Arbeit fertiggebracht. Stahl wird immer gebraucht, Künstler zu werden ist eine Spaßangelegenheit. Den einen Sohn habe ich verloren, jetzt verliere ich dich. Wenn du schon das Abitur geschmissen hast –, traurig, aber nicht so schlimm. Habe ich ein Abitur? Nein. Und kuck dir an, was ich mache: Ich leite das größte Stahlwerk weit und breit. Es gibt Fachschulen, da kann man Ingenieur werden. Das reicht für eine anständige Existenz. Du kannst alles werden, sogar Minister für Schwerindustrie."

Und so weiter.

Das ist die CD »Sweet Nothings«, was soviel heißt wie »Zärtliches Geflüster«.

Meine Tochter Fanny und ich singen hier 14 schöne Ami-Nummern aus guten Zeiten, neu arrangiert. Die CD ist fertig und wird im Herbst 2003 auf AMIGA / BMG Berlin erscheinen. Es handelt sich um richtige Musik. Viel Vergnügen – Manfred & Fanny.

15

16

20

24

25